ज़िक्रे फ़िराक़ : कोयला भई न राख

ज़िक्रे फ़िराक़

कोयला भई न राख

रमेश चन्द्र द्विवेदी

वाणी प्रकाशन

वाणी प्रकाशन
4695, 21-ए, दरियागंज, नयी दिल्ली 110 002

शाखा
अशोक राजपथ, पटना 800 004

फ़ोन : +91 11 23273167 फ़ैक्स : +91 11 23275710

www.vaniprakashan.in
vaniprakashan@gmail.com

ZIKRE FIRAQ : KOYLA BHAI NA RAKH
by Ramesh Chandra Dwivedi

ISBN : 978-93-5072-998-4
Memoirs

प्रथम संस्करण 2015
मूल्य : ₹ 250

हर्ष प्रिंटर्स, दिल्ली-110093 में मुद्रित

वाणी प्रकाशन का लोगो मक़बूल फ़िदा हुसेन की कूची से

समर्पण

रेवतीलाल शाह की स्मृति में
फ़िराक़ की कलकत्ता-यात्रा के निमित्त थे जो,
और जिनकी जीवन-चर्चा में फ़िराक़ की काव्य-
संवेदना का अर्थ मुखर था
प्रमोद शाह और लीला शाह को सप्रीति

"Biography" meant a book about someone's life. Only, for me, it was to become a kind of pursuit, a tracking of the physical trail of someone's path through the past, a following of footsteps ; You would never catch them; no, you would never quite catch them. But may be, if you were lucky, you might write about the pursuit of that fleeting figure in such a way as to bring it alive in the present.

—Richard Holmes, Footsteps : Adventure of a Romantic Biographer.

When I am in my grave
And all my bones are rotten
If you will glance inside the book
Then I am not forgotten.

अनुक्रम

लकड़ी जलि कोयला भई, कोयला जलि भयो राख॥
मैं विरहिन ऐसी जली, कोयला भई न राख॥

मूक संवेदना की व्यथा-कथा

अपनी अन्तरंग गोष्ठियों, विमर्श-मंचों और कक्षा-कक्ष में अपनी गहरी अभिज्ञता, अप्रतिम चिन्तन-कोण और विशिष्ट वैदुष्य के धरातल से दार्शनिक उद्भावनाओं द्वारा न केवल साहित्य के सामान्य रसज्ञों और अपने मेधावी छात्रों को बल्कि अपने समानधर्मा विद्या-विशिष्ट लोगों को भी उर्दू के महाकवि फ़िराक़ 'गोरखपुरी' चमत्कृत कर देते थे; और लोक-व्याकरण को लात मारकर लोकयात्रा करने वाले गृहस्थ रघुपति सहाय के अर्गलाविहीन बोल अच्छे-अच्छों को भ्रम में डाल देते थे कि सौन्दर्य का दिव्य छंद रचनेवाले फ़िराक़ व्यक्तिगत जीवन में निहायत कुरूप और नृशंस थे। जो कुछ दिखता है, दुनिया उसे ही सच मानकर अपने माफिक निष्कर्ष निकालती है। सत्य मगर अन्तःलोक में छिपा रहता है, जिसे सही रूप में देखने वाली दृष्टि विरल लोगों को उपलब्ध होती है। उस दृष्टि के मालिक फ़िराक़ सत्य का साक्षात्कार करने प्रायः भौतिक धरातल के सामान्य व्यवहार को भूल जाते थे और सहज ही लोक-निन्दा और भ्रम के शिकार हो जाते थे।

एक मार्मिक प्रसंग का अपनी इस पुस्तक में, प्रसंगवश, बयान करते श्री रमेशचन्द्र द्विवेदी ने एक रूप-गुमानी देवीजी के भ्रम की ओर इशारा किया है, जो फ़िराक़ के चरित्र के उज्ज्वल पक्ष को उजागर करता है। भद्रता के स्वांग में सिद्ध महिला ने फ़िराक़ की चीखती खीज पर अपने अर्जित संस्कार के मुताबिक, कवि ऊँचाई का ध्यान विसारकर, मर्यादाहीन प्रतिक्रिया प्रकट की। रमेशचन्द्र द्विवेदी लिखते हैं, "भद्र महिला ने कहा, 'सर, आप तो घृणा की आग में जल-जलकर विचारों के गुलाब खिलाते रहते हैं।' फ़िराक़ ने भद्र महिला को देखा और उठ गये।" दूसरी बैठक में वह महिला लुभावनी वस्तुओं के साथ फ़िराक़ की बैठक में शरीक हुई और चूँकि फ़िराक़ की महफिल में बैठने की ज़रूरी मर्यादा को लात मार चुकी थीं, इसलिए निहायत ढींठ सवाल कर बैठीं, "सर, अगर आप अपनी शादी से प्रसन्न नहीं थे तो दूसरी शादी क्यों नहीं कर ली।' फ़िराक़ एकदम संजीदा हो गये। उठकर बाथ रूम चले गये।" ऐसी फूहड़ बातों की चोट का इलाज फ़िराक़ प्रायः महुए की शराब से करते, अपने को मारते रहते थे। उक्त 'भद्र महिला के शील का आधार तो नैसर्गिक

रूप से पंकिल था, फ़िराक़ की महफिल का खुलापन और वारुणी-प्रभाव ने बुनियादी मर्यादा की चूलें ढीली कर दी थीं। शायर की ऊँचाई का ख्याल तक उनके जेहन से ग़ायब हो गया था। निहायत अश्लील मुद्रा में वारुणी उनके कंठ से मुखर हुईः विचक्षण साक्षी रमेशचन्द्र द्विवेदी लिखते हैं, "भद्र महिला उड़ान भर रही थी। उन्होंने कहा, 'सर अगर मैं आप से कहूँ कि आप मुझ से शादी कर लीजिए तो आप तैयार हो जायेंगे? मैं आपकी हर जरूरत पूरी करूँगी।' फ़िराक़ का चेहरा तमतमा गया। बोले, 'अगर आप ऐसा प्रोपोजल मेरे सामने रखेंगी तो मैं इसके जवाब में आपको धक्के मारकर घर से बाहर निकाल दूँगा, और सुन लीजिए, आप मेरी ज़ाहिल बीवी की जूतियाँ उठाने लायक भी नहीं हैं। आप की तरह से वो बेहया नहीं है, अच्छी घर गृहस्थी है, साफ पाक घरनी है, खाना अच्छा पकाती है। अच्छी है या बुरी है—मेरी तकदीर है। मैं उसको नहीं, अपनी तकदीर को कोसता हूँ। आपके विचार से बदबू आती है। आपकी बातें चुगली खा रही हैं कि आप एक नेक घर गृहस्थ महिला हो ही नहीं सकतीं।" इस प्रसंग को सही सन्दर्भ में प्रस्तुत कर रमेशचन्द्र द्विवेदी ने फ़िराक़ के उस मूल संस्कार को उजागर किया है, जो भारतीय गृहस्थ का जातीय संस्कार है और जो फ़िराक़ की अश्लील चीख़ के पर्दे में छिपे उनके यथार्थ चरित्र की उज्ज्वलता का सबल सबूत और मोहक संकेत है।

ऐसा ही तीखा जवाब देते फ़िराक़ ने एक अबोध सज्जन को भारतीय गार्हस्थ्य-धर्म का मर्म समझाया था अपने सिद्ध कड़ुए अन्दाज में, जो फ़िराक़ की अवघड़ी दरियादिली से छूट पाकर उनकी महफिल में जब-तब बैठने लगे थे और शेर पढ़ने लगे थे। इतना ही नहीं, शायर होने के मुग़ालते में ऐंठकर बोलने-बतियाने लगे थे। एक दिन फ़िराक़ के प्रलाप से धोखा खाकर उन्हें दूसरी शादी करने की बचकानी सलाह दे बैठे। फ़िराक़ के बीहड़ मिजाज को और उनके चरित्र की सही ज़मीन को समझना कमज़ोर संवेदना वाले अविकसित आदमी के वश का नहीं था जैसे उनकी कविता के सौन्दर्य की बारीकियों और चिन्तन की ऊँचाई को समझना। उस फूहड़ प्रसंग को अपनी पुस्तक में रमेशचन्द्र द्विवेदी ने बड़ी मार्मिक भाषा में प्रस्तुत किया है, "फ़िराक़ का ध्यान टूटा तो धरती पर आ गये। आग बरसाने वाली आँखों से शायर साहब को देखा।....बोले, 'आप कौन होते हैं मेरी बीवी को बदसूरत और ज़ाहिल कहने वाले, बदसूरत दिमाग़ और दिल रखनेवाले शायर साहब! ग़नीमत है कि आप मेरी बीवी बनके नहीं पैदा हुए। आप पर नज़र पड़ते ही आपकी गर्दन धड़ से जुदा कर दी जाती।......मेरी हाँ में हाँ मिलानेवाले, बदसूरत दिल, दिमाग़ और शायरी के मालिक, मैंने आपकी राय माँगी थी क्या?......शायर साहब, आप मुझे बुरा-भला कह लीजिये, मगर मेरी बीवी को बचाये रहिए अपनी बदसूरत शायरी से। हाँ, एक बात जो आपने कही कि मैं दूसरी शादी कर लेता और मजे की ज़िन्दगी बसर करता, तो

सुन लीजिए। शादी नहीं, विवाह तो एक बार होता है, बस एक बार। सिन्दूर की पवित्रता नापाक हो जाती है एक पत्नी की उपस्थिति में दूसरी माँग में पड़ते ही। शादी एक भावानात्मक रिश्ता है, आत्मिक सम्बन्ध है। शारीरिक बदलाव या हेरफेर नहीं है विवाह। यह कपड़ा नहीं है कि पसन्द न आया तो बदलकर दूसरा ले लिया। दूसरी शादी बासी या सड़ा हुआ भोजन है। आत्मनिष्ठ व्यक्ति के लिए दूसरा विवाह आत्महनन है। दूसरी शादी का विचार आते ही भावनात्मक और आध्यात्मिक जीवन मरुभूमि बन जाता है, रसहीन हो जाता है और फिर आप दूसरी औरत के साथ गुलछर्रे उड़ायेंगे और उसकी सोचिए। यह गऊ किसके खूँटे जायेगी। मरकही हो, दूध न देती हो, कुरूप हो, मगर गऊ को कसाई के हवाले करना कहाँ की शराफत है! मैं अपनी बीवी को डाँटता-फटकारता हूँ, गालियाँ देता हूँ, भला-बुरा कहता हूँ, यह मेरी अपूर्णता है, कमज़ोरी है, अदूरदर्शिता है। काश, मैं अपनी कमज़ोरियों से ऊपर उठ सकता। काश, अल्ला मियाँ मुझे वो आँख और दिल देते कि न वो मुझे कुरूप लगती, न गँवार।'"

साहस बटोरकर रमेशचन्द्र द्विवेदी ने एक दिन अपने देवता फ़िराक़ से पूछा था, "हुज़ूर, ज्योतिष में विश्वास न होने के बावजूद आप ज्योतिषियों को पकड़-पकड़ कर बहू जी की मृत्यु के फलादेश का आग्रह क्यों करते हैं? गहरी तक़लीफ़ होती है जब किसी ज्योतिषी से इस तरह का सवाल करते आपको सुनता हूँ।"

बड़ी आहिस्तगी से फ़िराक़ ने कैफ़ियत दी थी, "रमेश बाबू, तुम गाँव के आदमी होकर भी इस देश के नृशंस हक़ीक़त को नहीं समझते। हिन्दुस्तान की औरत का सारा गुमान अपने पति पर खड़ा होता है। यहाँ बेवा को जानवर के गोबर जितनी भी इज़्ज़त नहीं मिलती। मुझ पिअक्कड़ आदमी का क्या भरोसा, संसार से कब चल दे। फिर कौन पूछेगा इस अभागिन औरत को? ज़हालत की तक़लीफ़ झेलने के पहले मेरी आँख के सामने दुनिया से विदा हो जाती तो मुझे बड़ी तसल्ली रहती।" यही ज़मीन थी फ़िराक़ की संस्कार-संवेदना की, जो उनके चीत्कार, क्रोध और प्रलाप के तमस् में छिपी-दबी रहती थी और यही संवेदना भारतीय गार्हस्थ्य-धर्म की धुरी है।

अचरज होता है कि फ़िराक़ से आँख मिलाकर बतियाने वाले उनके लाड़ले सहचर रमेशचन्द्र द्विवेदी ने फ़िराक़ से क्यों नहीं पूछा कि हिन्दुस्तानी औरत की नियति को समझने वाला आदमी इतनी अदना-सी बात कैसे नहीं समझता कि हिन्दुस्तान की औरत भी आखिरकार औरत है, और उसकी नैसर्गिक भूख वही होती है जो दुनिया के किसी हिस्से की औरत की होती है, मगर हिन्दुस्तानी औरत महज वह है जो संस्कार से दबी होती है और अपनी भूख का समाधान केवल अपने पति से माँगती-चाहती है। मुमकिन है, अपने बुद्धि-कौशल से फ़िराक़ इस शिकायत का जवाब रच देते। लेकिन उनकी वाक्-चातुरी उस त्रासदी का क्या समाधान देती, जो

उनकी सीधी-सादी देहाती भार्या को पति की तीखी अवहेला-आग अपनी नृशंसता से राख में मिला रही थी।

सवाल का क्या जवाब देते फ़िराक़ कि (रमेशचन्द्र द्विवेदी के बयान के मुताबिक़) बाल्यकाल में कुरूप औरत की गोद में जाते ही चीखने-चिल्लाने-रोने वाले अपने लाड़ले बालक के लिए भार्या के रूप में माँ-बाप ने संवेदनशील अप्सरा की बेटी की तलाश क्यों नहीं की। फ़िराक़ की गार्हस्थिक स्तर की अन्सतोष-यातना के लिए किशोरी देवी कारण भले रही हों, जिम्मेदार तो उनके माँ-बाप ही थे। पर वह बेकसूर स्त्री ही यातना की ज्वाला झेलने को अभिशप्त थी, जैसे खुद रचे आँवे में फ़िराक़ आजीवन झुलसते-चीखते रहे। फ़िराक़ के व्यक्तित्व के मुखर अन्तर्विरोध को रमेश चन्द्र द्विवेदी ने ईमानदारी से यथावत् आँक दिया है, उनके जीवन-प्रसंगों को भाषा में रूपायित करते समय। जो तस्वीर सामने खड़ी होती है फ़िराक़ की वह एक असामान्य मनोविज्ञान से अनुशासित ऐसे आदमी की तस्वीर है, जो अपने आत्मीय चरित्र के प्रति अत्यन्त नृशंस होते हुए उसकी हल्की तक़लीफ़ से विचलित हो जाता है। चौंकाने और अन्यथा धारणा जगानेवाला यह अन्तर्विरोध फ़िराक़ के व्यक्तित्व का ऋण पक्ष है, जिसे रमेशजी की श्रद्धा ने कमज़ोर तर्क से आच्छादित नहीं किया है।

अबौद्धिक स्तर पर जीवन-यापन करने वाली फ़िराक़-भार्या किशोरी देवी का गार्हस्थिक विवेक और संवेदना-स्वाभिमान फ़िराक़ से कमज़ोर नहीं था। फ़िराक़ के परिवार की अप्रसन्न परिस्थिति का लाभ उठाकर कुछ लोग प्रदूषित मन्तव्य लिये जब-तब उनके घर में प्रवेश कर गृहस्थी की मर्यादा से घिनौना खिलवाड़ करने लगते थे। फ़िराक़ की अनुपस्थिति में अड़ोस-पड़ोस की महिलाएँ घर में घुसकर अपनी मोहिनी कुटिलता से किशोरी देवी की पीड़ा को उत्तेजित करने लगती थीं। प्रोफेसर कालोनी की पढ़ी-लिखी शौक़ीन महिलाओं ने एक दिन अवसर का लाभ उठाकर किशोरी देवी के प्रति गलदश्रु कंठ से सहानुभूति प्रकट करते रंगीन माया का जाल बिछाया जिसे घरऊ मर्यादा की आहिस्तगी से उंजाड़ते किशोरी देवी ने अपनी सौभाग्य-निष्ठा का मार्मिक संकेत दिया, "बोली, 'वे मुझे डाँटते हैं, गालियाँ देते हैं, आपको तो कुछ नहीं कहते। आप लोग उनकी बुराई क्यों कर रही हैं। मुझे अच्छा नहीं लग रहा है। उनकी निन्दा मेरी निन्दा है। ......गाली तो अमरनाथ झा को भी देते रहते हैं। बाबूजी की माँ (बहू जी की सास) भी बहुत गाली देती थीं। इसी से उनकी भी आदत पड़ गयी है। और फिर यह भी तो सोचिए कि मैं किस योग्य हूँ। न रूप, न रंग, न ढंग। मैं उनकी पत्नी बनने के योग्य बिल्कुल नहीं हूँ। आप लोगों में से कोई इस योग्य नहीं है जो उनकी पत्नी बन सके। मैं तो कहती हूँ कि मेरा भाग्य धन्य है कि मुझे उनकी तरह पति मिला। एक बात और कह दूँ आप और आपके पतियों को कोई याद भी नहीं करेगा। लेकिन बाबूजी को और उन्हीं की वजह

से मुझे भी लोग हम लोगों के मर जाने के बाद भी याद करेंगे। और तो और उनके नौकर-चाकर को भी लोग याद करेंगे। उनके माता-पिता, बहन-भाई को भी लोग उन्हीं की वजह से पूछेंगे।' बहू जी की बातें सुनकर मुझे बड़ी खुशी हो रही थी, मैं सोच रहा था कि काश, फ़िराक़ साहब भी बहू जी की बातों को सुन पाते तो शायद उनका बहू जी के प्रति नज़रिया बदल जाता। प्रोफेसराइनें—बहू जी का मुँह ताक रही थीं। सन्न मार गयीं। एक ने कहा, "यही आदर्श तो भारतीय नारी को पति का गुलाम बनाए हुए है।" बहू जी ने कहा, "हमें हमारी गुलामी पसन्द है, आपकी खोखली आजादी नहीं चाहिए।'"

गहरी संवेदना की इस जमीन पर खड़ी दो इकाइयों के बीच एक गहरी खाई थी और एक त्रासद सन्नाटा; जो टूटता था आक्रोश की डरावनी आवाज और बीभत्स गालियों के चीत्कार से, जिसका लक्ष्य किशोरी देवी की मूक तपस्या और पति-निष्ठा थी। सम्बल था किशोरी देवी का सहज सौभाग्य-बोध और भारतीय गृहिणी का परम्परा-पुष्ट नैसर्गिक संस्कार। किशोरी देवी की पीड़ा यह नहीं थी कि पति की प्रियता से वंचित थीं, और निरन्तर अवहेलामूलक अश्लील भाषा उनके ऊपर वक्त-बेवक्त लाठी बरसाती रहती थी, जिसे चुप्पी के साथ वे झेलती रहती थीं, बल्कि उनकी पीड़ा का बिन्दु यह था कि पति के विक्षेप और लोक-निन्दा के मूल में वे ही हैं। उस वेदना का आलेख रचनेवाले रमेशचन्द्र द्विवेदी ने इस अभिशाप-बिन्दु को स्पर्श किया है अपनी पुस्तक में, "रमेश बाबू, उन्हें गालियाँ देकर क्या आराम मिलता होगा। कितना खून जलता होगा। इन्हीं बातों को लेकर उनकी बदनामी होती है। जिसके जो जी में आता है, कहता रहता है। मैं चाहती हूँ कि उन्हें कोई कुछ न कहे। मगर मैं क्या कर सकती हूँ।" संस्कारी गृहिणी की आन्तरिक साध और लाचारी की पीड़ा को संवेदनशील रमेशचन्द्र द्विवेदी का भारतीय संस्कार ही समझ सकता था। अचरज तो इस बात से होता है कि भारत की प्राण नाड़ी से जन्मे लोकगीतों की महत्ता की उल्लसित कंठ से प्रशंसा करने वाले, घसियारे के सिद्ध कंठ से बिरहाराग सुनकर मुग्ध भाव से उसको विशिष्ट स्वर शिल्पी का सम्मान देनेवाले और अंडा से रही गौरैया के घोसले को उजाड़ने की खबर पाकर संवेदना के आवेग में विक्षिप्त होने वाले दार्शनिक कवि अपनी सीधी-सादी भार्या की मूक संदेवना के प्रति इतने उदासीन और असहिष्णु कैसे थे। रमेशचन्द्र द्विवेदी ने कथा-प्रसंग में ऐसे कई संवेदनशील तथ्य टाँके हैं जो फ़िराक़ की संवेदना की ओर इशारा करते हैं कि वे महज वही नहीं थे, जो उनके फूहड़ बोल और चीत्कार से दुनिया के सामने उनकी नृशंस छवि खड़ी होती है, बल्कि सारे असन्तोष और चीखती-चिल्लाती खीझ के बावजूद पत्नी के प्रति उनकी दबी-छिपी कोमल भावना थी, जो कम संवेदनशील नहीं थी। फ़िराक़ के व्यक्तित्व के अन्तर्विरोध को रमेशचन्द्र द्विवेदी ने बड़ी ईमानदारी और तटस्थता के

साथ उजागर किया है कि पत्नी की हल्की तक़लीफ़ से पगला उठनेवाले फ़िराक़ अपने पागल आक्रोश में बेक़सूर स्त्री पर गालियों की वर्षा करने लगते थे।

यातना ही जैसे फ़िराक़ की नियति थी। यातना की वैसी तीखी आँच में निरन्तर झुलसते हुए सौन्दर्य के छन्द रचना और चिन्तन के शीर्ष शिखरों पर धावन करते विशिष्ट विमर्श मंचों से लेकर अन्तरंग घरेलू गोष्ठियों में ज्योति बरसाते रहना फ़िराक़ के प्रातिभ जीवट का ही प्रताप था। और यातना की आग में झुलसते हुए जिन्दगी की अवधि के पल-पल को जीना जितना दाहक होता है, उससे कम त्रासद उस अभिशप्त ज़िन्दगी का अन्तरंग साक्षी बनना नहीं है। फ़िराक़ की गृहस्थी की हर साँस में साँस मिलाकर तीन दशकों तक अभिशाप-ज्वाला को शान्त करने की व्याकुल-विक्षिप्त संवेदना लिये जीनेवाले रमेशचन्द्र द्विवेदी की त्रासदी कितनी गहरी थी, संवेदनशील आदमी सहज ही समझ सकता है। चीत्कार करता फ़िराक़ का विक्षेप और उनकी भार्या की धूम्राच्छादित पीड़ावह्नि के प्रति समानरूप से संवेदनशील रमेशचन्द्र द्विवेदी शायद राख में इसलिए नहीं मिल पाये कि उन्हें अपने समय के एक बड़े शायर की अभिशप्त जिन्दगी की व्यथा-कथा रचनी थी, और रमेशचन्द्र द्विवेदी ने अपनी नियति को सर्जनशील स्पर्श देकर अपना गुरुतर दायित्व पूरा किया। दहकते दर्द के दुभाषिया की संवेदनशील भूमिका पूरी की है, यह पुस्तक रचकर।

फ़िराक़ के जीवन-प्रसंग के रूपायन के शिल्प-विधान की उल्लेखनीय विशिष्टता है लेखक का सिद्ध संयम और विवेक जिसके चलते जीवन की यथार्थ तस्वीर व्यंजक भाषा में रची जा सकी है। यह संयम प्रतिभा की कसौटी है। रमेशचन्द्र द्विवेदी ने जिस गहरी श्लाघा के साथ फ़िराक़ के सौन्दर्य पक्ष को, असाधारण संवेदनशीलता और मनीषा को प्रभावी शैली में प्रस्तुत किया है, उसी अनासंग जागरूकता से फ़िराक़ के आचरण की कुरूपता को उजागर किया है। व्यक्तिगत निकटता लेखन की ईमानदारी को प्रभावित-बाधित नहीं करती। गुणवत्ता के बयान में न तनिक अतिरंजना और न यथार्थ का बलात् विरूपीकरण। सिद्ध अनुशासन से यह विरल संयम उपलब्ध होता है। रमेशचन्द्र द्विवेदी में अपने उपजीव्य से जुड़े मार्मिक प्रसंगों के चयन का विवेक भी बहुत पुष्ट है। कुछ बिन्दुओं से पूरी प्रामाणिक तस्वीर आँक देना सर्जनशीलता की ही सिद्धि है और दो अन्तरंग इकाइयों के बीच सदा डरावनी मुद्रा में खड़ी संवादहीनता की प्रेत-छाया में, संवेदना के स्तर पर, संवाद रच देना रमेशचन्द्र द्विवेदी के परिपक्व गद्य-शिल्प की उल्लेखनीय विशिष्टता है। द्रष्टव्य है, फ़िराक़ के अन्तरंग सहचर लेखक श्री द्विवेदी की वह विचक्षण जागरूकता और संवेदनशील वीक्षा, जो फ़िराक़ की जीवन-चर्या की उन छोटी-छोटी बातों को भी स्पर्श करती है, चाहे वे कुरूप हों या सुन्दर और जो फ़िराक़ और उनके निजी संसार को यथार्थ रूप में समग्रता के साथ उजागर करती हैं। ऊपर से अनियन्त्रित और एक अंश तक

अश्लील तूफान भीतर से कितना कोमल, संवेदनशील और सर्जनशील था इसका सटीक रूप आँक पाना रमेशचन्द्र द्विवेदी के परिपक्व शिल्प की निस्सन्देह सर्वाधिक मूल्यवान उपलब्धि है।

प्रो. रघुपति सहाय और प्रो. देव जैसे मनीषी आचार्य की स्नातकोत्तर कक्षा के कृती छात्र रमेशचन्द्र द्विवेदी ने विहित अनुशासन के प्रति जागरूक रहते विशिष्ट सारस्वत मीमांसा-विवेक अर्जित किया है, जिसका संकेत पुस्तक की प्रस्तावना के उस विमर्श-बिन्दु से मिलता है जहाँ वे शोध-धौरन्धरिकों के निष्कर्षों का तथ्य-पुष्ट तर्कों से निरास करते हैं तथा फ़िराक़ के जीवन-प्रसंग पर उठाये गये आशंकाओं-आरोपों का सटीक उत्तर देते हैं। रमेशचन्द्र द्विवेदी ने यह प्रखर सारस्वत विवेक जागरूक आयास से न अर्जित किया होता तो फ़िराक़ की बतकही के दार्शनिक सूत्रों का मूल्य भी न समझ पाते और तब उन्हें टाँककर एक मूल्यवान ज्ञान-सम्पदा का दस्तावेज न तैयार कर पाते। उनकी न केवल यह पुस्तक बल्कि अन्य दूसरी पुस्तकों को बाँचते बड़े सहज रूप में पाठक फ़िराक़ के चिन्तन के ऊँचे सोपान का साक्षात्कार करता है। रमेशचन्द्र द्विवेदी के लेखकीय व्यक्तित्व का यह एक मूल्यवान आयाम है, जो ध्यातव्य है।

जिस किसी के सामने फ़िराक़ की पीड़ा चिल्लाती रहती थी कि उनकी देहाती पत्नी में तहजीब, ज़रूरी व्यवहार का सलीका और घर-गृहस्थी में सौन्दर्य रचने की तमीज़ कतई नहीं है। उन्हीं किशोरी देवी की पाक-कला की प्रशंसा फ़िराक़ की घरेलू महफिल में बैठने वाली बड़ी हस्तियाँ चिल्ला-चिल्ला कर कहती रहती थीं, और उन्हीं फ़िराक़भार्या के व्यावहारिक विवेक ने रमेशचन्द्र द्विवेदी को गहरी वत्सलता से सुझाव दिया था कि "बाबूजी की किताबों की लोग बहुत तारीफ करते हैं, आप रमेश बाबू, उनकी बातों को, जब वे बड़े लोगों से बतियाते हैं, टाँकते रहिए। उससे आपकी भी किताब बन जायेगी और आपकी भी इज़्ज़त ऊँची हो जायेगी।" रमेशचन्द्र द्विवेदी ने अपनी माता प्रतिम बहू जी की यह मूल्यवान सलाह, प्रसंगवश, अपनी पुस्तक में टाँकी है। रमेशजी की नैसर्गिक साध और साधना का सुफल हो या बहू जी के सुझाव का विधायक परिणाम; तथ्य है कि रमेशचन्द्र द्विवेदी फ़िराक़ विषयक साहित्य के नामवर लेखक हैं। बेशक इस मूल्यवान कमाई के लिए उन्हें बड़ी कीमत चुकानी पड़ी है।

फ़िराक़ के जीवन-प्रसंग पर केन्द्रित रमेशचन्द्र द्विवेदी की इस पाँचवीं पुस्तक के साथ एक छन्द पूरा होता है। बीसवीं सदी के मनीषी शायर की जटिल ज़िन्दगी का मूल्यवान दस्तावेज़ तपस्या का विकट अनुशासन सिद्ध न होता रमेशचन्द्र द्विवेदी को तो कवि की मानवीय सनकों के तीखे दंश से धैर्य की ज़मीन को अक्षत रखते गहरी संलग्नता और पुष्ट ताटस्थ्य के साथ उस प्रातिभ ज्योति को, जो अपने समय

की संवेदना और मनुष्य की नियति को अप्रतिम सर्जनशील स्पर्श से उजागर करने वाली रोशनी थी, सहज भाषा में रूपायित करना कतई सम्भव न होता। फ़िराक़ के संसार में अन्तरंग सहचर के रूप में जीना जितने बड़े सौभाग्य की बात थी उतनी ही बड़ी त्रासदी का भोक्ता बनना भी था, और उस त्रासदी के ताप को झेलने का धैर्य केवल रमेशचन्द्र द्विवेदी के संवेदनशील जीवट और फ़िराक़-भार्या किशोरी देवी की मूक तपस्या में थी। मतलब से मतलब रखनेवाले लोकचतुर व्यक्ति आँवे की कमाई तक से मतलब रखते हैं, आँवे में झुलसने के मूल्य का स्तर कितना ऊँचा होता है, यह उन्हें पता नहीं होता। एक तूफ़ान की त्रासदी को श्रद्धया सहते-सहलाते लगातार तीन दशक चलने वाली रमेशचन्द्र द्विवेदी साधना की उपलब्धि मूल्यवान और विशिष्ट इस अर्थ में भी है कि साहित्य-जगत् में इसने उनकी ऐसी छवि खड़ी की है, जिसे अनदेखा करना कतई सम्भव नहीं है।

त्रासदी की प्रामाणिक तस्वीर आँकना चुनौती भरा उपक्रम होता है जो साधारण अक्षरकर्मी के बूते की बात नहीं होती। अपनी सर्जनशील ऊर्जा के बल से रमेशचन्द्र द्विवेदी ने विकट चुनौती को रचनात्मक आयाम से जोड़कर विरल कृतार्थता अर्जित की है। उनके छन्द का आखिरी चरण निस्सन्देह अधिक संवेदनशील है। और जाहिर है, गहरी संलग्नता के साथ सिद्ध तटस्थता न होती तो इस संवेदनशीलता को व्यंजक भाषा में रूपायित करना सम्भव न होता। लेखक को मेरी अनुशंसा और आश्वासन की ज़रूरत नहीं है। वे अपने प्रातिभ बल पर साहित्य की दुनिया में खड़े हैं। मेरा विवेक आश्वस्त है, फ़िराक़ विषयक रमेशचन्द्र द्विवेदी की अन्य पुस्तकों से बढ़कर इस पुस्तक को लोक-प्रवेश और लोक-सम्मान मिलेगा। पुस्तक के नाम की गहरी व्यंजना में ही एक ऐसा दुर्निवार काव्यात्मक आकर्षण है जो न केवल प्रबुद्ध बल्कि सामान्य संवेदनशील पाठकों को पुस्तक के पन्ने पलटने को प्रेरित करेगा। एवमस्तु।

7-बी, हरिमोहन राय लेन,
कोलकाता-700015
(फोन : 22510182)

कृष्ण बिहारी मिश्र

भूमिका

"मैंने फ़िराक़ को देखा था' और 'यूँ ही फ़िराक़ ने उम्र बसर की'—मेरी ये पुस्तकें जब प्रकाशित हुईं तो इनकी समीक्षाएँ भी निकलीं और खूब निकलीं। समीक्षायें निकलती रहती हैं—यह कोई नई बात नहीं है। हज़ारहा पुस्तकें छपती आई हैं और उनकी समीक्षायें भी निकलती आई हैं और ये पुस्तकें और उनकी समीक्षायें समय के कूड़ेदान में फेंक दी जाती रही हैं। यह सच है। लेकिन यह भी सच है कि कुछ पुस्तकें और उनकी समीक्षायें समय के साथ-साथ 'नवतामुपैति' यानी एक ऐसे श्वेत कमल की तरह होती हैं जो शाश्वत रूप से खिलता ही जाता है और पूरे देश और काल को अपनी नई-नई खुशबुओं से भरता जाता है। मैं यह नहीं कहता कि मेरी पुस्तकें भी इस कोटि में आती हैं। जहाँ तक इनकी समीक्षाओं की बात है—उनमें समीक्षाकार की बचकानी दृष्टि का ज़रूर पता चलता है। पुस्तकों की निंदा कहीं नहीं की गई है। लेकिन जो नतीजे निकाले गए हैं वे बहुत ही अपरिपक्व चिन्तन की पैदावार हैं। आदमी दूसरे के विषय में पढ़कर बहुत जल्दी फैसले निकाल लेता है। मैं समीक्षा लेखकों से पूछता हूँ कि वे बड़ी ईमानदारी के साथ अपने जीवन की समीक्षा करें और लिखें। अपने भीतर के स्वर्ग और नरक का खुलकर वर्णन करें। ऐसा करने की उनकी हिम्मत ही नहीं पड़ेगी। जीवनी लेखन बड़ी खतरनाक कला है। जरा भी चूके कि गए। समीक्षा लेखक छिछली बुद्धि से किसी के जीवन के गहराई की थाह लगाने का दावा करता है। फ़िराक़ का यह शेर कुछ इसी तरफ इशारा करता है—

तुझसे ऐ दरियाए ज़िन्दगी पार कोई भी पा न सका
कैसे-कैसे डूब गये गो घुटनों घुटनों पानी है।

किनारे की मट्टी की घुलावट ही कितने-कितने सफ़ीनों को ले डूबी भयंकर तूफानों की बात तो दूर रही। साहित्य पर, निबन्ध पर, विज्ञान पर, काव्य पर समीक्षा लिखना बड़ा आसान है। लेकिन जीवन-कथा और आत्मकथा पर कलम उठाना और समीक्षा लिखना उसी का काम है जो स्वयं अपने जीवन के भयंकर रौरव नरक में हौंकते हुए तूफानों और अग्नि वर्षा से आँखें मिलाने की कला में निपुण हो। जो जीवन के विष का पान करके शिवत्व का प्रसाद वितरण करता हो। आस्कर वाइल्ड

के इस कथन पर गौर फरमायें "Shallowness is the supreme vice" छिछलापन सबसे बड़ा गुनाह है। तुलसी का यह कथन–

पुरइन पात सघन अति बेगि न पाइय मर्म।

जीवन हज़ारों भ्रमजालों, या परदों से ढका है। उन परदों और भ्रमों को ही सत्य मानकर फैसला कर बैठे वाह भाई समीक्षक महोदय–आपका भी जवाब नहीं है। 'बेगि न पाइय मर्म' और आपको मर्म तक पहुँचने में ज़रा भी देर नहीं लगी। मुल्ला नसीरुद्दीन एक बार ज़िला जज बना दिये गये। बैठे इजलास पर। बहस शुरू हुई। अभी एक पक्ष के वकील अपना नज़रिया पेश कर रहे थे कि बीच में ही मुल्ला बोल उठे, "वकील साहब आप बिल्कुल ठीक कह रहे हैं।" पेशकार ने कहा, "हुज़ूर अभी आपने दूसरे पक्ष की बहस तो सुनी नहीं।" मुल्ला ने कहा, "तुम बिल्कुल ठीक कह रहे हो।" फिर दूसरे पक्ष के वकील ने अपनी बहस शुरू की। मुल्ला ने फिर कहा, "भाई तुम बिल्कुल ठीक कह रहे हो।"

इजलास से उठ गये यह कहते हुए कि दुनिया मेरे काम की नहीं है। यहाँ सब ठीक ही कह रहे हैं। इतने उतावले होने की ज़रूरत नहीं है। अल्ला मियाँ भी पूरी ज़िन्दगी इन्तजार करते हैं तब जाकर फैसला सुनाते हैं। मुक्ति के लिए एक क्षण काफ़ी होता है और वैसे तो सारा जीवन भी कुछ नहीं है।

सनमुख होइ जीव मोहि जबहीं।
जन्म कोटि अघ नासहिं तबहीं॥

मैंने देखा है, समझा है, सुना है फ़िराक़ और उनकी पत्नी को लेकर बड़े-बड़े विवाद उठ खड़े हुए हैं। बड़ी-बड़ी अफवाहें, बेसिर-पैर की बातें। यदि आप ईमानदारी से देखें तो पायेंगे कि मैंने अपनी पुस्तकों में भी कहीं भी अपनी राय व्यक्त नहीं की है या फैसले नहीं सुनाये हैं। हाँ, कहीं-कहीं भावनाओं की चोटें उभर आयीं तो चीख़ पड़ा–वह मेरी चीख़ है, राय नहीं, फैसला नहीं।

मैंने अभी तक अपनी पुस्तकों में फ़िराक़ और उनकी पत्नी से सम्बन्धित छुटपुट वाकयों का बयान किया है। इन्हीं को लेकर कयामत बर्पा हो गयी। फिर दिल ने कहा, "क्यों न एक छोटी-सी पुस्तिका फ़िराक़ की पत्नी को केन्द्र में रखकर लिखी जाय।" सोच तो लिया। विचार भी बन गये मगर चेतना के परदे काँप-काँप उठे। बड़ा ख़तरनाक मोड़ आ गया है।

अब गुज़रता है वहाँ से ज़िन्दगी का काफिला
मौत की भी जिन फ़िज़ाओं में निकल आये जबाँ।

माता-पिता के सम्बन्धों का कटु और सत्य वर्णन करना है मगर मर्यादा के साथ। पक्षपात भी न होने पाये, हक़ीक़त भी सामने आ जाय। बड़े जोखिम का काम है भाई। कहाँ से मुसीबत का पहाड़ सर पर रख लिया। रख लिया तो रख लिया। जो हो सो हो।

फ़िराक़ और उनकी पत्नी के बीच होने वाली घटनाओं के विषय में अधिकतर बातें सुनी-सुनाई हैं। किसी ने कुछ देखा या सुना नहीं। बड़ी-बड़ी घिनौनी बातें उड़ा दी गयीं। इन घिनौनी बातों को यानी अपनी पत्नी के प्रति फ़िराक़ द्वारा किये गये अफवाही अत्याचारों को फ़िराक़ ने बड़े दुखी दिल से मुझे बताया था—"देखो, रमेश! कैसे-कैसे लोग हैं—इन लोगों ने मुझे बदनाम करने के लिए कोई कोर-कसर उठा नहीं रखी। मैं मानता हूँ, मैं जानता हूँ तुम भी जानते हो कि मेरा व्यवहार मेरी पत्नी के प्रति कोई आदर्श व्यवहार नहीं रहा। आदर्श तो छोड़ो, मैं हमेशा उसके नाम पर दाँत पीसता रहा हूँ। दाँत पीसना मेरा धर्म बन गया है। गालियाँ देता रहा हूँ, अपने दुर्भाग्य को कोसता रहा हूँ। लेकिन मैंने उसके साथ कभी कोई अमानवीय व्यवहार नहीं किया। मैंने कभी उस पर हाथ नहीं उठाया। लोगों ने उड़ा दिया कि मैंने लोहे की गरम शलाखों से उसके बदन को ज़ला दिया, मैंने उसकी हड्डियाँ तोड़ डालीं। इन अफवाहों के फैलाने में जिन महाशय का हाथ था सुनो, युनिवर्सिटी में अर्थशास्त्र विभाग में एक प्रोफेसर थे—राम प्रताप बहादुर। बड़े चालबाज, बड़े मक्कार, बड़े ख़तरनाक। बातों से फूल झड़ते थे मगर दिल में कोबरों और काले नागों का निवास था। मैंने बड़े गाढ़े और नाजुक वक्तों में उनकी मदद की थी। लेकिन वे हमेशा मेरा बुरा ही चाहते रहे। तुम्हें तो पता ही है कि मेरी लड़की की शादी में उन्होंने वे हर हथकण्डे अपनाये जिससे मेरी आबरू लुट जाये। लेकिन कुदरत का भी एक निजाम है। अल्लाह की लाठी में आवाज नहीं होती। राम प्रताप बहादुर साहब जलभुनकर, मिटकर रह गये। तुम्हें बता चुका हूँ कि मेरा घरेलू नाम महँगू था। जब मैं पैदा हुआ था 1896 में तो उस वक्त महँगाई बहुत थी इसीलिए घर में पुकारने का मेरा नाम महँगू रख दिया गया। मेरे बाबा हमेशा कहते थे कि महँगू किसी का बुरा मत चाहना, बुरा करने की बात तो दूर रही। जो भी तुम्हारा बुरा चाहेगा मिट जायेगा। वही होता आ रहा है।"

बड़े लोगों की बात तो छोड़िए, गाँवों में, शहरों में लोगों के पारिवारिक सम्बन्धों को लेकर किस्से गढ़े जाते हैं। चटखारे ले-लेकर उन्हें कहा जाता है, सुना जाता है। हमारा देश किस्सों-कहानियों का देश है। बड़े से बड़े ज्ञान की बातें किस्से, कहानियों के माध्यम से व्यक्त होती आ रही हैं। सम्पूर्ण महाभारत, पुराण, रामायण आदि में कहानियों के माध्यम से जीवन के गूढ़ तत्त्वों को बच्चों की भाषा में समझाया गया है। घर में दादी मातायें बच्चों को कहानियाँ सुनाती आयी हैं। जिन बच्चों की दादी माँ ने कहानियाँ नहीं सुनायी, उनका बचपन, सूखकर काँटा हो गया। इन कहानियों में बड़े-बड़े चरित्रों का निर्माण किया है। इन्हीं कहानियों में मानवीय संवेदनाएँ करवटें लेती हैं। परियों की कहानियाँ कितनी प्रिय लगती हैं। उस देश का बचपन भूखा रह जाता है जहाँ लोरियाँ नहीं गायी जातीं, कहानियाँ नहीं सुनायी जातीं। ये कहानियाँ

मानव-जीवन की दर्सगाह या पाठशालाएँ हैं जहाँ सँवारा जाता है, निखारा जाता है। मगर बेसिर-पैर की कहानियाँ भी गढ़ी जाती हैं जो झूठ पर, ईर्ष्या पर, जलन पर आधारित होती हैं। गाड़ी ढलान पर है। प्रश्न है कि कहानी कहने वाला और सुनने वाला कैसा व्यक्ति है, किस कोटि का है।

सुनिये—

आलोकसामान्यमचिन्त्यहेतुकम् ।
द्विषन्ति मन्दाश्चरितं महात्मनाम् ।।

मूर्ख लोग दुर्बोध कारण वाले महापुरुषों के असाधारण चरित्र से द्वेष करते हैं। आलोक सामान्य का भाव है—जो सर्वसाधारण लोगों के समान न हो। असाधारण या अलौकिक व्यक्ति को साधारण लोग समझ नहीं पाते। यही कारण है वे उनकी निन्दा करते हैं।

लोग समझते हैं कि मैं फ़िराक़ को अतिमानव या महामानव के रूप में उन्हें महिमामंडित करता हूँ। बात ऐसी नहीं है। मैंने तो वही लिखा या लिखूँगा जो इन दो आँखों ने देखा—तटस्थ भाव से। आप को जो समझना है समझें, जो फैसला देना हो दें। मेरे कुछ मित्रों ने राय दी कि रमेश बहुत लिख चुके। अब फ़िराक़ पर लिखना बन्द करिए। फ़िराक़ के अलावा भी दुनिया में बहुत कुछ है। खासकर उनकी पत्नी के ऊपर कोई पुस्तक तो हरगिज न लिखना। भ्रान्तियाँ और गहरा जायेंगी। अब तक का सफर तो तय कर लिया आपने, मगर धर्म संकट का मोड़ आने वाला है। किसके हक में फैसला करोगे। साहित्यकार और पाठक समाज दो खेमों में बँट जायेगा—एक फ़िराक़ के पक्ष में तो दूसरा उनकी जीवन संगिनी के पक्ष में, और दोनों पक्ष रमेशचन्द्र द्विवेदी के खिलाफ हो जायेंगे। मैंने भी सोचा, 'सखा नीति तुम नीक बिचारी'। क्यों झमेले में पड़ो। क्यों विपदाओं का पहाड़ सर पर धरो। लिखने का विचार त्याग दिया। लेकिन 'चाहहिं कीन करावइँ सोई'।

इन्हीं मित्रों और गुरुओं की प्रेरणा को आधार बनाकर पुस्तक लिखने की ठान ली। इसके पूर्व गुरुदेव जगन्नाथ पाठक जी ने भी मुझे प्रेरित किया था इस विषय पर पुस्तक लिखने के लिए। अगर कोलकाता न जाना होता तो पुस्तक लिखने की बात वहीं की वहीं धरी रह जाती।

बीच में एक बात और हो गयी। कोलकाता से हिन्दी के प्रसिद्ध लेखक डॉ. कृष्ण बिहारी मिश्र जी ने मुझे एक लम्बा पत्र लिखा। उन्हें मेरी पुस्तक 'यूँ ही फ़िराक़ ने उम्र बसर की' भाई प्रमोद शाह जी द्वारा मिल गयी थी।

पुस्तक में तो कुछ नहीं है मगर मेरा उत्साहवर्द्धन करने के लिए जो कुछ उन्होंने कहा और लिखा उसे भी मैं यहाँ ज्यों का त्यों छापना चाहता हूँ। पत्र की भाषा मेरे लिए प्रेरक थी। मिश्र जी की संवेदनशीलता ने मुझे गहराई से स्पर्श किया। फ़िराक़

साहब ने भी अपने कुछ पत्रों में मेरी प्रशंसा की थी जो छप चुके हैं। मगर कृष्ण बिहारी जी मिश्र ने जो कुछ लिखा उसका असर कुछ और था जैसे लेखन का सही पुरस्कार मिल गया हो। ऐसा प्रेरक के दरबार में प्रवेश मिल सकता है। इसीलिए मैं उस पत्र को यहाँ दे रहा हूँ। एक और मकसद है। लोग विशेषकर समीक्षाकार बन्धु देखें और जानें कि पुस्तक कैसे पढ़ी जाती है और पुस्तक की समीक्षा कैसे की जाती है।

कृष्ण बिहारी मिश्र
7-बी हरिमोहन राय लेन, कोलकाता-700015
दूरभाष (033) 22510182
9.5.07

प्रियवर श्री द्विवेदी जी नमोनमः।

मेरे स्नेहभाजन नन्दलालजी ने उस दिन बड़ा सुख दिया कि फोन से आपसे संक्षिप्त बतकही करा दी। आपकी नयी पुस्तक 'यूँ ही फ़िराक़ ने उम्र बसर की'—को पढ़ने की बेचैनी बढ़ गयी। मेरे छोटे भाई प्रमोद (मेरे अन्तरण मित्र स्व. रेवती लाल शाह के अनुज) ने दूसरे ही दिन पुस्तक उपलब्ध करा दी। सहज आग्रह से पुस्तक में डूब गया।

आपकी भूमिका 'फ़िराक़ालाजी' के उपसंहार-बिन्दु पर नजर पड़ी। तुलसी की संवेदना खड़ी दिखी 'एहि मँह रघुपति नाम उदारा'। और रोमांचित हो गया। ऐसा संवेदनशील संगति-विवेक फ़िराक़ जैसी असाधारण प्रातिभ विभूति की ज्योति-धारा में उन्मुक्त स्नान करते रहने वाले आलोक-समृद्ध पुरुष में ही सम्भव है।

पुस्तक का समर्पण-पृष्ठ। फ़िराक़ के लीला-सहचर के ऊँचे संस्कार और गहरी संवेदना का प्रमाण। शायद इसी संवेदना को लक्ष्य कर फ़िराक़ ने आपको अपनी बीहड़ ज़िन्दगी का हमसफर बनाया था। ऐसा भरोसा और ऐस निर्भरता। 'बुजुर्ग' ने कितना सही कहा था, "तुम बड़े खुशनसीब हो भाई इसके साथ रहते हो।....तुम्हें लोग सताएँगे। मगर परवाह मत करना। बहुत बड़ी जागीर के मालिक बन जाओगे भाई।....इसकी खिदमत करते रहो। इसका दामन पकड़े रहो। दरियाए ज़िन्दगी पार कर जाओगे।" फोन से बात करते समय मैंने भी आपके उज्ज्वल प्रारब्ध और मूल्यवान उपलब्धि की ओर इशारा किया था।

चेतना के जिस उन्नत सोपान पर फ़िराक़ नंगे पाँव जिस अवधूती मुद्रा में निरन्तर धावन करते रोशनी बरसाते रहते थे, उस आग्नेय धरातल का अन्तरंग साक्षी और हम सफर बनना बड़ी हिम्मत और मुकद्दर की बात है, और यह भी कि फ़िराक़ जैसे अर्गलाविहीन उद्धत पुरुष और असाधारण प्रतिभा के मालिक औघड़ कवि-चिन्तक ने आपकी पात्रता पर ऐसा भरोसा किया कि उनके नखरों और सनकों के आप

मालिक बन गये। उपलब्धि यह है, ढेला-माटी बटोरने, ओहदे और सिक्के कमाने में क्या धरा है! कमाई का भ्रम मोह पैदा करता है। और बाबा कहते हैं—"मोह सकल ब्याधिन के मूला।" नारायण ने रक्षा की आपकी और सच्ची कमाई की सटीक राह दिखा दी। डॉ. अमरनाथ झा ही नहीं, और बड़ी हस्तियाँ अंग्रेजी विभाग में प्रोफेसर थीं इलाहाबाद यूनिवर्सिटी में प्रो. रघुपति सहाय के सहकर्मी। और उनके छात्रों में और भी रहे होंगे रेलवे में मुलाजिम। मगर फ़िराक़ और उनके साहित्य-सचिव, अन्तरंग सखा रमेशचन्द्र द्विवेदी और कोई नहीं हुआ। नारायण सुमुख होते हैं तब यह विरल सौभाग्य उपलब्ध होता है द्विवेदी जी। यह मेरी आस्था है।

'बुजुर्ग' ने सलाह दी "बड़ा पुरुष एक मोअम्मा है, एक पहेली है। इसे बूझो मत। पहेली में डूबते जाओ। पहेली बन जाओ।" और आप गहरे डूबे। बिना डूबे उस बीहड़ पुरुष को सही रूप में चीन्हते कैसे। जागरूक न रहते तो सांघातिक अन्धड़ से उस रोशनी की, जो सदी की रोशनी और आवाज थी, रक्षा कैसे करते। आप भी पहेली बन जाते तो उस गूढ़ पहेली को, जो 'मोकम्मल-दीवानगी, मोकम्मल होश मन्दी' ज़मीन पर खड़ी थी, सुलझाता कौन? मगर उसके हर क़तरे से वाक़िफ़ होने के लिए डूबना बुनियादी शर्त है। खुद फ़िराक़ इस रहस्य को सहज बतकही में खोलते समझाते हैं, इस क़दर डूब जाओ कि उसके पाने का ख़याल भी न रह जाय तो समझ लो उसकी दोस्ती मिल जायेगी। और फ़िराक़ जैसी प्रातिभ विभूति की दोस्ती कमा लेना कितनी बड़ी उपलब्धि है—इसका सटीक मूल्यांकन तो केवल फ़िराक़ की जाति और कोटि का 'बड़ा पुरुष' कर सकता है। मैं तो उस समर्पण-निष्ठा और संवेदना-ऊष्मा को, जो साक्षी भाव से गहरी श्रद्धा के साथ उस 'बड़ा पुरुष' को ढोती रही है, महज शिरसा प्रणाम ही कर सकता हूँ।

खूब चीन्हा बुजुर्ग ने 'बड़ा पुरुष' को। इसके सिवा क्या कहा जा सकता है फ़िराक़ को, जिसके कंठ से औपनिषदिक ज्ञान की ज्योति उसी सहजता से बरसती रहती थी जिस सहजता से धराऊँ गालियाँ, रंगीन लतीफे और विविध भाषा के छन्द। जो झूँसी के बाबाजी के तुलसी-गंगाजल और महुए के ठर्रे का समान रुचि से आस्वाद लेता था, जो शान्तिपुरी धोती और कुर्ता पहनकर ही झूँसी की वेदान्त-कक्षा में बैठने के शिष्टाचार के प्रति पूरी तरह संवेदनशील था और सारी तहज़ीब को लात मारकर ज़ज के बँगले पर उस आदमी के बेटे को नौकरी दिलाने लुंगी पहने जा सकता था, जिसने काफी हाउस की भीड़ में उन पर जूते उठा लिये थे।

'बड़ा पुरुष' वाकई बड़ा पुरुष था। वैसा असाधारण पुरुष सरल-सहज जिन्दगी जीना कैसे पसन्द करता। और आजीवन तड़पता रहा 'बड़ा पुरुष' छोह और प्रेम की उस व्याकुल भूख से जिसका भरपूर आस्वाद उसे बाल्यकाल में अपने आँगन में मिला था। मगर कैसी त्रासदी थी कि छोह की सम्भावना के जगते ही अमानुषिक

संवेदनहीनता से कुचल के रख देता था उस मुलायम जमीन को। क्या कुसूर था उस भारतीय गृहिणी का, जो धर्मपत्नी के रूप में फ़िराक़ का संसार सँवारने उनके आँगन में बाइज़्ज़त लायी गयी थी और फ़िराक़ उनकी भावना पर निरन्तर लाठी बरसाते रहे और घर-आँगन में त्रासद सन्नाटा सदा के लिए बसा लिया, जो उन्हें दहकाता-झुलसाता रहा। कैसे-कैसे जन्तुओं ने सेंध मारी थी फ़िराक़ के घर में। आप जैसा जागरूक पहरुआ न होता तो न जाने क्या दशा हुई होती, शायरे आजम की शातिर मुलाजिमों और स्वांगसिद्ध भक्तों-प्रेमियों के हाथों। ख़ाक में मिला दिया होता बंगालिन बुआ जी और उनके सेनानयक सपन तथा उसकी सेना ने बुआजी के 'फरकजी' (फ़िराक़ जी) को। बुआजी के मोहक नखरे के आशिक इलाहाबाद के रंगीन गीतकार गोपेश जी के अश्लील मन की छबि खूब आँकी है आपकी विचक्षणता और सिद्ध कलम ने। इलाहाबाद म्यूजियम में खास जगह पर इस मूल्यवान खास कलम को सँजोकर रखना चाहिए इलाहाबाद वालों को। इस कलम का मालिक आप जैसा सर्जनशील पहरुआ न होता महाकवि की पहरेदारी में तो असह्य दर्द से तड़पती-चीखती बीसवीं सदी की विरल रोशनी का ऐसा प्राणवान दस्तावेज हमें कैसे मिलता। आपके समान 'बड़ा पुरुष' की हिफाजत में अपना धर्म छोड़ने को सदा प्रस्तुत रहने वाले नैष्ठिक ब्राह्मण देवता को पुनः-पुनः प्रणाम। विरल उपलब्धि के लिए हार्दिक बधाई।

श्री रमेशचन्द्र द्विवेदी, इलाहाबाद **भबदीय**

कृष्ण बिहारी मिश्र

भ्रमवश यह मत समझ लीजिएगा कि पत्र में प्रशंसा है इसलिए उद्धृत कर रहा हूँ। एक औघड़ के भीतर सुन्दर करुणामय संसार की रचना प्रक्रिया को रेखांकित करने वाली मिश्र जी की संवेदनशीलता की व्यंजक भाषा की ओर इशारा करना ही उद्देश्य है। और यदि यह समझा जाय कि मैं अपनी प्रशंसा सुना रहा हूँ या सुनाने का एक बहाना ढूँढ़ रहा हूँ—तो भी क्या फर्क पड़ता है। किसको अपनी प्रशंसा अच्छी नहीं लगती है। प्रशंसा का भाव मन में एक उल्लास तो पैदा करता ही है—प्रशंसा चाहे आपकी हो या हमारी। छोटी-छोटी नगण्य उपलब्धियों के लिए लोग पाखण्डी राजनेताओं की तारीफ में शब्दकोश समाप्त कर देते हैं। सरस्वती की प्रशंसा तो प्रिय लगेगी ही। भाषा और भाव का माधुर्य तो मन के कल्मष को धो देता है। यही शुद्ध पावन भाव आगे चलकर सृजन क्रिया का प्राण बन जाता है। मैंने 'रामकृष्ण परमहंसः कल्पतरु की उत्सव लीला' पढ़कर उन्हें देखा भी, उन्हें छू भी लिया और उत्सव लीला में पैरों में घुँघरू बाँधकर थिरकने भी लगा। रोम-रोम उल्लास बन गया। शुभ-अशुभ का भाव मिट चला। हो सकता है मेरा भ्रम हो—मगर यह भ्रम भी तो उत्सव लीला है। अवधूत फ़िराक़ ने कंकड़-पत्थर हटाकर हृदय की भाव-भूमि तैयार कर दी थी। प्रतीक्षा थी उस किसान की जो इस भूमि में लीला देखने की सहज प्रवृत्ति का बीज

बोने के लिए किसी अदृश्यलोक से आकर उपस्थित हो जायेगा, और जो अन्न उपजेगा उससे मेरा ही नहीं सारे समाज का, समस्त संसार का भरण-पोषण होगा। तो कहना चाहूँगा, मिश्र जी कल्पतरु बोते हैं।

आप सोचेंगे कि मेरी इतनी सारी बातों से फ़िराक़ की पत्नी की जीवनलीला का क्या सम्बन्ध? मगर सम्बन्ध है। सम्बन्ध बनाने से बनता है। कोई भी वस्तु, कोई भी घटना अलग या अपने बलबूते नहीं घटती। सब एक-दूसरे से लिपटे हैं। प्रत्येक वस्तु अनेक वस्तुओं या तत्त्वों का समुच्चय है।

डॉक्टर अफगान उल्ला साहब फ़िराक़ साहब पर अधिकारी विद्वान् माने जाते हैं। उन्होंने एक किताब लिखी, जिसका शीर्षक है 'फ़िराक़ की शायरी'। इस पुस्तक में उन्होंने फ़िराक़ की पत्नी पर भी कुछ लिखा है। यह पुस्तक शोध की हैसियत रखती है। वैसे मेरी समझ में आज तक यह बात नहीं आयी कि कोई भी व्यक्ति किसी दूसरे व्यक्ति पर अथॉरिटी कैसे हो सकता है। अथॉरिटी तो वही हो सकता है जिसने इस सृष्टि और जीवन की रचना की है। कोई अपने ऊपर ही अथॉरिटी हो जाय—यही बड़ी बात है—यह भी लगभग असम्भव है। किसी से मिलकर कुछ प्रश्न करके, कुछ ऊपरी बातों और सूचनाओं का मलबा इकट्ठा करके आपके हाथ क्या लगेगा। यह कला कुछ उसे ही आ सकती है जिसने अपने आपको मिटा डाला होगा। जवीन-समुद्र में गोताजनी—खिलवाड़ है क्या? किनारे बिखरे कुछ कंकड़-पत्थर मिल गये तो समझ लिया कि समुद्र की थाह मिल गयी या उदधि के गर्भ में छिपे हुए रत्न हाथ लग गये। अधिकतर रिसर्च वर्क या शोध कार्य पटवारी की खसरा-खतौनी की हैसियत रखते हैं। पैमाइश, नाप-तौल, जरीब यह सब क्या है। ज़मीन की नाप-तौल तो हो सकती है लेकिन पृथ्वी तत्त्व नाप-तौल के बस की बात नहीं है। बुल्लेशाह माला जप रहे हैं। देखते हैं कि एक ग्वाला आता है और सबको बर्तन से नाप-नाप तौल कर दूध दे रहा है। उसी मुहल्ले में एक लड़की रहती है। ग्वाला जब उसे दूध देता है तो लड़की जो भी बर्तन लाती है उसे दूध से भर देता है, किसी नपने का प्रयोग नहीं करता। बुल्लेशाह हैरानी में पड़ जाते हैं। फ़क़ीर की समझ में बात नहीं। उन्होंने एक दिन ग्वाले को बुलाया और पूछा, क्यों भाई तुम सबको तो नपने से दूध देते हो मगर लड़की जो भी बर्तन लाती है उसे पूरा भर देते हो—उसे नपने से दूध नहीं देते हो। ऐसे क्यों? पहले तो ग्वाला डरा, कुछ घबराया। फिर सहज और निर्भीक भाव से बोला—बाबा, प्रेम में नाप-तौल नहीं चलता। इतना कहकर ग्वाला रफूचक्कर हो गया। बाबा की आँखों से अश्रुधारा बह चली। सोचने लगे, मैं ज़िन्दगी भर माला जपता रहा—यह नाप-तौल कैसा! प्रेम में नाप-तौल नहीं चलता। मेरा सारा शास्त्रीय ज्ञान और ज्ञान का अभिमान बह गया उस निरक्षर प्रेमी ग्वाला के सामने। बाबा के हाथ से माला अलग हो गयी। और मुक्त हो गये। प्रेम से ही जीवन को समझा जा

सकता है, रिसर्च से नहीं। 'ढाई आखर' पढ़ना आ गया तो पंडित हो गये। जीवन का ऑथर या लेखक या रचनाकार तो एक ही है—प्रेम। राधा ने या गोपियों ने या मीरा ने कृष्ण पर रिसर्च नहीं किया था—डी. फिल्. या डी.लिट्. के लिए। शायद मैं ग़लत कह गया। इन लोगों ने कृष्ण पर रिसर्च किया था। मजनूँ ने भी लैला पर रिसर्च किया था और फ़रहाद ने शीरीं पर रिसर्च किया था। ऐसा रिसर्च किया, ऐसा सर्च, ऐसा शोध किया कि अपने को भी गँवा बैठे, अपना अस्तित्व खो बैठे। अपने को ख़ाक बना डाला। पावन-प्रेम में ऐसा शोध किया कि सारा कल्मष जलकर राख बन गया। न ख़ुदी रही न बेख़ुदी। न लैला रही न मजनूँ रहे, न शीरीं रही न फ़रहाद रहा। गोपियाँ, गौवें, राधा, मुरली, वृन्दावन, जमुना सब एक हो गये। सब एक-दूसरे में समा गये। एक था, एक रह गया। स्वामी रामतीर्थ की घड़ी में तो एक ही बजता है। एक ही मुरली की ध्वनि अनेक ध्वनियों में गूँज रही है। मुरली की ध्वनि, ध्वनियों की ध्वनि।

मगर फ़िराक़ पर रिसर्च डिग्री वाला रिसर्च है, प्रोफ़ेसर वाला रिसर्च है। मैंने अपनी किसी किताब में इस घटना का जिक्र किया है : इलाहाबाद विश्वविद्यालय के उर्दू-विभाग की महिला प्रोफ़ेसर एक लड़के को लेकर फ़िराक़ के यहाँ हाज़िर हो गयी। सलाम-दुआ के बाद उन्होंने फ़रमाया कि फ़िराक़ साहब एक लड़का मेरे अण्डर में आप पर रिसर्च करेगा। आपकी दुआएँ चाहिए। फ़िराक़ ने छूटते ही कहा कि यह लड़का क्या रिसर्च करेगा, आप ख़ुद तो मेरा एक शेर भी नहीं समझ सकतीं। चली हैं रिसर्च कराने। रिसर्च कितना बड़ा धोखा है। ग़ालिब का शेर पढ़ने की तमीज़ नहीं मगर ग़ालिब पर डॉक्टरेट लिये बैठे हैं। जाइए मोहतरमाँ कबाब वग़ैरह पकाइए, खाइए और खिलाइए। यही है रिसर्च। अगर पढ़कर और सुनकर सब समझ में आ जाता तो दुनिया अब तक सँवर गयी होती। फ़िराक़ का एक शेर—

वायज़ ने इल्म को भी खड़ा सर के बल किया
ऐसा पढ़ा-लिखा है कि जाहिल कहें जिसे।

अफ़ग़ान उल्लाह साहब बड़े विद्वान् प्रोफ़ेसर हैं और आला दरजे के शरीफ़ इंसान भी हैं। मेरे करम फ़रमाँ हैं। उन्होंने अपनी किताब 'फ़िराक़ की शायरी' की एक प्रति मुझे भी दी थी जिसमें लिखा था "रमेशचन्द्र द्विवेदी की ख़िदमत में ख़ुलूस के साथ।" मैं उनकी ज़हानत और ख़ुलूस व मोहब्बत का क़ायल हूँ। मेरा उनका रात-दिन का साथ रहा है। डॉक्टर साहब अपनी किताब में फ़िराक़ की शादी वाले अध्याय में फ़रमाते हैं—

"फ़िराक़ साहब उम्र भर अपनी बीवी से नालाँ रहे। मौका-मौका पर जली-कटी सुनाते। इनके दोस्तों ने बताया कि अपनी बीवी को अक्सर गन्दी-गन्दी गालियाँ देते थे। मार-पीट से भी गुरेज़ नहीं करते। शदीद नफ़रत का एहसास इन पर पूरी उम्र

हावी रहा। मगर सवाल यह पैदा होता है कि फ़िराक़ का यह बर्ताव कहाँ तक मुनासिब था? उर्दू के बेश्तर शोअरा अपनी बीवियों से नालाँ रहे। ग़ालिब उमराव बेगम को गले में पड़ी जंजीर समझते रहे। इक़बाल ने अपनी ज़िन्दगी में तीन-तीन शादियाँ कीं। अब भी सैकड़ों ऐसे पढ़े-लिखे लोग हैं जिन्हें अपनी बीवियाँ पसन्द नहीं होंगी। तो क्या इन सब का बर्ताव अपनी बीवियों के साथ ऐसा ही होगा जैसा कि फ़िराक़ का था। फ़िराक़ के अक्सर दोस्तों ने इनके इस रवैये में मज़म्मत की है और जोश ने तो यादों की बारात में इस रवैये से खुलकर इख़्तिलाफ किया है।"

फ़िराक़ ने यह बात साफ़ लफ़्ज़ों में बार-बार कही है कि इनकी बीवी में किसी तरह का कोई अख़लाक़ी ऐब नहीं था। सिर्फ शक्ल अच्छी नहीं थी या यूँ कहिए कि वो बदसूरत थीं। अगर ऐसा था तो शुरू ही में इनसे अलहदगी अख़्तियार क्यों न कर ली, इनके इस बरताव से इनकी बीवी पर जो गुज़रती होगी, इसका एहसास क्या फ़िराक़ को था? फ़िराक़ ज़िन्दगी के दूसरे मामलात में दो और दो चार वाले आदमी थे तो इस मामले में वो इस फैसले पर क्यों नहीं पहुँच सके। अगर वो अपनी बीवी को बरदाश्त नहीं कर सकते थे। अलहदा हो जाते और दूसरी शादी करके कामयाब ज़िन्दगी गुज़ारते। मगर ऐसा क्यों नहीं हुआ। अगर बीवी इतनी बदसूरत थीं कि इन्हें देखते ही शदीद नफ़रत का जज़्बा पैदा होता था तो फ़िराक़ ने इनसे मियाँ-बीवी के ताअल्लुकात किस तरह क़ायम किये? इसका दिलचस्प पहलू यह है कि इसी बीवी से इन्हें तीन बच्चे हुए जो इस बात की दलालत करते हैं कि इन दोनों के दरमियान ज़न और शौहर के ताल्लुकात हमेशा क़ायम रहे। जब वो सन् 1914 से 1957 तक साथ रह सकते थे तो आख़िर उम्र में आज़ुर्दगी और अलहदगी के क्या मानी? यह बात समझ में नहीं आती?

"फ़िराक़ साहब ने नफरत का इजहार जिन लफ्जों में किया है इसकी तवक्को किसी पढ़े-लिखे इंसान से हरगिज़ नहीं की जा सकती। फ़रमाते हैं "इसका आना मेरे कुनबे के लिए मनहूस साबित हुआ। यह फ़िराक़ की जाती राय हो सकती है। क्या कोई पढ़ा-लिखा इंसान इस ख़याल पर ईमान लायेगा। फ़िराक़ के घर के हालात ख़राब हुए होंगे। इसमें इनकी बीवी का क्या कसूर? इनके दूसरे भाइयों ने भी शादियाँ कीं।" इनकी बीवियाँ मूरिदे-इल्ज़ाम क्यों न ठहरीं? क्या वो....(फ़िराक़ की बीवी) यह नहीं कह सकतीं कि फ़िराक़ ने इनकी ज़िन्दगी अज़ाब बनाकर रख दी न सिर्फ़ इनकी ज़िन्दगी बल्कि इनके ख़ानदान वालों के लिए भी फ़िराक़ मनहूस साबित हुए? क्या इन्हें यह कहने का हक़ नहीं था कि फ़िराक़ बाज़ मामलात में नॉरमल नहीं थे?"

फ़िराक़ का कहना है कि इनकी बीवी बिल्कुल जाहिल थीं। मगर जब डॉ. अफगान उल्लाह साहब फ़िराक़ की बीवी से मिले तो इन्होंने खड़ी बोली में अच्छी-खासी गुफ्तगू की और बताया कि वो 'धर्मयुग' और 'हिन्दुस्तान' और

'सारिका' वग़ैरह पढ़ती रहती हैं।.....मुख़्तसरन, यह कि शादी की इस नाकामी की ज़िम्मेदार सिर्फ़ किशोरी देवी ही नहीं बल्कि फ़िराक़ साहब भी थे।

डॉक्टर अफगान उल्लाह साहब के एक-एक बयान पर गौर करने की ज़रूरत है। बयान नं.

(1) इनके दोस्तों ने बताया कि वो अपनी बीवी को गन्दी-गन्दी गालियाँ देते थे। मारपीट से भी गुरेज़ नहीं करते थे। उर्दू के बेश्तर शायर अपनी बीवियों से नालाँ रहे। ग़ालिब उमराव बेगम को गले में पड़ी जंजीर समझते रहे। अब भी सैकड़ों ऐसे पढ़े-लिखे लोग हैं जिन्हें अपनी बीवियाँ पसन्द नहीं हैं—तो क्या इन सबका बर्ताव अपनी बीवियों से ऐसा ही होगा जैसा फ़िराक़ का था।

(2) अगर फ़िराक़ अपनी बीवी को पसन्द नहीं करते थे (बदसूरती की वजह से) तो शुरू में ही इनसे अलहदगी क्यों न अख़्तियार कर ली?

(3) इनके इस बर्ताव से इनकी बीवी पर जो गुजरती होगी। इसका एहसास क्या फ़िराक़ को था?

(4) फ़िराक़ ज़िन्दगी के दूसरे मामलात में दो और दो चार वाले आदमी थे, तो इस मामले में वो इस फ़ैसले पर क्यों नहीं पहुँच सके?

(5) अगर उन्हें अपनी बीवी से नफ़रत थी तो फ़िराक़ ने मियाँ-बीवी का ताअल्लुकाम कैसे कायम रखा।

(6) जब वो 1914 से 1957 तक साथ रह सकते थे तो आख़िर उम्र में अलहदगी के क्या मानी? यह बात समझ में नहीं आती।

(7) फ़िराक़ ने नफ़रत का इज़हार जिन अल्फ़ाज में किया है, इसकी तवक्को किसी पढ़े-लिखे आदमी से नहीं की जा सकती।

(8) फ़िराक़ की बीवी इनके ख़ानदान के लिए मनहूस साबित हुई—क्या कोई पढ़ा-लिखा आदमी इस पर यक़ीन लायेगा?

(9) क्या फ़िराक़ की बीवी को यह कहने का हक़ नहीं था कि फ़िराक़ बाज मामलात में नॉरमल नहीं थे?

(10) फ़िराक़ अपनी बीवी को जाहिल कहते थे मगर वो पढ़-लिख सकती थी और ख़त वग़ैरह भी लिखा करती थी?

(11) मुख्तसरन, यह कि शादी की इस नाकामी की ज़िम्मेदार किशोरी देवी ही नहीं बल्कि फ़िराक़ साहब भी थे।

डॉक्टर साहब के बयान और फ़ैसले अपनी जगह ठीक मगर मेरी समझ में एक बात नहीं आती कि फ़िराक़ साहब से डॉक्टर साहब ने इन सवालात का जवाब पूछना या लेना मुनासिब क्यों नहीं समझा? फ़िराक़ से सीधे प्रश्न किये जा सकते थे। फ़िराक़ साहब ज़रूर जवाब देते—चाहे उनके विचारों और जवाबों से आप सहमत

होते या न होते। फ़िराक़ साहब की इसे ख़ूबी समझिए या ख़ामी। फ़िराक़ साहब कुछ भी अपनी हयात के बारे में छिपाते नहीं थे।

दूसरी बात यह नहीं समझ में आती कि जो आदमी फ़िराक़ पर रिसर्च कर रहा हो, उसे लाज़िम था कि वह फ़िराक़ के जीवन के अन्तिम दिनों में भी उनके पास जाता उनकी दिनचर्या, अस्पताल में देखता, उनके दुःखों और विचारों को समझने की कोशिश करता—मगर ऐसा नहीं हुआ। फ़िराक़ को अस्पताल में देखना तो दूर रहा, डॉक्टर साहब ने एक ख़त भी लिखकर हाल नहीं पूछा—यह कैसा रिसर्च? एक बात और पूछ लेने दीजिए। डॉक्टर साहब ने फ़िराक़ के दोस्तों से सुना कि फ़िराक़ अपनी बीवी को मारते-पीटते भी थे। अच्छा होता अगर शोध करने वाले साहब—फ़िराक़ के उन दोस्तों का नाम भी दे देते तो मामला कुछ समझ में आने लायक हो जाता। मगर मिलने-जुलने वालों का नाम छिपा लिया—उसके पीछे क्या रहस्य है—बात समझ में नहीं आती। फ़िराक़ की बीवी किशोरी देवी से मिलकर बातें कर सकते थे लेकिन फ़िराक़ से मिलकर उन सवालों का जवाब क्यों नहीं हासिल किया जो उनके लिए मोअम्मा बने हुए हैं।

आदमी किसी आदमी या वस्तु को तटस्थ होकर नहीं देख सकता। उसके ऊपर उसकी परवरिश, संस्कार, रीति-रिवाज़ और संस्कृति का लिबादा पड़ा हुआ है। समाज में प्रचलित साधारण विचारधारा या general opinion सर्वमान्य होती है—चाहे ठीक हो या न हो। एक कहावत है—'सब धान बाइस पसेरी'। सबको एक ही बटखरे से तौलता है। आदमी धान नहीं है, वस्तु नहीं है, ईश्वर की सृष्टि का सबसे बड़ा मोअम्मा या रहस्य या पहेली है। बाबा तुलसीदास कहते हैं—"जदपि मृथा तिहुँ काल महँ भ्रम न सकइ कोउ टारि"।

डॉक्टर साहब बार-बार पढ़े-लिखों की दोहाई देते हैं। कोई पढ़ा-लिखा ऐसा नहीं कर सकता, वैसा नहीं कर सकता। पढ़ा-लिखा आदमी आज जो कर रहा है वह तो शैतान भी नहीं कर सकता। डॉक्टर साहब फरमाते हैं—बहुत से पढ़े-लिखे इंसानों को अपनी बीवियाँ नापसन्द हैं तो क्या सब अपनी बीवियों के साथ वैसा ही व्यवहार करते होंगे जैसा फ़िराक़ करते थे? डॉक्टर साहब आप बड़े मासूम हैं, वाकई मासूम हैं। जा- जाकर घरों तथाकथित पढ़े-लिखों का व्यवहार उनकी पत्नियों और घरवालों के प्रति देखिए और एक रिसर्च तैयार कर लीजिए डी.लिट् के लिए। समाज में जो कुरूपता ग़न्दगी और भ्रष्टाचार है वो सब पढ़े-लिखों का काम है। मानव समाज सदियों बेपढ़े-लिखे रह चुका है और अच्छी तरह रह चुका है। अब भी बहुत-सी जंगली कौमें और आदिवासी लोग तथाकथित पढ़े-लिखों से बेहतर हैं। वह शिक्षा और होती है जो आदमी को आदमी बनाती है। पोथी ज्ञान बड़ा ख़तरनाक होता है। मणिनालकृती सर्प क्या भयंकर नहीं होता। बड़ा विषैला होता है। विश्वविद्यालयों की

डिग्री अच्छे आदमी ही बनाती है, यह सन्दिग्ध है। अख़बारों को देख लीजिए। पढ़े-लिखों का समाचार मिल जायेगा। औरतों को जलाना पैसों के लालच में तथाकथित पढ़े-लिखे पेश पेश हैं। इतनी जल्दी फ़ैसले पर मत पहुँच जाइए डॉक्टर साहब। फ़िराक़ का एक शेर–

गुफ़ाओं में पली थी नस्ले आदम।
निकल आयीं ये तहजीबें कहाँ से॥

मैंने फ़िराक़ से उन सारे प्रश्नों का जवाब जानना चाहा था जो डॉक्टर साहब आप अब उठा रहे हैं। फ़िराक़ ने बहुत साफ भाषा में जवाब दिया था। मैं उन सारे प्रश्नों के जवाब जो फ़िराक़ से मिले थे और उनकी पत्नी की बातें जो इन कानों ने सुनी थीं और जो कुछ भी इन आँखों ने देखा था–अपनी किताब 'कोयला भई न राख' में बड़ी बेवाकी से लिखने, कहने जा रहा हूँ। मैं यह नहीं कहता कि मैं फ़िराक़ की हर बात से इत्तफ़ाक करता हूँ। मुझे फ़ैसला देने का अधिकार नहीं दिया गया है। सिर्फ़ जो देखा जो सुना वही लिखूँगा। किसी को अच्छा लगे या न लगे।

शायद डॉक्टर साहब ने डॉ. सेमुअल जॉनसन का यह बयान नहीं सुना क्या? All argument is against it but all belief is for it. या फिर फ़िराक़ साहब ही का यह शेर–

दुविधा पैदा कर दे दिलों में, ईमानों को दे टकराने।
बात वो कह ऐ इश्क कि सुनकर सब कायल हों, कोई न माने॥

डॉ. साहब फरमाते हैं कि फ़िराक़ ज़िन्दगी के दूसरे मामलात में दो और दो चार वाले आदमी थे तो इस मामले में वे इस फैसले पर क्यों नहीं पहुँच सके। शादी या वैवाहिक सम्बन्धों का मामला दो और दो चार का मामला नहीं होता है। यह ख़रीद-फ़रोख़्त का कारोबार नहीं है डॉक्टर साहब। साहित्य से भी अलहदगी या तलाक कर लेना मुनासिब होगा।

जहालत का मामला भी बड़ा ग़ौरतलब है। अभी आप पढ़े-लिखों की जहालत से वाक़िफ़ नहीं हैं डॉक्टर साहब। फ़िराक़ का शेर ही सुन लीजिए–

लाइल्मी नावाक़फ़ियत ना तज़्रबाकारी मासूमी।
सोचो तो क्या-क्या न दिया दानाओं क़ो नादानों ने॥

अक्षर ज्ञान या ख़त लिख लेना या किताबें वग़ैरह पढ़ लेने का नाम शिक्षित होना नहीं है। साक्षर होना और शिक्षित होना–दो अलग-अलग बातें हैं।

डॉक्टर साहब, फ़िराक़ की बीवी को पूर्ण रूप से कहने का हक था कि फ़िराक़ बाज़ मामलात में नॉरमल नहीं थे। यह हक उनसे किसी ने छीना नहीं था। मगर डॉक्टर साहब, कौन नार्मल है कौन नार्मल नहीं है–इसका फैसला कौन करेगा।

प्रत्येक व्यक्ति कुछ हद तक नार्मल और कुछ हद तक ग़ैर नार्मल ज़रूर रहता है। ग़ालिब का यह शेर तो आपको याद ही होगा—

मेरी तामीर में मुज़मिर है इक सूरत ख़राबी की।
हयूला बर्के ख़िरमन का है ख़ूने गर्म देहक़ाँ का॥

यह पूरी सृष्टि त्रिगुणात्मक है। इसीलिए जीवन समुद्र का मंथन देवताओं और असुरों को मिलकर करना पड़ा था।

डॉक्टर साहब अख़ीर में इस नतीजे पर पहुँचते हैं कि शादी की इस नाकामी की ज़िम्मेदार किशोरी देवी ही नहीं बल्कि फ़िराक़ साहब भी थे। डॉक्टर साहब का यह फ़ैसला उनकी बातों को सामने रखते हुए समझ में नहीं आता। सारी तोहमतें, सारे इल्ज़ाम, सारे दोष तो फ़िराक़ के नाम मढ़ दिये गये। कहीं भी कोई कमी उनकी बीवी यानी किशोरी देवी में नहीं पायी गयी—तो फिर डॉक्टर साहब ने यह फ़ैसला कैसे सुना दिया कि शादी की नाकामी की ज़िम्मेदार किशोरी देवी ही नहीं फ़िराक़ भी थे। इसका तो यह मतलब निकलता है कि मियाँ-बीवी दोनों ज़िम्मेदार थे। डॉक्टर साहब बात साफ़ होनी चाहिए। 'गइअउ गाभिन बैलउ गाभिन' यानी गाय भी गाभिन बैल भी गाभिन—यह विचारपूर्ण या सुचिन्तित फैसला तो नहीं हुआ। अगर दोनों जिम्मेदार थे तो इल्जाम फ़िराक़ ही पर क्यों?

लियो टॉलस्टॉय 82 या 86 वर्ष की आयु में अपनी बीवी से परेशान होकर घर छोड़कर भागे। साथ में उनकी छोटी बेटी भी थी और एक स्टेशन मास्टर के घर में जाकर मरे। बीवी में कोई ऐब नहीं था। बारह या तेरह बच्चे पैदा करने के बाद भी मानसिक धरातल पर तादात्म्य न बन सका। एक बच्चे की मौत के बाद टॉलस्टॉय की बीवी घर में चिल्लाती फिरती थी कि मैं आत्महत्या कर लूँगी। मैं आत्महत्या कर लूँगी। लोगों ने जब टॉलस्टॉय से पूछा कि उसके शोर मचाने से आपको उलझन तो होती होगी, टॉलस्टॉय ने कहा, नहीं मुझे उलझन तो इस बात से होती है कि वो बार-बार कहती है कि वो आत्महत्या कर लेगी मगर आत्महत्या करती नहीं। इसको क्या कहा जाय। उनकी बीवी आवश्यकता से अधिक उनका ख़याल रखती थी जो टॉलस्टॉय की आज़ादी में खलल पैदा करता था।

फिरदौसी ने रुस्तम की शारीरिक शक्ति का बयान करते हुए लिखा है कि रुस्तम की कूवत का यह आलम था कि लगता था कि वह अपने ही से लड़ पड़ेगा या लड़ रहा है। सामरसेट माम ने लिखा है कि अमर साहित्य भी सृजन करना और जेंटिल मैन भी बने रहना असम्भव है। जनाब डी.के.गुप्ता....ने बताया कि एक बार कॉफ़ी हाउस में किसी ने फ़िराक़ से पूछा कि इंटेलेक्चुअल कौन है? फ़िराक़ ने जवाब दिया इंटेलेक्चुअल वो है जिसकी हर वक्त फटी रहे। मैं और अन्देशहाय दूरोदराज। हो सकता है कि फ़िराक़ के इस अन्दाज़े बयान से आपकी सभ्यता को चोट पहुँचे। मगर

बात की गहराई में उतरिए और अगर आपको एतराज़ है तो आपका एतराज़ अपनी जगह बजा है। ऐसी महफ़िलें ढोंगी और मिथ्याचारी क़िस्म में मामला घुमानेवालों के लिए नहीं हैं।

फ़िराक़ अक्सर शीशे के सामने खड़े होकर अपनी शक्ल देखते थे और अपने ही से बातें करते हुए कहते थे, मैं अपनी नाक से नफ़रत करता हूँ। "I hate my nose" फ़िराक़ को अपनी खामियों और कमजोरियों का खूब एहसास था और उन्हें वो खुलकर स्वीकार करते थे, खुलकर कहते भी थे और खुलकर लिखा भी है। आप क्या समझते हैं—महात्मा गाँधी के साथ रहना आसान था क्या? पंडित मोती लाल नेहरू फ़िराक़ को अपना सेक्रेटरी बनाना चाहते थे। जवाहर लाल जी ने फ़िराक़ को मना कर दिया। मोतीलाल का गुस्सा मशहूर था। यह गुस्सा, यह घृणा, ये गालियाँ—ये सब शरीर की मैल हैं उनका सम्बन्ध आन्तरिक चेतना से नहीं है। बड़े-बड़े फ़क़ीरों और सन्तों के विषय में सुना और कहा जाता है कि वे भद्दी गालियाँ बका करते थे। आप बाहर से भीतर की नहीं समझ सकते। जीवन के विषय में कोई एक सिद्धान्त बनाकर उसी की रट लगाए रहना उचित नहीं है। दुर्वासा का क्रोध जगत जाहिर है। हो सकता है कोई गणिका भीतर से महान् सन्त हो। सुग्गा पढ़ावत गणिका तर गयी। सदन कसाई का काम करते हुए भी सन्त थे। ग़ालिब जुआ भी खेलते थे और शराब भी पीते थे। मगर वो न जुआड़ी थे न शराबी। मीर सुना है अफ़यून खाते थे मगर वे अफ़ीमची नहीं थे। नैतिकता और सभ्यता की दोहाई देने वालों के अन्दर झाँकिए। बार-बार कह रहा हूँ कि मैं फ़िराक़ की तरफ़ से वकालत नहीं कर रहा हूँ और न मैं फ़िराक़ को महिमा-मंडित कर रहा हूँ। किसी की तारीफ़ करने से कोई महान् नहीं हो जाता है और किसी की बुराई करने से कोई बुरा नहीं हो जाता। हो सकता है दोषारोपण और निन्दा का क्षणिक प्रभाव पड़ता हो—पड़ ही जायेगा। मगर, सत्यमेव जयते। कभी न कभी हकीकत अयाँ होकर रहती है। तैरते हुए बादल के टुकड़े सूरज को हमेशा के लिए ढक नहीं सकते। सूर्य ग्रहण सदैव नहीं रह सकता और न सूर्य के अस्तित्व को समाप्त ही कर सकता है।

रामकृष्ण परमहंस को ही लीजिए। अगर वे किसी और देश में पैदा होते तो शायद उन्हें पागलखाने में डाल दिया जाता। यहाँ के लोग भी उनके विषय में नासमझी के शिकार रहे। इस देश में अवधूतों, औघड़ों, मजजूबों और नागाओं को श्रद्धा और आदर से देखने और सुनने की परम्परा और परिपाटी रही है। यह देश ही सन्तों का है "सब सन्त सुखी बिचरन्ति महीं"। यह आज़ादी, यह मस्ती, कहाँ किसी को नसीब होती है। यहाँ गृहस्थ आश्रम तो सन्तों को पालने, उनकी देखरेख और सेवा-शुश्रुषा के लिए है। यह जनकों, शुकदेवों और अष्टाबक्रों, सूफ़ियों, औलियों, कबीरों, नानकों, चैतन्यों, का देश है। आपसे एक अनुरोध है—आप

डॉ. कृष्ण बिहारी मिश्र जी द्वारा लिखित पुस्तक—'रामकृष्ण परमहंस : कल्पतरु की उत्सव लीला' जरूर पढ़िए। दृष्टि निर्मल हो जायेगी।

मुझे औघड़ों, अवधूतों, जलाली और रहमानी फ़क़ीरों के बारे में पढ़ने और जानने की उत्सुकता और जिज्ञासा सदैव रही है। मैं ऐसे दीवानों से मिल भी चुका था। "जापर जाकर सत्य सनेहूँ, सो तेहि मिलत न कछु सन्देहू।" रामकृष्ण नरेन के लिए उतावले रहते थे और नरेन ने भी रामकृष्ण में कुछ देख लिया था देर या सबेर। गुरु शिष्य के लिए बेचैन रहता है उतना ही जितना शिष्य गुरु के लिए। अस्ल में दोनों एक ही हैं—दोनों ओर बराबर आग लगी रहती है। कमल सूरज के लिए बेताब और सूरज कमल के लिए। कमल में सूरज की ही तो आभा है और सूरज में कमल ही तो खिलता है। बस नाम रूप का विभेद है। आप सोचते होंगे कि मैं बकवास कर रहा हूँ तो मुझे बकवास कर लेने दीजिए। सारा लेखन बकवास ही तो है। ऐस बकवास भी कहाँ सबको नसीब।

ये ग़लतियाँ हवा की तरह आती हैं और चली जाती हैं। फिर होली के त्यौहार में तो खुलकर गाली कही जाती है और सुनी जाती है। विवाह के अवसर पर भी गाली गाने की प्रथा है। तुलसी बाबा ने भी इसका वर्णन किया है राम के विवाह के अवसर पर। महादेव जी के विवाह के समय भी सुन्दरियाँ गाली गा रही थीं—

नारिवृद सुर जेवँत जानी। लगीं देन गारी मृदुबानी।
गारी मधुर स्वर देहिं सुन्दरि बिंग्य बचन सुनावहीं
भोजन करहि सुर अति बिलम्ब बिनोद सुनि सचु पावहीं॥

गाली निकल गयी तो आराम मिल गया और अगर गाली या क्रोध या घृणा अन्दर छिपकर बैठ गया, समझिए भीतर बड़ा भयंकर फोड़ा बन गया। कूड़ा-करकट बाहर फेंकिए। अन्दर साफ रखिए। भीतर निर्मलता। रोग दबाइए नहीं। फोड़ा फूट जाने दीजिए। दबाने से कुछ दबता नहीं।

दुख सहने के लिए या अपमान सहने के लिए भी सांसारिक रूप से बड़ी सजग चेतना चाहिए। जड़त्व में एहसास कहाँ। हाँ, सन्तों ने, साधुओं ने मानापमान में समत्व दृष्टि रखी है। 'कुटिल वचन साधू सहै, और से सहा न जाय' या

बुन्द अघात सहैं, गिरि कैसे।
खल के बचन सन्त सह जैसे॥

फ़िराक़ की गाली भी फ़क़ीर की गाली थी। वे खुद फ़रमाते हैं—

बेज़रर फ़िराक़ का गुस्सा।
इसकी गाली फ़क़ीर की गाली॥

एक बार फ़िराक़ साहिर लुधियानवी पर बहुत ख़फा हो गये। साहिर साहब फ़िराक़ का बड़ा एहतराम करते थे। फ़िराक़ के गुस्से से साहिर रंजीदा और गमज़दा

हो गये। जब फ़िराक़ ने साहिर को उदास देखा तो बोले, यार साहिर मैं तो मच्छर हूँ। मसल दो खत्म हो जाऊँगा। साहिर साहब मुस्कुरा पड़े और बोले, यहीं पर तो फ़िराक़ सब को मात दे देते हैं।

मैंने भी फ़िराक़ की गालियों को समझने की कोशिश की थी। एक आँधी का झोंका आया, तूफ़ान और गुजर गया। वातावरण स्वच्छ और साफ हो गया। फ़िराक़ के गुस्से या गालियों का तूफ़ान भावनाओं के वृक्षों, को झँझोड़ता तो ज़रूर था मगर एक पत्ती भी गिरने नहीं पाती थी। निर्बल के लिए तो सुहावना वसन्त भी भयावह बन जाता है।

बिगरे सकल वसन्त सुहाया।
प्रियाहीन मोंहि भय उपजावा।

मेरी बकवास आपने बहुत सुन ली। इसके लिए मैं कटघरे में खड़ा हूँ। चूँकि आगे का रास्ता गालियों के जंगल से होकर जाता है इसलिए मैंने रास्ते को कुछ काँटों से मुक्त करने की कोशिश की है। फ़िराक़ का एक शेर और याद रखिएगा–

अभी तो कुछ ख़लिश ही हो रही है चन्द काँटों से।
इन्हीं तलवों में एक दिन जज़्ब कर लूँगा बयाबाँ को॥

मैं फ़िराक़ और उनकी पत्नी के सम्बन्धों को लेकर मशहूर शायर और शायर नवाज रिटायर्ड इनकम टैक्स कमिश्नर जनाब डी.एन.आर्य से अक्सर सलाह मशवरा करता रहा और उन्होंने अपने परिपक्व सुझावों से मेरा मार्ग प्रशस्त किया है। मैं उनका आभारी हूँ। प्रयाग और मिर्जापुर के साहित्यकारों और कवियों का भी आभारी हूँ। जिनसे मुझे बराबर प्रेरणा मिलती ही है।

मैं, भाई अनिल गोयल का बहुत ही आभार प्रकट करता हूँ जिन्होंने एक सच्चे बुजुर्ग दोस्त और संरक्षक के रूप में हमेशा मेरी रक्षा की और अपनी कृपाओं से नवाजा।

गुरुदेव फ़िराक़ साहब और सहधर्मिणी कमला जी ने संसार से नाता समेटकर मुझे जब त्रासद सन्नाटे से जूझने-लड़ने को अकेला छोड़ दिया तो ऐसा भयावह अँधेरा मेरे सामने खड़ा हो गया कि एक क़तरा भी रोशनी कहीं नज़र नहीं आ रही थी। हादसा का असर इतना गहरा था कि स्वधर्म की पहचान साथ छोड़ रही थी। डूबते-असहास आदमी को श्री अनिल कुमार द्विवेदी, तलब जौनपुरी और उनके सहृदय परिवार की छलकती-उछलती आत्मीयता ने सहारा दिया। सन्नाटे से उबारने वाली तसल्ली दी। तब फ़िराक़ साहब के आशीर्वाद और कमला जी के प्रीति-धर्म का ही ध्यान आया था। धीरे-धीरे परिवार की परिधि बड़ी होने लगी। साहित्य की ज़मीन पर क्रियाशीलता जागने लगी। मेरी मनोव्याधि का यही सही उपचार था। मगर परिवार की अनुकूलता न मिली होती तो सर्जनशीलता में प्राण-संचार करने वाली

महौषधि कहाँ उपलब्ध होती। प्रातः स्मरणीय पूज्य पितृदेव की वंश-बेलि की मोहक उजास के संरक्षण ने मुझे आश्वस्त कर दिया। सारे परिजन जैसे मेरी ही हिफाजत में जागरूक हो उठे हों। पिताश्री के पुण्य का प्रताप था कि उनके आँगन में मुझे ख़ास जगह मिली, ख़ास जिम्मेदारी सौंपी गयी, ख़ास उम्मीद की गयी। वो क़तई नहीं, जिसकी उम्मीद बउरायी दुनिया को रहती है। मेरी कोई नयी पुस्तक देखकर मेरे परिजन खिल उठते हैं, जैसे परिवार के ज्येष्ठजन को अपने धर्म के प्रति जागरूक देखकर परिवार के संस्कारी लोगों के मन में तोषक-भाव जागता है।

फ़िराक़-साहित्य के सहृदय अध्येता और मर्मज्ञ स्व. रेवतीलाल शाह के अनुज श्री प्रमोद शाह अपने विद्वान् ज्येष्ठ भ्राता की स्मृति के प्रति बेहद संवेदनशील हैं। इस संवेदना ने ही मुझे फ़िराक़ साहब पर बोलने के लिए दो बार कोलकाता आमन्त्रित किया। प्रमोद जी की मुस्कुराती गृहस्थी में मुझे आत्मीय जगह मिल गयी। श्री नन्दलाल सेठ के श्री सम्पन्न परिवार ने मेरे जैसे फ़िराक़ की सनकों में दशकों तक रसे-बसे उनके शागिर्द को अपने संस्कारी परिवार का बुजुर्ग सदस्य बना लिया और मेरी उपस्थिति से उल्लसित गृहपति नन्दलाल के ठहाकों ने अपनी हँसमुख सक्रियता से समृद्ध करके मुझे अपने मोहपाश में बाँध लिया। मेरे आत्मीय बन्धु डॉ. नन्दल हितैषी (इलाहाबाद) ने नन्दलाल सेठ जैसे सहृदय मानुष से इलाहाबाद में मेरा परिचय कराया और अपने साथ कोलकाला ले जाकर उनके परिवार से जोड़ दिया। उस सहृदय परिवार से जिससे उनका पुराना नाता-रिश्ता है। हितैषी जी का यह मुझे एक मूल्यवान उपहार है।

'कल्पतरु की उत्सव-लीला' के रचनाकार से नेह का नाता-रिश्ता कायम हुआ और कोलकाता अपना घर-आँगन लगने लगा, जो हर क्षण हाँक लगाता रहता है। मैं अपनी समृद्धि की बात कर रहा था कि मेरे परिवार की परिधि बड़ी हो गयी है और परिवार को मेरी निष्क्रियता उदास बना देती है। इसलिए जब स्वास्थ्य असहयोग करता है, मेरी हिफाजत के लिए सारे आत्मीय जन चैतन्य हो उठते हैं। इस मूल्यवान प्रीति का ही सम्बल है कि मेरी और पुस्तकों की तरह यह पुस्तक भी पूरी हो गयी। श्री कृष्णबिहारी मिश्र के पत्रों में इस पुस्तक के लिए विशेष आग्रह था कि फ़िराक़ के जीवन के अन्तरंग और सर्वाधिक संवेदनशील पहलू को आप जैसा करीबी-साक्षी ही उजागर कर सकता है। सारे आत्मीय जन के आग्रह के मूल में यही भाव था। उन्हीं के प्रीति-भाव ने प्रेरित कर ये काम पूरा करा लिया। मेरे हृदय पर प्रियजन की भावना का गहरा असर है। ये असर ही थकान से मेरी रक्षा करती है।

मुझे दीपक रुहानी (प्रतापगढ़) के प्रति आभार व्यक्त करने की इजाजत दे दीजिए। अगर रुहानी साहब मेरी साहित्यिक यात्रा के सहयात्री न होते और मुझे बाहर-भीतर से न सँभाले रहते तो मैं साहित्यिक यात्राओं में डगमगाते रहने के

अलावा कुछ न कर पाता। रुहानी जी स्वयं एक प्रबुद्ध व्यक्ति हैं और हिन्दी, उर्दू, अंग्रेजी और संस्कृत के मर्मज्ञ हैं। अनुवाद-कला एवं सम्पादन-कला में सिद्धहस्त होने के साथ मौलिक रचनाकार और शायर हैं। भविष्य में आनेवाली मेरी समस्त रचनाओं के मूल और पृष्ठभूमि में इन्हीं का सहयोग रहने की उम्मीद रहेगी।

परमहंस स्वामी दक्षिणामूर्ति जी की कृपा के बिना मेरा कोई लेखन सम्पन्न नहीं हो पाता। मैं उनके चरणों में मत्था टेकता हूँ।

भाई अरुण माहेश्वरी का तो मैं कदम-कदम पर आभारी हूँ। उन्होंने पहली ही मुलाकात में वादा कर लिया था कि वे फ़िराक़ का सम्पूर्ण साहित्य और फ़िराक़ के सम्बन्ध में लिखी गयी मेरी पुस्तकें प्रकाशित करते रहेंगे। अपने वचन का निर्वहन पूर्ण तत्परता और तन्मयता से कर रहे हैं। वे मुझे अपने परिवार का एक सदस्य समझते हैं। मैं भी उनके साथ उसी आत्मीयता का निर्वहन करता हूँ। ये सम्बन्ध लेखक और प्रकाशक के बीच में होना चाहिए। माहेश्वरी जी का और मेरा सम्बन्ध लेखक और प्रकाशक के व्यापारिक सम्बन्धों का अतिक्रमण करके ज़ाती सम्बन्ध बन चुका है और बना रहेगा।

आग के नायाब दरिया में कूदने जा रहा हूँ, आग का स्वभाव और मर्म जानने के लिए। भगवान ही मालिक है।

कहेउँ न कछु करि जुगुति बिसेखी।
यह सब मैं निज नयनन्हि देखी॥

रमेशचन्द्र द्विवेदी

35/13 बटलर मार्केट
जवाहर लाल नेहरू रोड
इलाहाबाद-2
मो.-9336256278
-9454304414

फ़िराक़ का संक्षिप्त परिचय

रघुपति सहाय 'फ़िराक़' के पूर्वज शेरशाह के ज़माने में किसी स्थान से आकर बनवारपार में बस गये थे। बनवारपार गोरखपुर की बाँसगाँव तहसील में है। तब से यह खानदान यहीं रहा और फैला। इस गाँव का नाम ही फ़िराक़ के एक बुजुर्ग बनवारी लाल सहाय के नाम पर ही पड़ा। फ़िराक़ के बुजुर्गों ने जो उस समय के बड़े जमींदारों में से थे, पाँच गाँव बसाये। इन गाँवों के रहने वाले कायस्थों को अब भी पँचगवाँ के कायस्थों के नाम से पुकारा जा रहा है। ये लोग अपने नाम के साथ सहाय जरूर लिखते हैं।

जानकी प्रसाद सहाय फ़िराक़ के दादा थे। उनका जीवन अधिकांशतर गाँव में ही व्यतीत हुआ। उनका जीवन और स्वभाव बड़ा ही रईसाना था। उनकी शिक्षा-दीक्षा तो अधिक नहीं हुई थी मगर वे फारसी पढ़ और लिख लेते थे। फ़िराक़ ने बताया था कि उनकी दादी भारत के प्रथम स्वतन्त्रता संग्राम के ज़माने में इसी गाँव में सती हुई थीं और गाँव में उनकी समाधि भी है।

जानकी प्रसाद के चार पुत्र थे। श्रवण लाल सहाय, भूपनारायण लाल सहाय, रामआग्रह सहाय, और लक्ष्मीनारायण सहाय। लक्ष्मीनारायण सहाय के तीन बेटे थे, हरखलाल सहाय, हरी प्रसाद सहाय और गोरख प्रसाद सहाय। गोरख प्रसाद की आठ औलादें थीं। गनपति सहाय, चन्दा, सूरज, रघुपति सहाय, धनपित सहाय, श्री पति सहाय, तारा और यदुपति सहाय। रघुपति सहाय की चार औलादें हुईं—गोवन्दि सहाय, प्रेमा, प्रभा, और पुष्पा। इस समय केवल प्रेमा जी ही जीवित हैं।

फ़िराक़ के पिता मुंशी गोरख प्रसाद 'इबरत' की गणना गोरखपुर के बहुत ही प्रतिष्ठित लोगों में होती थी। वे अपने समय के बहुत ही सफल और सुप्रसिद्ध वकीलों में थे। उनकी शिक्षा-दीक्षा गोरखपुर के एक विद्वान् मौलवी सादिक साहब की देखरेख में हुई। फ़िराक़ साहब बताते थे कि उनके पिता मुंशी गोरख प्रसाद 'इबरत' फारसी के अच्छे विद्वान् और अरबी के साधारण विद्वान् थे। वे स्वयं एक बहुत ही प्रसिद्ध शायर थे। इनकी मसनवी 'हुस्नेफितरत' को बड़ी ख्याति मिली और उसे बहुत ही सराहा गया।

फ़िराक़ का जन्म 28 अगस्त को, शुक्रवार के दिन 12 बजे लक्ष्मी भवन गोरखपुर में हुआ था। फ़िराक़ अपने पिता की तीसरी पत्नी के गर्भ से पैदा हुए। फ़िराक़ ने मुझे बताया था कि इनकी पैदाइश की भविष्यवाणी एक सिद्ध फ़क़ीर बाबा चौबीसादास ने बहुत पहले ही कर दी थी। फ़िराक़ एक धनाढ्य परिवार में पैदा हुए थे। इनके सामने कोई आर्थिक समस्या नहीं थी। जीवन बड़े आराम से बीत रहा था। इनके घर में दर्जनों नौकर-चाकर थे। लक्ष्मी भवन एक विशाल कोठी है जो आज भी मौजूद है। इनके पिता गोरखपुर और आसपास के जिलों में सबसे बड़े दीवानी के वकील थे। अपने बाल्यकाल का बयान करते-करते फ़िराक़ की आँखें नम हो जाती थीं। मैं उनके शैशवकाल के विषय में अक्सर पूछा करता था। फ़िराक़ एक-एक बात को बहुत सहेज-सहेज कर बताते थे और इस अन्दाज में बताते थे कि घटनाएँ मेरी आँखों के सामने आ आकर खड़ी हो जाती थीं। फ़िराक़ बता रहे थे–

मुझे अपने बाल्यकाल की स्मृतियाँ बहुत स्पष्ट रूप से तो याद नहीं हैं फिर भी बहुत कुछ यादें मैंने बचा रखी हैं, उन्हें तुम्हें सुना रहा हूँ–बज़ाहिर तौर पर मैं भी दूसरे बच्चों की तरह था। उनके साथ खेलता-कूदता रहता था और कभी-कभी उनके साथ पढ़ता-लिखता भी रहता था। किन्तु मेरे बचपन के व्यक्तित्व में कुछ ऐसी खास बातें, लक्षण और विशेषताएँ थीं जो मुझे दूसरे बच्चों से अलग-थलग कर देती थीं। मेरी माँ का कहना है कि शैशव काल में ही मैं बदसूरत और कुरूप औरतों की गोद में नहीं जाता था। कुरूपता से मुझे जन्मजात बैर था। सुन्दरता की अनुभूति मेरे लिए एक अग्नि-परीक्षा थी, आजमाइश थी। जब भी मैं किसी सुन्दर और तरोताजा रंग-रूप वालों को देखता था तो ऐसा महसूस करता था कि इनकी आँच मेरी हड्डियाँ गला देंगी। मुझे छोटे-बड़ों से बेहद लगाव था। बहुत-से दृश्य, वस्तुएँ, विचार, कहानियाँ और घटनाएँ मुझे चुपचाप ध्यानमग्न कर देते थे, और मेरी दशा एक समाधिस्थ योगी की तरह हो जाती थी। मुझे वस्तुओं की इन्द्रिय-जनित अनुभूति ही नहीं होती थी, बल्कि मैं वस्तुओं को देखकर आत्मविभोर भी हो जाया करता था। उनमें तल्लीन और डूब जाया करता था। मुझमें प्रत्येक वस्तु एक ही समय आत्मीयता और रहस्यमयता का भाव उत्पन्न करती थी। मेरे लिए यह आत्मीयता और रहस्यमयता का विचार अविभाज्य हो गया था। इस प्रकार की अनुभूति एक ही समय मुझे सन्तोष भी प्रदान करती थी और झिंझोड़कर रख भी देती थी। यही सन्तोषजनक तुष्टि देनेवाली और उद्वेलित करने या कराने वाली अनुभूति कविता की जननी है। प्रकृति का प्रत्येक दृश्य, गाँव की पगडंडियाँ, हरे-भरे खेत, अमराइयाँ, बाग़-बगीचे, कीड़े-मकोड़े, पशु-पक्षियाँ, हवा और वर्षा, बदलते हुए समय का तापमान और प्रत्येक पहर, रात और दिन का प्रत्येक क्षण, वनस्पति संसार, तारों भरी रात, और सन्नाटा, पहाड़, उनकी चोटियाँ और घाटियाँ, स्त्री-पुरुष और बच्चे, अंडे सेते हुए और अपने बच्चों को दाना चुगाते हुए

पक्षी, तालाब में तैरती और जीवन-उमंग से उछलती हुई मछलियाँ, पशुओं के शिशुओं की कूदफाँद अपने बच्चों को दूध-पान कराते हुए पशु, घर-गृहस्थी के सामान, निर्माण कार्य में रत मजदूर या अवकाश के समय वृक्षों के साये में आराम करते हुए लोग, खेतों की क्यारियों में दौड़ता हुआ पानी आदि ने न केवल फ़िराक़ की चेतना को जागरूक ही किया था बल्कि उसे समृद्ध और भरपूर बना दिया था।

बाल्यकाल और युवावस्था से ही फ़िराक़ में भारतीय दर्शन, भारतीय चिन्तन, भारतीय संस्कृति और विचारधारा के प्रति गहरा आकर्षण पैदा हो गया था। एक समृद्ध परिवार में जन्म लेकर भी, साधारण और निर्धन लोगों के प्रति उनका लगाव काफी गहरा था। फ़िराक़ ने उन लोगों के दुख-सुख को अपना दुख-सुख बना लिया था। भारत के लोकगीत, किस्से-कहानियाँ, देवमालाएँ, त्यौहार और रीति-रिवाज इन सबका उनके जीवन पर गहरा प्रभाव था। भाषा में सौन्दर्य की परख उनके स्वभाव में थी—चाहे, अंग्रेजी भाषा हो, हिन्दी, उर्दू या संस्कृत। म्योर सेंट्रल कालेज, इलाहाबाद में आने के बाद न्याय-शास्त्र, मध्ययुगीन इतिहास, अंग्रेजी कविता और गद्य साहित्य की ओर आकर्षण फ़िराक़ में अधिक हो गया। फ़िराक़ का वैवाहिक जीवन और पारिवारिक जीवन दुखी था लेकिन जीवन के प्रति उनकी आस्था अडिग थी और वे कभी भी सन्देह की स्थिति में नहीं रहे। पाश्चात्य दर्शन में रुचि होने के कारण प्लेटो और वर्गसाँ के अतिरिक्त अन्य अनेक दार्शनिकों की कृतियों का अध्ययन फ़िराक़ ने बड़ी गहराई से किया था। फ़िराक़ के पिता मुंशी गोरख प्रसाद 'इबरत' उच्चकोटि के वेदान्ती थे। उनका घर वेदान्त-चर्चा, साधुसन्तों की उपस्थिति, सत्संग, सूफी सन्तों पर विचार-विमर्श आदि का केन्द्र हो गया था। उर्दू भाषा और साहित्य, फारसी भाषा और साहित्य पर खुलकर बातें होती थीं। सुन्दर स्वर में रामचरितमानस की चौपाइयों का पाठ और गीता पर बातचीत तो दिनचर्या थी। ऐसे वातावरण ने फ़िराक़ की चेतना पर गहरा प्रभाव डाला था। फ़िराक़ तुलसी को विश्व का सबसे बड़ा कवि मानते थे। उन्होंने एक बार कहा था कि रामचरितमानस पढ़कर और सुनकर मैं राम का पुजारी तो नहीं बन सका—हाँ, तुलसीदास का पुजारी ज़रूर बन गया। फ़िराक़ कहते थे तुलसीदास भक्त नहीं थे, वे स्वयं भक्ति थे।

फ़िराक़ की शादी सोमवार, जून 21, 1914 को मौजा बेलाबाड़ी (सहजनवाँ स्टेशन) विन्देश्वरी प्रसाद की पुत्री किशोरी देवी से हुई। निमन्त्रण-पत्र हिन्दी में छपा था जिसमें लिखा था—

वर्णानामर्थसंधानां रसानां छन्दसामपि
मंगलानां च कर्त्तारौ वन्दे वाणीविनायकौ।
भवानी शंकरौवन्दे श्रद्धाविश्वास रूपिणौ
याभ्यांबिना न पश्यन्ति सिद्धाः स्वान्तः स्थमिश्वरौ।

श्रीयुत महोदय,
श्री सच्चिदानन्द ईश्वर की अपार कृपा से ये शुभ अवसर प्राप्त हुआ है कि मेरी सौभाग्यवती कन्या का शुभ विवाह मुंशी गोरख प्रसाद वकील, गोरखपुर के चिरंजीवी पुत्र बाबू रघुपति सहाय जी से मिति अषाढ़ सुदी छः सोमवार अर्थात् उन्तीस जून 1914 ई. को नियुक्त हुआ है। आशा है आप सज्जन अपने शुभ आगमन से मंडप सुशोभित कीजिए।

मौजा बेलाबाड़ी	विनीत निवेदक
(मुवासिल-रेलवे स्टेशन सहजनवाँ)	आपका कृपाभिलाषी
भारत प्रकाश प्रेस	विन्देश्वरी प्रसाद

फ़िराक़ अपनी इस शादी को अपने जीवन का सबसे बड़ा और खतरनाक हादसा बताते थे। अपनी शादी को एक सजीव मौत बताते थे। इसका विस्तृत बयान उन्होंने अपनी एक लम्बी कविता 'हिन्डोला' में यूँ किया है–

लुटा सोहाग जवानी का मेरे माँड़व में
मैं चलती-फिरती चिता बन गया जवानी की
मैं काँधा दे रहा था अपने जीते मुर्दे को
सियाह हो गयी दुनिया मेरी निगाहों में
मेरी हयात तो विषपान की कथा है नदीम
मैं पीके जहर जमाने को दे सका अमृत

यह मामला बहुत पेचीदा है। इस पर कोई राय कायम करना नामुनासिब होगा। हाँ, एक बात बताना जरूरी है कि फ़िराक़ अपनी बीवी के हर आराम का पूरा-पूरा खयाल करते थे। बीमारी में अच्छे से अच्छे डॉक्टरों से इलाज कराते थे। मैंने खुद देखा था कि वे पानी में भीगते हुए अपनी बीवी के लिए दवा लाने गये थे। आदमी के मनोविज्ञान की गहराइयों और पेचीदगियों में उतरकर सत्य को जान पाना बड़ा मुश्किल है।

फ़िराक़ की प्रारम्भिक शिक्षा-दीक्षा घर पर ही हुई। नौ-दस बरस की उम्र में उन्हें मॉडल स्कूल गोरखपुर में दाख़िल कर दिया गया। एक साल बाद इन्हें मिशन स्कूल गोरखपुर में दाखिल कर दिया गया जो उस समय का सबसे अच्छा स्कूल था। इसके पश्चात् इन्हें जुबिली स्कूल में दाख़िल किया गया। यहाँ से इन्होंने स्कूल लीविंग सर्टिफिकेट सेकेण्ड दर्जे में पास किया। फिर इन्होंने म्योर सेंट्रल कॉलेज इलाहाबाद में दाखिला लिया और 1915 में एफ.ए. की परीक्षा इन्होंने प्रथम श्रेणी में पास की। इसके बाद इन्हें संग्रहणी की बीमारी के कारण एक वर्ष के लिए पढ़ाई स्थगित कर देनी पड़ी। 1918 में फ़िराक़ ने इलाहाबाद यूनिवर्सिटी से बी.ए. पास किया। इसमें

पूरे सूबे में फ़िराक़ की चौथी पोजीशन थी। इसके बाद इनकी शिक्षा रुक गयी और वे स्वतन्त्रता संग्राम में कूद पड़े। 1927 में वे क्रिश्चियन कॉलेज लखनऊ में अध्यापक नियुक्त हो गये। एक साल बाद फ़िराक़ कानपुर चले आये और वहीं बी.यन.यस.डी. कॉलेज में अंग्रेजी और उर्दू के अध्यापक नियुक्त हो गये। 1930 में इन्होंने आगरा विश्वविद्यालय से अँग्रेजी में फर्स्ट पोजीशन में एम.ए. की परीक्षा पास की और इसी साल यानी 1930 ही में बिना किसी अर्जी के इलाहाबाद यूनिवर्सिटी में अंग्रेजी के उस्ताद की हैसियत से इनकी नियुक्ति हो गयी। 1959 में फ़िराक़ विश्वविद्यालय से रिटायर हुए। इसके बाद यू.जी.सी. ने इन्हें रिसर्च प्रोफेसर नियुक्त कर दिया जिस पर वे 1966 तक काम करते रहे।

फ़िराक़ ने अंग्रेजी में करीब साठ-सत्तर लेख बोलकर मुझे लिखाये। जो भारत की प्रसिद्ध पत्रिकाओं और प्रसिद्ध अखबारों में छपते रहे। ये लेख सुरक्षित हैं और शीघ्र ही प्रकाशित होंगे। इसके अतिरिक्त फ़िराक़ की दो किताबें अंग्रेजी में छप चुकी हैं। 'एक गार्डन ऑफ़ असेज़' और 'रीडिंग्स एण्ड रिफ्लेक्शनूस'।

उर्दू में 'शोलए साज़', 'गुले नग्मा', 'धरती की करवट', 'चिराग़ाँ', 'पिछली रात', 'रूप हज़ार दास्तान', 'शबनमिस्तान', 'गजलिस्तान', 'रुहे कायनात' वग़ैरह।

हिन्दी में 'उर्दू भाषा और साहित्य का इतिहास', 'परिस्तान', 'राग विराग', 'जंजीरें टूटती हैं', 'नज़ीर की बानी', 'उर्दू कविता पर बातचीत' इत्यादि-इत्यादि। फ़िराक़ ने ए हिस्ट्री आफ सैरासीन्स का अनुवाद हिन्दी में किया था। इसके अतिरिक्त हैमलेट का अनुवाद उर्दू में किया। टैगोर की एकोत्तरशती (जिसमें एक सौ एक कविताएँ हैं) का अनुवाद फ़िराक़ ने उर्दू में किया था जो साहित्य एकेडमी से प्रकाशित हुई थी।

उर्दू गद्य में 'अन्दाजे', 'हाशिए', 'उर्दू गजलगोई', 'मन आनम' वगैरह।

फ़िराक़ को बहुत-से साहित्यिक सम्मान भी मिले। 1961 में साहित्य एकेडमी अवार्ड, 1967 में पद्मभूषण, इसी साल रूस का नेहरू अवार्ड मिला। 1978 में इन्हें साहित्य एकेडमी ने अपना फेलो मुक़र्रर किया और इन्हें ज्ञानपीठ पुरस्कार भी मिला।

बी.ए. की परीक्षा देकर फ़िराक़ जब इलाहाबाद से गोरखपुर लौटे तो इन्होंने अपने पिता मु. गोरख प्रसाद 'इबरत' को बहुत ही सख़्त बीमार पाया। फ़िराक़ को उनकी हालत देखकर यह विश्वास हो गया कि वे उस बीमारी से उबर न पायेंगे। डॉक्टरों की राय से फ़िराक़ अपने पिता को जलवायु परिवर्तन के लिए देहरादून ले गये और उनके अच्छे से अच्छे इलाज का प्रबन्ध किया। लेकिन उनकी हालत दिन ब दिन खराब होती गयी। फ़िराक़ ने अपने चचेरे भाई और अपनी माँ को भी बुला लिया। माँ की गोद में फ़िराक़ के सबसे छोटे भाई यदुपति सहाय थे जिन्हें फ़िराक़ बहुत प्यार करते थे और जो बाद में इलाहाबाद विश्वविद्यालय में अंग्रेजी के मशहूर

प्रोफेसर के तौर पर 22 वर्ष तक रहे। फ़िराक़ को काफी सहारा इस बात से मिला कि फ़िराक़ के सबसे गहरे दोस्त पं. अमरनाथ झा भी फ़िराक़ के यहाँ आकर ठहरे। सर तेज बहादुर के बेटे भी बगल की कोठी में रहते थे। ऐसी दशा में तनहाई का गम कुछ हद तक कम हो गया था और पिता की सेवा-शुश्रूषा करते हुए हँस-बोल कर दोस्तों में कुछ वक्त कट जाता था। अभी फ़िराक़ ने शायरी शुरू नहीं की थी। हाँ, साहित्य और दर्शन की पुस्तकों का गम्भीर अध्ययन जारी था। पिता का जीवन मौत और जिन्दगी के बीच झूल रहा था। जून 1918 को फ़िराक़ के पिता को खाँसियों के कुछ झटके आये और उलटी साँसें चलने लगीं। फ़िराक़ को वह रात कभी भूल नहीं सकी, जब आधी रात के करीब फ़िराक़ को सिविल सर्जन की कोठी पर कई मील तन्हा जाना पड़ा और उन्हें अपने साथ लाना पड़ा। फ़िराक़ के पिता उलटी साँसें ले रहे थे और 18 ता. को बड़ी भोर में हमेशा-हमेशा के लिए उनकी आँखें बन्द हो गयीं। देहरादून की जिस कोठी में फ़िराक़ अपने परिवार के साथ ठहरे हुए थे, उसमें उस सुबह चिड़ियों का नग्मा कई गुना बढ़ गया और वातावरण असाधारण तौर पर सुहाना हो गया। उनके पिता मौत के बिस्तर पर इस तरह पड़े हुए थे जैसे वे गहरी नींद में आराम से लेटे हों। फ़िराक़ की माँ ने उनसे कहा—"तेरा बाप बड़ा निर्मल और मासूम व्यक्ति था। इसीलिए इनके उठ जाने के बाद यहाँ की फिजा इतना पाकीजा और सुहानी मालूम होती है।" इस घटना के कई बरस बाद जब फ़िराक़ ने शायरी शुरू की तो इस मंजर की तस्वीर इस रुबाई में खींची—

गफलत का हिजाब कोहो दरिया से उठा
परदा फितरत के रुए ज़ेबा से उठा
पौ फूटने का समाँ सुहाना है बहुत
पिछले को फ़िराक़ कौन दुनिया से उठा॥

बाप का किरिया-करम करने के बाद अपने दुखी परिवार को लेकर फ़िराक़ गोरखपुर वापस आये। खानदान भर के लिए रोटियाँ कमाने वाला दुनिया से उठ चुका था और थोड़े ही अर्से बाद फ़िराक़ को अपनी छोटी बहन की शादी का इन्तजाम करना था। नाकाबिले बरदाश्त मुसीबतों का सामना करते हुए फ़िराक़ इस जिम्मेदारी से भी मुक्त हो गये। कुछ दिनों बाद उन्हें अंग्रेजी सरकार की ओर से डिप्टी कलेक्टरी के लिए चुन लिया गया। परिवार की डूबती हुई नाव के लिए यह बहुत बड़ा सहारा था। फ़िराक़ ने तीस हजार रुपये के खानदानी करजे की अदायगी के लिए अपने पिता की छोड़ी हुई जायदाद को बेचकर इन्तजाम किया। फ़िराक़ पी.सी.एस. और आयी.सी.एस. दोनों छोड़कर महात्मा गाँधी के नेतृत्व में स्वतन्त्रता संग्राम में कूद पड़े और इसी ज़माने में अपने को सँभालते हुए फ़िराक़ ने शायरी शुरू की।

उन दिनों फ़िराक़ की मजनूँ गोरखपुरी और मुंशी प्रेमचन्द से हर वक्त की सोहबत रही। इससे फ़िराक़ की साहित्यिक खूबियाँ और चिन्तन शक्ति चमकने

लगी। महीने-दो महीने में एकाध गजल होने लगी। शायरी प्रारम्भ किए अभी कुछ महीने बीते थे कि फ़िराक़ ने ये शेर कहे—

दिलदुखे रोये हैं शायद इस जगह ऐ कूये दोस्त
खाक का इतना चमक जाना ज़रा दुश्वार था।

इसी ज़माने के कुछ और शेर—

कभी जब पास आकर बैठ जाते हैं वो ऐ हमदम
अदू का मुझको रह जाता है अपने पर गुमा होकर।

विसाल उसका मैं चाहूँ कहाँ ये दिल मेरा
ये रो रहा हूँ कि क्यों मैंने उसको देखा था।

इसी ज़माने में फ़िराक़ के बड़े भाई गनपति सहाय, जो टी.बी. के मरीज थे, स्वर्ग सिधार गये। उनकी मृत्यु का दृश्य फ़िराक़ ने इस शेर में बाँधा।

किसी के सब्र ने बेसब्र कर दिया मुझको
फ़िराक़ नज़अ में करवट कोई बदलता था।

यह ग़ज़ल धीरे-धीरे पूरी हुई जिसका यह शेर कोई मामूली शायर नहीं कह सकता—

हर इक के हाथ फ़क़त ग़फ़लतें थीं होशनुमा
हर इक को अपने से बेगानावार जीना था।।

इसी समय फ़िराक़ ने एक नज्म कही जो 'नग़मए-हक़ीक़त' के नाम से सारे मुल्क में मशहूर हुई और जो अलीगढ़ के मशहूर रिसाला 'सुहैल' में प्रकाशित हुई।

सन् 1920 में शहंशाह जार्ज पंचम के राजकुमार, प्रिंस ऑफ वेल्स भारत का दौरा करने आये। गाँधी जी के नेतृत्व में इनके दौरे का सारे देश में बाईकाट कर दिया गया। कांग्रेस के तमाम नेता गिरफ्तार कर लिये गये। पंडित जवाहर लाल नेहरू जब गिरफ़्तार हुए तो यू.पी. के प्रादेशिक कमेटी की एक बैठक में गिरफ़्तार होते समय पंडित जवाहर लाल नेहरू ने पूरे सूबे का डिक्टेटर फ़िराक़ को नियुक्त कर दिया। गोष्ठी की अध्यक्षता मौलाना हसरत मोहानी कर रहे थे। जब जवाहर लाल नेहरू का ये ऐलान सुनाया गया तो फ़िराक़ ने खड़े होकर यह घोषणा की कि मैं प्रान्त की डिक्टेटरी रफी अहमद किदवई के हक़ में सौंपता हूँ। अभी यह कार्रवाई हो ही रही थी कि पूरी प्रान्तीय कांग्रेस कमेटी, जिसमें लगभग सौ लोग शामिल थे, गिरफ़्तार कर ली गयी। लेकिन मलाका जेल में सिर्फ पचपन क़ैदियों की जगह ख़ाली थी। इसलिए सिर्फ पचपन लोगों को गिरफ़्तार किया गया और शेष लोगों को यह कहकर गिरफ़्तार नहीं किया गया कि आप लोग तो गोष्ठी में थे ही नहीं। फ़िराक़ क़ैदियों में शामिल थे।

यह घटना 6 दिसम्बर, 1920 की है। 13 दिसम्बर, 1920 को जेल में मुक़दमें की एक फ़र्जी सी कार्रवाई के बाद फ़ैसला सुनाया गया। आधे लोगों को डेढ़ वर्ष की क़ैदे सख़्त और सौ रुपये जुर्माना की सज़ा मिली और शेष आधे लोगों को जिसमें फ़िराक़ भी शामिल थे सिर्फ क़ैद और पाँच सौ रुपये जुर्माना की सज़ा मिली। पहला काफ़िला नैनी जेल में भेजा गया और दूसरा काफ़िला आगरा जेल के लिए रवाना कर दिया गया, जहाँ पहले से बीस-तीस सियासी मुजरिम क़ैद थे। फ़िराक़ और उनके साथी 14 दिसम्बर, 1920 को तीसरे पहर आगरा जेल में पहुँच गये। वहाँ अलग-अलग बैरकों में चारपाइयाँ पहले से मौजूद थीं और इस तरह साथियों के साथ एक कोने में पड़ी हुई चारपाई पर फ़िराक़ ने भी अपना बिस्तर डाल दिया। इसी तरह पूरे एक साल तक लगभग साठ-सत्तर सियासी क़ैदी एक ही जेल में साथ रहे। बाद में इन क़ैदियों की संख्या इतनी बढ़ गयी कि जिन क़ैदियों को सख्त सजा देकर नैनी जेल भेजा गया था केवल सज़ा में बदल करके आगरा जेल भेज दिया गया।

पंडित मोतीलाल नेहरू, जवाहरलाल नेहरू और बहुत-से सियासी क़ैदी लखनऊ जेल में थे। आगरा जेल में फ़िराक़ के साथ अलीगढ़ के ख़्वाजा अब्दुल मजीद, मौलाना आरिफ हंसवी, मिस्टर जोजफ (एडिटर-इंडिपेंडेंस), महात्मा गाँधी के सेक्रेटरी महादेव देसाई और दूसरे लीडर और कांग्रेस के कार्यकर्ता क़ैद थे। जेल के भीतर बातचीत और घूमने-फिरने की आज़ादी सभी को थी। खाने-पीने, सोने और बातचीत के अलावा क़रीब-क़रीब सभी का शौक पढ़ना-लिखना था। फ़िराक़ जेल की बालकनी पर चले जाया करते थे और वहाँ देर तक ताजमहल का दृश्य देखते रहते थे।

क़ैदियों में बहुत-से काव्य-प्रेमी भी थे। इन्होंने प्रति सप्ताह मुशायरों की दागबेल डाल दी। पहले मुशायरे में, जो मिसरा की तरह था, उसमें फ़िराक़ का मक्ता यूँ था—

अहले जिन्दाँ की महफिल है सबूत इसका 'फ़िराक़'
कि बिखर कर भी ये शीराजा परीशाँ न हुआ।

सात-आठ हफ्तों तक यह मुशायरा बाकायदा चलता रहा। इसका अर्थ यह नहीं कि जेल में आकर लोग निश्चिन्त हो गये थे। लगभग हर व्यक्ति दुख और कठिनाई का शिकार था। अपनी-अपनी परेशानियाँ और मुसीबतें हर आदमी अपने दिल में दबाये हुए था। बजाहिर ये लोग हँसते बोलते रहते थे।

फ़िराक़ भी अपने परिवार की याद और अपनी हालत याद करके दिल ही में कुढ़ा करते थे। एक अच्छी बात यह थी हर क़ैदी हफ़्ते में एक बार अपने सम्बन्धियों और मित्रों को पत्र लिख सकता था और लिखने और पढ़ने का काम भी जारी रख सकता था। फ़िराक़ अपने एक हिन्दी जानने वाले और हिन्दी के लेखक दोस्त को बोलकर हिन्दी में कई लेख लिखवाकर प्रेमचन्द्र को भेज दिया करते थे। ये लेख हिन्दी पत्रिकाओं में छपे। इनमें से दो-तीन लेखों का पारिश्रमिक साठ रुपया फ़िराक़

को मिला। इन रुपयों से फ़िराक़ खुफ़िया तौर पर सिगरेट वग़ैरह मँगा लिया करते थे। इसी तरह छोटे-मोटे खर्चों का बन्दोबस्त हो जाता था। फ़िराक़ ने जेल में एक फ्रांसीसी नाटक का अनुवाद अंग्रेजी में पढ़ा जिसका एक वाक्य यूँ था कि इन्क़लाब होने से पहले वाली शाम को सबसे अप्रत्याशित चीज़ इन्क़लाब होती है। इसी विचार को जेल से छूटने के बरसों बाद फ़िराक़ का यह मशहूर शेर हुआ।

देख रफ्तारे इन्कलाब फ़िराक़
कितनी आहिस्ता और कितनी तेज

लगभग एक साल के बाद फ़िराक़ और उनके साथियों को लखनऊ जेल भेज दिया गया जिसमें पहले पंडित मोतीलाल नेहरू और पं. जवारलाल नेहरू क़ैद रह चुके थे। लखनऊ जेल में वह आराम चैन नहीं था जो आगरा जेल में था। क़ैद के जीवन ने छिनी हुई स्वतन्त्रता के जीवन के रहस्य को सब पर प्रकट कर दिया था। डेढ़ बरस की क़ैद पूरी होने में लगभग 6 माह बाक़ी थे लेकिन दो ही माह बाद भारत के सभी सियासी क़ैदियों को रिहा कर दिया गया।

लखनऊ से फ़िराक़ गोरखपुर पहुँचे। जेल से छूटने के कुछ पहले फ़िराक़ के छोटे भाई त्रिपुरारीसरन की टी.बी. से मौत हो चुकी थी। भाई की इस मौत ने फ़िराक़ से एक मर्सिया कहलवाया–

घाट पर जलने जलाने के हैं सामाँ हाय हाय,
किस कदर खामोश है शहरे खामोशाँ हाय हाय।
मिटती जाती है उफ़ुक़ से सुर्ख़िये रंगे शफ़क़,
बढ़ता जाता है सवादे शामे ज़िन्दाँ हाय हाय।
ये चमकते दर्द, ये जुल्मत ये दिल उमड़े हुए,
ये छलकते जाम ये बज़्मे चिरागाँ हाय हाय।
अब कहाँ हैं ख़ून रोने वाले मेरे दर्द पर,
ख़ाक में मिल जाने वाले लालाकाराँ हाय हाय।
उफ़ बगूलों का ये आलम बादे सरसर का ये जोश,
ख़ाक उड़ाता है तेरे गम में बयाबाँ हाय हाय।
मरने वाले याद आती है जवाँ मरगी तेरी,
उठ गया दिल में लिये तू दिल के अरमाँ हाय हाय।।
क़ैद में जी खोल के रोना भी मुश्किल हो गया,
अब मैं समझा मानिये तंगीए ज़िन्दाँ हाय हाय।
मेरी क़िस्मत में तुझे काँधा भी देना जब न था,
दिन ने क्यों बाँधा था तुझसे अहदो पैमाँ हाय हाय।

अलविदा ऐ ज़ोरे बाज़ू प्यारे भाई अलफ़िराक़,
अब तो मैं हूँ और तेरे दाग़े हिजराँ हाय हाय।
घर को मैं क्या मुँह दिखाऊँगा रिहा होकर 'फ़िराक़',
मैं असीर और इनके ये हाल परीशाँ हाय हाय।

फ़िराक़ पर मुसीबतों के पहाड़ टूट चुके थे। पारिवारिक जीवन उजड़ जाने का उन पर बहुत गहरा प्रभाव पड़ा। वे लिखते हैं कि बाप का मरना, दो-दो जवान भाइयों का मरना, जवान बेटी का मरना, एक ख़ुफ्तुलहवास बेटे की जिन्दगी और ऐन जवानी में उसकी ख़ुदकुशी करना या किसी भी दूसरे ग़मअंगेज़ वाक़ये से भरपूर अन्दाज़ में खुलकर प्रभाव लेने की शक्ति बाक़ी नहीं रही थी। यही हाल उन वाक़यात का था जिन्हें ख़ुशी का मौक़ा कहा जा सके। मसलन, एफ.ए. के इम्तहान में सातवीं पोजीशन लाना, बी.ए. के इम्तहान में चौथी पोजीशन लाना, कामयाब से कामयाब शेर पर ज़बरदस्त दाद मिलना, दूसरों से अपनी तारीफ़ सुनना, पंडित जवाहरलाल नेहरू और महात्मा गाँधी की कद्रदानी और उत्साहवर्द्धन, देश भर में मशहूर हो जाना ये तमाम ख़ुशी के मौक़े और ख़ुशी की बातें एक ज़हरआलूदा शर्बत बन जाती थीं। मनोविज्ञान के समझने वाले ही इस बात को समझ सकते हैं और मुझ पर यह कहावत चरितार्थ होती है कि मारे और रोने न दे।

जेल से छूटकर, फ़िराक़ जब घर आये तो घर की आर्थिक स्थिति बहुत नाजुक थी। इसी ज़माने में पंडित जवाहरलाल नेहरू गोरखपुर आये, फ़िराक़ के मेहमान हुए। फ़िराक़ ने उनसे अपना दुख-दर्द कुछ नहीं बताया, लेकिन संसार की राजनीति की रगों को पहचानने वाले जवाहरलाल नेहरू ने बिना कुछ कहे-सुने सब कुछ समझ लिया और फ़िराक़ के सामने यह तजवीज़ रखी और कहा कि तुम आल इण्डिया कांग्रेस कमेटी के अण्डर सेक्रेटरी की हैसियत से इलाहाबाद आकर दफ्तर का कुल कारोबार सँभाल लो। यह बात 1923 की है। फ़िराक़ ने गोरखपुर को अलविदा किया। कांग्रेस के अध्यक्ष थे मौलाना मोहम्मद अली। वे फ़िराक़ को देख चुके थे और कांग्रेस के एक जलसे की अंग्रेजी भाषा में फ़िराक़ की लिखी हुई रिपोर्ट पढ़कर फ़िराक़ की योग्यता के कायल हो चुके थे। पंडित जवाहरलाल के विचार से सहमत हो गये। अब फ़िराक़ गोरखपुर छोड़कर इलाहाबाद आ गये और स्थायी रूप से ढाई सौ रुपये पर कांग्रेस कमेटी के अण्डर सेक्रेटरी हो गये।

दफ़्तर का काम अधिक नहीं था लेकिन जितना था उसे फ़िराक़ के अतिरिक्त कोई और कर भी नहीं सकता था। दफ़्तर के ऊपर के दो कमरों में फ़िराक़ रहते थे। फ़िराक़ के अनुसार उन्हें एक नयी परेशानी ने घेर लिया। रातों को नींद नहीं आती थी। फ़िराक़ लिखते हैं कि "तनहाई दो तरह की होती है—एक आन्तरिक और एक बाहरी। मैं दफ़्तर के ऊपर बिल्कुल तनहा रहता था। इलाहाबाद की भरी दुनिया

में अपना हममज़ाक कहाँ से पैदा कर लेता—यह तो बाहरी तनहाई थी। आन्तरिक तनहाई का ये आलम था कि मेरी तनहाई हर तरह के आराम के बावजूद मुझे घेरे रहती थी। यहाँ तक कि पढ़-लिखकर भी कई घंटे ऐसे बच जाते थे और एक साँस न खत्म होने वाला जुग मालूम होता था।"

फ़िराक़ जब आगरा जेल में थे तो उनके एक दोस्त और कद्रदान हज़रत आरिफ हंसवी के ही शहर के रहनेवाले और दोस्त हज़रत नयाज़ फतेहपुरी ने एक रिसाला 'निगार' निकाला जिसका पहला अंक आरिफ़ साहब के पास जेल में आया। इसमें मानी जायसी और फ़ानी बदायूनी की मशहूर ग़ज़लें थीं। फ़िराक़ ने इस रिसाले को बड़े चाव और शौक से पढ़ा और ग़ज़लों को पढ़कर झूमने लगे।

रघुपति सहाय ने अपना उपनाम या तख़ल्लुस फ़िराक़ क्यों रखा, यह भी एक दिलचस्प वाकया है। जब गोरखपुर में फ़िराक़ और मुंशी प्रेमचंद का साथ दिनरात रहता था उस वक्त प्रेमचन्द के पास आयी हुई एक उर्दू पत्रिका में ख़्वाजा मीर दर्द की शायरी पर एक लेख छपा था। इसी पत्रिका में उर्दू के सुप्रसिद्ध कहानी लेखक नासिर अली 'फ़िराक़' का नाम प्रकाशित हुआ। ख़्वाजा 'मीर दर्द' और नासिर अली 'फ़िराक़' के शाब्दिक अर्थों का कुछ ऐसा आन्तरिक सम्बन्ध था, जिसने रघुपति सहाय पर कुछ ऐसा जादू किया कि उन्होंने अपनी शायरी का नाम या तखल्लुस 'फ़िराक़' रख लिया।

फ़िराक़ कांग्रेस के अण्डर सेक्रेटरी की हैसियत से 1923 से लेकर 1927 तक काम करते रहे। इसी ज़माने में देशबन्धु चितरंजन दास और पंडित मोतीलाल नेहरू ने अन्य कांग्रेस नेताओं से बातचीत करके और उनकी स्वीकृति पाकर ये तय किया कि केन्द्रीय और प्रान्तीय एसेम्बली का बाईकाट खत्म कर दिया जाय और कांग्रेस असेम्बलियों का चुनाव लड़े। बड़ी मुश्किल से गाँधी जी इस पर राजी हुए कि कांग्रेस के जो सदस्य चाहें वे चुनाव के लिए खड़े हो जाएँ। इसके लिए दिल्ली में कांग्रेस का एक विशेष अधिवेशन हुआ जिसके अध्यक्ष चुने गये मौलाना अबुल कलाम आज़ाद। फ़िराक़ इस विचार में थे कि एसेम्बली में जाने के बाद कांग्रेस आन्दोलन का क्या होगा—फायदा या नुकसान। इसी ज़माने में मंजर अली सोख़्ता से मिलकर फ़िराक़ को बहुत आराम मिला। महात्मा गाँधी ने चाहा था कि फ़िराक़ गुजरात विद्यापीठ में प्रोफेसर का काम करें। फ़िराक़ ने गाँधी जी से कहा कि उन्हें गोरखपुर ही में जनजागरण पैदा करने की इजाजत दे दें। गँधी जी इस पर खुशी से राजी हो गये। गोरखपुर में वैसे तो हज़ारहा लोग कांग्रेस में शरीक थे लेकिन जो-जो लोग बड़े ओहदों पर थे उनसे मिलकर फ़िराक़ को बड़ी चोट लगी। कार्यकर्ताओं में तो कुछ बेहद अच्छे आदमी थे लेकिन कुछ लोग ऐसे भी घुस आये थे जो शिक्षित तो थे मगर आदमी ग़लत थे। इनके क़ौल फ़ेल में इतना अन्तर था कि ये लोग न तो खुद काम

करते थे न दूसरों को करने देते थे। यह सब होते हुए भी फ़िराक़ पूरी तल्लीनता से स्वतन्त्रता की आग में कूद पड़े और लगभग 23 वर्ष की उम्र में ही वरिष्ठ और सुप्रसिद्ध नेताओं से आगे निकल गये। रघुपति सहाय और गोरखपुर का स्वतन्त्रता आन्दोलन पर्याय हो गया। इस प्रकार गोरखपुर में चलनेवाली सभी राष्ट्रीय आन्दोलनों की बागडोर रघुपति सहाय ने अपने हाथ में ले ली। हज़ारों-हज़ारों स्वतन्त्रता सेनानी रघुपति सहाय के पीछे खड़े हो गये। स्वतन्त्रता संग्राम का गोरखपुर मे नेतृत्व करते हुए भी फ़िराक़ ने अपना गहन अध्ययन और स्वाध्याय जारी रखा। उन्होंने अपने लेखों से जनसाधारण में सोयी हुई और अर्द्धचेतन देश-प्रेम की भावनाओं को उद्वेलित कर दिया। उसे ग़फ़लत की नींद से जगा दिया। उनकी लेखनी और उनके भाषण में जादू था। फ़िराक़ ने अपने लेखों के माध्यम से शिक्षा, स्वतन्त्रता, आर्थिक स्वरूप आदि विषयों में चौंका देने वाले लेख लिखे। फ़िराक़ का मौलिक चिन्तन गज़ब का था। शायद ही इतनी सूझबूझ नये भारत के विचार का अंकुरण गोरखपुर के किसी अन्य स्वतन्त्रता सेनानी में रहा हो। नये विचारों का दर्द असहनीय होता है। फ़िराक़ देश के प्रति दबी हुई मोहब्बत के दर्द को नये-नये विचार देकर चमका रहे थे। उन्होंने 'जातीय विद्यालय कैसे हों?" 'राष्ट्रीय शिक्षा', 'चरखे के सूत राष्ट्र की नसें हैं' और 'जय पराजय' जैसे लेखों द्वारा जनता को नये चिन्तनशक्ति की दिशा दी। उनके जुमले और फ़िकरे विचार की गहराइयों से लदे रहते हैं। जैसे उन्होंने गुनाह के बारे में लिखा–"जिस काम में महवीयते कामिल न हो वह गुनाह है।" "Stupidity is the breeding ground of all wickedness. Literature is brilliant illeteracy." "प्रकृति की तरह शब्द भी सत्य का आधा प्रकट भी करते हैं और आधा छिपा भी लेते हैं। उन्होंने अपने एक लेख में लिखा 'धर्म और सत्य' को समझने के लिए अधर्म और असत्य को भी समझना जरूरी है।" जुल्म, लालच, जब्र ज़बरदस्ती को अगर हम अधर्म और असत्य बतलाते हैं तो ऐसा उसी हालत में कर सकते हैं, जब दया, उदात्त्य और स्वतन्त्रता इत्यादि गुण-कर्म से हम उनका मुकाबला करें। नहीं तो कुछ न होने से और कुछ न करने के मुक़ाबिले में तो ज़ुल्म और जब्र तो साक्षात् धर्म है। ज़ालिम मृतक होने से अच्छा है। ऐसे मौलिक चिन्तन से लोगों के ज़ेहन ख़ाली थे। फ़िराक़ की चेतना में महावाक्य जन्म लेते रहते थे। वे अपनी रोजमर्रा की बातचीत में ऐसे वाक्य बोल जाते थे जो बड़े से बड़े शिक्षित लोगों को चौंका देते थे। जैसे "गति और विश्राम दोनों का नाम ही योग और यही सत्य और धर्म है।" अपनी एक रुबाई में उन्होंने लिखा–"नामर्द एखलाक से जरायम बेहतर"। उन्होंने एक बड़ा ही विचार पूर्ण लेख लिखा था अंग्रेजी में 'The idea of sin in urdu poetry.' उनका कहना था कि पाप या सिन धर्म का उल्टा है। पाप में हरकत (Motion) मौजूद रहती है। वह जीवित रहने का प्रमाण है लेकिन पाप में स्थिरता

या ठहराव नहीं है, छिछलापन है, गहराई नहीं है। पाप विशाल, और अथाह जीवन-शक्ति (Life force) की छाया मात्र है। सबसे बड़ा पाप तो धर्म और पाप दोनों का अभाव है। यह वह मृतक जीवन है जो जीते-जी मार डालता है। उनका कहना था कि आदमी की मुक्ति का मार्ग पाप से होकर गुज़रता है। फ़िराक़ ने अपने 'जय पराजय' के लेख का अन्त यूँ किया "आज विजय है लेकिन किसकी? उसी की जो अपने विदेशी वस्त्रों का रावण जलाकर चरखे के पहियों वाले रथ को आगे बढ़ाकर और स्वराज्य के क़िले के सामने पहुँचकर सत्य और धर्म का डंका बजा दे।" रघुपति सहाय के भाषण और लेख और उनका व्यक्तित्व गोरखपुर में ब्रिटिश सरकार के लिए भय बन गये थे। 28 नवम्बर, 1920 को स्वदेश में छपा था "रघुपति सहाय द्वारा गोरखपुर में जागृति"। हज़ारों राष्ट्रवादी नेताओं की उपस्थिति में मुख्य वक्ता थे रघुपति सहाय। उन्होंने स्वदेशी व्यवसाय, पारम्परिक कार्य, कर्म और राष्ट्रीय शिक्षा को अपनाने में गौरव महसूस करनेवाले नौजवानों का आवाहन किया। उनके वाक्यों ने, लगातार भाषणों और लेखों ने जैसा पहले कहा जा चुका है अंग्रेजी हुकूमत के दिल में भय उपजा दिया। उन्होंने अपने एक भाषण में अंग्रेजों की शिक्षा प्रणाली का खण्डन करते हुए बतलाया कि यह शिक्षा स्वार्थ भाव और जटिल व्यक्तित्ववादी नीति का पाठ पढ़ा रही थी। यह गवर्नमेण्ट अंग्रेजी प्रणाली की शिक्षा देकर सरकारी ओहदों के लिए ऐसे लोग पैदा कर रही है जो इस बदनीयत गवर्नमेण्ट के अत्याचारों में गवर्नमेण्ट को मदद दें। 31 करोड़ हिन्दुस्तानी मुट्ठी भर शिक्षित नौकरशाहों—जिसमें अधिकांश हिन्दुस्तानी ही हैं और कुछ इने-गिने वकीलों और नेताओं के शिकार हो रहे हैं, हमको अपने विद्यार्थियों को ऐसी शिक्षा देनी चाहिए जो उन्हें देश का ज्ञान, देश से निःस्वार्थ प्रेम, कर्म और दया का पाठ पढ़ाये। इन विद्यार्थियों के सम्मुख धन कमाने, हुकूमत करने और ग़रीबों को पददलित करने का आदर्श नहीं होना चाहिए।

फरवरी 27, 1921 को स्वदेश में एक ख़बर प्रकाशित हुई शीर्षक से—'गोरखपुर में दमन-नीति का श्रीगणेश' बाबू रघुपति सहाय का मुँह बन्द मजिस्ट्रेट का विचित्र फरमान, शिरकत की मनाही। इसी में गोरखपुर के उस समय के डिस्ट्रिक्ट मैजिस्ट्रेट ए.पी. कॉलेश आयी.सी.यस. द्वारा जारी की गयी नोटिस भी प्रकाशित कर दी गयी थी जिसमें लिखा था "चूँकि मुझे यह यक़ीन करने की काफ़ी वजह है कि तुम्हारी आदत है कि तुम इस जिले में जगह-जगह सभाएँ करते हो और ऐसे व्याख्यान दिया करते हो जिससे अशिक्षित जनता के भड़क उठने की सम्भावना है और जिनसे विद्यार्थियों के अध्ययन में बाधा पड़ती है तथा जिनसे भारत में स्थापित सरकार (Government constituted by authority of India) के खिलाफ दुश्मनी (Enemity) फैलने की सम्भावना है—जैसा कि तुमने गोला में 26 जनवरी और बरहज में 29 जनवरी को व्याख्यान दिया और चूँकि अगर ऐसे व्याख्यान फौरन रोक

न दिये जाएँ तो सार्वजनिक शान्ति के लिए खतरनाक होंगे। इसलिए मैं दफ़ा 144 जाब्त फ़ौजदारी की रू से तुम रघुपति सहाय वल्द गोरख प्रसाद को इत्तिला देता हूँ कि इस नोटिस की तारीख से दो महीने तक गोरखपुर जिले में कोई ऐसी सभा करने, उसमें व्याख्यान देने अथवा उसमें शरीक होने से अपने को रोक रक्खो, जहाँ जनता जमा होती है।"

ह.ए.पी. कॉलेश, आयी.सी.यस.
डिस्ट्रिक्ट मैजिस्ट्रेट, गोरखपुर।
26 फरवरी, 1921

उसी ज़माने में इस आज़ादी के दीवाने ने तराने छेड़े थे—

बैठे हैं हिन्दू मुस्लिम सीना फ़िगार दोनों
अब मादरे वतन पर होंगे निसार दोनों
मोहन की मुरलिया ने हमको किया है बेख़ुद
फिरते हैं उनके पीछे दीवानावार दोनों
अब तो स्वराज धुन से भर देंगे जेलख़ाने
बेख़ौफ़ मौत के हम होंगे शिकार दोनों
हम पर मुसीबतों के टूटे पहाड़ बेहद
मुँह मोड़ेंगे न हरगिज़ हम जाँ निसार दोनों
फाँसी को, क़ैद को, हम समझे हैं कारेतिफ़लाँ
मैदान-ए-मरदुमी के हैं सवार दोनों।

जैसा ऊपर बताया जा चुका है फ़िराक़ 1927 तक कांग्रेस के अण्डर सेक्रेटरी रहे। 1927 में ही पं. जवाहरलाल नेहरू दो बरस के लिए संसार की राजनीति का अध्ययन करने के लिए यूरोप चले गये। अब कांग्रेस के अण्डर सेक्रेटरी के ओहदे में फ़िराक़ की कोई दिलचस्पी नहीं रही। पहले उन्हें क्रिश्चियन कॉलेज लखनऊ फिर सनातन धर्म कॉलेज में प्रोफेसर की हैसियत से नौकरी मिली। इसके बाद 1930 में इलाहाबाद यूनिवर्सिटी में अंग्रेजी विभाग में नियुक्ति हो गयी।

लगे हाथों मैं कुछ चन्द घटनाओं का जिक्र करना चाहता हूँ। जो आनन्द भवन से और नेहरू परिवार से जुड़ी हुई हैं।

एक मर्तबा पंडित नेहरू ने फ़िराक़ से कहा—रघुपति, जरा नीचे जाकर अख़बार तो ले आओ। थोड़ी देर में फ़िराक़ ने आकर कहा पंडित जी अख़बार तो नहीं है। इस पर नेहरूजी बरस पड़े और बोले कि मैंने आपको इसलिए नहीं भेजा था कि आप आकर यह बतायें कि अख़बार नहीं है। मैं 'नहीं' सुनने का आदी नहीं हूँ। अख़बार तो आपको लाना ही था, चाहे इसके लिए आपको विलायत भी जाना पड़ता। फ़िराक़ साहब को इस बात का एहसास हुआ।

फ़िराक़ आनन्द भवन जाकर मुलाज़िम से बोले कि जाकर पंडित जी को ख़बर कर दो कि सहाय साहब आये हुए हैं। जवाहरलाल जी अपने कमरे की सीढ़ियों से नीचे उतरने लगे और नीचे आकर फ़िराक़ को देखा तो बोल पड़े "सहाय साहब, कहीं आप सिर्फ़ हाय होकर न रह जाएँ।" फिर पंडित जी खिलखिलाकर हँस पड़े और फ़िराक़ को गले से लगा लिया और उन्हें अपने कमरे में लिवा गये।

देशबन्धु चितरंजनदास आनन्द भवन में मोतीलाल जी के मेहमान हुआ करते थे। वे फ़िराक़ से बहुत घुल-मिलकर बातें करते थे। उन्होंने फ़िराक़ से कहा था कि उन्हें जितने क्रिमिनल तीस साल की प्रैक्टिस में नहीं मिले उतने उन्हें तीन साल के दौरान कांग्रेस में मिले। चितरंजनदास जी एक अच्छे कवि भी थे और उन्होंने अपना काव्य-संग्रह 'सागर संगीत' फ़िराक़ को दिया था।

आनन्द भवन में कांग्रेस की मीटिंग चल रही थी जिसमें गाँधी जी समेत, मोतीलाल नेहरू, जवाहरलाल नेहरू, अबुल कलाम आजाद, रफी अहमद किदवई, मंज़रअली सोख्ता और कांग्रेस के अन्य वरिष्ठ लोग हलक़ा बनाकर बैठे हुए थे। किसी अहम मसले पर गाँधी जी सबकी राय ले रहे थे। जब फ़िराक़ की बारी आयी तो गाँधी जी ने उन्हें यूँ सम्बोधित किया "एण्ड ह्वाटिज योर आइडिया माई डीयर यंग सर?"

इस तरह के वाक़ये तो भरे पड़े हैं। अध्यापक की हैसियत से भी फ़िराक़ का जवाब नहीं था। उनके अध्यापन की सबसे बड़ी कला थी कि विद्यार्थी विषय को छूने लगता था। उनका लेक्चर सुनने के बाद विद्यार्थी यह अनुभव करने लगता था कि वह एक लाइब्रेरी हज़्म करके उठा है। और उसका क़द कई गुना उसकी निगाहों में बढ़ गया है। फ़िराक़ हमेशा विद्यार्थियों में चिन्तन-शक्ति को जगाने में लगे रहते थे। वे बार-बार यही कहते, "सोचो, चिन्तन करो, मनन करो, सोचो विचारो।" वे अक्सर सेमिनारों में विद्यार्थियों से बहुत घुलमिलकर बातें करते, उनकी समस्याओं को सुनते, उन्हें हल करने की कोशिश करते और उन्हें समस्याओं से जूझने की कला सिखाते। एक बार फ़िराक़ ने अपने सेमिनार के विद्यार्थियों से कहा, तुम लोग बाज़ार में मिलने वाले सस्ते क़िस्म के नोट्स लेकर पढ़ लिया करो। लड़कों ने कहा कि सर इसके लिए तो दूसरे अध्यापक भी मना करते हैं। फ़िराक़ ने कहा, वे इसलिए मना करते हैं कि वही पढ़कर आपलोगों को पढ़ाते हैं। कहीं उनकी क़लई न खुल जाय इसीलिए मना करते हैं। फ़िराक़ में सेंस ऑफ ह्यूमर बहुत था। बोलचाल की भाषा में गहरी से गहरी बात कह जाना फ़िराक़ का स्वभाव था। वे जिस विषय पर बोलते या लिखते थे, ऐसा लगता था जैसे विषय साकार हो गया है। आज भी उनके अनेकानेक विद्यार्थियों को फ़िराक़ के सैकड़ों वाक्य याद हैं। उनका व्यक्तित्व बड़ा सोचता हुआ व्यक्तित्व था। वे जब भी बोलते, लगता था जैसे महाशून्य से वाक्य

उनकी चेतना में उतर रहे हों। किसी विषय को, चाहे वह जीवन से सम्बन्धित हो या साहित्य से, उसकी तह में जाकर विषय के मूल में जाकर उसका रहस्योद्घाटन करते थे। इसीलिए सुनने वाले चाहे वे विद्यार्थी हों या साधारण श्रोता अक्सर मन्त्रमुग्ध हो जाया करते थे। इसी ओर फ़िराक़ ने अपने एक शेर में इशारा किया है—

क़लम की चन्द जुम्बिशों से और मैंने क्या किया
यही कि खुल गये हैं कुछ रमूज से हयात के।

फ़िराक़ ने अपने सेमिनार में Essay पर बोलते हुए कहा था "An essay should open like the tail of a peacock." उनका एक-एक वाक्य एक महाकाव्य होता था।

फ़िराक़ कॉफ़ी हाउस में लगभग रोज़ ही उठते-बैठते। वहाँ लोग उन्हें घेरे रहते। खाने-पीने की वस्तुओं से लेकर ब्रह्मज्ञान तक सभी विषयों पर गहरी से गहरी बातें होतीं। खुलकर हँसी-मज़ाक़ होता। लतीफ़े सुने-सुनाये जाते। बहसें होतीं, लड़ाई-झगड़े होते, साहित्य-चर्चा होती, शेर-शायरी होती। फ़िराक़ को एक दुनिया घेरे रहती।

फ़िराक़ की पकड़ भोजपुरी भाषा पर भी बड़ी जबरदस्त थी। के.पी. कॉलेज में भोजपुरी सम्मेलन में उन्होंने अपनी पूरी तकरीर भोजपुरी में की थी। वे गोरखपुर जब भी जाते अपने लोगों से गोरखपुर की भाषा में ही बात करते।

फ़िराक़ के दरबार में प्यार मोहब्बत, दर्शन, ज्ञान-विज्ञान, मानव-प्रेम, कहानी-क़िस्सों और मानवीय आदर्शों और मूल्यों की दौलत खुले हाथों लुटायी जाती। बड़प्पन का बोझ उतनी आसानी और सहजता से वहन करने वाला मुझे दूसरा नहीं मिला।

कविता के विषय में फ़िराक़ लिखते हैं, “अगर दर्द भरी आवाज़ में सुकून नहीं तो वह नग्मा कहाँ, चीख़ होगी। मैं शायरी में लहजे को सबसे ज़रूरी चीज़ समझता हूँ। उसी लहजे में शायर का व्यक्तित्व छुपा हुआ रहता है। शायर तमाम आलम के दुःख- दर्द के एहसास को बग़ैर कम किये हुए अगर उसमें नर्मी और बरकत समो सके तो उसमें कूवत-ए-शफ़ा (Healing touch) आ जाती है और शायद यही चीज़ शायरी को अज़मत दे सकती है।” फ़िराक़ एक आलोचक कवि हैं। वे कविता के माध्यम से जीवन और प्रेम के गहन तत्त्वों का रहस्योद्घाटन करते हैं और पाठक को उस मनोस्थिति तक ले जाते हैं जहाँ आनन्द की वर्षा होती है। फ़िराक़ की कविता में परिपक्वता अपनी चरम सीमा को पहुँच गयी है। फ़िराक़ के चिन्तन का कैनवस बड़ा व्यापक है और ऐसा इसलिए कि उनका संसार के प्रत्येक कण से, मानवमात्र से गहरा लगाव था। फ़िराक़ की नज़रों में संसार के आन्तरिक सम्बन्धों की प्रेममय अभिव्यक्ति ही कविता का उद्देश्य है। प्रेम की पराकाष्ठा प्रेम की पूर्ण तन्मयता में

है। फ़िराक़ कहते हैं—

मोहब्बत अब मोहब्बत हो चली है,
तुझे कुछ भूलता-सा जा रहा हूँ।

यहाँ 'सा' शब्द बड़ा ही महत्त्वपूर्ण है और गम्भीर भावोत्पादक है। तुलसी के विषय में फ़िराक़ अक्सर कहा करते थे कि तुलसी भक्त नहीं भक्ति थे। यह निरुपाधि, पूर्ण, उत्कृष्ट भक्ति ही प्रेम है। फ़िराक़ जिस विषय वस्तु को छूते हैं उसे सजीव कर देते हैं, उनके काव्य-चेतना की उँगलियों के स्पर्श से बंजर भूमि भी हरी-भरी लहलहाती हुई खेती बन जाती है।

फ़िराक़ की शायरी में रसात्मकता और वैशिष्ट्य का कारण भारत के जीवन के प्रत्येक पहलू से उनकी आत्मीयता है। फ़िराक़ को उर्दू में भारत की सूक्ष्म विशुद्ध बौद्धिकता, उसकी प्रज्ञा की क्रियाशीलता, उसका अटूट प्रकृति-प्रेम और जीवन-दर्शन और भौतिक संसार की दिव्यता की अनुभूति, स्त्री में देवीत्व, घर-गृहस्थी की वस्तुओं में अलौकिक तृप्ति आदि-आदि गुण का अभाव बहुत खटकता था। वे घरेलू जीवन और उससे सम्बन्धित वस्तुओं और क्रियाशीलता को संस्थागत धर्म और राजनीति आदि से अधिक मूल्यवान समझते थे। घरेलू जीवन की संगीतमयता का एहसास उर्दू शायरी में अनुपस्थित था। फ़िराक़ ने इसी कमी को अनेकानेक जावियों से पूरा किया। 'रूप' की रुबाइयाँ इसका उदाहरण हैं। फ़िराक़ का प्रयत्न था कि उर्दू काव्य-रचना में ऋग्वेद से लेकर आज तक के भारतीय जीवन और चिन्तन के सिरे मिल जायँ और रच बस जायँ। जिस प्रकार संस्कृत साहित्य में और भक्तिकालीन साहित्य में पूरा ब्रह्माण्ड माँ की गोद बन गया है ठीक वही एहसास हमें उर्दू-काव्य संसार में भी पैदा हो जाय, यही फ़िराक़ की देन है।

फ़िराक़ की शायरी में हिन्दू देवमाला, नारी-प्रेम और स्त्रीत्व का पवित्रतम रूप, प्रकृति प्रेम और प्रकृति से प्रगाढ़ आत्मीयता, मानवीय प्रेम के सूक्ष्मातिसूक्ष्म, गम्भीर मनोवैज्ञानिक पहलुओं की रंगारंग झलकियाँ मिलती हैं। एक-दो शेर—

है कृष्ण के घुंघरू की झंकार तेरे खूँ में
गेती की है राधा का हाथों में तेरे दामाँ
इन रागों का राज कोई पूछे हमसे
अफलाक खनकते हैं तालो-सम से
मिट्टी तेरी ऐ हिन्द है नरमाई हुई
सीता-ओ शकुन्तला के अश्के गम से
तहज़ीब की पहली सुबह की पाक दुआएँ
गूँजी है फ़ज़ा में ऋषियों की सदाएँ

ऐ गंगोजमन की गुनगुनाती लहरो!
देती हैं सुनाई तुम में वेदों की ऋचाएँ

फ़िराक़ कम्यूनिस्ट विचारधारा से भी काफी हद तक प्रभावित थे। पार्टी के कारकुनों के साथ जगह-जगह जाते, सभाएँ करते, व्याख्यान देते, कम्यूनिज्म के गूढ़ तत्त्वों को आमफ़हम भाषा में समझाते, बड़े विचारपूर्ण और विचारोत्तेजक लेख लिखते, प्रोग्रेसिव लेखक संग की महफिलों में शरीक होते और पार्टी के बड़े से बड़े लीडरान के साथ गम्भीर से गम्भीर मसलों पर, बहसें करते और नतीजे निकालते। भारत के पूर्व प्रधानमन्त्री चन्द्रशेखर ने एक बार यूनिवर्सिटी में फ़िराक़ से सम्बन्धित एक विचारगोष्ठी में भाषण देते हुए कहा था कि जब वे विद्यार्थी थे, उस ज़माने में लोगों ने फ़िराक़ को यूनियन हॉल में मजदूर क्रान्ति पर बोलने के लिए आमन्त्रित किया था। फ़िराक़ हम लोगों के साथ बाहर अखबार बिछाकर बैठ गये और बोले कि जब इंटेलेक्चुअल और मजदूर एक साथ बैठकर विचार-विमर्श करते हैं तो समाजवाद का जन्म होता है। सुप्रीमकोर्ट के सुप्रसिद्ध वकील और कम्यूनिस्ट नेता स्व. राजेन्द्र कुमार गर्ग अक्सर कहा करते थे कि फ़िराक़ साहब के लेक्चर सुनसुनकर कम्यूनिस्ट पार्टी में लोग शरीक होने लगते थे।

कार्लमार्क्स की एक सौ पचासवीं सालगिरह पर (5 मई, 1968 ई.) फ़िराक़ ने एक भरपूर और प्रभावशाली नज़्म कही थी जो 'ख़िराजे अक़ीदत' के नाम से छपी थी। उसका एक बन्द—

खुद अपनी कसमसाहटों से काँपती हुई
तारीख़ का करिश्मा भी उन्नीसवीं सदी
धरती के दिल में पलते हुए ख़्वाबे ज़िन्दगी
सर जोशिए हयात के असरारे आगही
तेरे दिमाग़ो-दिल में नमूदार हो गये
तेरे फ़सूने-फ़िक्र से बेदार हो गये

फ़िराक़ साहब अपने जीवन के चौथे पहर में अनेकों बीमारियों की गिरफ़्त में आ चुके थे। डायबीटीज़, गठिया, आर्थराइटीज़ और आँखों में मोतियाबिन्द। इन सारी बीमारियों के बावजूद फ़िराक़ की चेतना शक्ति और मेधाशक्ति पूर्ववत् सुदृढ़ थी। वही आवाज़ में जवानी की घनगरज, आँखों में लेसर बीम की तेजी और प्रकाश, सम्भाषण-कला का वही अन्दाज, बात-बात में जवाहर-पारों के बिखेरने की वही अदा। बड़े-बड़ों को मैंने फ़िराक़ के सामने उनकी पैनी बुद्धि और विशुद्ध और तीव्र वाक्पटुता का लोहा मानते और घुटने टेकते देखा है। पैरों की गठिया विकलांग केन्द्र के डॉ. मण्डल के उपचार से काफी हद तक ठीक हो चली थी। लेकिन जब डॉ. मण्डल ने एक दिन फ़िराक़ से 'टार्न साइड' करने को कहा तो फ़िराक़ बिफर उठे।

यह 'टार्न' नहीं बरदाश्त है। गठिया की तकलीफ़ सही जा सकती है मगर 'टार्न' से पैदा हुई तकलीफ़ आत्मा के कानों में ज़हर घोलती है। अरे बाप रे इस 'साइड टार्न' से तो मैं मर जाऊँगा। डॉ. मण्डल का इलाज बन्द हो गया और फ़िराक़ के पाँव फिर कभी सीधा न हो सके। फ़िराक़ की आँख़ की रौशनी मद्धम पड़ती जा रही थी। ऑपरेशन के अलावा सारे रास्ते बन्द थे। फ़िराक़ साहब को आँख की चिन्ता तो थी ही अपने पैसों की भी बड़ी चिंता थी। ऑपरेशन के लिए इतने पैसे कहाँ से आयेंगे। यही सब सोचकर फ़िराक़ साहब ने प्रधानमन्त्री इन्दिरा गाँधी को खत लिखवा दिया। फ़िराक़ का दिल्ली AIIMS में इलाज की व्यवस्था हो गयी। फ़िराक़ कहने लगे रमेश अगर मेरे दिल्ली के क़याम में पूरे समय तक तुम मेरे साथ रहोगे तभी मैं दिल्ली में इलाज कराऊँगा नहीं तो मैं इलाहाबाद में ही पड़ा रहूँगा, चाहे मैं अन्धा ही क्यों न हो जाऊँ। मैं तैयार हो गया।

23 दिसम्बर, 1981 को हमलोग दिल्ली पहुँच गये और 4-A नीती बाग दिल्ली में जनाब आर.के. गर्ग के मेहमान हुए। 8.1.82 को फ़िराक़ साहब को अस्पताल में भर्ती कर दिया गया। उन्हें आल इण्डिया मेडिकल इंस्टीट्यूट में कमरा नं. 104 VIP एलाट कर दिया गया। रोज़ ही कुछ न कुछ टेस्ट होते रहते थे। फ़िराक़ परेशान हो रहे थे। 2.2.82 को डॉ. मदनगोपाल ने बताया कि 3.2.82 को फ़िराक़ की आँख का ऑपरेशन होना है। 8.30 बजे 3.2.82 को सुबह फ़िराक़ के कपड़े बदल दिये गये और उन्हें अस्पताली कपड़े पहनवा दिये गये। ठीक सुबह 9.30 बजे अस्पताल के ऑपरेशन थियेटर में ले जाया गया और 10.35 बजे फ़िराक़ बाहर आ गये। फ़िराक़ अस्पताल की ज़िन्दगी से बिल्कुल ऊब गये थे। इतने टेस्ट रोज़ होते कि हमलोग तक घबरा उठे थे। इसी ज़माने में उन्हें प्रास्ट्रेट की तकलीफ हो गयी। कथीटर लग गया। फ़िराक़ अक्सर कहते, मुझे इलाहाबाद ले चलो ज़िदा या मुर्दा। Take me to Allahabad dead or alive. डॉक्टरों ने सिगरेट पीना बन्द करा दिया था। फ़िराक़ की परेशानियाँ बढ़ती जा रही थीं। बात-बात में डॉक्टरों से उलझ पड़ते थे। अक्सर कहते थे कि यह अस्पताल है या डेथ गैलरी–

उलटी हो गयीं सब तदबीरें कुछ न दवा ने काम किया
देखा इस बीमारिए दिल ने आख़िर काम तमाम किया

अस्पताल से फ़िराक़ घर आ गये थे–गर्ग साहब के यहाँ। 3 मार्च को दोपहर फ़िराक़ कूच कर गये–एक युग, एक कहानी ख़त्म हो गयी। जिस तरह फ़िराक़ के पिता की मृत्यु के समय प्रकृति सज उठी थी, ठीक उसी तरह बसन्त ऋतु ने गर्ग साहब के लॉन को जहाँ फ़िराक़ चिर निद्रा में सो गये थे–फूलों से पाट दिया था। प्रकृति सज उठी थी, ख़ुशगवार हो गयी थी।

फ़िराक़ का पार्थिव शरीर इलाहाबाद लाया गया दिल्ली-हावड़ा मेल से। रास्ते में

प्रत्येक स्टेशन पर गाड़ी रोक ली जाती। लोग अपने अमर शायर को श्रद्धांजलि दे रहे थे। इलाहाबाद स्टेशन खचाखच भरा था अपार जनता से। स्टेशन से लेकर सिविललाइंस के बड़े चर्च तक लोग खड़े थे। फूलों भरी ट्रक पर फ़िराक़ को उनके निवास 8/4 बैंक रोड इलाहाबाद पर लाया गया। वहाँ अपार जनता थी। बड़े-बड़े लोगों से लेकर नाई, मोची और छोटे-बड़े दुकानदार सभी थे। वेद पाठ, गीता पाठ और रामचरितमानस की चौपाइयों का सस्वर पाठ हो रहा था।

कुछ देर बाद उन्हें विश्वविद्यालय के अंग्रेजी विभाग में रखा गया। लोग चुपचाप थे। आँखें नम थीं। पूरा विद्यार्थी समूह उमड़ पड़ा था। पूरे राजकीय सम्मान के साथ फ़िराक़ को ठीक संगम पर चिता पर लिटा दिया गया। आग प्रज्वलित हो उठी, लास्ट पोस्ट बज उठा और देखते-देखते अग्निदेव ने उन्हें अमरलोक में पहुँच दिया। मैंने मौन आँसुओं की श्रद्धांजलि दी और दिल सँभाले फिर दुनिया में लौट आया–

फिर हैं वही उदासियाँ फिर वही सूनी कायनात
बज़्मे-तरब की महफ़िलें रंग जमा के रह गयीं।

सेहरा

चिरंजीवी रघुपति सहाय पुत्र श्री बाबू गोरख प्रसाद 'इबरत' के विवाह समारोह पर पढ़ा गया सेहरा

अज़
वकील गोरखपुरी

मुबारक साज़ो सामाने मसर्रत-
मुबारक शम-ए-ऐवाने मसर्रत
गुलिस्ताँ में चली बादे बहारी
फिर उमड़ा दिल में ज़ौके मयगुसारी
बटी हर सू नबेदे-शादमानी
फिर आयी फ़स्ले ऐशो कामरानी
अनादिल ज़मज़मा संजी पै मामूर
जवानाने चमन सरशार वो मख़्मूर
फ़लक पै छा गयीं काली घटाएँ
गुलों ने पहनी हैं रंगी क़बाएँ
ज़मी पै है बिछा फ़र्शे ज़मर्रद
तहय्युर में है हूराने सही क़द
नसीमे इत्र पर वर मौज ज़न है
शगुफ्ता चार सू सारा चमन है
वो रघुपति जो हैं नूरुल ऐने-इबरत
सआदतमन्द-ओ-फ़र्रुख नेकतलअत
शरफ़ ये नाम का तेरे हैं नौशाह
कि सीता राम का गोया कि है ब्याह
बना है बिल्वा डाँडी अब जनकपुर
फ़लक बरसा रहा है नूर पर नूर
मसर्रत है ख़ुशी के वल्वलें हैं

नये ठाठ और निराले हौसले हैं
है क़ाबिल दीद के महफ़िल का भी रंग
मुग़न्नी ख़ुश नवा हैं और ख़ुश आहंग
लिया है आपने तहज़ीब से काम
उड़ाया लूलियाने शोख़ का नाम
यह रक्से-मुख़रिबे अख़्लाक़ ओ मायूब
नहीं तहज़ीब वालों को है मायूब
अगर है दीदाए हक़ बीं तो देखो
नयी तहज़ीब के आयीं तो देखो
ग़िज़ाए रुहे मुतरिब ख़ुश नवा है
बलाए जान लूली की अदा है,
समाए नग़्मा का है शौक़ अच्छा
बुरा है काकुले मुशकीं का सौदा
सरोदे रूह परवर नाए नै है
ख़याले रुए दिलबर और शै है
न कीजे नाच की महफ़िल में शिरकत
न कीजे मुस्हफ़े रुख़ की तिलावत
गुलों की सैर से भर लीजिए दिल
गुल अंदामों पै हों हरगिज़ न मायल
परी पैकर अगर चे महचकाँ है
परी जिनका मगर साया बुरा है
इसी मज़मून पर है कौले उस्ताद
जिसे मैं हूँ दिलाता आपको याद
जहाँ पर ऐसी संजीदा हो महफ़िल
तवायफ़ कब है वाँ आने के क़ाबिल
बड़े भाई, चचा और बाप मामू
जहाँ हों वाँ हयादारी का हो ख़ू
भरी महफ़िल और ये तख़रीबे अख़्लाक़
न क्यों अख़्लाक वालों को बस शाक़
ग़रज़ ख़ुश्तर यही होता है मालूम
कि उठ जाए ये रस्मे ज़ुश्त व मज्मूम
अगर हो तख़्लिया में जल्सा बाज़ी
तो इससे है, ख़ुदा वो ख़ल्क राज़ी

ज़रूरी दोनों समधी का बयाँ है
हर इक इनमें से अपना मेज़बाँ है
जो हैं बिन्देशरी परसाद खुश्तर
कदम-फ़रमाँ मेरे वाली-ए-दुख़्तर
मुहल्ले के मेरे वो हैं बिरादर
भर हैं खूबियाँ उनमें सरासर
हुए थे बाहम इबरत और उनके
अवायल में इसी शादी के वादे
हुई मंज़ूर शादी बे रदोक़द
मसल है क़ौले मर्दां जाँ बरारद
मुशीर उनके जो हैं जगदम्बा परशाद
है उनसे चश्मे मन रौशन दिलम शाद
वो है नौ बाद-ए-बाग़े सआदत
एल.एल.बी. और बी.ए. बालियाक़त
वहीं दोनों तरफ़ के मुंतज़िम हैं
गरज़ कुल काम के वो मंसरित हैं
चचा नौशाह के मुंशी हरखलाल
बिरादर बाबू गनपत खुश इक़बाल
मुअज़्ज़िज़ हैं बराती और अइज़्ज़ा
है जिनसे लुत्फ़ जलसा का दोबाला
हुई इस दर्जा ख़ातिर और मदारात
करूँ क्या जिक्र छोटा मुँह, बड़ी बात
क़रीने से चुने ख्वाने ने नेअमत
भरे हैं जिसमें हैं सब अल्वाने नेअमत
उधर से गर बरात अच्छी जमी है
तवाज़ो में इधर से क्या कमी है
उधर फ़रमाइशों का गर है तूमार
वो हैं ख़िदमत गुज़ार वो नाज़ बरदार
उधर से बाजे-गाजे झाड़ फ़ानूस
इधर नग़्मा सरा सब ज़ेब ताऊस
मुबारक जब से ये शादी रची है
खुशी इक बिल्वाडाँडी में मची है
खुशी की यूँ हुई जब गर्म बाज़ार

फ़लक भी हो गया इस दम गुहर बार
दुआ है अब हो ये शादी मुबारक
ख़ुशी और ख़ाना आबादी मुबारक
मिले दूल्हा दुल्हन को कामरानी
सुरूर-ओ-लुत्फ़-ओ-ऐशे जावेदानी
गुले बहजत फ़ज़ाए बाग़े अम्बर
ज़माने में रहे ये नज़्म खुश्तर।

यह सेहरा पढ़ के आँख भर आयी। विवाह के समय क्या-क्या उम्मीदें की जाती हैं, क्या-क्या मन्नतें मानी जाती हैं। पंडितों, ज्योतिषियों से सलाह-मशवरा किया जाता है। घरों में चहल-पहल, धूमधाम, खाना-पीना, खुशियाँ ही खुशियाँ। शादी का शाब्दिक अर्थ ही है खुशी। दूल्हा, दुल्हन क्या-क्या सपने सजाते हैं, सृष्टि रची जाती है फिर उसे दम्पती सँवारने में लग जाते हैं। नदी के एक किनारे प्रेमी-प्रेमिका एक-दूसरे का हाथ पकड़े, एक-दूसरे से चिमटे-लिपटे बैठे हैं और कभी न अलग होने की कस्में खाते हैं, वादे करते हैं। उसी समय मौत का फरिश्ता उड़ता हुआ अपना साया प्रेमी-प्रेमिका के ऊपर छोड़ता हुआ, नदी के दूसरे किनारे पर बैठ जाता है और उनकी बातें, उनकी क़स्में और उनके अनन्त-काल तक न बिछुड़ने के वादे सुनकर मुस्कुराता है। फिर उड़ जाता है। शादी मौत के साये में होती है। बड़ी विचित्र लीला है।

सेहरा, में प्रार्थना की गयी है—

दुआ है अब हो ये शादी मुबारक
खुशी और ख़ाना आबादी मुबारक
मिले दूल्हा दुल्हन को कामरानी
सुरूर ओ लुत्फ़ ओ ऐशे जावेदानी

लेकिन हुआ क्या? सुनिये रघुपति फ़िराक़ गोरखपुरी की ज़बानी—

वो बचपना जिसे बर्दाश्त अपनी मुश्किल हो
वो बचपना जो खुद अपने पै त्योरियाँ-सी चढ़ाये
नदीम जिक्रे जवानी से काँप जाता हूँ
जवानी आयी दबे पाँव और यूँ आयी
कि उसके आते ही बिगड़ा बना-बनाया खेल
वो ख़ाहिशात के, जज़्बात के उमड़ते हुए
वो हौंकते हुए बेनाम आग के तूफ़ाँ
वो फूटता हुआ ज्वालामुखी जवानी का
रगों में उठती हुई आँधियों के वो झटके

कि जो तवाज़ुने हस्ती झिंझोड़ कर रख दें
वो ज़लज़ले कि पहाड़ों के पैर उखड़ जायें
बलूग़ियत की वो टीसें वो कर्बे नश्वो-नुमा
और ऐसे में मुझे ब्याहा गया भला किससे
जो हो न सकती थी हरग़िज मेरी शरीके हयात
हम एक दूसरे के वास्ते बने ही न थे
सियाह हो गयी दुनिया मेरी निगाहों में
वो जिसको कहते हैं शादी-ए ख़ाना आबादी
मेरे लिए हुई शादी-ए ख़ाना बरबादी
मेरे लिए वो बनी बेवगी जवानी की
लुटा सोहाग मेरी ज़िन्दगी का माँड़व में
नदीम, रखा गयी मुझको नज़र जवानी की
बलाए-जान मुझे हो गया शउरे जमाल
तलाशे-शोलए-उल्फ़त से ये हुआ हासिल
कि नफ़रतों का अग्निकुंड बन गयी हस्ती
वो हलक़-ओ सीना ओ रग-रग में बेपनाह चुभन
नदीम, जैसे निगल ली हो मैंने नागफनी
ज़ इश्क़ ज़ादमो-इश्क़म बकुश्त ज़ारो दरेग़
ख़बर न बुर्द बरुस्तम कसे कि सोहराबम
न पूछ आलमे—कामो-दहन नदीम मेरे
कि फल हयात का जब राख बन गया मुँह में
मैं चलती फिरती चिता बन गया जवानी की
मैं काँधा दे रहा था अपने जीते मुर्दे को
मैं सोचता था कि अब क्या करूँ, कहाँ जाऊँ
बहुत से और मसायब भी मुझपे टूट पड़े
मैं ढूँढ़ने लगा हर सम्त सच्ची झूठी पनाह
तलाशे हुस्न में, शेरों-अदब में, दोस्ती में
रुँधी सदा से मोहब्बत की भीख माँगी है
नये सिरे से समझना पड़ा है दुनिया को
बड़े जतन से सँभाला है ख़ुद को मैंने नदीम
मुझे सँभलने में चालीस साल गुज़रे हैं
मेरी हयात तो विषपान की कथा है नदीम
मैं पी के ज़हर ज़माने को दे सका अमृत

न पूछ मैंने जो ज़हराबाए-हयात पिया
कोई उतार ले उसको तो हड्डियाँ उड़ जाएँ
मगर हूँ दिलसे मैं उसके लिए सिपासगुज़ार
लरज़ते हाथों से दामन खुलूस का न छुटा
बचा के रक्खी थी मैंने अमानते-तिफ़्ली
उसे न छीन सकी मुझसे दस्ते-बुर्दे-शबाब
ग़मे जहाँ मुझे आँखें दिखा नहीं सकता
कि आँखें देखे हुए हूँ मैं अपने बचपन की
मेरे लहू में अभी तक सुनाई देती हैं
सुकूते हज़्न में कई घुँघरुओं की झनकारें
इसी वदीअते तिफ़ली का अब सहारा है
यही हैं मरहमे-काफ़ूर दिल के जख्मों पर
इन्हीं को रखना है महफ़ूज़ तादमे आख़िर।

बड़ी दुखभरी कहानी है। दुख सहना सबसे बड़ी कला है और यह कला सबके नसीब में नहीं। जितना बड़ा आदमी, जितना प्रबुद्ध उतना ही बड़ा दुख। अवतारों, पैगम्बरों, समाज सुधारकों, कवियों के दुख देखिए और सोचिए तो जीवन की रहस्यमयता में झाँकने का एक अवसर तो मिल ही सकता है। जीवन का सिद्धान्त जीवन है। 'केशव कहि न जात का कहिए।' फ़िराक़ भी नफ़रत और सौन्दर्यानुभूति की ज्वाला में जलते ही नहीं थे वे इस भस्मीभूत कर देने वाली वेदना को मथकर आनन्द का नवनीत या माखन भी निकालने के ढंग से वाक़िफ़ थे। यही अन्तर है हमाशुमा और महान् कवियों और वैचारिक धरातल पर जीवन निर्वाह करने वालों में। वे बन्धन में भी मुक्त हैं और हम मुक्त रहते हुए बन्धन में है। बन्धन में रहने की आदत पड़ गयी है। बन्धन में सुरक्षित महसूस करते हैं। भेड़ सोचती है भीड़ उसे बचा लेगी। भीड़ में सुरक्षा है—

आशा पाशशतैर्बद्धा कामक्रोधपरायणाः। ईहन्ते कामभोगार्थमन्या येनार्थ संचयान्।।

फ़िराक़ कहते हैं हम एक-दूसरे के वास्ते बने ही न थे। मगर हक़ीक़त तो यही है कि फ़िराक़ और उनकी पत्नी एक-दूसरे के वास्ते ही बने थे। ठीक उसी तरह जैसे लकड़ी और आग। लकड़ी और आग एक-दूसरे के लिए ही बने हैं। असली सम्बन्ध तो यही है। दोनों एक-दूसरे को जलाते हैं और ख़ाक बन जाते हैं। उनका अलग-अलग अस्तित्व नहीं रहता। द्वैत मिट जाता है। प्रेम में भी तो यही होता है। 'मैं' और 'तू'। फिर एक मुक़ाम वो आता है कि 'मैं' ग़ायब हो जाता है और सिर्फ 'तू' ही रह जाता है। और फिर एक मंजिल वो भी आती है कि 'तू' भी गायब हो जाता है। कुछ भी नहीं बचता। बस महाशून्य, महायोनि। क्या कहें, क्या करें, यह भाषा में नहीं, भाषा की लाचारी है। फ़िराक़ फ़रमाते हैं—

इस बज़्मे बेख़ुदी में वजूदो अदम कहाँ। चलती नहीं हैं साँस हयातो ममात की।।

लकड़ी समझती है कि आग हमें जलाती है और आग समझती है कि लकड़ी हमारा भोजन है, या पोषक है। दोनों यह नहीं जानते कि दोनों एक-दूसरे में छिपे हैं। काठ में आग है। अग्नि में काठ। यही रासलीला है। अग्निदेव काठ को माध्यम बना कर नृत्य करते हैं। शाश्वत नृत्य, शाश्वत प्रज्वलन शान्ति। यही है शान्तिपर्व। यही है जीवन की पाठशाला। इसी पाठशाला में रघुपति सहाय और उनकी पत्नी की शिक्षा-दीक्षा हुई थी। उसी पाठशाला में लैला और मजनूँ ने शिक्षा पायी थी। इसी पाठशाला में हम सभी पढ़ते हैं—बस पाठ्यक्रम अलग-अलग होता है—मगर शिक्षा एक ही होती है।

फ़िराक़ कहते हैं, 'लुटा सोहाग मेरी ज़िन्दगी का माँड़व में'। अगर कोई आँख वाला होता, अगर कोई कृष्णलीला देखने का अधिकारी होता, तो सुनता और देखता कि शादी के समय शहनाई भी बज रही है और अर्थी भी निकल रही है—रामनाम सत्य की धुन शहनाई बजा रही थी। जीवन लीला बड़ी विचित्र है। यह सब इश्क़ ही की अलग-अलग रागिनियाँ हैं—ज़िन्दगी भी और मौत भी। और सब शुभ है—जीवन लीला, कृष्ण लीला का रहस्य शुभ में ही केन्द्रित है। ख़ुद फ़िराक़ कहते हैं—

कोई समझे तो एक बात कहता हूँ। इश्क तौफ़ीक़ है गुनाह नहीं।।

कभी किसी अवसर पर फ़िराक़ ने कहा था कि लीला का मर्म जब समझ में आने लगता है तो सारी दीवारें ढहने लगती हैं। तब न मैं पति हूँ न वह पत्नी। कौन किससे घृणा करे। द्वैत बुद्धि, भेद बुद्धि, लीला की प्रचण्ड ज्वाला में जल जाती है। सब अपना अपना रोल प्ले कर रहे हैं, मैं भी, वह भी। किसी का रोल बिगड़ जाये तो जीवन-लीला, रास लीला का ड्रामा ही दूषित हो जायेगा। खेल बिगड़ना नहीं चाहिए—अन्त तक सहज रूप से चलना चाहिए जब तक कि सूत्रधार सीन न बदल दे। जब फ़िराक़ ऐसी बातें कहते थे तो मुझे बड़ी प्रसन्नता होती थी—यह सोचकर कि शायद पति-पत्नी में तालमेल बैठ जाए। मगर दूसरे क्षण फिर वही दाहक लीला।

फ़िराक़ का बचपन भी निराले ढंग का था। बड़ा प्रेम भरा, रस भरा, गम्भीर, सौन्दर्य चेतना में ओत-प्रोत और दार्शनिक। उनका कहना था कि उनकी माँ बताती थीं कि फ़िराक़ बदसूरत, बदक़वार या कपट आडम्बरपूर्ण भावनाओं से आच्छादित हृदय वाले व्यक्ति (विशेष रूप से औरतों) की गोद में जाते ही रोने लगते थे। इस बात की पुष्टि उनके मझले भाई श्रीपति सहाय ने भी की थी, जिन्हें उनकी माँ से यह बात मालूम हुई थी। भला ऐसा आदमी साधारण आदमी (जिनसे यह दुनिया आबाद है) के स्तर पर कैसे जी सकता है। पात्रता को ध्यान में रखते हुए ही सूत्रधार रोल भी देता है। जितना असाधारण या विषम कलाकार उतनी ही विषम उसकी

असाधारण कलाकारी। हर मर्दे व हर कारे। हर आदमी से हर रोल का निर्वाह नहीं हो सकता। राम का रोल राम ही निर्वाह कर सकते हैं। कृष्ण का चरित्र कृष्ण के सिवा कोई दूसरा नहीं कर सकता। प्रत्येक अवतार और पैगम्बर को अलग-अलग परिस्थितियाँ दी जाती हैं। उन्हीं विषम परिस्थितियों में उसके चरित्र का कमल खिलता जाता है। बड़ी विचित्र लीला है। फ़िराक़ और उनकी पत्नी को विषम अदाकारी मिली थी अदृश्य शक्ति से या सूत्रधार से। दोनों बखूबी अपने-अपने रोल का निर्वाह करते रहे पूर्ण तन्मयता से। चरित्र की सफलता का प्रमाण है कि हम अदाकारों को डाँटने-फटकारने लगते हैं। किसी के प्रति हमारी सहानुभूति जग उठती है, किसी के प्रति हमारा आक्रोश। क्या सफल अदाकारी है। कमी है तो देखने वाली दृष्टि की। दृष्टि निर्मल हो जाये तो रहस्य समझने में देर नहीं लगती। जैसे लोग सिनेमा देखने के बाद कह उठते हैं, फलाँ ने क्या एक्टिंग की है। रोल चाहे जिसका हो, नायक का या खलनायक का। फ़िराक़ भी अच्छे थे और उनकी पत्नी भी अच्छी थीं। दो अच्छों का संघर्ष था। फ़िराक़ ट्रेजेडी को समझाते हुए कहते थे कि ट्रेजेडी इज़ ए कॉनफ्लिक्ट बिटविन गुड एंड गुड। Tragedy is a conflict between good and good. इस दम्पती में कोई खलनायक या खलनायिका नहीं है। दोनों महान् नायक, नायिका हैं। उन्हीं में संघर्ष है। एक प्रचण्ड ज्वालामुखी, प्रबुद्ध, दार्शनिक, कवि, संन्यासी, अवधूत औघड़, संसार और निर्वाण का आशिक़, बातों का रसिया, और दूसरा शान्त, मौन, साधारण, बेपरवाह, नादान, भोला, समर्पित, साध्वी, भीरु, उदासीन, ज़माने की रफ़्तार से बेखबर। दो श्रेष्ठों की बड़ी अजीब दिलचस्प, अस्तित्व को झिंझोड़ कर रख देने वाला महासमर, दो व्यक्तियों की जीवन-लीलाओं का महाभारत। मेरी पोज़ीशन मात्र एक दर्शक की है। जिसे प्रकृति ने इन चरित्रों और उनके संघर्ष का इतिहास लिखने का दायित्व सौंपा है। मगर एक शर्त के साथ इतिहास हो मगर काव्यमयता लिये हुए, सत्य, शिव और सुन्दर के साथ, शुष्कता या पैथालॉजिकल दृष्टिकोण से मुक्त और सत्य और वास्तविकता की आधारशिला पर निर्मित इतिहास भी हो, सत्य भी हो और साहित्य भी हो। इन दो पाटों के बीच में मैं झूलता रहा या कोई झुलाता रहा। खाऊँ किधर की चोट, बचाऊँ किधर की चोट। एक रास्ता विवाह-स्थल को जाता है और दूसरा मरघट को और दोनों पथ एक ही वक्त साथ-साथ चलते हैं। बड़ा विचित्र और दारुण रोल मिला। फ़िराक़ अक्सर जब मुझसे खफ़ा होते थे या मुझमें कोई कमी पाते थे तो कहते थे तुम्हारा बहू जी का प्रशंसक होना तुम्हें ले पड़ेगा। तुम्हारा लेविल (स्तर) भी वही है। कौवा कौवे के पास बैठकर ही आराम महसूस करता है। अक्सर जब फ़िराक़ साहब थोड़ी देर के लिए कहीं चले जाते थे तो बहू जी मेरे कमरे में चली आती थीं और या तो अपनी व्यथा-कथा सुनाती थीं या खाना कैसे पकाया जाता है इसकी विधि समझाती थीं।

वे ऐसा तब करती थीं जब वे अकेली होती थीं और नौकरानियाँ या और कोई उनके पास बात करने वाला न होता था। एक बार फ़िराक़ की नज़र पड़ गयी। फ़िराक़ सीधे यूनिवर्सिटी से वापस आये थे और मेरे कमरे में चले आये थे। उस वक्त बहू जी, कूबड़ी बारिन (नौकरानी काशी पहलवान की पत्नी) के बारे में बात कर रही थीं। कह रही थीं कि काशी अपनी दूसरी पत्नी को अधिक मानता है। कुबड़ी बारिन अपने घर में भी नौकरानी की तरह रहती है। फ़िराक़ के कान में यह बात पड़ गयी थी। वे एक क्षण भी मेरे कमरे में रुके नहीं। वैसे फ़िराक़ साहब जब भी कहीं से घर वापस आते थे तो सीधे मेरे कमरे में आ जाते थे और वहीं बैठकर चाय वगैरह पीते थे। बहू जी को देख लिया तो उल्टे पाँव अपने कमरे में चले गये। बहू जी चाय बनाने चली गयीं। कुबड़ी बारिन भी आ गयी थी। मैं बहुत डरा-डरा फ़िराक़ साहब के कमरे में दाखिल हुआ तो बरस पड़े, बोले, "हाँ तो छोटी कुबड़ी बारिन और काशी पहलवान का जिक्र चल रहा था। रमेश साहब, बहू जी की बातें सुन-सुनकर आप कुबड़ी बारिन के स्तर पर पहुँच जायेंगे। गँवरपन में बड़ी कशिश होती है। उनकी (बहू जी) की बातों में रस मिल रहा था। धीरे-धीरे कुबड़ी बारिन की बातों में ब्रह्म सहोदर वाली मिठाई मिलने लगेगी। अगर माताजी यानी बहू जी आपके कमरे में आकर इस तरह की बतकही का शुभारम्भ करती हैं तो आप उन्हें अपने कमरे से भगा तो नहीं सकते और भगाना भी नहीं चाहिए। घर की मालकिन तो बहू जी हैं। खाना, नाश्ता तो बहू जी की कृपा से ही मिलता है। उनका आदर-सम्मान करना आपका धर्म है। उस महान् आत्मा की विद्वत्तापूर्ण बातों से बचने का एक ही उपाय है। मन को कहीं और लगा दो। रामचरितमानस की चौपाइयाँ पढ़ने लगो। शायरी वग़ैरह हरग़िज नहीं। अपनी बहू जी को भी तुलसी का प्रसाद दो। उनकी बात अनसुनी करके उन्हें तुलसी की अमृत-वाणी सुनाओ। मगर आप यह कर ही नहीं सकते, बहू जी का गँवरपन उभर जाता है। अगर अपनी सद्‌गति चाहते हैं तो गँवरपन से बचिए। ख़ैर, आपसे बातें करके उसका भी जी हल्का हो जाता है। बस और कुछ नहीं करना है। साल भर में जितने सद्‌गुण इकट्ठा करोगे—एक क्षण की कुसंगति से सब धूल में मिल जायेगा। घड़ा भर गंगाजल में खतरनाक ज़हर की एक बूँद काफ़ी है। जो आप मुनासिब समझें वही करें। अन्त में कृष्ण को भी गीता समझाने के बाद अर्जुन से कहना पड़ा था कि जो चाहो, जो तुम्हारी इच्छा हो सो करो।" मैं मन ही मन बड़ा प्रसन्न हो रहा था कि बहू जी की कृपा से ही ऐसा उपदेश सुनने को मिला। मगर मैं चुप रहा। मैं अधिकतर चुप रहता ही था। बोलने तो अब लगा हूँ, बोलना है तो चुप रहना सीखना ही पड़ेगा।

प्रथम दर्शन फ़िराक़ की पत्नी का

फ़िराक़ के यहाँ आना-जाना तो शुरू हो गया था लेकिन उनसे मिलकर ज्ञान-विज्ञान, भक्ति और वेदान्त का आस्वाद लेकर वापस आ जाता था, और हमें करना भी क्या था। कभी-कभी पूछ लेते थे कि पठन-पाठन कैसा चल रहा है। कुछ पूछना हो तो पूछ लो मगर बिना पूछे ही बहुत मिल जाता था—कोर्स और कोर्स के बाहर। ऐसा कोई भी विषय नहीं था जो फ़िराक़ की पकड़ के बाहर हो। मैं समझता था कि फ़िराक़ साहब सिर्फ अंग्रेज़ी भाषा और साहित्य के मर्मज्ञ हैं। मगर धीरे-धीरे खुलता गया कि फ़िराक़ साहब शिक्षा की जितनी भी शाखाएँ हैं उनकी गति सर्वत्र है। डॉ. ए.डी. शर्मा, इलाहाबाद विश्वविद्यालय के अर्थशास्त्र के विभागाध्यक्ष ने बताया कि फ़िराक़ साहब अर्थशास्त्र पर बोल रहे थे और लोग मुँह बाये सुन रहे थे। मैं तो धीरे-धीरे इस नतीजे पर पहुँचा कि फ़िराक़ साहब शिक्षा की अनेक विधाओं पर तो क़यामत की नज़र रखते ही हैं, उनकी बहुत गहरी पकड़ जीवन के मर्म के स्पर्श पर है। अगर आप पूछें कि मेरे इस निर्णय या विचार का आधार क्या है तो मैं तो बस यही कहूँगा कि अफ़सोस है आपने फ़िराक़ को देखा नहीं, सुना नहीं। उनकी हर बात ज़िन्दगी को छूती हुई निकलती थी। भाषा की ध्वनि में ज़िन्दगी की सुगन्ध और खुशबू रची-बसी रहती थी। फ़िराक़ सिर्फ कंठ से ही नहीं बोलते थे उनका सम्पूर्ण अस्तित्व बोलता था। बात-बात में जीवनरस डोलता था। एक महाशय दिल्ली से आये थे। पता चला कि वे बड़े ज्ञानी आदमी थे—पोथी विद्या के मर्मज्ञ। दो-तीन घंटे फ़िराक़ की संगत में बैठने और उनको सुनने के बाद जब वे जाने लगे तो फ़िराक़ साहब की आज्ञा से मैं उनको गेट तक छोड़ने गया। उन्होंने बताया कि वे दिल्ली से सिर्फ फ़िराक़ साहब को सुनने आते हैं। उनका कहना था कि सम्भाषण कला में फ़िराक़ के समान उन्हें कोई दूसरा नहीं मिला। एक बार फ़िराक़ के साथ मुझे भोपाल जाना पड़ा। कई-कई विचार-गोष्ठियाँ हुईं। लोग फ़िराक़ को घेरे रहते थे। एक दिन एक साहब जो प्रश्नों की झड़ी लगाये रहते थे और जिन्होंने एक सेमिनार का आयोजन किया था। भरी सभा के बीच कहने लगे कि मेरा सर किसी के सामने झुका नहीं है मगर आज मैं अपनी टोपी फ़िराक़ के क़दमों पर रखता हूँ। माँ की कृपा थी। माँ सरस्वती

ने फ़िराक़ की वाणी को चूमा था, उनके हृदय में विराजमान थीं। सरस्वती और काल भैरव दोनों का निवास उनके हृदय में था।

मार्च की शाम थी। मौसम ख़ुशगवार था। फ़िराक़ बदस्तूर अपने लॉन में बैठकर लोगों से बात कर रहे थे। उपस्थित लोगों में किसी ने चाय की फ़रमाइश की। नौकर अन्दर था। उस वक्त सिर्फ़ हीरा साहब ही घर सँभाले हुए थे। फ़िराक़ ने मुझसे कहा, "बेटा फ़ौरन उठ जाओ और अन्दर जाकर कह दो कि सब के लिए चाय वगैरह भेज दी जाय। अगर वग़ैरह न हो तो हिरवा को भेजकर नेतराम के यहाँ से खस्ते और बालूशाही मँगवा लिये जाएँ।" मैं अन्दर जाने से घबराता था। ज़नानख़ाने में जाने में झिझकता था—यह मेरी बचपन की आदत थी। बड़ा संकट आन पड़ा। फ़िराक़ का हुक्म और मेरी अनिच्छा। मैं बैठा ही रहा। फ़िराक़ ने कहा, क्या बहरे हो पंडित महाराज। उठो, फ़ौरन भागकर अन्दर जाओ और चाय के लिए कह दो। अब तो जाना ही पड़ा। आँगन में दो-तीन महिलाएँ थीं। एक अधेड़ से कुछ अधिक उम्र की, एक लम्बी साँवली लड़की और एक कुबड़ी नौकरानी, एक ठिगना-सा नौकर। मैं जाकर चुपचाप खड़ा हो गया। कुछ बोल ही नहीं पा रहा था। थोड़ी देर में हिम्मत जुटाकर बोला कि प्रोफ़ेसर साहब चाय माँग रहे हैं। चार-पाँच आदमी उनके साथ बैठे हैं। चाय के साथ भी कुछ होना चाहिए और अगर कुछ न हो तो नेतराम के यहाँ से नौकर को भेजकर खस्ता और बालूशाही वग़ैरह मँगा लिया जाय। लम्बी लड़की (यानी फ़िराक़ साहब की छोटी बेटी पुष्पा जी) नाक-भौं सिकोड़ने लगीं। मुझसे नाराज़गी और आक्रोश के स्वर में बोलीं, 'जाओ चाय भेज दी जायेगी।' मुझे जियरा का धन (जान बची) मिला, मैं वापस लौट आया और बता दिया कि चाय वग़ैरह भेज दी जायेगी। दस मिनट बाद नौकर हीरा साहब बाहर तशरीफ लाये और ज़ोर-ज़ोर से बैठे हुए लोगों को भेड़ों की तरह गिनने लगे, एक, दो, तीन, चार, पाँच। लोगों को हँसी आ गयी, फ़िराक़ भी हँस पड़े और हँसते हुए पूछा, हिरवा—यह क्या कर रहा है। हीरा साहब बोले कि माता जी ने कहा कि जाओ गिन आओ कितने लोग हैं। फ़िराक़ ने कहा, अच्छा तो मर्दुम-शुमारी हो रही है। सुनो, पूरी एक पाट भरवा लाओ चाय का, शक्कर और दूध अलग और साथ में कुछ टूँगने के लिए। इधर हीरा अन्दर गये और उधर फ़िराक़ साहब ने रज़ा इलाहाबादी को भेजकर खस्ता वग़ैरह मँगा लिया। चाय में देर हो रही थी। मुझे फिर अन्दर भेजा। मैं मन मारे अन्दर गया तो उनकी बेटी ने पूछा कि बाबूजी कुछ सूँघने के लिए क्या माँग रहे हैं। मैंने कहा, सूँघने नहीं टूँगने यानी कुछ खाने के लिए। चाय आ गयी। फ़िराक़ ने देरी का सबब पूछा तो हीरा साहब ने बताया कि सूँघने के लिए कुछ था ही नहीं। फिर ठहाका लगा। फ़िराक़ साहब बोले ख़ता मेरी है। मुझे हीरा साहब और घरवालों के मानसिक स्तर को ध्यान में रखकर ही भाषा का इस्तेमाल करना चाहिए था। फिर गम्भीर हो गये

बोले, देख लीजिए मेरी ज़िन्दगी। लोग समझते हैं कि मैं गाली बकने वाला जानवर हूँ। बहू जी के साथ बेरहमी से पेश आता हूँ। नौकर को भेजकर भेड़ों की तरह आदमियों के सर गिनवाये जा रहे हैं। लाख-लाख फ़रमाइश करने पर भी फ़िराक़ ने शेर नहीं सुनाये। पूर्ण मौन। दुःखभरा सीन। लोग खा-पीकर उठ गये। बस फ़िराक़ और मैं। कोई गुफ़्तगू नहीं। मैंने चलने की इजाज़त माँगी तो बैठे रहने का इशारा किया। शाम का साया फैलने लगा। बालूशाही और ख़स्ते अन्दर भेज दिये गये। नौकर मेज़ साफ कर रहा था और शराब की बोतल और गिलास वग़ैरह ले आ रहा था। फ़िराक़ ने कहा—उठना मत जब तक कि मैं न उठ जाऊँ। मुझे जल्दी वापस जाना था। खाना बनाना था, पढ़ना-लिखना था। मेरी हिम्मत नहीं पड़ रही थी कुछ कहने की। फ़िराक़ ने मेरी बेचैनी भाँप ली और बोले "जल्दी जाना है क्या, क्या कोई ज़रूरी काम है?" मैंने कहा, भोजन बनाना है, बर्तन माँजना है, पढ़ना-लिखना है। "तो क्या आप खुद भोजन बनाते हैं और बर्तन वग़ैरह भी साफ़ करना पड़ता है?" फ़िराक़ ने पूछा। मैंने जवाब दिया, "जी हाँ।" बोले, तब तो आप पढ़-लिख चुके। मुझे इसके लिए कुछ करना पड़ेगा। आज खाना न पकाइए। मुझसे पैसे लीजिए और नेतराम की गरम-गरम कचौड़ियाँ खाइए। फिर बोले "यहीं खा लीजिए मेरे साथ।" मैंने कुछ कहा नहीं मगर फ़िराक़ के यहाँ खाने से और खासकर उनके साथ खाने से जी घबरा रहा था। नौकर को आवाज़ लगायी। हीरा हाज़िर हो गये। पूछा—क्या पका है। जवाब मिला—चावल, गोश्त, सब्जी, कबाब, दही, रोटी और सेवइयाँ। फ़िराक़ ने कहा—बाबू साहब भी हमारे साथ खाना खायेंगे। हीरा को अच्छा नहीं लगा। जाकर अन्दर ख़बर की तो माहौल गरम हो गया। फ़िराक़ शराब गटागट-गटागट पीते जा रहे थे। पूरा माहौल भुतहा हो गया था। फ़िराक़ पर शराब पूरी तरह चढ़ गयी थी मगर नशे का नाम नहीं था। कोई लड़खड़ाहट, पाँव में या भाषा में ज़रा भी नहीं थी। अपने कमरे में आ गये। नौकर ने खाना चुन दिया। बोले—बाबू का खाना भी लाओ। हीरा ने कहा—माता जी कह रही हैं, बाबू साहब बाद में खा लेंगे। रोटियाँ सेंकने में थोड़ा वक्त लगेगा। फ़िराक़ बोले—खाने की थाल चुन दो, सब कुछ रख दो और रोटियाँ सेंक-सेंक कर देते जाओ। ऐसी भाषा और ऐसी बातों पर फ़िराक़ आग-बगूला हो जाया करते थे। मगर पता नहीं क्यों बहुत शराब पी लेने के बाद भी बड़ी शिष्ट भाषा बोल रहे थे। हीरा अन्दर गया। उसे आने में देर लग रही थी। फ़िराक़ की मेज़ पर थाली रखी रह गयी। देर हुई तो चिल्ला पड़े। हीरा ने कहा—माताजी आटा गूँध रही हैं। फ़िराक़ ने अपना सर पीट लिया और बोले, "बेटे, तुम मेरा खाना खा लो। मुझे भूख नहीं है। खाना खाकर दूसरे कमरे में लेट रहना। रात गम्भीर हो गयी है। यहीं रुक जाओ।" बिना खाये फ़िराक़ अपने दुखों की चादर ओढ़कर सो गये। मैं वहीं बैठा रहा। नौकर आया। मैंने कहा, "भाई, थाली उठा ले

जाओ। मुझे भी भूख नहीं है। मैं घर वापस जा रहा हूँ। कल शाम को आऊँगा। साहब को बता देना कि मैं रात को ही घर चला गया था। मगर यह मत कहना कि मैंने खाना नहीं खाया था।" हीरा ने जाकर बहू जी को बताया तो उन्होंने कहा ठीक है। मैं अभी गेट से बाहर ही हो रहा था कि हीरा साहब दौड़ते हुए बीड़ी का धुआँ उड़ाते हुए मेरी ओर लपके और मेरे ऊपर बीड़ी का धुआँ फेंकते हुए बोले, "बाबू साहब, माता जी कह रही हैं कि जब आप कल बाबू जी से मिलें और अगर वे पूछें कि आपने खाना खाया कि नहीं तो कह दीजिएगा कि खाना खाया था। "मैंने कहा—बहुत अच्छा। उसने फिर कहा अगर आप कहेंगे कि खाना नहीं खाया था तो माताजी पर और हम सब लोगों पर डाँट पड़ेगी। मैं चुपचाप चल पड़ा और रास्ते भर सोचता रहा, कैसा परिवार है, कैसे लोग हैं। यह लुकाछिपी क्यों? यह दुराव-छिपाव क्यों? उसी उधेड़ बुन में मैं नेतराम हलवाई की ओर जाना भूल ही गया और मेरे अचेतन मन ने मुझे सीधे लाकर मेरे घर के सामने खड़ा कर दिया। तब मैं कर्नलगंज में पसियनवा की गली में आठ रुपये माह किराये पर खपरैल के मकान में रहता था। थोड़ी देर बैठा, कपड़े उतारे तो भूख लग आयी। माँ ने पंजीरी बनाकर भेजी थी सो उसी को थोड़ा-सा पानी मिलाकर हलवा बना डाला और पेट भरकर पढ़ने बैठ गया। शेक्सपियर सामने थे मगर मन फ़िराक़ के यहाँ था। मेरे जीवन के सादे कागज पर आड़ी तिरछी लकीरें उभर आयी थीं। मैं उस हांटेड हाउस (भुतहा घर) से बचना चाहता था। उस रात मुझे लगा था कि जैसे किसी अतृप्त आत्मा का साया बेचैन और व्याकुल होकर फैल रहा है। मैं बचपन में ओझाई करते हुए और हबुआती हुई औरतों को देख चुका था और भयग्रस्त हो चुका था। ओझाई वाले स्थान के चारों ओर एक रहस्यमय भयावह माहौल पसर जाता है। फ़िराक़ की बड़ी-बड़ी डपट भरी आँखें, उनका गम्भीर टोन, और बीहड़ व्यक्तित्व, प्रबल ज्ञान का आतंक, विलक्षण तर्कशक्ति और बेमिसाल निश्चयात्मक बुद्धि यह सब मिलकर उसी तरह झकझोर देते हैं जैसे हनुमान जी अशोक वन के विशाल पेड़ों को झकझोरकर उखाड़ फेंकते थे। भय और अपरिचित का आकर्षण बड़ा प्रबल होता है। दीवाना बना देता है। लाख-लाख चाहने पर भी आप उससे मुक्त नहीं हो सकते। अटूट प्यार का भी यही परिणाम होता है। बस भैरवी राग कृष्ण की बाँसुरी के लहरों में बदल जाता है।

दूसरे दिन न चाहते हुए भी मुझे कोई अज्ञात शक्ति फ़िराक़ के यहाँ खींचे ले जा रही थी। यूनिवर्सिटी के बाद मनमारे सीधे उनके पास पहुँचा। फ़िराक़ यूनिवर्सिटी से वापस आ चुके थे और कुछ लोगों के साथ बैठकर चाय पी रहे थे। तन्त्र शास्त्र पर बातें कर रहे थे। लोग बड़ी तन्मयता से सुन रहे थे। तिब्बत और भारत में तथा बौद्ध शास्त्र में तन्त्र के विकास का क्रम बता रहे थे। घूमते-फिरते बात साबरमन्त्र तक आ पहुँची और अनमिल बेजोड़ असम्पृक्त और आन्तरिक सूक्ष्म सूत्रों से स्फुटित

ध्वनि के प्रभाव को समझा रहे थे। फिर आदिवासियों और हेड हंटर्स में रूहों को जगाने और उनके द्वारा उच्चारित ध्वनियों के माध्यम से बीमारों को चंगा करने की प्रणाली और उनसे उद्भूत मनोवैज्ञानिक प्रभावों की बात कर रहे थे। बात घूमते-फिरते भुतहा घरों की ओर मुड़ गयी जो चहल-कदमी करते-करते शेक्सपियर के ड्रामों में सुपरनैचुरल तक पहुँची। स्पिरिटों को सूअरों में प्रवेश कर जाने के सन्दर्भ को बाइबिल से जोड़ रहे थे। मेरे अन्दर बैठा हुआ कल का प्रेत-भय फिर सचेत हो गया और अन्दर की दुनिया भूडोल बन गयी। फिर भी मैं जान देकर दिल को सँभाले हुए बैठा था। बीच में फ़िराक़ चीख़ उठे और हीरा को आवाज़ लगायी। हीरा हाज़िर हो गये। फ़िराक़ बोले, “भागकर अन्दर जा और भइया के लिए अच्छी चाय और दो गरम-गरम ख़स्ता और मोतीचूर के लड्डू जो आप लोग ले आये हैं (उपस्थित लोगों की ओर इशारा) ले आ। हाँ देखो, चाय बड़े प्याले में भरकर लाना मगर इतना न भरा हो कि छलक पड़े।” चाय आ गयी और साथ में कुछ बिस्किट। फ़िराक़ ने कहा, “खस्ता और लड्डू कहाँ है? हीरा बोला, “चार लड्डू और चार खस्ते मेरी माँ ने खा लिया और दो-दो मैंने बाकी माता जी ने और बीबीजी (फ़िराक़ की बेटी) ने। सब खत्म हो गया।” फ़िराक़ ने कहा, “ठीक किया, अब जा अन्दर माताजी और बीबीजी और अपनी कुबड़ी माँ के पास।” फ़िराक़ ने फिर अपना रुख़ मेरी ओर किया और पूछा, “कुछ और खाना हो तो मँगा लो नौकर को भेजकर।” मैंने कहा, “प्रोफ़ेसर साहब वैसे तो मैं चाय पीता ही नहीं और पीता हूँ तो कभी-कभी। चाय और बिस्किट ही पर्याप्त है।” घंटे-सवा घंटे बैठकर लोग उठ गये। मुझे हुक्म हुआ कि आप लोगों को गेट तक छोड़कर भागकर वापस आ जाओ। लोग फ़िराक़ के अद्भुत ज्ञान के आत्मसात् की भूरि-भूरि प्रशंसा कर रहे थे। उनमें से एक लामा सारनाथ से आये थे। हिन्दी समझते थे। कह रहे थे कि इस व्यक्ति की संगत में तो प्रतिदिन बैठने का जी करता है। बड़ा अद्भुत व्यक्तित्व है इसका। मैं वापस आया। फ़िराक़ ने मेरी उदासी और बेचैनी को भाँप लिया था। “कल रात का खाना पसन्द आया?” पूछने के अन्दाज़ में रहस्य-भेदन की झलक थी। मैंने कहा, “बहुत अच्छा था।” फिर पूछा “तुम गोश्त वग़ैरह खाते हो?” मैंने कहा “बिल्कुल नहीं। मैं छूता तक नहीं हूँ।” मगर हीरा तो कह रहा था कि जो मेरे लिए खाना था, “वही सब कुछ आपने खाया।” मैं पकड़ा गया। फिर बड़े चुमकार से बोले, “देखो बेटा, झूठ हरगिज़ न बोलना और ख़ासकर मुझसे या मेरे सामने। गुरु से झूठ बोलने वाले विद्यार्थी से सरस्वती रूठ जाती हैं। गुरु के पास छल-कपट, विहीन होकर बैठो। रिक्त हो जाओ। तब भरे जायोगे। अभी गाँव से आये हो, झूठ बोलने की आदत पड़ गयी है।” फिर हीरा को बुलाया और कहा, बोल सच-सच “भइया ने खाना खाया था?” हीरा घबरा गये और सच निकल आया। बोला, ”बाबू साहब बिना खाये ही चले गये थे।” “फिर तुमने

झूठ क्यों कहा?" "माताजी और बीबी जी ने कहा था कि बाबू जी से यही कह देना अगर पूछें तो।" फिर मुझसे कहा कि रमेश तुम क्यों झूठ बोले। मैं कुछ बोल न पाया—आँसू बहने लगे। आँसुओं ने फ़िराक़ को समझा दिया होगा। फ़िराक़ एकदम चुप। फिर बोले, "भोला ब्राह्मण विद्यार्थी, गुरु के घर से भूखा चला जाय—काफी है ऐसे गुरु को नरक में भेजने के लिए।" माता जी का पदार्पण ही इसीलिए हुआ है। बहू जी और उनकी बेटी जी अन्दर के बरामदे में खड़ी होकर सब कुछ सुन रही थीं। उन्हें भय था कि फ़िराक़ गालियाँ देना शुरू ही करने वाले हैं। मगर फ़िराक़ एक चुप हज़ार चुप। बस इतना ही कहा, "कर्मों का बंधन काटना आसान नहीं है। भारतीय दर्शन में कर्म को इसीलिए प्रधानता दी गयी है। बात आयी गयी हो गयी।" कुछ देर चुप रहने के बाद फिर बोले, "लीला देखी तुमने। यह सृष्टि प्रकरण है। गुरु और शिष्य दोनों साथ-साथ भूखे रहते हैं और देव-दुर्लभ भोजन भी साथ-साथ करते हैं।" मैंने कहा कि आपने तो कुछ भी नहीं खाया था। मैंने तो घर जाकर पंजीरी खायी। फ़िराक़ बोले, "दोनों ने प्रसाद ही तो खाया। पंजीरी और ठर्रा दोनों प्रसाद बन जाते हैं जब चारों ओर फैला हुआ अदृश्य हाथ का आशीर्वाद उन्हें स्पर्श करता है। और आगे बढ़ोगे तो पाओगे कि यह समस्त जीवन ही प्रसाद है। इसीलिए बात खुशी और ग़म के उस पार ठहरती है।" फ़िराक़ का एक शेर याद आ रहा है आप भी सुन लीजिए—

निशातो ग़म कहाँ तक ज़िन्दगी का साथ दें हमदम
जहाँ साया भी छुट जाये वो मंज़िल आ ही जाती है

और

मुझको गुनाहो-सवाब से क्या लेकिन इश्क़ में अक्सर आयें
वो लम्हे ख़ुद मेरी हस्ती जैसे मुझे देती हो दुआयें

फ़िराक़ अभी बोल ही रहे थे कि हीरा ने आकर कहा कि माताजी मुझे अन्दर बुला रही हैं। फ़िराक़ ने बुलाने का सबब पूछा तो नौकर चुप। फिर अन्दर चला गया। फ़िराक़ बोले, "जाओ अपनी बहू जी से मिल आओ, देखो क्या मिठाई मिलती है।" मैं अन्दर गया तो बहू जी ने बड़ी इज़्ज़त से मचिए पर बैठाया। रसोई घर में दो-तीन मचिए पड़ी रहती थीं। उसी पर बैठकर वे खाना पकाती थीं। मुझसे पूछा—चाय पीओगे। मैंने कहा—नहीं। अभी तो चाय पी है। फिर बोलीं, "बाबू से इजाज़त लेकर आज रात का खाना यहीं खाओ।" मैंने कहा, "मैं खाना घर पर ही खाऊँगा।" शायद मेरा झूठ बोलना कि मैंने रात खाना खाया था—उन्हें अच्छा लगा। कहने लगीं, आज बाबूजी बड़े खुश हैं, क्या किसी मुशायरे में जाना है?" मैंने जवाब दिया, "मुझे कुछ नहीं मालूम।" फिर फ़िराक़ ने बड़ी तेज़ आवाज़ में मुझे बुलाया और पूछा, "क्या मामला है मियाँ, क्यों आप अन्दर बुलाये गये थे?" मैंने बता दिया सब कुछ

साफ़-साफ़। बोले, “देखा अपराध बोध का असर। कल भूखा रखा, आज मिठाई खिला रही हैं।”

आज मैं पौ फटने से पहले ही फ़िराक़ के यहाँ पहुँच गया। सोचा थोड़ा घूमना भी हो जायेगा, अख़बार भी पढ़ने को मिलेगा, कुछ वर्ड्सवर्थ और शेली की कविताएँ भी पढ़ लूँगा और चाय वग़ैरह भी मिल जायेगी। क़रीब पाँच बजे का आलम होगा। मैं बरामदे में पहुँचा तो फ़िराक़ ने कहा, “आओ भाई, बड़ा अच्छा किया सबेरे-सबेरे आ गये।” फ़िराक़ के बिस्तर के साथ लगी हुई मेज़ पर टी पाट, दूध शक्कर, आटे के लड्डू, आटे का हलवा, कुछ नमकीन, बिस्किट सब कुछ बड़े सलीक़े से रखा था। नौकर को आवाज़ लगायी। हीरा हाज़िर। “गरम पानी से अच्छी तरह धोकर प्याला लाओ, जल्दी करो।” टी पाट कोजी से ढका था। कमरे में बड़ी-सी तस्वीर टँगी थी। बड़ा रईसाना माहौल था। फ़िराक़ बड़ी परिष्कृत रुचि के आदमी थे। बड़ा रईसाना मिज़ाज था मगर पूर्ण विराम लपेटे हुए। भोग और योग का सम्पृक्त सन्तुलित औघड़ाना जीवन। नौकर प्याला रखकर भीतर चला गया। बोले—चाय बनाओ। मेरी घबराहट बढ़ गयी। बोले, “टी पाट से गिलाफ़ उतारो। ढक्कन पर एक हाथ रखो और प्यालियों में छन्नी लगाकर चाय ढालो। प्याले लबालब न भरे ज़ायें।” मैंने क़वायद शुरू की। चाय के प्याले भर भी गये, छलक भी गये। फ़िराक़ ने कहा, “घबराओ मत पढ़ने-लिखने के साथ-साथ यह सब भी सीखना है।” नौकर को हुक्म दिया—मेज़ साफ़ की जाय। नौकर ने मुझे घूरा। उसका ख़याल था यह कैसा आदमी है। चाय बनाना भी नहीं आता। खा-पीकर फारिग़ हुए तो कहा, “अख़बार पढ़कर सुनाओ।” मेरी जान मुसीबत में, ख़ैर किसी तरह यह भी कर गुज़रे। फ़िराक़ ने फिर अख़बार लेकर ख़ुद बोल-बोलकर पढ़ना शुरू किया। बोले, “देखो अंग्रेज़ी एक्सेन्चुअल भाषा है। उतार-चढ़ाव के साथ पढ़ी जाती है। शब्दों के उच्चारण पर विशेष ध्यान रहे और पढ़ने की रफ़्तार तेज़ करो।” मैंने कहा, “वर्ड्सवर्थ और शेली की कुछ कविताएँ समझा दीजिए।” उस वक्त बी.ए. में पोइट्री में Eight Poets पढ़ाया जाता था। फ़िराक़ ने कहा, “पोइट्री का भाव और अर्थ उसके पढ़ने के सलीक़े में निहित है। शब्द ही नहीं पढ़े जाते अन्तर्निहित भाव भी पढ़ा जाता है। पहले कविता पढ़ी ही जाती थी। लेखन प्रणाली तो बाद में विकसित हुई। फिर मुझसे पढ़वाया फिर ख़ुद पढ़कर सुनाया। फिर मुझसे पढ़वाया। आधे घंटे तक यही सब होता रहा। फ़िराक़ कविता पढ़ते थे तो उसकी रूह जाग उठती थी। काव्य-रस प्रवाहित होने लगता था। ऐसा महसूस होता था, कविता की आत्मा शब्दों की त्वचा चीरकर बाहर आयेगी। ऐसा गुरु भाग्य से मिलता है—मैंने फ़िराक़ से कहा। वे बोले, “निष्ठावान और काव्यात्मकता में नहाया हुआ शिष्य भी बड़ा दुर्लभ है। गुरु भी शिष्य की तलाश में दर-बदर भटकता है। गुरु की घनीभूत चेतना सातवें आसमान में छिपे हुए शिष्य

को आकर्षित कर लेती है। इसी का नाम है gravitation या गुरुत्वाकर्षण।" फ़िराक़ ने अंग्रेज़ी भाषा और साहित्य का इतिहास समझाना शुरू किया था कि हीरा हाज़िर हो गये। फ़रमाने लगे कि माताजी कह रही हैं कि गोश्तवाला आज नहीं आया। बाबू साहब (मुझको) को भेजकर बाज़ार से गोश्त और सब्ज़ी वग़ैरह मँगा लीजिए। फ़िराक साहब एकदम आग बगूला हो गये। कहने लगे, "तुम लोग जानते हो कि यह शख़्स गोश्त वग़ैरह से कोसों दूर भागता है। फिर भी। यह विद्यार्थी है, नौकर नहीं। एक दिन बिना गोश्त के भी रहा जा सकता है। अभी अंडावाला आयेगा। अंडा करी बना लेना।" आठ बजने वाले थे। मैं प्रणाम करके घर वापस आने की तैयारी कर रहा था। गेट के बाहर हीरा खड़ा मिला और बोला, "माता जी ने कहा है और पैसा दिया है, मछली बाज़ार जाकर गोश्त ले आइए—एक पाव।" बिना कुछ जवाब दिये ही मैं घर चला आया। नौकर कह रहा था, "माताजी नाराज़ हो जाएँगी। साहब से आपकी शिकायत कर देंगी।" मैंने उसकी बात पर कान नहीं दिया। दूसरे दिन जब फ़िराक़ ने किसी काम से मुझे आँगन में भेजा तो बहू जी तो कम, बीबी जी अधिक नाराज़ नज़र आयीं।

फ़िराक़ की छोटी बेटी पुष्पा का विवाह और उसके बाद

बारात पटना से आ रही थी। बारातियों को सुबह का नाश्ता वगैरह मिर्ज़ापुर स्टेशन पर देना था। यह काम मुझे और चंगेज़ी साहब (जो पूरी यूनिवर्सिटी में अपनी प्रतिभा और मसख़रेपन और ज़हानत के लिए प्रसिद्ध थे) को सौंपा गया था। मिठाइयों और नमकीन के पैकेट पहले से ही तैयार कर लिये गये थे। चाय का इन्तज़ाम मिर्ज़ापुर स्टेशन पर करा लिया गया था। सब इन्तज़ाम चुस्त और दुरुस्त। गाड़ी आयी। हम लोग गाड़ी में सवार हो गये। नाश्ते के डिब्बों और चाय का वितरण शुरू हो गया। लोग मज़े ले-लेकर खा पी रहे थे। बारातियों में हर तरह के लोग होते हैं। कुछ फ़िकरे चुस्त करने वाले होते हैं। किसी ने कहा चाय बेमज़ा है, फीकी है। मैं तो चुप रहा। मगर भला चंगेज़ी साहब कब चुप रहने वाले थे। बरजस्ता जवाब दिया। जैसा बारात वैसी चाय। आपलोगों के मिज़ाज और तहज़ीब और ज़हानत को ख़याल में रखकर ही चाय तैयार की गयी है। क़हक़हों से माहौल गूँज उठा। किसी ने कहा, ये रघुपति सहाय फ़िराक़ गोरखपुरी के दरबार के लोग हैं। उनसे पार पाना मुश्किल है। मिर्ज़ापुर से इलाहाबाद तक अपनी हैरतअंगेज़ ज़हानत और हाज़िर जवाबी से चंगेज़ी साहब सबको हँसाते-खिलाते इलाहाबाद तक ले आये। सभी बाराती बड़े ख़ुश। सभी ने चंगेज़ी का लोहा मान लिया।

बारात माधोकुंज में ठहरायी गयी। जनवासा वहीं था। फ़िराक़ बड़े अच्छे प्रबन्धक थे। खाना नवाबी था। वज़ाहत साहब के ज़िम्मे 'मीन पीन पाठीन' पकाने की कला में महारत दिखाने का भार सौंपा गया था, जिसका निर्वाह बख़ूबी किया गया। भिंडी में मछली, करैले में मछली, मछली का कबाब, सूखी तली हुई कुरकुरेदार मछली, ठंडे मसाले नें मछली। अरवी (घुइयाँ) के पत्ते में लिपटी हुई गहरी तली हुई मछली। कई विधाओं में मुर्ग़ पकवाने का दायित्व शफ़ीक़ (ऐनुद्दीन बीड़ी वाले) साहब को सौंपा गया। मुर्ग़ पोलाव बिपतू (बिपतू कचेहरी में होटल चलाते थे) के हवाले था। सब्जियाँ लोकनाथ के किसी मशहूर हलवाई की देखरेख में तैयार की जा रही थीं। मटन कोरमा, दो प्याज़ा, कोफ़्ता, मटन बिरयानी और मटर क़ीमा मुश्ताक़ होटल

वाले को सुपुर्द किया गया। शीर माल, रुमाली और आबी रोटी शफ़ीक साहब के हवाले। पूड़ी कचौरी, रायता, पापड़, चटनी, दही बड़ा, मिठाइयाँ कटरे के सिद्धहस्त हलवाई के ज़िम्मे। फ़िराक़ सब की राय ले रहे थे मगर कर अपने मन की रहे थे। फ़िराक ने मुझसे भी पूछा कि कुछ तुम भी बताओ क्या और पकवाया जाय। मैंने कहा कुम्हड़े की सब्जी और थोड़ा-थोड़ा दही भी। लोग हँस पड़े। एक साहब, जिन्हें लोग खरे साहब कहकर सम्बोधित करते थे, बोल पड़े—कैसे कायस्थ हो यार। यह तो बाम्हनों का खाना है। मेरा मज़ाक उड़ाया जाने लगा जिसमें घराती और बाहरी और भीतरी मेहमान और कार्यकर्ता सभी शामिल थे। सभ्य और अल्ट्रागार्डन कहलाने की शौक़ीन महिलाएँ भी शरीक थीं, बस गुरुदेव फ़िराक़ साहब संजीदा नज़र आये। उन्होंने कहा, "कोई और चीज़ पके या न पके कुम्हड़े की सब्ज़ी ज़रूर पकेगी। फिर आधे घंटे तक कुम्हड़े का महत्त्व समझाते रहे। उसकी पाचन क्रिया पर क्या प्रभाव पड़ता है, क्या-क्या ओषधियाँ बनती हैं, भावप्रकाश आदि आयुर्वेद के ग्रन्थों में कुम्हड़े के सम्बन्ध में क्या कहा गया है? कच्चे और पके हुए पीले कुम्हड़े की क्या विशेषता है, उसके बीज का क्या महत्त्व है और हाज़मे में उसका क्या योगदान है। लोग हैरत में पड़ गये। किसी ने कहा, "रमेश बाबू का मन रखने के लिए ही फ़िराक साहब कुम्हड़े की सब्जी के लिए राज़ी हो गये।" फ़िराक़ बोले, "मैं किसी का मन रखने के लिए नहीं करता कुछ। भोजन का एक मुख्य आइटम दिमाग़ से उतर गया था। बस रमेश ने उसकी याद दिला दी। सेवइयाँ, फ़ीरीनी, शाही टुकड़े और मीठे चावल और मुतन्जन और बटेर बरुआ की देखरेख में पकाये जा रहे थे। बहुत-सी और भी चीज़ें जो मेरी डायरी नहीं बताती तैयार की जा रही हैं। मैंने फिर पान (ताम्बूल) की याद दिलायी। फ़िराक़ ने कहा, "देखा रमेश जी का कमाल। सारा मज़ा किरकिरा हो जाता अगर होठों की लाली जाती रहती।" फिर फ़िराक़ ने केसरी ज़र्दा और तरह-तरह के क़वाम शरीक कर लिये पान के साथ। हक़ीम ज़िया साहब भी कहीं बैठे थे। कह उठे, "फ़िराक़ साहब बिल्कुल बजा फ़रमाते हैं। कद्दू यानी कुम्हड़े की बड़ी अहमियत बतायी गयी है तिब में (यूनानी चिकित्सक प्रणाली में) मुझे तो कुम्हड़े की सब्ज़ी निहायत पसन्द है। अगर पकाना आये तो इससे ज़ियादा लज़ीज और मुफ़ीद सब्ज़ी है ही नहीं। इसके बाद नम्बर आता है लौकी का। मेरे वालिद तो जब तक कुम्हड़ा मिलता रहता था, ज़रूर तक़रीबन रोज़ ही पकवाते थे। ख़ासकर पीले पके हुए कुम्हड़े में तो बहुत गुन हैं। कुम्हड़ा दिल, गुरदे और कलेजे के लिए तो बहुत गुनकारी है। कुम्हड़े पर तो रिसर्च करने की ज़रूरत है। ब्राह्मनों की ज़हानत और ज्ञान की तारीफ़ तो यूनानी, अरबी और फ़ारसी फ़िलासफ़र भी करते हैं।" शादी की बात थोड़ी देर के लिए मुल्तबी कर दी गयी। बस कुम्हड़ा प्रकरण चलता रहा। फ़िराक़ अब कुम्हड़ा जन्य इरफ़ान यानी वेदान्त पर उतर आये। काफ़ी देर तक

उपनिषदों में सन्निहित प्रकाश पर रौशनी डालते रहे। कहने लगे, "शादी वगैरह बवाले जान है। देखिए मुर्गी-चुर्गी पकवाने की बातों में कितना क्लेश है। मुसीबत दर मुसीबत दर मुसीबत। मगर उपनिषद् शब्द उच्चारण करने में ही मन को कितना सुकून मिलता है। उपनिषदों के ऋषि रूह यानी आत्मा या आत्म तत्त्व के शुद्धतम गणितज्ञ थे। विवाह इसीलिए किया जाता है कि पत्नी आत्मतत्त्व को आत्मसात् करने में सहधर्मिणी हो।" फ़िराक़ के सहपाठी मित्र और प्रशंसक मशहूर वकील सेहत बहादुर जी ने कहा, "भाई यह मौका उपनिषद् समझाने का नहीं है। बिटिया की शादी से ताअल्लुक रखने वाली बातें की जायँ।" फ़िराक़ बोले, "वही तो कर रहा हूँ भाई। भारतीय वैवाहिक प्रणाली उपनिषदों की पवित्रता को ही लौकिक कर्मकाण्ड के रूप में प्रकट करती है। इसमें अग्निदेव की मुख्य भूमिका है। राम और सुग्रीव की मित्रता में पावक को ही साक्षी बनाया गया है। पावक का अर्थ है जो पवित्र करे। पति-पत्नी मिलकर अर्द्धनारीश्वर का रूप अख्तियार करते हैं।" एक साहब बोल पड़े, "राम और सुग्रीव में तो मित्रता का सम्बन्ध था। यहाँ तो पति-पत्नी के सम्बन्ध का मामला है।" फ़िराक़ ने कहा, "मित्रता से बढ़कर पवित्र सम्बन्ध संसार में और कुछ है ही नहीं। पति-पत्नी का सम्बन्ध मित्रता का शुद्धतम स्वरूप है अगर कोई समझे और निर्वाह करे। शायद आदमी को ख़ुदा की तलाश ही न करनी पड़ती अगर उसे सच्चा मित्र मिल जाता। मित्र मिलना बड़ा दुर्लभ है। आप जानते हैं—पृथ्वी सूरज की कटी हुई पसली है जो सभ्यताओं की कोख बनती गयी। प्रकृति ने सूरज और पृथ्वी का विवाह रचाया और हम सब उन्हीं की औलाद हैं और उसी परम्परा का निर्वाह कर रहे हैं।" तब तक एक साहब जो बारातियों को दोपहर के खाने का इन्तज़ाम देख रहे थे, माधोकुंज से आये और बोले कि खाना बेहद पसन्द किया गया। लोग खा-पीकर टनाटन हो गये। अब आराम कर रहे हैं। तीसरे पहर की चाय की जिम्मेदारी खरे साहब के सुपुर्द की गयी थी। लोगों ने कहा, "चाय पाँच बजे शाम दी जायेगी क्योंकि बरातियों की यही फ़रमाइश है।" अब हमलोग, फ़िराक़, उनके भाई बहन और बहनोई, रिश्तेदार वग़ैरह अन्दर के बरामदे में भोजन करने बैठे। कढ़ी, चावल, गोश्त वग़ैरह-वग़ैरह। फ़िराक ने परोसने वाले व्यक्ति से कहा, "पहले रमेश जी के पत्तल में शाकाहारी भोजन सर्व किया जाय—साफ़ बर्तनों में रखकर। परोसने वाले बर्तनों से गोश्त वग़ैरह कोसों दूर रखा जाय।" फ़िराक़ की यह बात किसी को अच्छी नहीं लग रही थी। एक साहब एक पत्तल पर कढ़ी, चावल, दही बड़ा, मीठा चावल वग़ैरह सजाकर मेरे सामने रख गये। सब को भोजन परोस दिया गया। एक साहब ने फ़िकरा चुस्त करते हुए मुझसे कहा, "पंडितजी, भोजन प्रारम्भ करने के पहले कुछ मन्त्र वग़ैरह पढ़िए।" मैंने कहा, "जहाँ गुरुदेव स्वयं मन्त्र बनकर बैठे हों" वहाँ मन्त्र पढ़ने की क्या आवश्यकता है। "गुरुदेव मुस्करा रहे थे। भोजन शुरू हुआ

और खा-पीकर लोग उठ भी गये। अब लोग कमर सीधी कर रहे थे। मैं थककर चूर हो गया था। नींद आ गयी। फ़िराक़ तो चार बजे के क़रीब उठ गये। मैं जग रहा था मगर आलस्य में डूबा हुआ। किसी ने मुझे जगाना चाहा तो फ़िराक़ ने उन्हें रोक दिया। बोले, "थक गया है—सोने दो। पाँच बजे जगाना।" मैं पाँच बजे खुद ही उठ गया। शाम की चाय पी जा रही थी। फ़िराक़ ने कहा, "शादी के इन्तज़ाम के मुताल्लिक मुझे बिल्कुल ही न परेशान किया जाय। चन्दर (फ़िराक़ की बहनों में सबसे श्रेष्ठ जिनकी शादी फ़तेहपुर के सुप्रसिद्ध मानसिंह परिवार में बहादुर मानसिंह से हुई थी) के पास ही पैसा-रुपया है। वो अच्छी और कुशल मुन्तज़िम हैं। उन्हीं से जो कहना हो, करना हो—कहा जाय। मुझे आज़ाद रखा जाय।" चाय पीकर लोग थकान मिटा ही रहे थे कि रामप्रताप बहादुर इलाहाबाद विश्वविद्यालय में अर्थशास्त्र के प्रोफेसर बड़ी बेचैनी और ख़ैरख़्वाही ज़ाहिर करते हुए आये और फ़िराक़ साहब से कहने लगे, "आपको तो बस शायरी और वेदान्त दर्शन के सिवा कुछ सूझता ही नहीं।" फ़िराक़ अपने को सँभालते हुए और अपना सन्तुलन बनाते हुए बोले, "क्या हुआ बहादुर साहब, आप इतने परेशान क्यों लग रहे हैं?" रामप्रताप बहादुर ने कहा, "घी बिल्कुल खत्म हो गया है। दो टिन मँगा लीजिए नहीं तो आपके साथ हम सब की बेइज़्ज़ती हो जायेगी।" ख़ैर, "आपको तो बेइज़्ज़त होकर रहने की आदत पड़ गयी है।" फ़िराक़ ने कहा, "आपके रहते हुए मेरी बेइज़्ज़ती न हो—नामुमकिन। हुए तुम दोस्त जिसके उसका दुश्मन आसमाँ क्यों हो?" ख़ैर मौक़े की नज़ाकत भाँपकर फ़िराक़ चुप हो गये और बोले, "बहादुर साहब, आप चाय पीजिए दो टिन घी आ जायेगा। चार क़दम पर तो कटरे में किशोरी के घी की दुकान है।" मुझसे फ़िराक़ ने कहा, "जाओ फ़ौरन चंदर से कहो कि घी वगैरह किसी को भेज कर मंगा लें।" बहादुर साहब चाय पी रहे थे और कृत्रिम हित की कामना (हित काम्यया) से अंदर इन्तज़ाम देखने चले गये। फिर बाहर आये और बोले—जल्दी करिए। यह कहकर रिक्शे पर बैठे और चलते बने। चन्दर जी शायद फ़िराक़ के छोटे भाई यदुपति सहाय के यहाँ चली गयी थीं। फ़िराक़ ने हीरा से कहा, "अन्दर जाकर माताजी (फ़िराक़ की पत्नी) से पूछो कि क्या घी बिल्कुल नहीं है और जितना चाहें मँगा लें।" मुझसे कहा, "जाकर भंडारे में देखो, घी है कि नहीं है और हलवाइयों से पूछो कितना घी चाहिए।" भंडारे में जाकर देखा तो घी के दो बन्द टिन पड़े हुए थे। खाना पकानें वालों ने कहा, "अभी तो हम लोगों के पास आधा टिन घी रखा है। इतने में सब हो जायेगा और बच भी रहेगा।" मैंने आकर फ़िराक़ को बताया तो उन्होंने आराम की सुकून बख्श साँस ली और कहा, "देखा रामप्रताप बहादुर की खैरख्वाही। इस शख़्स ने मुझे बदनाम करने में और मेरी बेहुरमती करने में कुछ भी नहीं छोड़ा। सब कर बैठा। योजना बनायी होगी कि किसी तरह फ़िराक़ के पैसे धीरे-धीरे ख़त्म हो

जायँ और फ़िराक़ की बेइज़्ज़ती हो जाय।" फिर उन्होंने ऊपर देखा और चुप हो रहे। फिर चौंक पड़े और बोले, "माई जी (अपनी पत्नी) का इन्तज़ाम देखा। क्या है—क्या नहीं है—कुछ पता ही नहीं है। विचारशक्ति को फ़ालिज मार गया है।" ख़ैर नाखुश होने का वक़्त नहीं था।

शाम के छः बज रहे हैं। लोग बारातियों के आने की प्रतीक्षा कर रहे हैं और उसी तैयारी में बाहर भीतर एक हो रहा है। कोई कुछ बहू जी से पूछता तो या तो वे चुप लगा जातीं या कहतीं, हमें कुछ मालूम नहीं है। चुपचाप बैठी रहतीं। फ़िराक़ की बहनें और भाई कुछ कहते भौजी अब यह करो अब वह करो। उसको यहाँ रखो उसको वहाँ रखो। वे वैसा ही करतीं। कोई गाय भी क्या उतनी सीधी होगी। वे गाय नहीं थीं—वे पूर्ण गऊ माता थीं। एक बार चन्दर जी (फ़िराक़ की बहन) ने उन्हें भंडारे की कुंजी सौंपी। उन्हें कुछ और इन्तज़ाम देखना था। थोड़ी देर के बाद जब उन्होंने कुंजी का गुच्छा माँगा तो बहू जी इधर-उधर ढूँढ़ने लगीं। आधे घंटे बाद कुंजियों का गुच्छा बाथरूम में मिला। ख़ैर यह मामला फ़िराक़ तक नहीं पहुँचा। फ़िराक़ की बहनों ने कहा, "बिटिया का विवाह है, धूम-धड़ाका है, भइया (फ़िराक़) कितने सजधज के बैठे हैं। सिल्क का कुर्ता और ख़ूबसूरत धोती, माथे पर हल्दी दही का तिलक। भइया तो विवाह कराने वाले पंडित से भी ज्यादा पंडित लग रहे हैं मगर भौजी रोज की तरह चेहरे पर कोई हँसी नहीं, उल्लास नहीं।" फ़िराक़ की बहनों ने बहू जी को सजाया, बनाव-शृंगार किया, छेड़-छाड़ किया। माहौल ख़ुशगवार हो गया। अकेले बहू जी के सजने-सँवरने से सारा घर सज गया। गृहिणी तो गृहिणी है। वही लक्ष्मी है। घर की शोभा है। घर-आँगन में शादी के गीत गाये जा रहे हैं। अकेले और मिलजुल कर गाने में बड़ा फ़र्क़ होता है। अनेक कंठ एक कंठ हो जाते हैं। ढोलक, मँजीरा, हारमोनियम और कल कंठों से सुमधुर गायन। विवाह के गीत वैसे भी हृदय का रंग ही बदल देते हैं। शुष्क वातावरण में कुछ नमी-सी आ जाती है। मौसम गरमी का होते हुए भी तरावट महसूस हो रही थी। उधर बारात आने वाली है इधर फ़िराक़ अपने कमरे में बैठे रोज़ आने वाले दोस्तों के बीच में बैठे मयनोशी फ़रमा रहे हैं। कुछ शायर दिल्ली से आये हुए हैं। मजनूँ गोरखपुरी शादी के एक महीने पहले ही आ गये थे और शादी के पन्द्रह दिन पहले चले गये। बोले शादी की भीड़ में रघुपत से मुलाक़ात नहीं हो पायेगी। फ़िराक़ ने कहा मजनूँ तुमने ख़ूब समझा मुझे। मैं भीड़ में भी तनहा रहता हूँ। गुफ़्तगू में कोई विघ्न नहीं पड़ सकता। मगर मजनूँ ने एक न सुनी। चलते बने। फ़िराक़ ने द्वारपूजा आदि का सारा भार अपने मझले भाई श्रीपति सहाय को सौंप दिया था। बोले श्रीपति मुझे बवाल से दूर रखना भाई। बारात आयी। द्वारपूजा की रस्में श्रीपति जी ने निभायीं। हाँ, फ़िराक़ दो मिनट के लिए द्वारपूजा के समय खड़े ज़रूर हो गये थे और अपनी उपस्थिति से द्वारपूजा की शोभा दो बाला चौ बाला

कर रहे थे। बाराती और घराती भी पूजा कराने वाले पंडित जी समेत—सभी फ़िराक़ नहीं रघुपति सहाय को देख रहे थे। दूल्हे और पूजा की रस्मों पर किसी का ध्यान था ही नहीं। क्या ग़ज़ब का आकर्षण था गुरुदेव में। थोड़ी देर बाद फ़िराक़ ने दूल्हे (रवि नन्दन प्रसाद) को मुस्कुरा के आशीर्वाद दिया और सुखी जीवन की कामना की। पंडित जी ने फ़िराक़ के भव्य भाल पर तिलक लगाया। फ़िराक़ ने कहा, "श्रीपति पंडित जी को दक्षिणा दे दीजिए। पंडितों का भोजन और दक्षिणा ही धन है।" मुझसे कहने लगे, "देखा रमेश। मन्त्रोच्चारण कितना पवित्र लगता है। शायद कान यही ध्वनि सुनने के लिए बने हैं। पवित्र वह है जिसके दर्शन और श्रवण से अस्तित्व-पवित्रता का बोध हो जाय। चलिए अब कमरे में बैठा जाय, लोग इन्तज़ार कर रहे होंगे।" फ़िराक़ ने मुझसे कहा, "यहाँ से हिलना मत चाहे जो भी हो, चाहे जो भी बुलाए—जाना मत। यहाँ से कोई उठेगा नहीं।" हीरा को भी हुक्म दिया कि भीतर के बरामदे में बैठे रहो। मेरी आवाज सुनते ही हाज़िर हो जाना। कहा कि दो-तीन प्लेटों में खस्ता, कुछ नमकीन, कुछ कबाब और उबले हुए अंडे रख दिए जायँ। लोग शराब पी रहे थे। उधर मन्त्रोच्चार गान, इधर मधुपान। दरवाज़े बन्द कर दिये गये। फ़िराक़ ने कहा पूरे संसार में हिन्दुओं के समान विवाह पद्धति कहीं है ही नहीं। बात है कि यहाँ के दर्शन और शास्त्रों में भी एक काव्यमयता है, एक रसात्मकता है, एक आत्मसमर्पण है, एक सम्बन्ध बोध है जो यहाँ के जीवन-प्रणाली में ढल गया है। इतनी ग़रीबी, इतनी विसंगति, इतनी छुआछूत ख़राबियों के दलदल के बीच भारत पनपता रहा है। पराधीनता में पल्लवित और पुष्पित होते रहने का राज़ जानना हो तो भारत की संस्कृति और चूल्हा चक्की में झाँको। रसोई घर बैकुण्ठ से अधिक पवित्र लगता है। ज्ञान और तर्क और दर्शन, यूनान रोम और मिस्त्र में कम नहीं थे लेकिन वहाँ तुलसी के बिरवे के नीचे दिया जलाने वाला कोई नहीं था। इसीलिए वहाँ अँधियारी छा गयी। प्रकृति वर्णन ग्रीक में भी था। मगर वह चुमकार, वह आत्मीयता, वह आत्म और परमात्म का मिलन, कृष्ण की बाँसुरी के लहरे पर नाचने वाली, इन पर सर्वस्व निछावर करने वाली गोपियाँ नहीं थीं। भारत में गोपियाँ द्वापर में ही नहीं हैं। हर युग, सब काल में रहती हैं। चैतन्य और रामकृष्ण परमहंस, सूर और मीरा और तुलसीदास गोपियाँ ही तो थे। जमुना कृष्ण की बाँसुरी का लहरा ही तो है। सरयू और राम अलग नहीं है। यहाँ गंगा माई हैं, सन्ध्या माई हैं। प्रकृति परिवार का मुख्य सदस्य है, आत्मा है, साँस है, प्राण है। प्रकृति जड़ नहीं है, चेतनता की पराकाष्ठा है। उसका मौन ही सन्तों की वाणी में मुखरित हुआ है।

"फ़िराक़ बोल ही रहे थे कि एक शायर साहब जो दिल्ली से तशरीफ़ लाए थे, बोल पड़े। फ़िराक़ साहब आप तो साधुओं की तरह बात कर रहे हैं। मैंने आपकी तकरीरें मार्क्स और समाजवाद और कम्यूनिज़्म पर भी सुनी हैं और शायरी पर भी।

लोग अचम्भे में आ जाते हैं। इतनी जिद्दत (मौलिकता) और मानवीयता (अर्थगाम्भीर्य) कहीं और सुनने को नहीं मिलती। मगर कभी-कभी आप साधु-सन्तों की तरह बोलने लगते हैं। तुलसी की तारीफ़ में पूरा शब्दकोश और ज्ञान समाप्त कर देते हैं। ऐसा क्यों?" फ़िराक़ ने कहा, "तब मैं क्या आपकी तरह बोलूँ। मार्क्स पर बोलना या लिखना और कम्यूनिज़म पर बोलना-लिखना या शायरी करना भी इसी की शाखाएँ हैं। जीवन को तोड़-तोड़ कर टुकड़े-टुकड़े करके समझने की कोशिश करोगे तो जवाहर पारे नहीं, टूटी हुई कौड़ियाँ ही हाथ आयेंगी। जहाँ तक तुलसी का सवाल है, तो सुनिये।" तब तक किसी ने दरवाज़ा खटखटाया। देखा तो फ़िराक़ की बहन तारा जी खड़ी हैं। फ़िराक़ को बुला रही थीं। फ़िराक़ ने कहा, "तारा तुम जाओ, सब सँभाल लो" फिर तारा जी ने कहा, "रमेश को ही भेज दीजिए।" उन्होंने कहा, "नहीं, यहाँ से कोई हिल नहीं सकता। तुम सब देखभाल लो।" मेरी तबीअत हो रही थी कि जायें और मंडप में बैठकर पवित्र बन्धन की लीला देखें। मगर भाग्य में तो फ़िराक़ दर्शन लिखा था। फ़िराक़ ने कहा, "तो हाँ जनाब, आप फ़रमा रहे थे कि मैं साधुओं की तरह बातें करने लगता हूँ।" लोगों ने शराब के गिलास मेज़ पर रख दिये। फ़िराक़ की बातें किसी शराब के नशे से कम असर नहीं करती थीं। "देखिए यहाँ की फ़िज़ाओं में सन्तों और ऋषियों की वाणी गूँजती रही है। मैं क्या कह गया। भारत के सम्पूर्ण वातावरण में धरती आकाश समेत प्रकृति और मूल प्रकृति की ध्वनि तरंगें लहराती रहती हैं। इन्हीं ध्वनि तरंगों के चुम्बन और मिलन से जो राग निकलता है, जो सदा निकलती रहती है—उसे ऋषियों और सन्तों ने देख और सुन लिया था। यह राग शुद्धतम चेतना की ज्योति की ध्वनि है। जिसे मन्त्रों के रूप में शब्दों में उड़ेल दिया गया। अलग-अलग व्यक्ति में यह राग व्यक्ति की कमाई या अर्जित संस्कारों के अनुरूप अपना परिवेश बदलता रहता है। भाषा परिवर्तन में भी मूल तत्त्व वही है जैसे विद्युत् शक्ति या ऊर्जा पात्रों के अनुरूप अपना आचरण बदलती रहती है। सूर, तुलसी और मीरा और अन्य सन्तों ने अलग-अलग बोलियों और भाषाओं का वस्त्र धारण कर लिया। नृत्य तो एक ही है—नर्तक अलग-अलग हैं। जहाँ तक तुलसी की बात है तो सुनिये। रामभक्ति ने तुलसी के रूप में अवतरित होकर अवधी बोली को संस्कृत, देव वाणी का रूप दे दिया। प्रेमियों को कुण्डली जागृत करने के लिए हठयोग की शरण नहीं लेनी पड़ती है। प्रेम की प्रगाढ़ता ऐसी तीव्र होती है, ऐसी ऊर्जा उत्पन्न करती है कि परमशक्ति अपने आप धरती से उठकर सातवें आसमान तक पहुँच जाती है। प्रेम या भक्ति की अग्नि वह सब कुछ जलाकर खाक़ कर देती है जो प्रियतम तक पहुँचने में बाधक है। शान्ति का मार्ग प्रेमाग्नि के उफनाते हुए दरिया से ही होकर जाता है। मोहब्बत या इश्क़ प्रेमी और प्रेमिका दोनों को अपनी गोद में अनन्त काल तक मृत्यु की लोरियाँ गा-गाकर सुला देता है। कुछ नहीं बचा

रहता, बस इश्क रह जाता है। शरीर तो बस एक परछाई है प्रेम की। आप जानते हैं पूरा रामचरितमानस तुलसी की विरह वेदना के आँसुओं की शीतलता है जो मन-मानस में ठंडक के बीज बोती रहती है और कानों में अमृत घोलती रहती है।" किसी ने पूछा, "तुलसी को किसकी विरह वेदना थी?" उत्तर थाए "राम की। संसार में जितने बिरही थे, या हैं सब राम के ही बिरही हैं। राम कभी लैला बन जाते हैं, कभी मजनूँ, कभी शीरीं, कभी फ़रहाद, कभी राधा, कभी कृष्ण, कभी गोपियाँ, कभी हम, कभी तुम, कभी-कभी भौंरा, कभी फूल, कभी मधुमक्खी। पूरा ब्रह्माण्ड उन्हीं के वियोग में भटक रहा है। तुलसी की वेदना कुछ ऐसी थी जैसे उन्हें संसार भर के बिच्छुओं ने एक साथ डंक मार दिया हो और वह तड़प उपजी, वह तड़प उपजी कि एक-एक तड़प, एक-एक पीड़ा-राग तुलसी काव्य का एक-एक अक्षर बनता गया। प्रेम अक्षर भाव है, शाश्वत भाव है। प्रेम घट में हलाहल और अमृत एक साथ घुल-घुल कर जीवन-रस बन गये हैं। इसीलिए प्रेम जलाता है, मारता भी है और परम शान्ति, परम सुख भी देता है। जीवन और मृत्यु दोनों को प्रेम एक समान पालता है। तुलसी के प्रेमी राम एक अन्तर्व्यवस्था हैं, एक सूत्रात्मकता। अलग-अलग दिखाई देने वाली चीजों को एक धागे में पिरोने का नाम है अन्तर्व्यवस्था। आप जानते हैं जीवन-समुद्र मंथन से विष और अमृत दोनों साथ-साथ पैदा हुए थे। सहोदर थे।" फ़िराक़ उठकर बाथरूम चले गये और कहते गये कि यहाँ से कोई हिलेगा नहीं। वहाँ बैठे लोग कह रहे थे कि यार फ़िराक़ भी क्या इंसान है। बेटी की शादी और हज़रत से कोई मतलब नहीं। ये लोग दूसरी दुनिया के आदमी हैं। थोड़ी देर के लिए मैं अन्दर आँगन में चला गया। मैंने पूछा, कुछ काम हो तो बताइए। चन्दर बुआजी ने कहा, रमेश बस तुम भइया को सँभाले रहो। लोगों से कह दो उन्हें बातों में उलझाए रहें और शराब अधिक न पीने पायें। हिन्दी-उर्दू की बात तो हरगिज़ न उठाई जाय। इतने में फ़िराक़ साहब बाथरूम से वापस आ गये और मेरी कुर्सी खाली देखकर मेरा नाम लेकर चिल्ला पड़े। मैं हाज़िर हो गया। बोले, "अन्दर क्या मिठाई खाने गये थे। बिना नाच गाना देखे रहा ही नहीं जाता। ठीक है दुनियादारी निबाहिए—मगर दिल का चिराग़ बेचकर नहीं। उजाला बेचकर अँधेरा मत मोल लीजिए। ख़ैर। आप ख़ुदमुख़्तार हैं जो उचित समझें, वही करें।"

तब तक बाहर से पधारे एक महाशय पूछ पड़े, "फ़िराक़ साहब, तुलसी ने तो लिखा है कि मैं स्वान्तः सुखाय यानी अपने सुख के लिए रामचरितमानस की रचना कर रहा हूँ। समाज को भुलाकर या उसकी अवहेलना कर अपने सुख के लिए काव्य रचना या साहित्य रचना करना कहाँ तक उचित है। समाज आपको पोषित करता है। आपकी सुरक्षा का दायित्व लेता है। आपको विकसित करता है। फिर अपने लिए करना, दूसरों से कोई मतलब न रखना क्या अर्थ रखता है?" फ़िराक़ साहब ने कहा,

"रुकिए समाजसेवी भाई। ज़रा सिगरेट पी लूँ।" पहली सिगरेट ख़त्म होते ही दूसरी सिगरेट सुलगायी। एक लम्बा कश लिया फिर बोलना शुरू किया। "तुलसी का 'स्व' आपकी तरह घिनौना 'स्व' नहीं था। तुलसी से बड़ा समाजवादी तो कोई था ही नहीं। पूरा विश्व ही उनका समाज था। तुलसी की अपनी कहलाने वाली कोई वस्तु थी ही नहीं। मानस की रचना विश्व-कल्याण की भावना से ही प्रेरित होकर की गयी थी। जलते, झुलसते हुए सन्तप्त समाज के लिए बरगद की शीतल छाँव थे तुलसी। तथाकथित समाज-सेवियों की तरह उन्होंने धन-संग्रह किया क्या? समाज की दुहाई देकर, समाजवाद के नाम पर 'स्व' वाद की, स्वार्थवाद की सेवा में रत लेखकों और राजनीतिज्ञों की तरह नहीं थे तुलसीदास। उनका विशाल दृष्टिकोण, विशाल मानस, मानवता के प्रेम से ओतप्रोत सच्चे, स्वार्थरहित, परहित धर्म पर आधारित था। समाजवाद में रचा-बसा था। आप ही की तरह एक पाखंडी समाजवादी ने मार्क्स से पूछा, अगर समाजवाद में सभी समान हो जायेंगे तो आपके जूते पर सियाही कौन लगायेगा? मार्क्स ने कहा, 'आप'। समाजवाद जिया जाता है। समाज-प्रेम दिल में पैदा होता है। मार्क्स का दिल और दिमाग़ और मार्क्स की चेतना चाहिए समाजवाद को समझने और समझाने के लिए और जीने के लिए। तुलसी के समान समाजवादी तो बिरले ही होते हैं। उनका समाजवाद राष्ट्रवाद के उस पार तक जाता है। वसुधा और वसुधा के आगे तक उनका समाज फैला हुआ है। उसी समाज की कराह, वेदना, शोषण, यन्त्रणा और दर्द तुलसी का अपना दर्द बन गया था और उसी दर्द के इलाज के लिए एक चिकित्सा-शास्त्र की रचना कर डाली जिसका नाम रामचरितमानस है। इसीलिए फ्रेंन्च लेखक शेतोब्रिया ने शायद तुलसी के ग्रन्थ को मानवमात्र की बाइबिल बताया था। सिउडो समाजवाद बड़ी खतरनाक चीज़ है। जिस समाजवाद का आधार झूठ, नारेबाज़ी और स्वार्थ होगा, उस समाजवाद का समाज भहरा के ढह जायेगा। समझे महाराज। धर्म का आधार भी जनहित, जन-कल्याण ही है। मगर धर्म के ठेकेदारों और नारेबाज़ों, और धर्म के नाम पर दलाली करने वालों और रूढ़िग्रस्त परम्परावादियों ने मारा सत्यानाश कर डाला। अमृत वर्षा करने वाले बादलों में ज़हर का इंजेक्शन दे दिया और ज़हर की बारिश होने लगी। ख़तरनाक स्वार्थरत विज्ञापनों द्वारा समाजवाद का व्यापार बढ़ने लगा। समाज खोखला होता गया, तथाकथित समाजवादी समृद्ध होते गये। समाजवाद स्वार्थवाद में बदल गया।"

फ़िराक़ जब तुलसीदास पर बोलना शुरू करते थे तो लगता था कि फ़िराक़ के हृदय में असीम तक फैला हुआ गहरा क्षीर सागर तुलसी प्रेम के पूर्णिमा का चन्द्रमा देखकर उसे छूने के लिए आकाश को ढक लेगा और सारी पृथ्वी और जन मानस-प्रेम-क्षीर से भर जायेगा। बात हो ही रही थी कि फ़िराक़ साहब की बहन चन्दर जी ने आकर बताया कि कन्यादान की बेला आने वाली है, भइया तैयार रहियेगा। मुझे बाहर बुलाया और बड़े चुभकर भरे शब्दों में समझाना शुरू किया कि

रमेश जी, भइया को इसी तरह सँभाले रहिएगा। शराब ज़्यादा न पीने पायें, कन्यादान के बाद फिर चिन्ता नहीं है। फ़िराक़ धरती पर उतर आये और बोले, बड़ी मुसीबत है भाई। चलो यह भी भुगत लेंगे। अब उनका ध्यान अपने गिलास पर गया। बची हुई शराब एक घूँट में गट से उतार गये। खाँसी आ गयी। सँभले तो सिगरेट जलायी। अभी तक शराब और सिगरेट भूले हुए थे। अब उनकी सुधि आयी। लोग बहाने बना-बनाकर इधर-उधर खिसकने लगे। रह गये फ़िराक़, जो शराब पर, मैं और रज़ा इलाहाबादी साहब मिठाइयों पर ध्यान जमाए थे। शराब पीने की रफ़्तार बढ़ती जा रही थी। बातों का सिलसिला जारी रहता तो पीने की रफ़्तार धीमी रहती। पीना रंग लाया, गिलास तीन चौथाई भर ली थी शराब से और गट से हलक़ से उतार गये। इस तरह तो पानी भी नहीं पीते। शराब थी और वह भी ठर्रा। फ़िराक़ बिस्तर पर लेट रहे और बोले, अब मुझे सोने दिया जाय, मयोअयाग़ (शराब और प्याला) बढ़ाओ। फ़िराक़ सो गये। चारों ओर सन्नाटा छा गया। फ़िराक़ के मझले भाई श्रीपति सहाय जी कमरे में दाखिल हुए और भइया-भइया कहकर फ़िराक़ को जगाने लगे। फ़िराक़ चीख़ पड़े कौन है, मुझे कौन जगा रहा है। मैंने कहा, मझले भइया श्रीपति बाबू। फ़िराक़ ने आँख खोलीं और नशे की आवाज़ में बोले, "श्रीपति भइया, मैं थक गया हूँ, मुझे सोने दो भाई।" श्रीपति ने कहा, "भाइया, चलिए कन्यादान करना है, लोग आपका इन्तज़ार कर रहे हैं।" फ़िराक़ ने कहा, "जाओ यार, यह सब काम तो तुम कर सकते हो। थककर सोने वाले को जगाया नहीं जाता, उसे परेशान नहीं किया जाता। जाओ तुम्हीं कन्यादान कर दो। क्या, कन्या और क्या कन्यादान। जाओ भाई जाओ, दया करो मेरे ऊपर, तो कल पुष्पा चली जायेगी। जाने दो। मियाँ-बीवी खुश रहें। जाओ मेरा आशीर्वाद पहुँचा दो उन तक। रमेश बाबू और रज़ा साहब, आप लोग यहीं खाना वग़ैरह मँगा लीजिए। यहाँ से उठिए मत। मेरी हालत ठीक नहीं है। मगर घबराने की बात नहीं है।" फिर सिर पर हाथ रखकर सोने लगे। बड़बड़ा रहे थे। माता जी ने मुझसे बच्चों का प्यार छीन लिया। सो रहो फ़िराक़। रात गम्भीर हो गयी है। यही सब बोलते-बड़बड़ाते फ़िराक़ सो गये। मैं दुख से बोझल हो गया। रज़ा ने कहा, इतना बड़ा शायर और मुफ़क्क़िर कैसे जीता है, कैसे ज़िन्दगी बसर करता है। सब नहीं झेल सकते। हम छोटे लोग ही ख़ुश हैं। जितना बड़ा आदमी उतना बड़ा दुख। रज़ा साहब खा-पीकर घर चले गये। मैं फ़िराक़ के पास बैठा पहरेदारी कर रहा हूँ। दरवाज़े खिड़कियाँ खुली थीं। पिता फ़िराक़ की जगह चचा, श्रीपति सहाय ने कन्यादान किया। बेटी के दिल में क्या भाव पैदा होते होंगे। पिता के स्पर्श की कमी तड़पा जाती होगी बेटी को। मगर कुदरत को तो यही मंज़ूर था। कन्यादान न करके फ़िराक़ क्या ख़ुश हुए होंगे? दर्द और ग़म की चुभन कल सबेरे महसूस होगी।

शादी हो रही थी। मैं फ़िराक़ के कमरे में कुर्सी पर बैठा-बैठा ऊँघ रहा हूँ। घबराहट-सी हो रही हैं। मुझे अपना घर, माता-पिता, भाई-बहन, पेड़-पौधे याद आ रहे हैं। किस दुनिया में था, ज़िन्दगी कहाँ से लायी और पता नहीं अभी कहाँ ले जायेगी और क्या-क्या दिखायेगी।

फ़िराक़ याद आ रहे हैं। अभी-अभी टेलीफोन पर भाई प्रमोदशाह और श्रद्धेय कृष्ण बिहारी मिश्र जी से बात हुई है। आज 8 अगस्त है 2007। सोमवार का दिन। प्रमोद भाई ख़ुदा जाने क्या-क्या करना चाहते हैं फ़िराक़ की यादों को महफ़ूज करने के लिए। मेरे थके हारे कन्धों पर क्या-क्या बोझ लादने वाले हैं। फ़िराक़ का शेर याद आ रहा है–

जब चल पड़े फ़िराक़ को मंज़िल की फ़िक्र क्या
जो कुछ दिखाए दौरे फ़लक देखते चलो।

मैं इतना थक चुका हूँ कि शादी की रस्में देखने की हिम्मत बाक़ी नहीं रह गयी है। किताबों से भरा एक कमरा है। उसमें एक पलँग पड़ी है। बग़ल में एक मेज़ है। मैं उसी में जा पड़ा। नींद आ गयी। संसार समाप्त हो गया। फ़िराक़ चार बजे भोर देववेला में ही उठते थे, आज भी उठ गये। मैं अभी सो रहा था। फ़िराक़ ने आवाज लगायी। मैं उठ बैठा। उनके कमरे में दाखिल हुआ। बोले, जाओ "नहा, धो लो, तरो-ताज़ा हो जाओ। पाँच बजे तक ताज़ादम होकर आ जाओ। फिर चाय वगैरह पी जायेगी।" आधा घर सो रहा था आधा जग रहा था। शादी की सुबह बड़ी थकान लिये होती है। मैं ताज़ा होकर फ़िराक़ के पास आ गया। बोले, "आज तुलसी से संवाद नहीं होगा क्या? उठा लाओ रामचरितमानस। धनुष-यज्ञ वाला प्रकरण पढ़ो। सस्वर पढ़ो। ज़ोर से पढ़ो। माहौल तो पवित्र हो जाए। नयी सुबह का स्वागत रामचरित मानस से होना चाहिए।" मेरे तो हर्ष का ठिकाना न रहा। दो-चार चौपाई के बाद फ़िराक़ की बहनें कमरे में आ गयीं। धीरे-धीरे दस-पाँच लोग इकट्ठा हो गये। आनन्द की वर्षा होने लगी। मैं पाँच मिनट तक पढ़ता रहा। लोगों ने कहा, "पंडित जी, एक बार फिर से दोहरा दीजिए। बड़ा आनन्द आ रहा है, और फिर सीता-राम के विवाह प्रकरण—क्या कहना।" मैंने मन ही मन राम को पाठ समर्पण किया। चन्दरजी ने कहा, "रमेश बाबू भइया को पंडित बना देंगे।" मैंने कहा, "गुरुदेव की कृपा से तो पंडिताई भी धन्य हो जाती है।" एक साहब ने कहा, "गुरु-चेला की अच्छी जोड़ी बनी है। देखिए कब तक निभती है। किसी दिन गुरु जी की डाँट पड़ी, तो चेलाराम पोथी-पत्रा बाँधकर भाग खड़े होंगे।" फ़िराक़ साहब मुस्कुराते हुए बोले, "आप और सोच ही क्या सकते हैं? तुलसी याद आ रहे हैं 'चलइ जोंक जिमि बक्र गति जद्दपि सलिल समान'।" तारा बुआ ने कहा सीता-राम के विवाह का वर्णन पुष्पा-रविनन्दन के जीवन में मंगल की वर्षा करेगा। फ़िराक़ बोल

पड़े, माता जी (अपनी पत्नी के लिए) का प्रभाव सूरज को सँवला देने वाला है, और मैं कुछ नहीं कहूँगा। खैर, भाई कथावार्ता हो गयी। प्रसाद का वितरण होना चाहिए। चाय (चरणामृत) लायी जाय। सब लोग फ़िराक़ के कमरे में ही चाय पी रहे थे। तब तक श्रीपति सहाय जी भी अपनी चाय की प्याली लिये हुए आ गये। फ़िराक़ भातृत्व प्रेम में पगे हुए स्वर में बोल पड़े, "आओ श्रीपति, कुर्सी लेकर बैठ जाओ।" मैं उठ खड़ा हो गया उनको बिठाने के लिए बड़े कमरे से अपने लिए कुर्सी ले आया। गुरुदेव की आँखें चमकने लगीं। श्रीपति जी ने कहा, "रमेश बाबू भइया की संगत में मोहज़्ज़ब होते जा रहे हैं।" फ़िराक़ बोले, "नहीं श्रीपति संगति में आदमी बदलता नहीं। उसके छिपे हुए गुण विकसित होने लगते हैं। सद्गुण भी, दुर्गुण भी। बस बहुतकाल तक सत्संग करते-करते परिवर्तन हो सकता है। 'बहुत काल' अण्डर लाइन कर लीजिए।" तब तक खरे साहब बोल पड़े, "फिर क्यों लिखा है 'बिन सत्संग विवेक न होई?" फिर उन्होंने मेरी ओर इशारा करके कहा, उसके आगे वाली पंक्ति सुना दो। 'रामकृपा बिन सुलभ न सोई'।"

तब तक चन्दर बुआ अन्दर आ गयी और बोली—भइया, आज विदाई है पुष्पा की। फ़िराक़ एकदम गम्भीर हो गये। बोले, "हाँ चन्दर तो, बताओ क्या किया जाये।" "इन लोगों को छोड़ दीजिए। विदाई की तैयारी करनी है। बस रमेश तुम भैया की देखभाल करो।" उन्होंने फिर कहा, "भइया ने कन्यादान तो नहीं किया, विदाई के समय खड़े हो जाइएगा।" "ठीक कह रही है चन्दर।" लोग अन्दर चले गये। बिदाई की तैयारियाँ होने लगीं। बारातियों को चाय-नाश्ता वग़ैरह दिया जाने लगा। फ़िराक़ बोले, "रमेश, उठो धीरे से एक रिक्शा ले आओ। चलो कहीं निकल चलें। पुष्पा की विदाई मैं सहन नहीं कर पाऊँगा। लिपट के बाबू जी-बाबू जी करके रोने लगेगी तो मैं क्या कहूँगा, क्या करूँगा। यही न कि बेटी जाओ, तुम्हारा वैवाहिक जीवन मंगलमय हो। बाबूजी तुमसे मिलते रहेंगे। घर तो तुम्हारा ही है जब चाहे चली आना, रवी बाबू के साथ। लेकिन दिल का क्या रंग करूँगा। चलो निकल चलें। लेकिन निकल कर जायेंगे कहाँ? यादों से कैसे बचा जा सकता है। भागने से तो यादें और तेज़ हो जाती हैं। कहीं नहीं जायेंगे। यहीं रहेंगे। चलो आँगन में चलें।" फ़िराक़ आँगन में गये तो पूछ पड़े, "यह लड़की कौन हैं?" पुष्पाजी (फ़िराक़ की बेटी) सज-धज कर बैठी थीं। फ़िराक़ अपनी पुत्री, आत्मजा को पहचान नहीं पाये। "मेरी शादी ने यही सुख दिया कि मेरी औलाद मुझसे छिन गयी।" चन्दर जी ने फ़िराक़ को समझाते हुए कहा, "भइया आज कोई इस तरह की बात न करिए जो कड़ुआहट पैदा करे। फिर फ़िराक़ शकुन्तला की विदाई...का वर्णन करने लगे। विदाई का आखिरी चरण सम्पन्न होने वाला है। लोग एक दूसरे से मिल रहे हैं। दोनों समधी गले मिल रहे हैं। कार दरवाज़े पर लगी है। पुष्पा जी, माँ, अपनी बुआ, चाचा-चाची,

सखी सहेलियों से मिल रही हैं। बाबू जी फ़िराक़ साहब के चरण स्पर्श कर रही हैं। अब वो कार में बैठने वाली है। बैठते-बैठते उन्होंने फ़िराक़ साहब से कहा, "बाबू जी, अम्मा का ख़याल रखिएगा।" फिर मुझसे बोली—अम्मा का हाल-चाल देते रहिएगा। परछन हो रही है। बारात स्टेशन के लिए रवाना हो गयी। माँ (बहू जी) अकेली हो गयीं। बेटी चली गयी। बहू जी चुपचाप बैठी हैं। न रोना, न हँसी जैसे कुछ हुआ ही न हो। फिर लोग दोपहर के खाने वग़ैरह की तैयारी में लग गये। तीसरे पहर से धीरे-धीरे लोग सामान बाँधने लगे और अपने-अपने घरों को जाने की तैयारी में लग गये। एक-दो दिन बाद सब चले गये। फ़िराक़ साहब हैं, बहू जी हैं और मैं हूँ और हीरा साहब, और फ़िराक़ के भाग्य की चिर-संगिनी तन्हाई—

फिर हैं, वही उदासियाँ फिर वही सूनी कायनात
बज़्मे तरब की महफ़िलें रंग जमा के रह गयीं

फ़िराक़ अपने कमरे में बैठे हैं? गुमसुम, चुपचाप मन मारे। मेरे मन में फ़िराक़ का एक शेर उभरता है—

जाने वाला घर जायेगा काश ये पहले सोचा होता
देख मिलें कब आज के बिछड़े ले लूँ बढ़कर तेरी बलाएँ

मैंने थोड़ी-सी आज़ादी अख़्तियार कर ली है। दो अलग-अलग शेरों के मिसरे मिलाकर एक शेर तैयार कर लिया है मौका और माहौल का ध्यान करके।

पता नहीं कैसे दूसरा दिन आ गया। ज़िन्दगी अपने ढर्रे पर आ गयी। सुबह की चाय के वक़्त फ़िराक़ ने कहा, "भीतर जाकर अपनी बहू जी का हाल-चाल ले लिया करो। बातचीत कर लिया करो। उसका मन हलका हो जायेगा। सबसे अच्छा होगा अगर उसे रामचरितमानस का वह हिस्सा सुनाया करो जिसमें बहुत दर्शन न हो जैसे शंकर पार्वती का विवाह, सीताराम का विवाह।" फिर कहने लगे, "ख़ैर वो तो बेहिस है। उस पर बेटी की विदाई का क्या ग़म होगा। ग़म के लिए ज़िन्दगी चाहिए, रोने के लिए दुखता दिल चाहिए, उदास होने के लिए स्वस्थ मन चाहिए—वहाँ तो कुछ नहीं है, दिल-दिमाग़ दोनों साफ़। पूर्ण जड़ता। ख़ैर, फिर भी इस जड़त्व में भी मातृत्व भाव तो साँस ले रहा है। माँ के दिल की कोमलता पहाड़ों में भी रास्ता बना ही लेती है। देखो रमेश, तन्हाई तो मेरी क़िस्मत है, शायरी मेरा स्वभाव है। समझते हो। जब निराकार के दिल में इस तन्हाई ने हलचल पैदा की होगी तो कुन और फ़ैकुन या मैं अकेला हूँ, एक हूँ, बहुत होना चाहता हूँ का भाव जगते ही यह सृष्टि झलझला पड़ी होगी। यह प्रकृति ही उसके मातृत्व भाव का उद्दाम प्रवाह है। उसी को मैं कहता हूँ। मेरी बातों को समझने की कोशिश करो। कभी-कभी शब्द बहका देते हैं। मुझे संस्थाबद्ध धर्मान्धिता या परम्परावादिता से मत जोड़ लेना। मेरा धर्म या परमात्मा किताबों में उल्लिखित शब्दों से भिन्न है।" फिर कहने लगे,

"पुष्पा कलकत्ता पहुँच गयी होगी। मियाँ-बीवी मिलकर गृहस्थी जुटाने में लग गये होंगे। पुष्पा ने तो कभी खाना पकाया नहीं। बनाते-बनाते बनाने लगेगी। आदमी करते-करते करने लगता है। पता नहीं घर कैसा होगा। मकान मालिक किस मिज़ाज का आदमी होगा। रवी बाबू को एक पार्ट टाइम नौकर रख लेना चाहिए। कलकत्ता में कोई नौकर न मिले तो बिहार ही से किसी को बुला लें। कुछ दिन तो अभी होटल में ही खाना पड़ेगा। धीरे-धीरे पुष्पा भी नौकरी करने लगेगी। कहीं किसी स्कूल कालेज में पढ़ाने लगेगी। तुम जानते हो, पुष्पा के चले जाने के बाद मुझे इतना आराम मिला, इतना आराम मिला कि बेहद शराब पीने के बावजूद भी नींद न आ सकी। नींद के लिए बहुत नार्मल कंडीशन होनी चाहिए। सुनो मेरा एक शेर—

वो आलम और ही है जिसमें मीठी नींद आ जाये
ख़ुशी और ग़म में सोने के लिए रातें नहीं होतीं

सुनो, मियाँ रमेश, सुनो—

समझ कुछ राज़ हुस्नो इश्क के फ़ुरक़त की रातों में
कि रोने के लिए ये दुख भरी रातें नहीं होतीं"

फिर फ़िराक़ एकदम चुप हो गये। कहीं डूबते जा रहे थे। मेरी हिम्मत न पड़ सकी उनके पीछे-पीछे जाने की। हर आदमी की गहराई भी अलग-अलग होती है। किसी को गहरा से गहरा समुद्र भी छिछला लगता है, किसी को आकाश की गहराई भी कुछ नहीं लगती, आकाश की थाह भी लगा सकते हैं कुछ लोग और किसी-किसी को क़तरा भी अथाह और अपरम्पार लगता है। हर व्यक्ति की धरती और आकाश अलग-अलग हैं। मैं छिछला, फ़िराक़ गम्भीर। मैं कैसे पीछा कर सकता हूँ चेतना के महासागर में डूबते चले जाने वाले फ़िराक़ का। सिगरेट की गरम राख पैर पर गिर पड़ी तो चौंक उठे। "रमेश, आज अख़बार नहीं देखा। मुख्य-मुख्य शीर्षक पढ़कर सुना दो। चलो कहीं हो आयें। मगर कहाँ चलें, किसके यहाँ चलें। जाओ रिक्शा ले आओ। शेखर सरन (इलाहाबाद हाईकोर्ट के प्रसिद्ध बैरिस्टर) के यहाँ चलें। अच्छी बातें होंगी, अच्छी शराब मिलेगी।" मैं रिक्शा लाने के लिए उठने ही लगा था कि बोल पड़े, "मत उठो। बैठो रहो। क्या करेगी शराब, क्या करेंगे शेखर सरन।" फिर बोले, "मीर की दीवान उठा लाओ।" फिर गुनगुनाने लगे 'ग़मे इश्क़ गर न होता, ग़मे रोज़गार होता'।

"रहने दो मीर साहब का दीवान। अल्लाह न करे किसी को मीर साहब की तरह सेन्ज़िटिव दिल मिले। छोड़ो इन बातों को। भइया रमेश रामचरितमानस की सुधा की धार बरसाने वाली कुछ चौपाइयाँ पढ़ो। मगर गाकर नहीं। संगीत और तरन्नुम तो उन्हीं शब्दों में रचा बसा है जिन्हें तुलसी ने छू दिया है। जानते हो राम के चरण-स्पर्श से पत्थर सुन्दरी, ऋषि पत्नी के रूप में बदल गया था। पत्थर का एक

रूप था, एक आकार था जिसे शरीर से स्पर्श किया जा सकता था। मगर शब्दों का, भावों का हो सकता है कोई रूप हो मगर इन आँखों से दिखाई नहीं पड़ता, इन कानों से सुनाई नहीं पड़ता। जब तुलसी की काव्य-चेतना और सौन्दर्यबोध की उँगलियों ने शब्दों को छू लिया तो वे सजीव हो गये, जी उठे, उनमें प्राण-प्रतिष्ठा हो गयी। शब्दों में समावेद का संगीत बस गया और उनमें कृष्ण की बाँसुरी, सरस्वती की वीणा और शिव के डमरू की संगीत-लहरियाँ थिरकने लगीं। तुलसी को सुनाओ। सीता की खोज में भटकते बिरही राम की कथा सुनाओ। भरत राम को मनाने जा रहे हैं—वो दास्ताँ सुनाओ। कैकेई का विष-वमन सुनाओ। दशरथ का राम-राम रटते हुए सुरधाम गमन सुनाओ। सती के वियोग में दुखी शिव का बेमक़सद घूम-घूमकर ऋषियों मुनियों के आश्रमों में जा-जाकर कथा सुनने-सुनाने की कथा सुनाओ। नहीं-नहीं—बस पक्षियों का संवाद यानी कागभुशुंडि और गरुड़ का संवाद सुनाओ—मगर बिना पुस्तक का सहारा लिये। सुनाओ मेरी तरफ़ देखते रहो।" मुझसे जहाँ तक बन पड़ा कागभुशुंडि और गरुड़-संवाद सुनाता रहा। दस मिनट तक मैं सुनाता रहा, फ़िराक़ सुनते रहे। सुनने में इतनी तल्लीनता, इतनी तल्लीनता कि बस पूछिए मत। हिलना-डुलना, सिगरेट पीना बन्द, एक प्रतिमा की तरह अडिग। समाधि टूटी तो एक लम्बी साँस ली और बोले, "बड़ा सुकून मिला। भटकता हुआ दिल क़रार पा गया। बड़ा आराम मिला। धन्यवाद तुलसीदास धन्यवाद। बड़ा उपकार किया आपने। तैरते-तैरते थक जाने वाले को जैसे थाह मिल जाय। रमेश, नौकर को भेजकर पान मँगवा लो। लगता है, तुम मुझे पनक्कड़ी बना दोगे, मेरे लिए बिन सोपारी वाला और अपने लिए जो चाहो।" फिर यकायक चौंक पड़े और बोल पड़े, "सृष्टि रचना के बाद क्या अल्ला मियाँ तन्हाई से निजात पा सके होंगे। कुछ सुकून मिला होगा। फिर तन्हाई ने घेर लिया होगा। फिर सृष्टि रचना। इसीलिए पल-पल रचते रहते हैं और बिगाड़ते रहते हैं बच्चों की तरह। क्या बाल-क्रीड़ा है? क्या शायरी है? प्रतिक्षण नयी, नयी ग़ज़ल की रचना करते रहते हैं। इसीलिए नवीनता बनी रहती है। यह पल-पल परिवर्तन ही पल-पल नवीनता है।" मैं सोचने लगा कि दुख और सुख के प्रति हर व्यक्ति की प्रतिक्रिया अलग-अलग होती है। उसके स्तर के अनुरूप ही। फ़िराक़ किसी ख़याल में डूबे थे कि मैंने पूछ लिया कि फ़िराक़ साहब आपका शेर—

समझ कुछ राज़ हुस्नो-इश्क़ के फ़ुरक़त की रातों में
कि रोने के लिए ये दुख भरी रातें नहीं होतीं

दुख में तो आदमी दुखी होगा ही। दुख के क्षणों में उसे दर्शन कहाँ से सूझेगा। मैंने यह प्रश्न फ़िराक़ का मूड बदलने की दृष्टि से ही किया था। वैसे भी मुझे ऐसे साधारण व्यक्ति के लिए दुख के समूहों में हुस्न और इश्क़ के रहस्योद्घाटन की

हिम्मत कहाँ और मैं क्या जानूँ हुस्न और इश्क़ की पेचीदगी और दरियादिली और नज़ाकत और तटस्थता। फ़िराक़ ने एक विलक्षण दृष्टि से मुझे देखा और क्रोध पर काबू पाते हुए भाव से बोले, "बेवजह प्रश्न छोड़िए पंडित जी महाराज। आपको मालूम नहीं, प्रश्न पूछना दुनिया की सबसे बड़ी कला है। आप तो गीता और मानस के पुजारी हैं। प्रश्न कब और कैसे पूछा जाता है इसका बोध आपको अब तक न हो सका। दरअसल, आप ऐसे पुजारियों ने ही वैदिक तत्त्वों को अज्ञान और कर्मकाण्ड की राख के नीचे दफ़्न कर दिया। बड़ी जागरूक चेतना चाहिए सवाल पूछने के लिए। आप महान् वैज्ञानिकों के आपसी संवादों को पढ़िए तो मालूम हो जायेगा कि प्रश्न क्या होता है, कैसे पूछा जाता है और क्या फल देता है। काव्य सजीव-दर्शन है। कवि मानव संवेदनाओं का गणितज्ञ और वैज्ञानिक होता है। गीता में एक श्लोक है इसी विषय पर। तत्त्व ज्ञान के लिए प्राणिपोतन, परिप्रश्नेन सेवया की आवश्यकता है। (फ़िराक़ ने इसका भाव बताया था) अच्छी तरह विचार कर, प्रणाम करके, समर्पण भाव से और सेवक भाव से प्रश्न पूछा जाता है न कि डण्डा मारकर मसख़रे भाव से। अभी वक़्त नहीं आया है शेर समझाने का अगर आप खुद नहीं समझ सकते तो मैं क्या ब्रह्मा भी नहीं समझा सकता। समझाया उसको जा सकता है जिसके पास समझ हो। मैं समझा सकता हूँ आपको, मगर समझ नहीं दे सकता हूँ। यह शक्ति केवल तुलसीदास के पास है। वही जड़मति को तत्त्वदर्शी बना सकते हैं। वे कवि के अतिरिक्त भी बहुत कुछ हैं।

पुष्पाजी के पतिदेव रविनन्दन प्रसाद जी कलकत्ता में ही नियुक्त थे। बालीगंज या डालीगंज मोहल्ले में रहते थे। उनका और पुष्पाजी का जो अब पुष्पा प्रसाद हो गयी थीं, कभी-कभी फ़िराक़ साहब के नाम पत्र आता रहता था। सब कुछ साधारण-सा होने लगा। एक या दो माह बाद पुष्पाजी इलाहाबाद वापस आ गयीं। सबको बड़ा अच्छा लगा। फ़िराक़ भी खुश-खुश नज़र आने लगे। बहूजी माँ ही थीं। लगभग एक माह इलाहाबाद पिता के पास रह लेने के बाद रविनन्दन प्रसाद जी का पत्र आया कि पुष्पा को कलकत्ता भेज दिया जाय। फ़िराक़ ने मुझसे कहा, "रमेश बेटे तुम पुष्पा को उनके पति के पास कलकत्ता पहुँचा दो और चाहना तो दो-चार दिन वहीं रुक जाना। कलकत्ता देख लेना।" रिजर्वेशन हो गया। पुष्पा और मैं दोनों दूसरे दिन कलकत्ता पहुँच गये। रवी बाबू स्टेशन पर मिल गये। टैक्सी में बैठकर हमलोग रवी बाबू के यहाँ पहुँच गये। चाय वग़ैरह पी गयी। मकान मालिक भगवती प्रसाद अग्रवाल से मेरा परिचय करा दिया गया। मियाँ-बीवी दोनों एक-दूसरे में खो गये। उन्हें मेरा कोई ध्यान न रहा। मैं क्या करता हूँ। नाश्ता किया कि नहीं। खाना खाया कि नहीं—कोई पूछने वाला नहीं। ख़ैर एक रास्ता बन्द हो जाता है तो दूसरा अपने आप खुल जाता है। मैं मकान मालिक के साथ ही उठने बैठने लगा। उन्हीं

के यहाँ खाना, उन्हीं के यहाँ सोना, उन्हीं के साथ घूमना। परिचय प्रगाढ़ता में बदलता गया। उन्होंने पूछा कि मेरा सम्बन्ध पुष्पा के परिवार से कैसा है और क्या है। मैंने बताया, पुष्पा के पिता रघुपति सहाय फ़िराक़ गोरखपुरी मेरे गुरु हैं। मैं उन्हीं के यहाँ रहता हूँ। मैं उनका शिष्य हूँ और इलाहाबाद विश्वविद्यालय का छात्र हूँ। भगवती प्रसाद मेरे व्यवहार और मेरी बातों से बहुत ही प्रसन्न रहते थे। उन्होंने कहा कि ये लोग (पुष्पा और उनके पतिदेव) तो कह रहे थे कि आप नौकर हैं। मैं चुप रहा। मेरी आँखें नम हो आयीं। वे सब समझ गये। उन्होंने कहा कि ये लोग अच्छे इंसान नहीं हैं। मैं स्वयं इनके व्यवहार से दुखी रहता हूँ। इन लोगों को बहुत ही जल्द मेरा मकान खाली कर देना पड़ेगा। ख़ैर तीन-चार दिन कलकत्ता का मज़ा चख लेने के बाद मैं इलाहाबाद वापस आ गया। भगवती प्रसाद अग्रवाल जी मुझे छोड़ने स्टेशन तक आये थे। रास्ते का खाना साथ कर दिया था। काफ़ी दिनों तक हम लोगों में पत्र व्यवहार होता रहा। इलाहाबाद आने पर फ़िराक़ ने पहला सवाल किया कि मियाँ-बीवी का व्यवहार तुम्हारे प्रति कैसा रहा। मैं कुछ बोल न पाया लेकिन मेरे आँसुओं ने सब भेद खोल दिया। फ़िराक़ ग़मज़दा हो गये। बहुत ही दुखी। फिर बोले, “अभी क्या, देखना रवी बाबू की क्या गति बनाती हैं पुष्पा रानी।” अभी शादी के छः महीने भी नहीं बीते थे कि रवी बाबू ने फ़िराक़ को एक पत्र लिखा जिसमें उन्होंने अपना दुखड़ा रोया था। पुष्पा को ज़रा-सा ज़ोकाम हो जाता है या सर्दी लग जाती है फ़ौरन डॉक्टर के पास भागती हैं। ज़रा-ज़रा तकलीफ़ में डॉक्टर के पास। परिणाम यह होता है कि महीने में डॉक्टर का एक भारी बिल आ जाता है। मैं तो डॉक्टर का बिल चुकाते-चुकाते चुकता जा रहा हूँ। फ़िराक़ ने पत्र पढ़कर फाड़ डाला। आँखें क्रोध से सुर्ख हो गयीं। फ़ौरन पत्र लिखा। फ़िराक़ के पत्र का सारांश जो उन्होंने अपने जामाता श्री रवी बाबू को लिखा था, उसका यह आशय था। साफ़-साफ़ इन्कार करने की कूवत पैदा करिए रवीनन्दन प्रसाद जी। नहीं तो मिट जाइएगा। ज़नमुरीदी बड़ी ख़तरनाक होती है। इसी कमज़ोरी ने दशरथ, महाराज चक्रवर्ती सम्राट दशरथ की जान ही ले डाली। ध्यान ज़रूर रखना चाहिए। छोटी-छोटी बीमारी में होमोपैथी का भी सहारा लिया जा सकता है। बड़ी से बड़ी बीमारी भी ठीक की जा सकती है होमोपैथी से। कुछ दवाएँ घर में रखिए। फिर बड़ी देर तक अपनी पत्नी को कोसते रहे। बोले, “देखा बाबू साहब, कैसी औलाद पैदा की है, माताजी ने। और अगर कोई यह कहे कि औलाद तो मेरी भी है। मैं भी इसके लिए उतना ही जिम्मेदार हूँ जितना माताजी तो सुन लीजिए—मेरी औलाद मेरी घृणा की औलाद है। जब भी मैं उसके (अपनी पत्नी के लिए) साथ सहवास करता था ठीक उसी समय मेरे अन्दर घृणा और आत्महत्या के भाव जग जाते थे। मेरा पूरा जीवन बिच्छुओं के डंकों की शैय्या पर पड़े रहना है। दुख, अपमान, पीड़ा, इन्हें समझाया नहीं जा सकता। भोगा जाता है जिन्हें मैं भोग रहा हूँ। कर्मों के फल से कोई बच सकता है क्या? बड़ा भयंकर अदृश्य

बन्धन है। समय के साथ ये बन्धन गुरुतर होते चले जाते हैं। एक ही मार्ग है—अनन्त धैर्य, आत्म-समर्पण, शरणागति। कहीं ग़लती से आप यह न समझ लीजिएगा कि मैं पूजा-पाठ या धर्मान्धता की बात कर रहा हूँ। शरणागति से मेरा अभिप्राय है नदी के प्रवाह के साथ बहना सीखिए, हाथ-पैर मारना बन्द कर दीजिए, अपने को लहरों के सुपुर्द कर दीजिए। फिर सुपुर्दगी की तस्वीर बनते जा रहे थे। बोल पड़े—

पार हुआ पार हुआ बह्रे ग़म
डूब चलीं डूब चलीं कश्तियाँ

यही सब करते-धरते महोसाल बीतते गये। रवी बाबू और पुष्पाजी पुराने होते गये। लड़की-दामाद फ़िराक़ के यहाँ आते-जाते रहे। पुष्पाजी बेटे-बेटियों वाली हो गयीं। रवी बाबू खुशमिजाज़ और प्रखर प्रतिभा के व्यक्ति थे। जहाँ बैठते हँसी के फूल खिल जाते। एक बार बेटी दामाद दोनों फ़िराक़ के मेहमान हुए। बाहर लॉन में बैठकर बातें हो रही हैं। रवी बाबू, पुष्पा और मैं, दो चार शहर के प्रतिष्ठित लोग सब बैठे थे फ़िराक़ के दरबार में। फ़िराक़ ने अभी मयनोशी शुरू नहीं की थी। अभी सूरज डूबा नहीं था। फ़िराक़ ने कहा, "बेटी पुष्पा तुम आज अपने हाथ से चाय बनाकर ले आओ। चाय पिलाओ हम लोगों को। चाय के साथ कुछ टूँगने को भी।" पुष्पाजी ने वहीं बैठे-बैठे अपने नौकर को आवाज़ दी, "चौथिया, बाबूजी वग़ैरह के लिए चाय बना लाओ।" फ़िराक़ एकदम संजीदा और ग़मज़दा हो गये और उनके साथ पूरी सभा भी। फिर फ़िराक़ ने अपने नौकर को आवाज़ लगायी। हिरवा, अच्छी चाय बना लाओ साथ में बिस्किट वग़ैरह भी। फिर फ़िराक़ ने कहा 'बाबूजी वग़ैरह के लिए भी'। फ़िराक़ भाँप गये कि पुष्पाजी के व्यवहार से लोग अपमानित महसूस कर रहे हैं। दुख भुलाने के लिए लतीफ़े सुनाने लगे। धीरे-धीरे महफ़िल बरख़ास्त हो गयी। फ़िराक़ ने नौकर से कहा—शराब लायी जाय। पुष्पाजी किसी काम से अन्दर चली गयी। फ़िराक़ ने कहा, "नौकर के हाथ की चाय तो मैं हमेशा पीता हूँ। मैं अपनी बेटी के हाथ से चाय चाहता था। मगर माता जी का सूरज को सँवला देने वाला प्रभाव हर कदम पर अपना असर दिखा रहा है।" रवी बाबू सन्न मारे बैठे थे। फ़िराक़ दुख की तस्वीर। रवी बाबू ने दबी ज़बान से कहा, "मैं कम नहीं भोग रहा हूँ। हाँ, एक बात तो बताना या लिखना भूल ही गये थे। जिस दिन बारात आयी थी, उसी दिन पुष्पा का एम.ए. (अर्थशास्त्र) का रिज़ल्ट निकला था। पुष्पाजी प्रथम श्रेणी में उत्तीर्ण हुई थीं। चारों ओर ख़ुशी की लहर दौड़ गयी। फ़िराक़ के समधी यानी रवी बाबू के पिताजी ने फ़िराक़ को मुबारकबाद दिया और कहा कि आप की बेटी भी आपकी ही तरह प्रतिभाशाली है। बड़े बाप की बड़ी बेटी। फ़िराक़ साहब ने कहा मुबारकबाद के लिए शुक्रिया। मगर सरस्वती प्रसाद (रीडर अर्थशास्त्र इलाहाबाद

विश्वविद्यालय) ने मेरे नाम का दुरुपयोग कर पुष्पा को फर्स्ट डिवीजन दिला दिया। ठीक है यह सब तो होता ही रहता है। चलिए आप लोग खुश हो गये, बात ख़त्म हो गयी। क्या रखा है अव्वल दर्जा और दत्तोयम दर्जा में मियाँ। ज़िन्दगी का विस्तार और गहराई देखिए। जिन लोगों की वजह से भारत भारत है उनकी सोचो। कीर्ति, ख्याति, सम्मान, प्रतिष्ठा, लोकमान्यता, कौड़ी, हीरा-मोती इनका कोई मूल्य है क्या। उन्होंने, उन ऋषियों ने चिरन्तन शाश्वत प्रणव को बीज शब्द ध्वनियों के माध्यम से हमारी चेतना के खेत में बो दिया। वही पुष्पित और पल्लवित हो रहा है। यह भारत देश अनन्त से अनन्त की यात्रा कर गायज़न ऋषियों की पगध्वनि की झंकार है। कितनी आँधियाँ आयीं, कितने तूफ़ान आये मगर हमारा कुछ बिगाड़ नहीं सके। हम अमृत-पुत्र हैं। चिन्तन-मनन, आत्मदर्शन, ज़र्रे-ज़र्रे में विश्वदर्शन, यही हमारा धर्म है। नास्तिक कहे जाने वाले दर्शन के हृदय में आस्तिकता की जड़ें मारता है अश्वस्थ का कोमल पौधा। इसीलिए मैं निराश नहीं होता हूँ भारत के भविष्य से। हम ज़िन्दा थे, हम ज़िन्दा हैं, हम ज़िन्दा रहेंगे। लोग फ़िराक़ की बातें बड़े ग़ौर से सुन रहे थे। फ़िराक़ शादी और ग़मी की मंजिलों से बहुत दूर निकल गये थे। मुझे दुख होता है फ़िराक़ को नहीं समझा गया उनके जीवन काल में और उनके महाप्रयाण के बाद भी। ख़ैर, कोई आँख वाला पैदा होगा। कोई साहबे-नज़र आयेगा। कुछ-कुछ चौंकने लगे हैं लोग। फ़िराक़ की शायरी पर जान छिड़कने वाले तो बहुत मिल जायेंगे। मगर फ़िराक़ को समझने वाले बिरले ही हैं। अभी कुछ दीवाने हैं। कुछ यहाँ कुछ वहाँ। कोलकाता में आदरणीय रेवतीलाल जी शाह उनके अनुज भाई प्रमोद शाह जी, गुरुदेव कृष्ण बिहारी मिश्र जी, नन्दलाल सेठ रौशन और भी होंगे कुछ लोग। मेरी जानकारी में न होने का मतलब यह तो नहीं कि लोग होंगे ही नहीं। दुनिया बहुत बड़ी है। इसी तरह दिल्ली में भी दीवानों की एक टोली थी—बलराज अरोड़ा, वी.के. वर्मा, और इनके बहुत से दोस्त। इस समय भाई अनिल गोयल जी का नाम बहुत याद आता है। और भी बहुत हैं। कहाँ तक गिनाऊँ। अरुण माहेश्वरी जी भी इसी श्रेणी में आते हैं। वे फ़िराक़ का सम्पूर्ण साहित्य और फ़िराक़ से सम्बन्धित सब कुछ छापने के लिए दृढ़ निश्चय हैं। इलाहाबाद में ठाकुर अमर सिंह क़ाबिले-ज़िक्र हैं। फ़िराक़ के पढ़ाये हुए बहुत-से विद्यार्थी हैं जो समूचे भारत में बिखरे हैं। एक-दो और नाम ले लेने की इजाज़त दे दीजिए। आदरणीय बिशन टंडन जी और गोपाल टंडन जी। स्वर्गीय आर.के. गर्ग सीनियर एडवोकेट सुप्रीम कोर्ट जिनके घर पर फ़िराक़ अपने इलाज के सिलसिले में मेहमान थे और जिनके घर ही उन्होंने प्राण-त्याग किया। ढूँढ़ेंगे तो बहुत बड़ी तादाद मिल जायेगी। क्षमा प्रार्थी हूँ बहक जाने के लिए। बहक जाना मेरी आदत में शुमार है। फ़िराक़ का एक शेर लिखना चाहता था भारत दर्शन के सम्बन्ध में। बहक जाने में हाथ से जाता रहा। याद आयेगा तो लिख दूँगा नहीं तो रो-धो के रह जाऊँगा।

मैं आपसे कह रहा हूँ फ़िराक़ का पूरा जीवन एक बरतोड़ फोड़ा था। जरा भी छू गया कि चीख पड़े। दाँत पीसना उनकी क़िस्मत थी। कभी-कभी उन लोगों को जिन्हें वे बरदाश्त नहीं कर पाते थे, बड़ी मुश्किल से अपने को मार-मार कर उन्हें झेलते थे। शाम का वक़्त था। मैं दफ़्तर से सीधे फ़िराक़ के यहाँ पहुँचा। यह मेरा रोज़मर्रा था। फ़िराक़ भी बड़ी बेक़रारी से मेरी प्रतीक्षा करते रहते थे। उन दिनों फ़िराक़ के दोनों दामाद, रवी बाबू और राजन बाबू और उनकी दोनों बेटियाँ सब के सब वहीं थे यानी फ़िराक़ के यहाँ। मुझे देखते ही ख़ुश हो गये और बोले—फ़ौरन बैठ जाओ। एक कुर्सी मेरे लिए ख़ाली रहती थी। यह दस्तूर था। नौकर से बोले—दौड़कर चाय लाओ और मोतीचूर के लड्डू और खस्ते भी। फिर मेरी ओर मुख़ातिब हुए और कहने लगे, "सुनो रमेश यार, ग़ज़ल हो गयी है। देखो मैंने कालिदास के ख़याल को कैसे बाँधा है, किस क़दर रंग भरा है। ग़ज़ल या अपना कोई नया कलाम जब तक तुम्हें सुना नहीं लेता, मुझे चैन नहीं मिलता। तुम सुन लेते हो तो मुझे बड़ा सन्तोष मिलता है। शेर सुनो—

सरे ख़ल्वते तसव्वुर तू अज़ल से आरमीदा
तू रबाबे ना शुनीदा तू शराबे ना चशीदा
तेरी नाज़ुकी के सदक़े मेरे हाथ काँपते हैं
जिन्हें छू सकें न नाख़ुन तू वो गुंचा नाबुरीदा
मये ख़ाम मैं न लूँगा कि जो रूहे-पोख़्तगी है
रँगे-ताक में निहाँ है वो शराबे नाकशीदा
उन्हें रंगो-बू की दुनिया कहीं लेके उड़ गयी है
अरे उतरे पैरहन हैं कि गुले ख़िज़ाँ रसीदा

मेरे ऊपर वज्द का आलम तारी था। मैं झूम रहा था। अन्दर कई गुलाब खिल रहे थे। काव्यात्मक आनन्द की कल्पना नहीं की जा सकती। यह सुख मानव मन के परे हैं। जिसके हिस्से में लाटरी निकल जाय, संसार का बोझ उतर जाता है। द्वन्द्वग्रस्त चेतना अपना सहज स्वभाव पा जाती है। संसार से मिला संक्रामक और मियादी ज्वर उतर जाता है। मैं काव्य-लोक में पहुँच गया था। मेरा काव्यात्मक मन और सौन्दर्य चेतना दोनों और मेरा पूरा व्यक्तित्व और अस्तित्व सहज रूप में वाह-वाह कह रहा था। काव्य-सूर्य को देखकर हृदय-कमल अपनी सम्पूर्णता में पूरे सजधज के साथ खिलता जा रहा था। मैं पूर्ण विकसित कमल बन गया था। समाधिस्थ भी थी चेतना। फ़िराक़ के चेहरे पर भी प्रसन्नता के कमल खिल रहे थे। बोल पड़े—रसज्ञ और रसिक के सामने काव्य-पाठ का आनन्द ही कुछ और होता है। फ़िराक़ जब काव्य-पाठ करते थे, बहुत सुन्दर लगने लगते थे। मुख मंडल पर प्रकाश, एक अलौकिक प्रकाश के वृत्त की थिरकन होने लगती थी। हम लोग काव्य-रस का पान करते अघा नहीं रहे थे—

रामचरित जे सुनत अघाहीं
रस बिसेस जाना तिन्ह नाहीं

फ़िराक़ साहब की एक बेटी ने हँसते हुए कहा, रमेश बाबू शेर चाहे ख़ाक न समझें—वाह वाह करने लगते हैं। रस भंग हो गया। ऐसा महसूस हुआ जैसे मानस सलिल सुधा प्रतिपाली मराली को किसी ने तपते हुए मरुभूमि में फेंक दिया हो। फ़िराक़ पहले तो संजीदा हो गये, उनका पारा चढ़ गया। बोल उठे, "तुम्हारा बाप होने के पाप से मैं कभी मुक्त नहीं हो सकूँगा। तुम रमेश को क्या समझती हो। वो तुम्हारे बाप से अधिक शेर समझता है," और खुदा जाने वो क्या-क्या कहते रहे। ख़ैर, यह तो फ़िराक़ साहब की अभिव्यक्ति शैली है। मैं जानता हूँ अपनी हैसियत। काव्य-सागर के किनारे भी नहीं पहुँच पाया हूँ—ग़ोताज़नी या अवगाहन की बात तो दूर रही। फ़िराक़ की जूतियाँ सीधी करने की बदौलत काव्य-रस पान करने को जी ललचाने लगा—यही बड़ी मेरी उपलब्धि है। कभी-कभी ऐसा भी होता है। हँसता बोलता चहचहाता हुआ वातावरण क्षुब्ध हो जाता है—एक वाक्य के अनुपयुक्त और अनुचित प्रयोग से। फिर कवि तो शब्द और भाषा की वाटिका का चतुर और कुशल माली होता है। फिर फ़िराक़ जैसा लतीफ़ और नाज़ुक मिज़ाज कवि। जो भी होता था सारा इल्ज़ाम मेरे सर। ख़ैर, मुझे किसी से क्या लेना-देना। कोई कुछ समझता रहे। मेरा संसार तो फ़िराक़ के असीम काव्यात्मक व्यक्तित्व तक सीमित था। मेरे हृदय में एक विचार आया कि जब तक फ़िराक़ के मेहमान हैं, मैं फ़िराक़ के यहाँ जाना स्थगित कर दूँ। क्यों किसी की परेशानी का कारण बनूँ। यही सोच-समझकर मैं फ़िराक़ के यहाँ नहीं गया। एक दिन तो टल गया। दूसरा दिन आया। लगभग आठ बजे सुबह फ़िराक़ अपने मुलाज़िम के साथ मेरे घर तशरीफ़ लाये। तब मैं 888 पीपल की गली पुराने कटरे में रहता था। रिक्शे पर बैठे-बैठे ही फ़िराक़ ने आवाज़ लगायी—रमेश, रमेश। मैं लुंगी लपेटे चाय पी रहा था। चाय छोड़कर फ़ौरन सीढ़ी से नीचे उतरा और फ़िराक़ का हाथ पकड़े उन्हें सँभालते हुए कमरे तक ले आया। फ़िराक़ कुर्सी पर बैठ गये और बैठते ही बोले, "चाय तो मैं भी पीऊँगा और थोड़ी भूख भी लग आयी है।" चाय हाज़िर कर दी गयी और साथ में दो बासी यानी कल रात की रोटियाँ घी में चुपड़ी हुईं और नकम, मिर्चा और अचार। फ़िराक़ जिस प्रेम से खा रहे थे और सराहते जा रहे थे, उसका बयान भाषा-शक्ति के बाहर है। आँखों से प्रेमजन्य सन्तुष्टि छलक रही थी। बोले, "तुम आये क्यों नहीं कल। आज सुबह भी मैं तुम्हारा इन्तज़ार कर रहा था। अभी तक चाय नहीं पी। सोचा था चाय तुम्हारे साथ पी जायेगी। तुम आते नहीं हो तो लगता है जैसे जीवन का कोई बहुमूल्य और बहुत महत्त्वपूर्ण अंश खो गया हो। किससे बोलें, किससे बातें करें, कौन समझेगा मुझे, कौन सुनेगा मेरी बात।" फ़िराक़ भाव विभोर हो गये थे और बोलते ही जा रहे

थे। "वे लोग हैं (फ़िराक़ की लड़कियाँ और दामाद) कि बातों में कोई रस नहीं। शायरी तो छोड़िए, घर-गृहस्थी की बातों में भी मुर्दनी, कोई लगाव नहीं, कोई चुमकार नहीं, कोई अपनापन नहीं। दम घुटता रहता है। तुम आ जाते हो तो बड़ा सहारा मिल जाता है। भले ही कोई बात न हो। ये एहसास क्या कम है कि एक शख़्स है जो समझता है मुझे। उसकी उपस्थिति ही बड़ी बात है। मित्र की मौजूदगी वजूद बन जाती है अस्तित्व बोध करा देती है।" फिर बोले, "मैं समझता हूँ तुम क्यों नहीं आये। मुसीबत, परीशानी से बचना चाहते थे। लोगों को तुम्हारी मौजूदगी अच्छी नहीं लग सकती। तो सुन लो। मेरे साथ रहने में, बैठने-उठने में, मुझसे सम्बन्ध रखने में तो यह सब ख़तरा मोल लेना ही पड़ेगा। विवाद, बदनामी, ग़लतफ़हमियाँ, धमकियाँ यह सब तो झेलना ही पड़ेगा, ख़ुद मुझे देखो। क्या-क्या अफ़वाहें मेरे बारे में फ़ज़ा में बिखरी हैं। रमेश, यहाँ हर ग़म का इलाज नहीं है। यह दुनिया है। दुनिया का मतलब ही है जो कष्ट दे। कष्ट इसलिए है कि झूठ को सत्य मान बैठे हैं। मैं शंकर की बात से सहमत हूँ। संसार मिथ्या है। मिथ्या क्या, है ही नहीं और हम उसे सत्य मान बैठे हैं। सत्य, परम सत्य तो एक ही है। एक कहना भी उचित नहीं है। बस है। अस्तित्व। उसी की सत्यता से सब सत्य जान पड़ता है। और चाहो तो कह लो संसार है भी। जो चाहो मान लो, बना लो। सोचते-सोचते, मानते-मानते, सोचना और मानना दृढ़ हो जाता है—सत्य लगने लगता है। संसार बहुत सुन्दर है। सुन्दरता बहुमूल्य है। जो भी क़ीमत देनी पड़े, दो, क़ीमत चुकाओ। सुन्दरता प्राप्त करो। सारा ज्ञान, सारा दर्शन, सारी कविता यही है। सुन्दरता की एक बूँद का लघुतम भाग भी अमृत-कुण्ड से भी, कल्पवृक्ष से भी, श्रेष्ठतर है। इसी सुन्दरता की प्राप्ति और अनुभव के लिए क्राइस्ट ने सूली की भयंकर यातना को हँसते-हँसते स्वीकार कर लिया। सुकरात ने सुन्दरता के लघुतम बिन्दु का रस पान करने के लिए विषपान किया। और शिव ने तो कालकूट (वह विष जो कई सृष्टियों को जलाकर ख़ाक कर दे, जीवन-विष, अरबों-खरबों सूरज जिसकी आँच से पिघलकर सियाही बन जायें) को ऐसे गले लगाया जैसे राधा कृष्ण को गले लगायें। जानते हो क्यों? सृष्टि की लीला सुन्दरतम लीला को हृदय में बसाने के लिए। सुन्दरता का स्व भाव, और रूप जानने के लिए। मैं भी रमेश, आँसू की एक बूँद पी गया। उसी ने संसार और निर्वाण, सुन्दर और असुन्दर, मिलन और बिरह, ईश्वर और अनीश्वर, मान और अपमान सारे द्वन्द्वों से, सारे विरोधाभासों से मुक्त कर दिया। मैं मुक्त तो हूँ ही। मुक्त से आया हूँ, मुक्त में मिल जाऊँगा। यह सब कहने की बात है। तुम दो-चार लोगों की नाराज़गी, उनकी अपरिपक्वता, उनके अपमान जनित शब्दों से घबरा गये, तुमने मेरे पास उठना-बैठना बन्द कर दिया, तुमने मुझे उनके रहमोकरम पर छोड़ दिया जो घृणा और दया के पात्र हैं। तुमने यह न सोचा, मेरा क्या होगा। रमेश, अभी बहुत कुछ सहना पड़ेगा,

अभी बहुत तपना पड़ेगा, हनोज़ दिल्ली दूरस्त। अभी से पैरों के आबलों (छालों) को देखने लगे, अभी तो भयंकर विषधर काँटों का जंगल पार करना है। अभी बहुत ख़ून थूकना है। स्वर्ग का मार्ग नरक से होकर जाता है। मुझसे तुम्हें कुछ नहीं मिलेगा—सिवा पीड़ा, चुभन, क्लेश और संसार द्वारा अपमानित होने के। तुम्हें मुझसे दुख सहने की कला मिलेगी—और यही कला सारे अवतारों, पैगम्बरों और महान् आत्माओं की प्रिया है।" मैं प्रसन्न था। एक शाम की ग़ैरहाजिरी क्या-क्या नहीं दे गयी। फ़िराक़ अभी कुछ कहने ही वाले थे कि मेरी बेटी ने कहा, "बाबा यह सब मत बोलो, अच्छा नहीं लगता। पेड़ में रहने वाले भूत की कहानी सुनाओ। गंगा जी की (गंगावतरण) कहानी सुनाओ। मोतीचूर का लड्डू नहीं लाये बाबा। पापा नहीं गये तो नहीं गये। अच्छा बाबा जब पापा नहीं जायेंगे तो मैं आ जाऊँगी। आपकी पीठ सहलाऊँगी। मगर चार लड्डू मिलना चाहिए।" फ़िराक़ मुस्कुराने की कोशिश कर रहे थे मगर आँखें अपना काम कर रही थीं। "अरे बाबा यह क्या हुआ तुम तो रोने लगे। अच्छा बाबा लड्डू मत देना। इसीलिए रो रहे हो। तुम्हारे पास पैसा नहीं है। मेरे पास बहुत पैसा है, गुल्लक में।" वह गुल्लक उठा लायी और बोली, "लो बाबा इसमें इतना पैसा है (अपने छोटे-छोटे हाथों का दायरा फैलाते हुए) बाबा, जब पापा न जायें तुम्हारे पास तो तुम्हीं चले आया करो। मम्मी बहुत अच्छा खाना पकाती है। खिचड़ी, रोटी, दाल, चावल, सब्जी और पूड़ी भी बाबा, और हलवा भी। बाबा हलवा खाओगे। मम्मी, बाबा को भूख लगी है इसीलिए रो रहे हैं। हलवा बना दो मम्मी, मेरी प्यारी मम्मी।" हलवा तैयार हो गया। कुछ ठंडा हुआ तो बच्ची ने बाबा को चम्मच से हलवा खिलाना चाहा तो बोले, "नहीं हाथ से खिलाओ।" फ़िराक़ खाते जा रहे थे, आँसू बहते जा रहे थे। हलवा में आँसू की बूँदें—इसका स्वाद तो फ़िराक़ ही जान सकते हैं। फिर बेटी ने कहा, "कुल हलवा खा जाओगे क्या, हमारे लिए क्या बचेगा।" फ़िराक़ हँस पड़े। बच्ची को गोद में बैठा लिया और उसका सर सूँघने लगे। यह उनका आशीर्वाद था। मेरे जीवन के घर का कोना-कोना फ़िराक़ की दास्तानों से भरा पड़ा है। थोड़ी देर बाद फ़िराक़, मेरी बेटी और मैं सब लोग फ़िराक़ के यहाँ पहुँच गये। कुछ अजीब-सा माहौल बन गया। घंटे-दो घंटे बाद हम लोग मोतीचूर के लड्डू का डिब्बा लिये घर वापस आ गये। लोगों की जान में जान आयी। मैं अब किसी की परवाह किए बिना लगातार फ़िराक़ के यहाँ जाने लगा। फ़िराक़ की अर्गलाविहीनता और अव्यवहार कुशलता का शिकार मैं सदा रहा। मेरा मतलब यह नहीं कि मुझे फ़िराक़ डाँटते फटकारते या मैं उनके क्रोध का भाजन होता था। मेरा मतलब है कि फ़िराक़ चाहे जिसपर भी खफ़ा होते थे या जिससे भी लड़ बैठते थे—कारण मुझे समझा जाता था। अब इसका क्या कीजिएगा। बक़ौल फ़िराक़—

फ़िराक़ इक-इक से बढ़कर चारासाज़े-दर्द हैं लेकिन
ये दुनिया है यहाँ हर दर्द का दरमाँ नहीं होता

सारी उम्र ग़लतफ़हमियों का शिकार रहा हूँ। आज भी हूँ और कल भी रहूँगा। दुनिया ग़लतफ़हमियों का घर है। बहुत कम लोग होते हैं जो अफ़वाहों के धुन्ध के उस पार देख लेने वाली दृष्टि भी रखते हैं।

फ़िराक़ के सम्बन्ध उनके रिश्तेदारों से, दामादों से, लड़कियों से बनते-बिगड़ते रहे, बस कुछ इक्का-दुक्का लोग ही थे जिन्होंने फ़िराक़ को समझा और प्यार दिया। फ़िराक़ की बहनें और उनके बहनोई और भांजे इस सन्दर्भ में क़ाबिले-ज़िक्र हैं। इन लोगों ने सदैव ही फ़िराक़ का ख़याल किया। फ़िराक़ ही नहीं, मेरा भी और मेरे परिवार का भी बड़ा ध्यान रखा। मैं हमेशा उन्हें बड़े सम्मान की दृष्टि से देखता था और आज भी देखता हूँ। जब भी फतेहपुर या कानपुर गया, उन्होंने मुझे अपने परिवार के सदस्य की तरह आदर-सम्मान दिया। उनके नाती विश्वरंजन जी ने भी फ़िराक़ को सदैव एक जीनियस के रूप में देखा। फ़िराक़ उनके नाना तो थे ही। उनकी माँ प्रेमा दीदी भी अपने पिता के प्रति आदर भाव रखती थी। यह सब ठीक मगर फ़िराक़ के तूफ़ानी मिज़ाज से सब त्रस्त रहते थे। मैंने तो अपनी ज़िन्दगी ही दाँव पर लगा दी थी। भयंकर काले नाग को गले में धारण कर लिया था। मैं जानता था कि इस नाग की फुफ्कार से अहंकार के बड़े-बड़े पर्वत जल जाते हैं। मगर मैं यह भी जानता था कि उसके दाँतों में विष नहीं, अमृत है। यह विषधर नहीं, सुधाधर है। नाग प्रसन्न हो गया तो नाग-मणि मिल जायेगी, बस बीन बजाने की कला आनी चाहिए। बीन बजाने की कला का अर्थ है मिज़ाजशनासी, स्वभाव की पकड़। रुख़ पहचानने का गुण। मैं यह नहीं दावा करता कि मैं पूरी तरह फ़िराक़ के स्वभाव से वाक़िफ़ था। बस यह समझ पाया कि 'वो जो करहिं उन्हें सब छाजा'। मैं फ़िराक़ को समझने के लिए उनके पास नहीं गया था। कहता ज़रूर रहता हूँ। यह तो दरमियानी मंज़िल है। मैं तो नचिकेता बनकर मृत्यु के देवता के पास जीवन का रहस्य लाने गया था। क्या मिला—यह तो मैं नहीं जानता लेकिन मेरी ईमानदार जुस्तजू ने एक जीवन सौंप दिया, एक विष का घड़ा दे दिया और ये विषपान की कला गुरुदेव फ़िराक़ साहब की कृपा का फल है। फ़िराक़ के साथ-साथ जीवन के हर मोड़ पर उनका शिष्य था और मेरे साथ, मेरे एकाकी जीवन के साथ, मेरे सुख-दुख में शरीररहित फ़िराक़, आत्मतत्त्व फ़िराक़ और उनकी यादों का संसार। फ़िराक़ के कंटकाकीर्ण जीवन को याद करके अपने दुख को सहलाता रहता हूँ। दुख झेलने की कला मिल गयी और कुछ नहीं मिला। उससे अधिक और था ही क्या अपने के लिए। भीष्म पितामह तो अन्तिम समय में तीरों की सेज पर पड़े थे लेकिन फ़िराक़ का पूरा जीवन नागफनी की शय्या पर पड़े रहने की कहानी है। और उन नुकीले और विष में डूबे हुए काँटों की चुभन—उनकी कविता की खिलावट है।

उनका सम्पूर्ण जीवन ही कविता थी। काव्यमयता थी। जहाँ उनके पाँव पड़ते, कविता के गुलाब खिल उठते। उनका बचपना भी असाधारण बचपना था वो बचपना जिसे बरदाश्त करनी मुश्किल हो। वो बचपना अपने आप पै जो त्यौरियाँ सी चढ़ाए। फ़िराक़ का जीवन आँसू भी था और रुमाल भी।

मैं जानता हूँ कि मैं फ़िराक़ की बेटी पुष्पा के विवाह और उनसे सम्बन्धित वाक़्यों का बयान कर रहा था मगर बात कहाँ से कहाँ पहुँचती जा रही है। फ़िराक़ बहका देने वाले व्यक्ति हैं। मगर मुझे गुमरही का कोई ख़ौफ़ नहीं है। सारे नाते-रिश्ते फ़िराक़ की वजह से हैं। उनके रिश्तेदार, लड़कियाँ-दामाद, भाई-बहन, गोरखपुर, इलाहाबाद, शेरो-सुखन, हिन्दी-उर्दू-अंग्रेज़ी सब का अस्तित्व फ़िराक़ की वजह से है। किसी ने कहा था, गोरखपुर में गोरखनाथ के बाद सबसे बड़े आदमी फ़िराक़ थे। ख़ैर, फ़िराक़ के सम्बन्धी चाहे वे जिस कोटि के हों, उनके सम्बन्धी थे और हैं। मगर मेरी सोचिए। सम्बन्ध तो ग़ैब का होता है। रामकृष्ण परमहंस ब्राह्मण, विवेकानन्द (नरेन) कायस्थ। फ़िराक़ कायस्थ मैं ब्राह्मण। यह संयोग तो विधाता के बनाये होते हैं। गुरु और शिष्य साथ-साथ गर्भस्थ होते हैं और साथ-साथ पैदा होते हैं। फिर कोई कहीं, कोई कहीं। फिर ढूँढ़ने की प्रक्रिया शुरू होती है उसी को जो और साथ-साथ ही रहा है। कुछ बातें बताऊँ। आपकी इजाज़त चाहूँगा। फ़िराक़ की पैदाइश का दिन 28 अगस्त, मेरा जन्मदिन 28 मई। दोनों 28, बस थोड़ी-सी दूरी बच रही। तीन महीने का अन्तर। यही गैप, इसी दूरी को तै करना था। यह दूरी मिर्ज़ापुर से इलाहाबाद की तै हो गयी। फिर देखिए वो घर जो मुझे फ़िराक़ के प्रयत्नों से प्राप्त हुआ, उसका नम्बर है 35/13 बटलर मार्केट, जवाहरलाल नेहरू रोड, इलाहाबाद। फ़िराक़ यूनिवर्सिटी के जिस बँगले में रहते थे उसका नम्बर है 8/4 बैंक रोड, इलाहाबाद 35/13 यानी 8/4 यह एक विचित्र घटना है जो हमारी सक्रियता का फल नहीं है। यह ऊर्जा का चमत्कार है। यह जीव ऊर्जा की एकात्मकता है। मुझे फ़िराक़ से कभी भय नहीं लगा। लगा होता तो ऊपरी। मुझे कुछ खोने का डर नहीं था। मेरे पास था ही क्या खोने को, सिवा मूर्खता और अज्ञान के। मार्क्स का कथन याद आता है Workers of the world unite. You have nothing to lose but your chains। मैं अपनी मूर्खता को बड़ा सँभाल-सँभाल कर रखता था। वही मेरी पूँजी थी। वही मेरा था। वहीं मेरा अहंकार था। फ़िराक़ ने सँभाल-सँभाल कर, फूल द्वारा, कभी झटका देकर, कभी छेनी और हथौड़े द्वारा उसे हटाने या काटने का प्रयत्न किया। यही गुरु का काम है। फ़िराक़ ऐसा महान् गुरु और मेरे ऐसा घोर मूर्ख, अज्ञानी, अहंकारी शिष्य। मूर्खता है कि अभी तक मुझसे लिपटी पड़ी है। शायद एक-दो और जन्मों की आवश्यकता है। जो भी हो।

हाँ, तो मैं कह रहा था कि फ़िराक़ और उनके दामादों विशेषकर रवीबाबू से

सम्बन्ध कटु से कटुतर होता गया। मगर फिर ठीक होता-सा लगता। सम्बन्ध रुग्णता और स्वास्थ्य के बीच झूलता रहा। फ़िराक़ के हार्निया का ऑपरेशन होना था इलाहाबाद में ही सिविल अस्पताल में। (T.B. Sapru Hospital) ऑपरेशन डॉक्टर नैथानी ने किया। फ़िराक़ ने अपनी बेटियों को सूचना भेज दी थी लगभग एक माह पूर्व। ऑपरेशन थियेटर में जाते तक बेटियों की प्रतीक्षा करते रहे। यह बात उन्होंने ऑपरेशन के कई माह बाद मुझे बतायी थी। ऑपरेशन के समय मैं, मेरी पत्नी, मेरी बेटी जो अभी दो-तीन साल की थी और मेरे कुछ मित्र, शायद कृष्ण बिहारी वग़ैरह मौजूद थे। अब अस्पताल में जो कुछ हुआ, उसे किसी और प्रसंग में बताऊँगा। अभी अवसर नहीं है। हालाँकि मन बहुत कर रहा है कि क्यों न उसे भी बयान कर दिया जाय। अच्छा सुन ही लीजिए। फ़िराक़ ने अवसर पाकर कहा कि बेटियाँ और उनके पतिदेवता लोग नहीं आये। अच्छा हुआ। वैराग्य को तो पूर्ण होना ही है। इस वाक्य के पीछे फ़िराक़ की पीड़ा बोल रही थी। ख़ैर, मैं कौन होता हूँ नतीजा निकालने वाला। उस समय डॉ. खान साहब अस्पताल के इंचार्ज थे। बड़े खूबसूरत और शक्तिशाली और अनुभवी। एक बड़ा-सा कमरा फ़िराक़ को मिल गया। पन्ना, उनका वफ़ादार सेवक और मैं दोनों हमेशा ही फ़िराक़ के पास मौजूद रहते। फ़िराक़ अस्पताल में भी बादशाही करते थे। सुबह ऑपरेशन हुआ। ऑपरेशन थियेटर से अपने कमरे में आने के बाद ही शराब की फ़रमाइश करने लगे। लगभग तीन पेग व्हिस्की गट कर गये एक ही साँस में। ज़ोरों की खाँसी आयी। टाँका टूटने का ख़तरा पैदा हो गया। मगर फ़िराक़ को इससे क्या लेना-देना। दर्द हुआ तो उठ बैठे और बोले कि मैं कमरे में नहीं बैठ सकता। कुर्सियाँ बरामदे में लगायी जायँ। खुद ही उठकर जाने लगे। मैंने उनकी बाँह थाम कर सहारा दिया। बरामदे में बैठ गये। तब तक दो-चार लोग और आ गये जिसमें ज़ाहिद फ़ाखिरी साहब भी थे जो उस समय ऑल इंडिया रेडियो में उर्दू प्रोग्राम के इंचार्ज थे। थोड़ी देर में शायरी शुरू हो गयी। पन्ना साहब सब के लिए चाय बनाने लगे। हम लोगों का खाना-पीना वहीं होता था। कार्निस पर (फायर प्लेस के ऊपर) शराब की बोतलें सजा दी गयीं। अस्पताल का कमरा पूरा मयख़ाना बन गया। लोग देख के मुस्कुराते थे। थोड़ी देर में छोटे डॉक्टर साहब आ गये। कमरे में घुसते ही उनकी नजर सलीक़े से रखी हुई शराब की बोतलों पर पड़ी। घबरा गये। पैसा कहीं से आ गया था। अच्छी से अच्छी व्हिस्की की बोतलें पहले ही ख़रीद ली गयी थीं। अस्पताल जाने की तैयारी बहुत पहले से ही शुरू होने लगी थी। कितनी-कितनी बोतलें जायेंगी, कौन-कौन-सी किताबें जायेंगी, नाश्ते का क्या-क्या सामान होगा—सब तै कर लिया गया था। चाय के प्याले, बर्तन सब कुछ। पूरी गृहस्थी अस्पताल में आ गयी थी। छोटे डॉक्टर साहब ने जो शराब की बोतलें देखीं तो बोल पड़े, "यह अस्पताल है, यहाँ शराब की बोतल

रखने की इज़ाजत नहीं है। इन्हें यहाँ से फ़ौरन हटाया जाय।" "फ़िराक़ ने कहा, जनाब आप तशरीफ़ ले जाएँ। इनको यहीं रहने दीजिए आप ही हट जाइए। शराब की एक-एक बूँद आप से अधिक क़ीमती है।" डॉक्टर साहब ख़फ़ा हो गये और कमरे के बाहर निकल गये और जाकर डॉ. खान साहब से शिकायत कर बैठे। ख़ान साहब उन डॉक्टर साहब को लिये हुए फ़िराक़ के कमरे में हाज़िर हो गये। फ़िराक़ अशआर सुना रहे थे। डॉ. खान भी बैठ गये और वाह-वाह करने लगे। इन्होंने कुछ फ़ारसी के अशआर की फ़रमाइश की, फ़िराक़ ने पन्ना से कहा, "पन्ना, खान साहब को अच्छी चाय पिलाओ।" ख़ान साहब ने कहा, "हज़ूर कल शाम को चाय पीऊँगा। हाँ, आप शराब लेते रहिए।" फ़िराक़ खुश हो गये। बोले, "खान साहब समझदार डॉक्टर हैं। किताब रट के डॉक्टर बनना बड़ा खतरनाक होता है। डॉक्टर वह है जो आदमी पहचाने।" सात-आठ दिन अस्पताल में रहकर फ़िराक़ घर वापस आ गये। अस्पताल का एक तकिया भी लेते आये। मैंने कहा "फ़िराक़ साहब ऐसा मत कीजिए। अस्पताल में हर चीज़ का हिसाब रहता है।" बोले, "बहुत आरामदायक है। पैसे दे दिये जायेंगे।" दूसरे दिन ख़ान साहब घर आये और साथ में दो तकिए भी लेते आये और एक बोतल व्हिस्की भी। ख़ान साहब कभी-कभी आ जाया करते थे। घंटे-दो घंटे बैठकर चले जाते थे। एक वाक़या बयान करना तो भूल ही गया। सुबह-सुबह एक नर्स, शायद केरल की थी, बुख़ार नापने आयी। फ़िराक़ उसे देखते ही भड़क उठे। "मैं इन हाथों से थर्मामीटर मुँह में नहीं लूँगा। आप चली जायँ, नहीं तो मैं बीमार पड़ जाऊँगा और हो सकता है कि मैं मर भी जाऊँ। बदसूरती जानलेवा साबित हो सकती है।" बात ख़ान साहब तक पहुँची। नर्स ने उनसे शिकायत कर दी थी। उस कमरे का पेशेंट बड़ा गुस्सावाला है। ख़ान साहब मुस्कुराते हुए फ़िराक़ के कमरे में आये और बोले, "फ़िराक़ साहब, मैं उस नर्स को नौकरी से निकालने जा रहा हूँ। मैंने यह कह रखा है। कि वो हरगिज़ आपके पास न आने पाये। वो क्यों चली आयी।" फ़िराक़ साहब बच्चों की तरह गिड़गिड़ाने लगे। "नहीं ख़ान साहब ऐसा हरगिज़ मत करियेगा। बेचारी कहाँ जायेगी। बेतमीज़ी तो मेरी है। ख़ान साहब आप उसे मेरे पास भेज दिया करिये। मगर भाई ख़ान साहब, बदसूरती तो तकलीफ़ देती है।" "बिल्कुल ठीक कहा आपने। मैंने तय कर लिया है अब ख़ूबसूरत लड़कियों को ही नर्स रखूँगा।" "नहीं ख़ान साहब ख़ूबसूरती व साथ-साथ काम में कुशलता भी होनी चाहिए।" ख़ान साहब ने कहा, "फ़िराक़ साहब आपके करम से उसकी नौकरी बच गयी। बड़ा एहसान किया आपने मेरे ऊपर।" फ़िराक़ ने कहा, "मेरी इन बातों का इतना असर नहीं लेना चाहिए। बात ये है ख़ान साहब कि आप ख़ुद बदसूरती से नफ़रत करते हैं, नहीं तो बिना गलती के सिर्फ इस बात पर कि कोई बदसूरत है आप किसी को नौकरी से क्यों निकालने पर आमादा होते।" ख़ान साहब

ने चलते वक्त कहा था कि फ़िराक़ ऐसा जीनियस जब ज़मीन सूरज का लाखों तवाफ़ (परिक्रमा) कर चुकती है तब कहीं जाकर पैदा होता है।

फ़िराक़ एक दाँत पीसते हुए व्यक्ति थे। यह दाँत पीसना साधारण तरीक़े से समझ में आ जाने वाला वाक्यांश नहीं है। प्रज्ञा की वो घनीभूत ऊर्जा केन्द्रीभूत हो गयी थी फ़िराक़ में कि उसने अपने ही से लड़ना शुरू कर दिया था। शक्ति शरीर की सीमा तोड़कर बाहर निकल पड़ती थी। जैसे कोई क़ैदी क़ैदखाने की सलाखों को तोड़कर बाहर निकलना चाहे और इस प्रक्रिया में वो क्षत-विक्षत हो जाये। इसीलिए कभी इस पर बरस पड़े, कभी उस पर। कभी मुझसे लड़ गये, कभी आप से। फ़िराक़ अपने को मिटा रहे थे। हम जो कुछ बची-खुची शक्ति की अभिव्यक्ति उनके काव्य व्याख्यान, लेख आदि में पाते हैं वह तो उनकी चेतना और जीनियस का बहुत छोटा-सा टुकड़ा है। उसी में हँसना, बोलना, प्यार, मोहब्बत, दवा-दारू, क़हक़हे, लतीफ़े सब शामिल हैं। एक अंश से इतना बड़ा काम काव्य, साहित्य-संसार रच डाला।

फ़िराक़ साहब के यहाँ एक साहब आया करते थे मोहनचन्द सक्सेना। वे अपने को फ़िराक़ के छोटे भाई यदुपति सहाय की ससुराल वालों के दूरदराज़ रिश्तेदार बताते थे। मगर यदुपति सहाय जी के यहाँ कभी देखे नहीं गये। उनकी एक ख़ास आदत थी, फ़िराक़ साहब की हाँ में हाँ मिलाना। फ़िराक़ जब उन पर बरस पड़ते थे और उन्हें गालियों से नवाज़ते थे तब भी वे कहा करते थे, बहुत ठीक कह रहे हैं आप। फ़िराक़ अपनी बीवी पर ख़फा हो रहे हैं, सक्सेना साहब कहते हैं आप बिल्कुल ठीक कह रहे हैं। फ़िराक़ अपने रिश्तेदारों पर ख़फ़ा हो रहे हैं। सक्सेना जी कह रहे हैं बहुत ख़ूब, आप बिल्कुल सही कह रहे हैं। एक दिन फ़िराक़ ने कहा, सक्सेना आप बड़े कमीने आदमी हो। आप मुझे इन पतित तरीक़ों से ख़ुश करना चाहते हैं। मैं अपने बीवी-बच्चों को डाँटता हूँ, आप क्यों बोलते हैं। मैं आपकों जूतों से उड़ा दूँगा। सक्सेना जी ने कहा, बहुत ठीक। क्या ख़ूब बात कही आपने। सक्सेना साहब अपने को बस्ती का रहनेवाला बताते थे। हिन्दी-उर्दू-अंग्रेजी थोड़ी-बहुत जानते थे। फ़िराक़ के ख़त जिनमें किसी को गरियाया जाता था, मुझे बोलकर नहीं लिखाते थे। उनको भय बना रहता कि शायद ऐसे ख़त मैं न लिखूँ और यदि लिख भी लूँ तो उन्हें पोस्ट नहीं करूँगा। ऐसे कभी-कभी दूसरों को बोलकर लिखवाते थे। दस्तख़त ख़ुद करते थे। कभी-कभी सक्सेना की ओर से लिखवाते थे। लिखवाते थे ख़ुद खत लिखा जाता था सक्सेना की ओर से। लाख-लाख लतियाये जाने पर भी सक्सेना साहब अपनी आदत से मजबूर। फ़िराक़ की हाँ में हाँ मिलाना नहीं ही छोड़ पाये। एक बार फ़िराक़ ने मुझे कोई जरूरी ख़त और मज़मून लिखवाने के लिए सुबह 11 बजे बुलाया था। मुझे कुछ और ज़रूरी काम था, वक़्त पर न आ सका। फ़िराक़ ख़फ़ा हो रहे थे। कह रहे थे यह ब्राह्मणों की क़ौम अनन्त में जीने वाली क़ौम है। महाकाल में रहने वालों

को खण्डकाल से क्या मतलब। यहाँ मेरे विचार लिखवाने के लिए बेचैन हो रहे हैं वहाँ पंडित जी का कहीं पता ही नहीं। कहीं पढ़ने लगे होंगे उपनिषद् और मानस। बड़ी गन्दी बात है। आने दीजिए, अभी उनकी ख़बर लेता हूँ। मैं आ चुका था और बाहर के बरामदे में थककर बैठ गया था। सोचा, थोड़ा दम ले लूँ तो फिर अन्दर चलूँ। क्योंकि मैं जानता था कि बैठते ही लिखाना शुरू करेंगे। सक्सेना साहब कह रहे थे, "आप ठीक ही कह रहे हैं। ब्राह्मणों की कौम अच्छी नहीं होती। समय से ब्राह्मण आते ही नहीं। हमेशा देर से आते हैं। देखिए रमेश साहब को। आपको कितनी तकलीफ़ हो रही है। आप मुझे बोलकर अंग्रेजी में मज़मून लिखाइए।" फ़िराक़ ने कहा, "चुप हरामज़ादा, सूअर ऐसा थूथन लेकर तू क्या लिखेगा। यह काम रमेश ही कर सकता है। मैंने सैकड़ों मज़मून और एसेज़ की किताबें उन्हीं को बोलकर लिखायी हैं। तुम उसका जूता भी उठाने के काबिल नहीं हो। ख़बरदार, अगर मेरी हाँ में हाँ मिलाने की कोशिश की और रमेश के ख़िलाफ़ कुछ कहा तो इतने जूते पड़ेंगे कि सर के बाल उड़ जायेंगे।" सक्सेना जी ने मुझे देख लिया। अब परेशान हो गये। बोले, "रमेश बहुत अच्छा आदमी है और ब्राह्मण भी अच्छा होता है।" तब तक मैं कमरे में प्रवेश कर गया। मुझे देखते ही बोल पड़े, "रमेश, सब ख़ैरियत तो है न। बच्चे अच्छी तरह तो हैं न। दफ़्तर में सब ठीक चल रहा है न। मैं समझता था कि कोई बात हो गयी होगी इसीलिए तुम्हें देर लग रही है। आओ बैठो, चाय पी लो फिर लिखना। मैं तुम्हारे ऊपर ख़फ़ा हो रहा था। भाई तुम्हारे न आने से निरगोसाँय महसूस कर रहा था। मैंने फ़िराक़ साहब से कह रखा था कि जो भी पत्र आप सक्सेना जी को बोलकर लिखवायें उसकी एक प्रति अवश्य रख लीजिएगा। मैं उसे अपनी फाइल में सहेज कर रखूँगा ताकि ज़रूरत पड़ने पर पत्र मिल सके। फ़िराक़ साहब जो भी पत्र सक्सेना को लिखवाते उसकी एक प्रति अपने पास अवश्य रखते और आने पर मुझे सौंप देते। मैं चाय पी रहा था। सक्सेना साहब बोले, सरकार अगर हुक्म दें तो मैं बाज़ार जाकर गोश्त लाऊँ और पकाऊँ। बस इसीलिए कभी-कभार सक्सेना साहब आ जाया करते थे। शराब पीने और गोश्त खाने।

फ़िराक़ साहब और उनके छोटे दामाद रवी बाबू में तनाव बढ़ता जा रहा था। फ़िराक़ ने सक्सेना को बोलकर उन्हें कुछ ख़त लिखवाये थे। मैं उन्हें यहाँ उद्धृत कर रहा हूँ ताकि मामला साफ़ हो जाय। वे पत्र फ़िराक़ और उनकी पत्नी के सम्बन्धों पर भी कहीं न कहीं से रौशनी डालते हैं। इसीलिए ज़रूरी है। मैं उन्हें प्रकाशित नहीं करना चाहता था लेकिन ऐसा न करने से सत्य का हनन होगा और सत्य आदमी से अधिक क़ीमती है। व्यक्ति आता-जाता रहता है सत्य शाश्वत है। व्यक्तित्व पर परदा डालना कोई मानी नहीं रखता मगर सत्य को दबाना बड़ा भारी अपराध है। मैं पत्रों के गुणदोष पर कोई राय क़ायम नहीं करता। पत्रों की व्याख्या लिखना या करना

मेरा धर्म नहीं। मेरा काम नहीं। मैं तो उनके कुछ अंशों को या सम्पूर्ण ख़तों को आवश्यकतानुसार यहाँ उतार दे रहा हूँ।

मैंने फ़िराक़ के आखिरी सफ़र का बयान अपनी पहली पुस्तक में कर दिया है। दिल्ली में ऑल इंडिया मेडिकल साइंस में आँख का ऑपरेशन कराने गये थे फ़िराक़। उनके साथ फ़िराक़ के दो मुलाज़िम और मैं। एक बार रवि बाबू (फ़िराक़ के दामाद) तशरीफ़ लाये थे। आये तो थे किसी काम से। लगे हाथों फ़िराक़ से भी मिल लिये। फ़िराक़ और दामाद के बीच बातों में कोई अपनापन नहीं था। औपचारिकता ही औपचारिकता। थोड़ी देर रहकर रबी बाबू चले गये। फ़िराक़ ने कहा, "देखा रमेश, कितना निष्प्राण सम्बन्ध।" हाँ (मुन्ना) विश्वरंजन फ़िराक़ के नाती अवश्य बड़ी मोहब्बत से मिले। काफ़ी देर तक बैठे रहे। बेचारे कर भी क्या सकते थे। पुष्पा जी के एक-दो पत्र अवश्य आये थे। मेरे नाम हैं जिन्हें लिख रहा हूँ।

पटना
20.1.82

चिरंजीव रमेश जी।

नमस्ते। आपका भेजा हुआ पत्र 17 तारीख को मिला। बाबूजी की देखभाल ठीक से हो रही है, जानकार खुशी हुई। ये दिल्ली गये थे। आप लोगों से मुलाकात हुई। 15 तारीख को कटक गये हैं, अभी लौटे नहीं हैं।

मेरा दिल्ली आना आसान नहीं है। ऑपरेशन का data fix होने पर ख़बर करेंगे। अगर आना हुआ तो उसी के आसपास आना चाहूँगी। पर मेरा आना कोई definite नहीं है। बाबूजी को मेरा प्रणाम कहिएगा। बच्चे नमस्ते कह रहे हैं।

आपकी
पुष्पा दीदी

पुष्पा दीदी का दूसरा पत्र भी मिला। उसे भी सुन लीजिए।

Patna
Flat No. 50
Block-4
Rajendra Nagar

चिरंजीव रमेश जी

नमस्ते।

बाबूजी का Contract का ऑपरेशन हो गया। अख़बार से पता चला। उम्मीद है मेरा ख़त मिला होगा।

इस साल पटने में भी अच्छी ठंड पड़ रही है। समय निकालकर बाबू जी का सब हाल देने की कृपा करें। इलाहाबाद कब तक लौटेंगे। उम्मीद है आपका परिवार

इलाहाबाद में सकुशल होगा।

आपकी

पुष्पा दीदी

आदरणीय प्रेमा दीदी का भी पत्र आया था।

पूरा पत्र लिख रहा हूँ।

फ्लैट-34, ब्लॉक-3

रजेन्द्र नगर

पटना-16

10.2.82

चिरंजीव रमेश

नमस्ते।

परसों आपका पत्र मिला, पढ़कर मालूम हुआ कि बाबू जी के मोतियाबिन्द का ऑपरेशन हो गया। ऑपरेशन बहुत कामयाब रहा, जानकर खुशी हुई तथा कोई Complication नहीं हुआ। अब तो ऑपरेशन हो ही गया इसीलिए अब हम लोग दिल्ली नहीं आयेंगे। कृपा कर बाबू जी का हाल देते रहिएगा। मुन्ना का पत्र कल आया था, उससे पता चला कि वे नाना को देखने गये थे। यहाँ का समाचार ठीक है। केवल इनको खाँसी बहुत ज़ोरों से हो गयी है। बाबू को हम दोनों का प्रणाम कहिएगा। बेबी भी नाना जी को प्रणाम कह रही है। पत्र का उत्तर जल्दी दीजिएगा, मन लगा हुआ है।

ज़्यादा आशीष

प्रेमा

पत्र में फ़िराक़ साहब के बड़े दामाद राजन बाबू ने भी जो लिखा उसे भी उतार रहा हूँ।

My dear Rameshji

Received your both letters addressed to Prema. We could not reply earlier as I was slightly unwell with cough & cold. We are happy to know that Babuji has been successfully operated upon for cataract. We go Munna's letter for informing that he had gone to Delhi and saw Nana in the hospital. Since you are looking after Babuji, we are all free from anxiety. You will let us know from time to time about Babuji's health. Tell our pranams to Babuji.

With best wishes

Affly yours

Rajan

फ़िराक़ साहब के स्वर्गारोहण के लगभग 8 वर्ष पूर्व यानी 1974 में उनमें और उनके छोटे दामाद रवी बाबू में कुछ पत्र व्यवहार हुआ था जिनमें कडुवाहट ही कडुवाहट भरी है। अच्छा नहीं लग रहा है उन पत्रों को यहाँ देते हुए। मगर मजबूर हूँ। कच्चा-चिट्ठा सब आना चाहिए सामने। फ़िराक़ साहब ने टाइप कराकर यह खत अपने दामाद रवी बाबू को 4.3.72 को भेजा–

My dear Ravi jee
8/4 Bank Road
Allahabad
dt. 4.3.1974

I am nearly dead. You will be sorry to learn that by neglecting me you have created terrible hatred in my heart. I am no more interested in you or Pushpa. I hate everybody who loves Ammajee or has any contact and connections with her. Within a week a cheque for Rs. 100- will be sent to you. I am too angry to write anything more. Sall, sud and saam for (Shall, should and shaam) will never be tolerated. My life has been made a hell by those whose life I also want to be hell. All my money will go to others who care for me.

Hatefully
Babujee

Shri R.N. Prasad
Flat No. 50,
Block- 4
Rajendra Nagar
Patna- 16

इस पत्र के जवाब में जो रवी बाबू ने ख़त लिखा वह भी सुन लीजिए।

Flat No. 50, Block- 4
Rajendra Nagar, Patna- 16

My dear Firaq sahab

Received your letter of 4.3.74. I am least worried about your hatred for me but I am very shocked how a well read person like you can be so mean vulgar and barbarous.

My visit to Gorakhpur had always been on official work which I am still doing quite frequently. Your should not forget what I did for you. In 1961, When you had visited NEW DELHI, you most dear friend, with whom you were supposed to stay ignored you, then I offered you my hospitality. You should not forget the TOWN HALL incident when I came to your rescue. During your hard days I helped you by selling your books. Now you talk of tempting me by your money. This is your foolishness to believe that I can be templed by you money. The persons who seem to care for you intensely hate you. They love and care for, your money only. You have been talking nonsense to my friends and relatives about me and my children. I always excused you because I had deep respect for you. But now I have lost all and any such utterance will lead you in trouble.

Your Sincerely

R.N. Prasad

इस पत्र का जवाब जो मोहन चन्द्र सक्सेना की तरफ़ से गया, उसे भी सुनिये–

191, NEW Bairahna

Allahabad

23rd March, 1974

To Mr. Sall, Sud and Saam and Fres.

Firaq sahab never reads letters addressed to him. I am his secretary. When your dirty letters reached here, I only told him that a mineal servant had written the letter who has no education. Please remember that he stayed at your dirty room not because he had no other place to stay. During the last 30 years he has been going to Delhi. and staying there with Rafi Ahmad Qidwai and other ministers. Now and then he stays at the costiest hotels. Your monthly pay is not sufficient to pay the price of hotels. He considers you as a menial servent which you are. He got you a jole in the Burma shell from where you were dismissed in disagrace on account of sall, sud Five armed police men stay with him. They are armed with guns.

Never write such dirty letters to him. He has been provided guards by the Government of India. Never threaten him, otherwise your life will be in danger.

He does not know your children so he cannot talk about them.

Please remember that Mrs. Indira Gandhi holds him in the highest respects.

Yrs. Sincerely

Sd-

(Mohan chandra Saxena)

सक्सेना साहब फ़िराक़ की नज़र में एक चपरासी की हैसियत रखते थे मगर अपनी और दुनिया की नज़रों में अपना क़द बढ़ाने के लिए अपने को फ़िराक़ का सेक्रेटरी बताते थे। रवी बाबू ने 11.4.74. और 24.4.74 को दो पोस्टकार्ड लिखे, जिसमें लिखा था।

I have not received the cheque for Rs. 100-

R.N. Prasad

Post card dt. 24.4.74

Received your post card of 17th. Sept. Rs. 100- was deposited by me on your behalf as registration Fee. Your money was returned to you long ago.

R.N. Prasad

मैं सक्सेना पर बहुत ख़फा हुआ और उन्हें समझाते हुए मैंने कहा कि ख़बरदार ऐसे ख़त बिना मुझे दिखाए कभी किसी को मत भेजना। फ़िराक़ साहब कब किस पर बरस पड़ें और क्या लिख बैठें कुछ कहा नहीं जा सकता। मैंने ऐसे बहुत ख़तों को जिन पर फ़िराक़ के दस्तख़त हैं और जिन्हें फ़िराक़ ने अपने रिश्तेदारों और सम्बन्धियों के बारे में बोलकर लिखवाया था और जो क्रोध और घृणा की आग से दहकते अंगारों की तरह लगते हैं, पोस्ट नहीं किया। और जब फ़िराक़ का गुस्सा शान्त हुआ तो उन्हें बता भी दिया कि साहब मैंने ख़तों को पोस्ट नहीं किया। फ़िराक़ ख़ुश हो गये और बोले—तुमने अच्छा किया। मेरी हर बात मान लेना जरूरी नहीं है लेकिन यह आज़ादी भी बहुत सोच-समझ कर ली जाय। फ़िराक़ साहब ने ऐसे ख़तों को ख़ुद फाड़ डाला। मैं मौक़े की नज़ाकत को समझता था और फ़िराक़ साहब को भी समझता था। वक़्त पर अपना ठीक या ग़लत निर्णय उन पर अयाँ भी कर देता

था। एक घटना याद आती है। एक बार फ़िराक़ एक प्रोफेसर पर ख़फा हो गये, बेवजह। रात को नशे के आलम में कहा, "रमेश जाओ फ़लाँ साहब को दस जूते लगा आओ। बस फ़ौरन उठ जाओ।" मैं उनके कमरे से अपने कमरे में आ गया। दूसरे दिन सुबह मुलाक़ात हुई तो रात का वाक़या बताया। उन्होंने पूछा, "तुमने ऐसा किया तो नहीं?" मेंने कहा, "बिल्कुल नहीं। मैं आपके गुस्से को समझता हूँ।" फ़िराक़ ने कहा, "आँख मूँदकर हुक्म बजा लाना मूर्खों का काम है। समझ को ताक पर कभी नहीं रखना चाहिए। मूर्ख दोस्त बड़ा ख़तरनाक होता है।" फ़िराक़ को दिल्ली में कहाँ ठहरना था और किसके यहाँ और क्यों नहीं ठहरे। टाउन हाल का वाक़या क्या है—यह सब मुझे कुछ नहीं पता क्योंकि मैं उस वक़्त फ़िराक़ साहब के साथ दिल्ली नहीं गया था। अगर मैं मौक़े पर उपस्थित होता तो सारा वाक़या बयान कर देता।

मुझे ऐसा लगता है कि रवी बाबू को मोहन चन्द्र सक्सेना का पत्र या तो नहीं मिला या उन्होंने इस अरुचिपूर्ण पत्र को पढ़कर इसकी नोटिस नहीं ली। बहरहाल बाद में श्वसुर और दामाद का रिश्ता नॉरमल हो गया। रवी बाबू और उनकी पत्नी पुष्पा जी यानी फ़िराक़ की बेटी फ़िराक़ के यहाँ आते-जाते रहे मगर कभी-कभार दो-चार साल में एकाध बार। वर्मा शेल से हट जाने के बाद फ़िराक़ की कोशिशों से रवी बाबू को बिहार सरकार में ही नौकरी मिल गयी थी। नौकरी अच्छी थी। नौकरी और अच्छी! फ़िराक़ साहब पर रवी बाबू के अशुद्ध उच्चारण का विषैला प्रभाव तो पड़ता रहा—उससे इनकार नहीं किया जा सकता। मगर अब वे इस दुष्प्रभाव को अपना लहू जला-जलाकर सहते रहे। और जब मामला सहन शक्ति से बाहर हो जाता तो किसी न किसी बहाने से तख़्लिया अख़्तियार कर लेते। अब मुझे अकेले छोड़ दिया जाय। अकेले में बड़बड़ाते रहते और अपने भाग्य को कोसते रहते। जब साथ चाय पीते होते और क्रोध दबा पाना उनके बूते से बाहर हो जाता तो बस यही कह पाते, क्रोध दबाने पर वह आत्मा का फोड़ा बन जाता है। उर्दू शायरों ने दाग़े दिल का बड़ा जिक्र किया है। भावनाएँ अपना प्रभाव दिल पर छोड़ती हैं। इन्हें देखकर आप काँप-काँप जायेंगे। फिर कहने लगे मगर गुस्से में किसी की हानि का ख़याल नहीं आना चाहिए। गुस्सा आये और पानी की लहर की तरह निकल जाय।

बात काफ़ी बढ़ चुकी है। इसे यहीं ख़त्म करना बेहतर होगा।

दम्पती-लीला–नेह के नाते अनेक

सफ़र के उस मोड़ पर पहुँच चुका हूँ जहाँ पर पहुँच कर लौटने का रास्ता भूल चुका हूँ और आगे का रास्ता जो मंज़िल तक ले जाये–मालूम नहीं। जंगल में सभी रास्ते खो जाते हैं। क्या करूँ, अँधेरा ही अँधेरा। चारों ओर विषधरों की फूत्कार, बियाबान, सन्नाटा, बनैले काँटों की चुभन, कड़कती बिजली, घनघोर वर्षा। बस रचना धर्मिता की मद्धिम रौशनी का सहारा। वही ललित प्रकाश अँधेरे के दिल में तीर मारता है और राह पर मुस्कुराते अदृश्य फ़िराक़ साहब की उँगली पकड़े आगे बढ़ता हूँ। क्षुब्ध वातावरण शान्त हो जाता है। मगर आगे-आगे देखिए होता है क्या?

आइए लौट चलें इलाहाबाद 8/4 बैंक रोड पर जहाँ फ़िराक़ रहते हैं।

सन् 1943 में फ़िराक़ गहरी बीमारी के बाद सिविल अस्पताल तेज बहादुर सप्रू अस्पताल से घर वापस आते हैं। बहुत कमज़ोर हो गये हैं। अस्पताल में ही उन्होंने एक नज़्म कही थी जिसका उन्वान है–शामें-अयादत। जी ललचाता है कि एक-दो पंक्तियाँ लिख लूँ। मैं भी सुन लूँ और आप भी सुन लीजिए–

ये कौन मुस्कुराहटों का कारवाँ लिये हुए
शबाबो शेरो रंगो नूर का धुआँ लिये हुए
धुआँ कि बर्क़े हुस्न का महकता शोला है कोई
चुटीली ज़िन्दगी की शादमानियाँ लिये हुए
लम्बों से पंखुड़ी गुलाब की हयात माँगे है
कवँल-सी आँख सौ निगाहे मेह्रबाँ लिये हुए
क़दम-क़दम पै दे उठी है लौ ज़मीने रहगुज़र
अदा-अदा में बेशुमार बिजलियाँ लिये हुए
निकलते-पैठते दिनों की आहटें निगाह में
रसीले होंठ फ़स्लेगुल की दास्ताँ लिये हुए
ये किन निगाहों ने मेरे गले में बाहें डाल दीं
जहान भर के दुख से, दर्द से अमाँ लिये हुए
वो दुख सहे कि मुझ पै खुल गया है दर्दे कायनात

है अपने आँसुओं से मुझ पै आईऩा ग़मे हयात
ये बेक़सूर जानदार दर्द झेलते हुए
ये ख़ाको ख़ूँ के पुतले अपनी जाँ पै खेलते हुए
वो ज़ीस्त की क़राह जिससे बेक़रार हैं फ़िज़ा
वो ज़िन्दगी की आह जिससे काँप उठती है फ़िज़ा
कफ़न है आँसुओं का दुख की मारी कायनात पर
हयात क्या, इन्हीं हक़ीक़तों से होना बेख़बर
जो आँख जागती रही है आदमी की मौत पर
वो अब्रे रंगरंग को भी देखती है सादातर
सिखा गया है दुख मेरा परायी पीर जानना
निगाहे यार थी यहाँ भी आज मेरी रहनुमाँ
गवाह है ये शाम और निगाहे यार है गवाह
खयाले मौत को मैं अपने दिल में अब न दूँगा राह
जिऊँगा हाँ जियूँगा ऐ निगाहे आश्नाए-यार
सदा सुहाग ज़िन्दगी है और जहाँ सदा बहार।

एक तो बीमारी ने कमज़ोर कर दिया है, दूसरे इस शगुफ़्ता नज़्म ने बची-खुची ताक़त छीन ली है। अच्छी नज़्म या ग़ज़ल या किसी विधा की काव्य-रचना करने के बाद चेतना की जो कैफ़ियत होती है फ़िराक़ ने उसका बयान अपने एक शेर में यूँ किया है–

कभी पिछली रात को देखिए किसी साँस लेते चिराग़ को
कि ग़ज़ल हुई तो शऊर में वही ख़स्तगी है वही थकन

अभी पुष्पा की शादी नहीं हुई थी। घर में तीन प्राणी थे। बहू जी (फ़िराक़ की पत्नी) पुष्पा जी (फ़िराक़ की बेटी) और शायरे जमाल (फ़िराक़ गोरखपुरी)। रोज़ छः अंडे मँगाये जाते थे। हर इक के लिए दो-दो। कमज़ोरी की वजह से फ़िराक़ कहते हैं, "भाई, कुछ दिन तक तुम लोग एक-एक अंडे पर सब्र करो और मुझे चार अंडे रोज़ दिये जायँ"। फ़िराक़ की यह फ़रमाइश बड़ी निर्दयता से ठुकरा दी जाती है। फ़िराक़ सब्र से काम लेते हैं और चुप कर जाते हैं। यह वाक़या फ़िराक़ ने मुझे बताया था। बात की पुष्टि करने के लिए मैंने बाद में बहू जी से पूछा तो उन्होंने बताया कि बात बिल्कुल सच है। मैं तो तैयार थी मगर पुष्पा ने साफ़-साफ़ इनकार कर दिया। बहू जी ने कहा, पुष्पा भी ठीक ही कह रही थी। एक अंडा कम करने से तो हमलोग भी कमज़ोर हो सकते हैं। बहू जी का कहना था कि रमेश बाबू, सबसे ताज्जुब की बात तो यह हुई कि बाबू (फ़िराक़ साहब) हम लोगों पर बिल्कुल ख़फ़ा नहीं हुए। शायद वो इतने कमज़ोर हो गये थे कि गुस्सा करने की ताक़त नहीं रही। या उनके मन की कौन जाने।

आँगन में कालीन को धूप दिखाया जा रहा है। कालीन बहुत ही खुबसूरत और लम्बा-चौड़ा है। बहू जी अपने कमरे में नौकर-नौकरानियों से घिरी बैठी हैं। यकायक बादल छा जाते हैं। बूँदें पड़ने लगती हैं। फिर बिजली कड़कती हैं, बादल गरजते हैं और बारिश तेज़ हो जाती है। कालीन भीग रहा है और भीग कर तरबतर हो जाता है। बहू जी देखती हैं। नौकर बैठे चाय पी रहे हैं। जाड़े की बारिश। घंटों कारपेट भीगता रहा। किसी को ध्यान न आया कि उसे उठाकर बरामदे में रख दिया जाय। फ़िराक़ यूनिवर्सिटी से वापस घर आते हैं। अंग्रेज़ी विभाग का रामहरख चपरासी छाता लिये बारिश से बचाता फ़िराक़ को घर लाता है। रामहरख वापस जाने की इजाज़त माँगता है। फ़िराक़ कहते हैं, चाय पीकर जाओ। नौकर और बहू जी चौकन्ने हो जाते हैं। चाय और कुछ बिस्किट लेकर नौकर कमरे में आते हैं। फ़िराक़ और रामहरख आमने-सामने कुर्सी पर बैठकर चाय पी रहे हैं। चाय पीने के बाद रामहरख चाय के बर्तन लिये हुए अन्दर के बरामदे में जाते हैं। उनकी नज़र भीगते हुए कारपेट पर पड़ती है। चौंक पड़ते हैं। कहते हैं, बड़ा ग़ज़ब हो गया। इतना महँगा कारपेट नास हो गया। फ़िराक़ खिड़की से आँगन में झाँकते हैं। सर पकड़कर बैठ जाते हैं। गुस्से से चेहरा तमतमा जाता है। रोज़ की तरह आज भी शाम आती है। फ़िराक़ के कमरे में आग की अँगीठी जलाकर रख दी जाती है। मेज़ पर शराब की बोतल, पानी का जग और गिलास। दो-चार लोग बैठे हैं। रामहरख को भी फ़िराक़ ने बुला लिया है। सर्दी बढ़ती जा रही है। फ़िराक़ बातें कर रहे हैं। फ़िराक़ खोये-खोये लगते हैं। अंग्रेज़ी के प्रोफेसर आर.एन.देव भी आ गये हैं। बात शेली और टैगोर की शायरी पर हो रही है। फ़िराक़ रामहरख से कहते हैं, “रिक्शा लाओ और अपने साथ कारपेट लेते जाओ। अब हम उसके लायक़ नहीं रह गये। वह अपमानित हो गया है। उसकी इज़्ज़त लुट गयी है। वह श्रीहत हो गया है। भीगा कारपेट भीगी हुई बिल्ली बन गया है।” उसे रिक्शे पर लादा जा रहा है। फ़िराक़ उसे मोहब्ब की नज़र से देखते हैं। फिर बातों में लग जाते हैं। देव साहब कहते हैं, “कारपेट कैसे भीग गया। अब इसे सूखने में महीनों लगेंगे।” फ़िराक़ कहते हैं, “माईजी की कृपा है।” फ़िराक़ कहते हैं, “यह कारपेट मुझे विजयलक्ष्मी पंडित ने दिया था।” मैंने इस कारपेट की तारीफ़ की थी, विजयलक्ष्मी जी ने उसे मेरे यहाँ भेजवा दिया था। रामहरख कारपेट लेकर चला गया। शाम गम्भीर होती जा रही है। फ़िराक़ काफ़ी शराब पी चुके हैं। यह रात क़यामत की रात होगी। गालियों के बादल उमड़ने-घुमड़ने लगे। फिर गालियों की भयंकर बारिश। लोग उठ चुके हैं। बस बहू जी, नौकर और मैं। फ़िराक़ को शान्त कराने की मेरी कोशिशें नाकाम सिद्ध हो रही हैं। मेरी घबराहट बढ़ती जा रही है। नौकर खाना लाता है। फ़िराक़ खाने की थाली हटा देते हैं। कह रहे हैं, “भूखा हूँ मगर खाना देखने का जी नहीं कर रहा है। मेरी शादी इस घिनौने नरक से हुई है।” मैंने कहा,

"हुज़ूर बात ख़त्म हो गयी। जो होना था हो गया। खाना खाइए और आराम फ़रमाइए।" फ़िराक़ कहते हैं, "आप तो बेहिस जड़ हैं। कोई मेरे दिल से पूछे। वो कारपेट मेरी आँखों का तारा था। उस पर मेरी आँखें टहलती थीं। ख़ैर, मैं तो शादी के मंडप में ही चिता बन गया था।" "गालियाँ थमीं तो बोले, "तुम खाना खा लो।" मैंने कहा, भूख नहीं है। मैं भी नहीं खाऊँगा।" फ़िराक़ कहते हैं, "न खाने की आप मुझे धमकी देते हैं।" अब सैलाबे बला मेरे ऊपर। जाहिल, गँवार, अशिक्षित, मूढ़ जाने क्या-क्या कह रहे हैं। बीच-बीच में शेर भी पढ़ते जा रहे हैं। अँगीठी की मेज़ हटाने की कोशिश करते हैं तो अँगीठी गिर पड़ती है। मैं अपनी कुर्सी से उठ जाता हूँ। मगर कुछ चिनगारियाँ मेरे पैर पर गिर पड़ती हैं। नौकर आग बुझाता है। फ़िराक़ का गुस्सा भी ठंडा हो जाता है। नौकर से कहते हैं, "छोड़ो-छोड़ो, दौड़ो और जाकर कच्ची आलू पीसकर लाओ और बाबू के पैर पर पोत दो।" फ़िराक़ को पछतावा होता है। कहते हैं "I am sorry Ramesh, I am sorry." मैं, कहता हूँ, "कुछ नहीं हुआ हुज़ूर।" फिर फ़िराक़ कहते हैं जले पर पेशाब कर दो। जाओ बाहर के बरामदे में। मैंने वही किया। आराम तो मिला मगर एकाध छाले पड़ ही गये। फ़िराक़ पश्चात्ताप की मूर्ति। फिर कहते हैं, "खाना लगाया जाय मेरे लिए भी और बाबू के लिए भी।" फ़िराक़ कहते हैं, "देखो एकाध चिनगारियाँ भी कितनी तकलीफ़ देती हैं। महसूस किया न आपने। ज़रा मेरी सोचिए। सारा जीवन प्रतिक्षण नरक की भयानक आग में भुना जाता रहा हूँ, और यह प्रक्रिया मौत और उसके बाद भी चलती रहेगी।" खा-पीकर फ़िराक़ सो रहे। रात हो गयी।

मैं अपने कमरे में जाता हूँ। बहू जी नौकर के साथ मेरे कमरे में आती हैं। कहती हैं, "रमेश बाबू, मैं सोच रही थी कि अच्छा है कारपेट धुलकर साफ़ हो जायेगा। मैंने तो ठीक किया मगर वे नाराज़ हो गये। बहुत गुस्सा वाले आदमी हैं। इनकी माँ भी बताती थीं कि बचपन में भी बहुत ज़िद्दी और गुस्सेवाले थे। ज़रा-सी बात पर बोलना छोड़ देते थे। सबसे लड़ जाते थे। किसी से डरते नहीं थे। अगर आप जल न गये होते तो ये रात भर बिगड़ते रहते।" रात गरुआ चली थी। मुझे नींद आने लगी थी। बहू जी अपने कमरे में चली गयीं। मैं रज़ाई में दुबक कर सो गया।

दूसरा दिन आया। गालियों से सुबह शुरू हुई। फिर फ़िराक़ अपने को कोसने लगे। "मैं किसको गाली दे रहा हूँ। उसके ऊपर तो कुछ असर ही नहीं। गू के तोबड़े को क्या गाली देना। मगर तोबड़ा तो मेरे गले में बाँध दिया गया है।" थोड़ी देर में फ़िराक़ नरम पड़ जाते हैं। कहते हैं, "तुम सोचते होगे कि मैं बड़ा बद इंसान हूँ। अगर ऐसा सोचते हो तो ठीक ही सोचते हो। मेरी गालियाँ तो दुनिया सुनती है। मेरी पीड़ा, मेरी कराह कौन सुनता है।" मैंने कहा, "सर" मैं आपको बुरा इंसान नहीं समझता हूँ। आप मेरे गुरु हैं। गुरु क्रोधी भी हो सकता है। मारपीट करने वाला भी

हो सकता है। आपके विषय में मैं कौन हूँ फ़ैसला करने वाला। मेरे लिए आप पूज्य हैं और गुरुपत्नी भी पूज्य हैं। "यह सुनते ही फ़िराक़ का पारा चढ़ जाता है। घंटे भर मेरे ऊपर क्रोध की आग बरसती रही, मगर मैं ज़रा भी जला नहीं। जब फ़िराक़ मुझसे नाख़ुश होते थे और डाँटते-फटकारते थे तो मैं अपने को अलग कर लेता था। मैं रामचरितमानस के रस-सागर में ग़ोताज़नी करने लगता था। तुलसी बाबा का आश्वासन 'होई सुखी जो यहि सर परई' बहुत था मेरे उद्धार के लिए। फ़िराक़ मुझे डाँटते-फटकारते ज़रूर थे मगर गालियाँ कभी नहीं देते थे। मैं क्रोध की वर्षा का रुख़ अपनी ओर इसलिए मोड़ लेता था कि बहू जी को कुछ आराम मिल जाये।

कारपेट देव तो घर से निकल गये। उनकी याद फ़िराक़ को सताती रही और गाली बन-बनकर बहू जी और नौकरों को डराती रही।

बहू जी के पेट में दर्द है। गैस बन रही है। परेशान हैं। नौकर आकर ख़बर देता है कि बहू जी बीमार हैं। फ़िराक़ मुझे अन्दर भेजते हैं। मैंने गैस से उठने वाली तकलीफ़ का जिक्र किया तो बोले, "भागकर जाओ सरस्वती प्रसाद के यहाँ। अभी वो घर पर ही होंगे।" मैं डॉक्टर सरस्वती प्रसाद के यहाँ गया। बोले, "क्या है मिस्टर रमेश। डॉक्टर साहब सब को मिस्टर ही कहकर सम्बोधित करते हैं। मैंने उन्हें बहू जी की बीमारी के बारे में बताया तो बोले "यह तो उनका पुराना मर्ज़ है।" एक शीशी में कुछ गोलियाँ दीं और कहा, "पाँच-पाँच गोली दो-दो घंटे पर खाती रहें।" फ़िराक़ मेरा इंतज़ार कर रहे थे। मैंने कहा, "दवा मिल गई।" बहू जी को समझा दिया कि पाँच-पाँच गोलियाँ दो-दो घंटे पर खा लिया करिए। शाम को फ़िराक़ साहब और डॉ. सरस्वती प्रसाद साथ-साथ विश्वविद्यालय से आते हैं। डॉक्टर साहब अन्दर चले गये बहू जी का हाल पूछने के लिए। फ़िराक़ ने कहा, "रमेश तुम भी डॉक्टर साहब के साथ जाओ। जो कुछ कहें, जो परहेज़ वग़ैरह बतायें, ठीक से समझ लेना। माताजी की समझ में तो कुछ आयेगा ही नहीं।" तकलीफ़ में कुछ कमी तो थी मगर एकदम आराम नहीं मिला था। बहू जी ने कहा, "अगर हुक्का पीने को मिल जाय तो आराम मिल सकता है।" डॉक्टर साहब ने भी आकर कहा कि एक हुक्का मँगा दीजिए। गैस से आराम मिल सकता है। फ़िराक़ ने मुझसे कहा, "बेटा, उठ जाओ फ़ौरन, चार हुक्के ले आओ। एक तुम्हारी बहू जी के लिए, एक मेरे लिए, एक तुम्हारे लिए और एक पंचायती।" मैंने कहा, "मुझे मालूम नहीं कि हुक्का कहाँ मिलता है और अच्छे और कम अच्छे हुक्के की पहचान भी मुझे नहीं है।" "अच्छा भाई शाम को शफ़ीक़ की दूकान पर मछली बाजार के पास चलेंगे। वहीं सब कुछ मिल जायेगा।" शाम को हमलोग शफ़ीक़ साहब (ऐनुद्दीन बीड़ीवाले) के पास पहुँच गये। शफ़ीक़ साहब नूह नारवी के शागिर्द थे। नूह नारवी साहब दाग़ देहलवी के शागिर्द थे। शफ़ीक़ साहब के यहाँ ही नूह नारवी साहब से कई बार मुलाकात हो चुकी थी। फ़िराक़ को

देखते ही शफ़ीक़ खुश हो जाते हैं। छूटते ही फ़िराक़ ने कहा, "भाई शफ़ीक़ चार हुक्के बहुत उम्दा क़िस्म के तैयार करा दीजिए। कम से कम एक हुक्का तो आज ही मेरे साथ कर दीजिए। रमेश जी की बहू साहिबा को पेट की तकलीफ़ है। उन्हें गैस फ़ारमेशन होता है।" शफ़ीक़ साहब ने पूछा, "रमेश साहब की बहू कौन है?" फ़िराक़ बोले, "वही जिन्हें लोग मेरी बीवी कहते हैं और जिनका साया मेरे ऊपर मौत की तरह मँडराता रहता है।" तुरन्त एक आदमी को भेजकर एक उम्दा-सा हुक्का साथ में दो चिलम और ज़ायकेदार ख़ुशबूदार ज़ाफ़रानी तम्बाकू वग़ैरह सब कुछ मँगा लिया गया। चाय पी गयी। शायरी का दौर शुरू हुआ और ख़त्म भी हो गया। दो-ढाई घंटे गपशप करने के बाद हुक्का, चिलम और तम्बाकू लिये फ़िराक़ बैंक रोड लौट आये। हुक्का ताज़ा किया गया, चिलम भरी गयी और बहू जी के सामने रख दिया गया। बहू जी गुड़गुड़ाने लगीं। दस-बीस कश लेने के बाद पेट का दर्द काफ़ूर हो गया। उन्हें आराम आ गया। दो दिन बाद शफ़ीक़ साहब का आदमी तीन हुक्के, आठ-दस चिलम और ख़ुशबूदार तम्बाकू पहुँचा गया। अब हुक्के का दौर शुरू हुआ। गोरखपुर से, ग़ाज़ीपुर से तम्बाकू मँगाया जाने लगा। दिलबहार तम्बाकू। पूरा माहौल गमक उठा। एक मुलाज़िम से अब काम चलने वाला न था। एक हुक्काबरदार रक्खा गया। उसका काम सिर्फ़ हुक्का भरना था। उसकी तनख़्वाह थी पचास रुपये महीने। दो घंटा सुबह और दो घंटा शाम। उसकी ग़ैर हाज़िरी में यह काम घर का मुलाज़िम करता था। फ़िराक़ के पड़ोसी थे डॉ. रफ़ीक़ हुसैन उर्दू विभाग के रीडर। उन्हें भी हुक्के का शौक़ था। कभी-कभी वे भी आकर ज़ाफ़रानी तम्बाकू का लुत्फ़ उठाते थे। बहू जी के हुक्के को कभी-कभी बारिन भी इस्तेमाल कर लेती थी। एक बार फ़िराक़ की नजर पड़ गयी। आँगन में मचिए पर बैठी बारिन हुक्का पी रही थी। फ़िराक़ गुस्से से लाल-पीले हो गये। चिल्लाने लगे। "छीन लो हुक्का। दर्द से कराह-कराह के मर जाए मुझे कोई ग़म नहीं। नौकर-नौकरानियों के लिए हुक्का नहीं मँगाया गया है। देखिए साहब जिस हुक्के का इस्तेमाल वह (बहू जी) करती है, उसी को सागर पेशा में रहने वालियाँ भी मुँह लगाती हैं। हद हो गयी। सफ़ाई का ज़रा भी ख़याल नहीं। वही स्तर है इसका और इसके पूरे खानदान का। जगदम्बा ने मुझे बरबाद कर दिया। मिटा डाला। सूअर की औलाद। उसके ख़ानदान की जो हालत हुई वो जगज़ाहिर है।" जगदम्बा साहब ही फ़िराक़ की शादी में अगुआ थे। स्साले ने मेरे ख़ानदान को धोखा देकर शादी करायी थी। बेटा मिट के रह गये। ले लपक के। अल्लाह की लाठी में आवाज़ नहीं होती। बारिन तो भाग खड़ी हुई। बहू जी आँधी में पत्ते की तरह थरथर काँपने लगी। कहने लगी, "मैंने बारिन से कहा था कि छिपा के हुक्का पियो। अब मेरा हुक्का छिन जायेगा। बड़ी तकलीफ़ होगी। ख़ैर गुस्से का बुख़ार उतरा तो मैंने कहा, "सर, अब ग़लती तो हो ही गयी। बहू जी बहुत सीधी स्वभाव की हैं। वे इनकार

न कर सकीं। हुक्का उन्हीं के पास रहने दीजिए। हुक्का न पी पाने से उन्हें तकलीफ़ हो जायेगी। फ़िराक़ चिढ़ गये। बोले, "कौन हरामज़ादा उनसे हुक्का वापस ले रहा है। पंडित जी महाराज, आप अपनी सीमा में रहना सीखिए। आप मेरे बाप बनकर उपदेश मत दीजिए। एक बीवी मिली जहालत और गँवरपन की अवतार। एक शिष्यनुमा दोस्त मिला तो व्यास-गद्दी पर आसीन उपदेशक। माता जी ऐसे ही लोगों को भेजेंगी मेरे पास। मैं क्या करूँ? कहाँ भाग जाऊँ कि धरती की मूर्ख औलादों से जान बचे। बात ये है रमेश साहब, तम्बाकू में पैसा लगता है। मेरी हैसियत इतनी नहीं है कि मैं सागर पेशा में रहने वालियों के लिए भी तम्बाकू का इन्तज़ाम करूँ। इसी काम के लिए एक नौकर भी रखना पड़ा है। मैं कोई नवाब नहीं हूँ। जाइए बहू जी को समझा दीजिए कि मेरे ऊपर करम फ़रमायें।" डाँट-फटकार कर फ़िराक़ शान्त तो हो गये मगर ग़म ने चेहरे को धूमिल बना दिया। दुखभरी आवाज़ में बोले, "सिर्फ़ सीधा होना बहुत बड़ा गुण नहीं है। सीधी तो यह दीवार भी है। तो क्या मैं उसे अपनी बीवी बना लूँ। हाँ, एक बात सुन लीजिए। बरबाद शुदा आदमी से कम से कम क्रोध करने का हक़ तो न छीना जाय। तुम अपने को इनवाल्व न करो। तटस्थ होकर देखते रहो, सुनते रहो। देखो हमारे तुम्हारे बीच एक कुम्हार और कच्ची गीली मिट्टी का सम्बन्ध है। मेरा काम थपथपा कर गीली मिट्टी के लोदें को एक ख़ूबसूरत शक्ल में ढालना है। यही काम प्रकृति का भी है। तुम्हें मौत से, ज़िन्दगी से, ख़ुशी से, गम से, पीड़ा से, उल्लास से, नेकनामी से, बदनामी से, आकाश की चोटी से, पाताल की गहराई से हर जगह से होकर गुज़रना है। यह काम प्रकृति अपने तरीक़े से करती है। नरक स्वर्ग को बग़ल में दबाये गुज़र जाना है। दोनों से होकर दोनों से बेनयाज़। याद रखना, मैं तुम्हें उन आज़माइशों से नहीं गुज़रने दूँगा, जहाँ तुम्हारा अस्तित्व ही समाप्त हो जाये। God brings men into deep waters not to drown them but to cleanse them. शराब से मैं ऊब चुका हूँ। 'मय से ग़रज़ निशात है किस रूप सियाह को।' मैं एक कमज़ोर आदमी हूँ। कोई साधक नहीं, कोई सिद्ध नहीं, कोई योगी नहीं। मेरी कमज़ोरियों को एक मामूली आदमी की कमज़ोरी समझना। मुझे सुपरमैन न समझा जाय। मैं साधारण आदमी हूँ। साधारण आदमी से गुस्सा करने का साधारण अधिकार न छीना जाय। मुझे आराम मिला कि हुक्के ने तुम्हारी बहू जी को आराम पहुँचाया। लेकिन साहब, मेरे दर्द का कोई इलाज नहीं है। वह दर्द जो बदसूरती की कोख से पैदा होता है। ला इलाज दर्द। बदसूरती सिर्फ चमड़ी की नहीं होती। दिमाग़ी बदसूरती बड़ी ख़तरनाक होती है। उसी का शिकार हूँ मैं रघुपति सहाय फ़िराक़ गोरखपुरी।

फ़िराक़ लॉन में बैठे हुए शराब पी रहे हैं और अपनी पत्नी को कोस रहे हैं। जाने क्या-क्या बड़ाबड़ा रहे हैं। कह रहे हैं, "इसके पाँव रखते ही मेरे पिता की इनकम

आधी रह गयी। हमारे घर की यह रस्म थी कि नयी बहू सबके लिए पान लगाती है। लोग पान खाते हैं और कुछ विशेषकर रुपया वग़ैरह देते हैं। इसने पान लगाया। पान खाते ही लोगों की जीभ कट गयी। चूने की खानों की खानें भर दी गयी थीं पान में। मेरे पिता जी दुख की मूरत बन गये। ऐसी हैं माताजी। आँगन में सोती थीं तो देर से उठती थीं। मैंने कह रखा था कि तुम जल्दी उठ जाया करो। मेरे उठ जाने के बाद भी माता जी सोती ही रहती थीं। सोने में शरीर का ध्यान नहीं रहता था। पिताजी ने मेरी माँ से कहा कि बहू से कह दीजिए कि कपड़ों का ध्यान रखा करें। जब उसकी विदाई हो रही थी तो यह पालकी में टेढ़े होकर बैठी थी। उसके बाप ने कहा—सीधे बैठ। बैठना सीख। ऐसा तो खानदान था माई जी का। जब-जब मैं इसके साथ हमबिस्तर होता था, उसी रात को स्वप्नदोष भी हो जाया करता था। यह घृणा की पराकाष्ठा है। जगदम्बा सूअर की औलाद ने मेरे खानदान को धोखा देकर यह शादी नहीं बरबादी करायी थी। कुत्ते का पिल्ला, कुत्ते की मौत पायी। पूरा खानदान बदचलनी का अवतार, नीच, पतित, हरामज़ादा, सेंध मारने वाला सेंधिया, सूअर का ज़ना। मिट के रह गये बच्चू। दूसरे को मिटाओगे तो मिट के रह जाओगे। पापी। ख़ैर मैं क्यों गालियाँ दूँ। मैं क्यों बुरा-भला कहूँ किसी को। मेरी तकदीर में तो माताजी थीं। फ़िराक़ तुम बड़े नीच हो। जैसा कभी किया था वैसा पाया। अब रोने से क्या होता है। चुप करो। हो सकता है कि मेरी कला में, मेरी शायरी में इसका भी कुछ रोल हो। God is very cruel. नहीं, कठोर नहीं, निर्दयी नहीं अल्लाह मियाँ तो बेनयाज़ हैं, तटस्थ हैं। घोर से घोर पापी, दुराचारी, पतित से पतित वेश्या और सती नारी और महान् से महान् साधु और धर्मात्मा उसकी निगाह में समान हैं। यही तो लीला है। यही तो समत्व भाव है। मगर साहब, मैं तो मिटकर रह गया। अल्ला मियाँ की अल्लाह मियाँ जानें। मैं तो बरबाद होकर रह गया। रमा, विष्णु-प्रिया, सीता, राम की सुन्दर अलौकिक माया, पार्वती शिव की प्राणप्रिया जिसकी लाश को लेकर भूतेश पागलों की तरह घूमते रहे। अगर इन महाशयों को माताजी की तरह पत्नियाँ मिलतीं, तो धरी रह जाती सारी ख़ुदाई। मिट के रह जाते। फिर यह सृष्टि रचना, घृणा-रचना होती, नरक-रचना होती। सारी ख़ूबसूरती खुद ले बैठे और सारी कुरूपता, सारी बदसूरती दे दी बाबू रघुपति सहाय फ़िराक़ ग़ोरखपुरी को बीवी की शक्ल में और कहा कि रूप की रुबाइयाँ लिखिए। एक ख़ूबसूरत दुनिया शायरी में रचिए। मैं नहीं चाहता था शायर बनना। मैं विद्वान्-उद्वान् वग़ैरह कुछ भी नहीं बनना चाहता था। मैं एक ए.जी. ऑफ़िस का बाबू बनकर साधारण घर-गृहस्थ बनना चाहता था। प्यारी-प्यारी पत्नी, प्यारे-प्यारे बच्चे, जिनको मैं प्यार करता, जो मुझे प्यार देते। बस।" यह सब फ़िराक़ आकाश को मुख़ातिब करके कह रहे थे। मैं सब कुछ नोट कर रहा था। मेरा दिल भर आया। खुद फ़िराक़ की आँखें नम हो गयीं। वहाँ बैठे

हुए एक शायर साहब ने फ़रमाया कि फ़िराक़ साहब अगर आपकी बीवी इतनी बदसूरत हैं, इतनी जाहिल हैं तो आपने दूसरी शादी क्यों नहीं की। शादी कर लेते, आराम की ज़िन्दगी बसर करते। यह तो बड़ी आसान-सी बात थी। तलाक दे देते। फ़िराक़ का ध्यान टूटा तो धरती पर आ गये। आग बरसाने वाली आँखों से शायर साहब को घूरा तो शायर साहब कुछ उसी तरह काँप उठे जैसे कामदेव काँप उठा था शिव की तीसरी आँख खुलते ही। क्रोध बरसने लगा। बोले, "आप कौन होते हैं मेरी बीवी को बदसूरत और जाहिल कहने वाले। बदसूरत दिमाग़ और दिल रखने वाले शायर साहब। ग़नीमत है कि आप मेरी बीवी बनके नहीं पैदा हुए। आप पर नज़र पड़ते ही आपकी गर्दन धड़ से जुदा कर दी जाती। सूअर का गू ऐसा चेहरा और दिमाग़ और शायरी के मालिक, मैंने आपकी राय माँगी थी क्या। यहाँ इतने लोग बैठे हैं मगर बदसूरत आवाज़ में, बदसूरत ज़ुबान बोलने वाला पतित व्यक्ति आप ही निकले। रहा ही नहीं गया बिना बोले।" शायर साहब उठ के जाने लगे तो फ़िराक़ ने कहा, "बैठिए जनाब, बैठिए। चाय पीजिए। अब आप का दिमाग़ बदसूरत है तो है। मैं क्या कर सकता हूँ और आप भी क्या कर सकते हैं। बात समझा करिए। आपको कोई हक़ नहीं पहुँचता ऐसे नाज़ुक मामलात में दख़ल देने का। वैसे आप शरीफ़ आदमी हैं। शरीफ़ आदमी भी बेवक़ूफ़ हो सकता है। कभी-कभी ऐसी हरकत रमेश साहब भी कर बैठते हैं। मैं जानता हूँ, उनको मेरा मेरी बीवी को डाँटना-फटकारना अच्छा नहीं लगता। बीच में उपदेश देने लगते हैं। यह ब्राह्मणों का स्वभाव है। और बेचारे मेरे गुस्से का पहाड़ अपने सीने पर ले लेते हैं। शायर साहब, आप मुझे बुरा-भला कह लीजिए मगर मेरी बीवी को बचाए रहिए अपनी बदसूरत शायरी से। हाँ, एक बात जो आपने कही कि मैं दूसरी शादी कर लेता और मज़े की ज़िन्दगी बसर करता तो सुन लीजिए। शादी नहीं, विवाह तो एक बार होता है बस एक बार। सिन्दूर की पवित्रता नापाक हो जाती एक पत्नी की उपस्थिति में दूसरी माँग में पड़ते ही। शादी एक भावात्मक रिश्ता है, आत्मिक सम्बन्ध है। शारीरिक बदलाव या हेरफेर नहीं है विवाह। यह कपड़ा नहीं है कि पसन्द न आया तो बदलकर दूसरा ले लिया। दूसरी शादी बासी या सड़ा हुआ भोजन है। आत्मनिष्ठ पुरुष के लिए दूसरा विवाह आत्महनन है। दूसरी शादी का विचार आते ही भावनात्मक और आध्यात्मिक जीवन मरुभूमि बन जाता है, रसहीन हो जाता है। और फिर आप दूसरी औरत के साथ गुलछर्रे उड़ायेंगे और उसकी सोचिए वह गऊ किसके खूँटे जायेगी। मरकही हो, दूध न देती हो, कुरूप हो मगर गऊ को कसाई के हवाले करना कहाँ की शराफ़त है। मैं अपनी बीवी को डाँटता-फटकारता हूँ, गालियाँ देता हूँ, भला-बुरा कहता हूँ यही मेरी अपूर्णता है, कमजोरी है, अदूरदर्शिता है। काश, मैं अपनी कमज़ोरियों से ऊपर उठ सकता। काश, अल्ला मियाँ मुझे वो आँख और दिल देते कि वो मुझे कुरूप लगती

ही न। अपनी पत्नी के प्रति इसी मेरे निन्दनीय व्यवहार ने मुझे दुनिया भर में बदनाम कर रखा है। मगर साहब बदसूरती जानलेवा तो हो ही सकती है और हस्सास इंसान के स्वभाव को भी बदसूरत तो कर ही सकती है।" शायर साहब की ऐसी-तैसी करके फ़िराक़ नार्मल हुए तो फ़रमाने लगे, "हाँ, जनाब कुछ शेर सुनाइए अपने।" शायर महोदय ने कहा", "अब किस दिल से शेर पढ़ूँ। आपने तो दाद पहले ही दे दी।" फ़िराक़ ने कहा, "पढ़ो भाई पढ़ो। बाक़ी दाद बाद में दे दी जायेगी।" शायर साहब खुशी से झूम-झूम कर तरन्नुम के साथ पढ़ने लगे। लोग वाह-वाह कर रहे थे। शायर साहब फ़िराक़ की तरफ़ देख रहे थे कि शायद कुछ दाद मिल जाय तो वे धन्य हो जायँ। शायरी ख़त्म हुई। फ़िराक़ ने कहा, "और बेहतर कहने की कोशिश करो।" शायर साहब ने कहा, "हुज़ूर प्रसाद के रूप में कुछ लिख दीजिए।" "ना बाबा ना, यह गुनाह मैं नहीं करूँगा। मुझमें गुनाह कम नहीं हैं, कि एक गुनाह का इज़ाफ़ा अपने गुनाहों की तादाद में और कर लूँ।" इतने में हीरा साहब फ़िराक़ के मुलाज़िम हाज़िर हो गये। फ़िराक़ की नज़र पड़ी तो चौंककर बोले, "क्या है हीरा।" बहू जी कह रही हैं कि हल्दी और नमक नहीं है। यह सुनते ही फ़िराक़ साहब ने उग्र रूप धारण कर लिया। मिटा डाला इस औरत ने मुझे। बताइए हल्दी-नमक नहीं है, तो मैं क्या करूँ। अभी कल ही महीने भर का सामान मँगाया गया है। रमेश ने सामान की लिस्ट पढ़कर सुनायी थी। शायद सामान भी मँगवाए जा चुके हैं। और अगर नहीं भी हैं तो मुझे क्यों बताया गया। माताजी के पास पैसे हैं। तुम बाज़ार जाकर ले क्यों नहीं आये। रमेश से यह क्यों नहीं बताया गया। अब बताइए साहब, मैं क्या करूँ। शायरी सँभालूँ कि हल्दी नमक लाऊँ। अभी फ़िराक़ की बरबादी पूरी नहीं हुई शायद।" फिर गालियाँ। मैं अन्दर गया तो बहू जी ने बताया कि हल्दी नमक सब है। मैं कहीं रख के भूल गयी थी। मैंने आकर फ़िराक़ से कहा कि साहब ख़ता तो मुझसे हुई कि हल्दी और नमक का पैकेट मेरे कमरे में पड़ा रह गया। सामान लिस्ट से मिलवा रहा था कि ये दोनों चीज़ें मेरे कमरे में ही रह गयीं। अब फ़िराक़ मेरे ऊपर बरस पड़े। बोले, "माता जी का प्रभाव मेरे पास ऐसे ही लोगों को भेजेगा जो उसी की तरह हों।" फिर बोले "पंडित जी महाराज, सिर्फ रामायण और गीता तोते की तरह रट लेने से ही काम नहीं चलता। जीवन जीने के लिए बड़ी सजगता की आवश्यकता है। गाँव में रहना ठीक है। गाँव बड़ा भोला होता है मगर गँवरपन से बचिए। ग्रामीण दोषों से बचने की कोशिश कीजिए। होशियारी सावधानी भी ज़रूरी हैं।"

फ़िराक़ क़ाफ़ी देर तक अपनी बीवी को गालियों से और कड़ुवाहट से नवाज़ते रहे। गाली देकर हल्के हुए तो आराम की साँस ली। थोड़ी देर में डॉ. सईद साहब, जो फ़िराक़ के पड़ोसी थे और फ़ारसी के हेड थे, तशरीफ़ लाये। डॉ. सईद अंग्रेज़ी बहुत अच्छी बोलते थे। फ़िराक़ साहब ने डॉ. साहब का ख़ैरमकदम किया। डॉक्टर

साहब ने कहा, "फ़िराक़ साहब ये बताइए कि क्या यह मुमकिन नहीं है कि एक शख़्स अच्छा घर-गृहस्थ भी हो और हाई क्लास की शायरी भी करे या और दीगर फुनूने-लतीफ़े की तख़लीक़ करे।" फ़िराक़ चौंके और बोले, "सईद साब आपको यह सब कहाँ से सूझा। आपका सवाल बड़ा ही गहरा और ख़ूबसूरत है। सुनिये शायरी तो फाँसी के तख़्तों पर भी रची जा सकती है। मौत की घनघोर पीड़ा के वक्त भी अमर शायरी हो सकती है। क्राइस्ट ने सूली पर ही तो अमर काव्य की रचना की थी। Father forgive them for they do not know what they do और सुकरात ने विष के प्याले में भी कविता का शुद्धतम रूप देखा था। शायद आपको शिव की हलाहलनोशी नहीं मालूम। ऐसी विशुद्ध और ख़ूबसूरत शायरी तो कभी रची ही नहीं गयी। यह याद रखिए कि अज़ीम शायरी हलाहलनोशी ही है मगर ऐसा विषपान जो अनन्त जीवन दे जाता है। राम की सारी जीवन-लीला विषपान की कथा ही तो है। एक क्षण चैन से बैठने नहीं पाये। बचपन से ही जंगलों की ख़ाक छानते फिरे। दर-बदर भटकना ही समझदारी है। हर इंसान दर बदर भटकता जा रहा है और ख़ूबसूरत-शायरी रच रहा है और रचता रहेगा। ज़िन्दगी अपने से बिछड़ गयी है और उसे अपनी ही तलाश है। बड़ी दुखभरी कहानी है सईद साहब और बड़ी सुकून बख़्श भी। हाँ, आपके सवाल का जवाब तो हुआ ही नहीं। शायद ऑस्कर वाइल्ड ने कहा था या किसी और ने। मगर बहुत ठीक ही कहा था—The domestic virtues are not the true basis of art, though they may serve as an excellent advertisement for second rate artists.

फ़िराक़ अभी कुछ और कहने ही वाले थे कि डॉक्टर साहब उठ गये। उनका मुलाज़िम बुलाने आया था। डॉ. साहब ज़नमुरीदी के शिकार थे। एक ख़ूबसूरत सवाल का ख़ूबसूरत जवाब बीच में ही लटका रह गया।

आज दिन आराम से गुज़र गया। हँसते-बोलते, खाते-पीते, लतीफ़ों के बीच। रात भी इसी तरह गुज़र जाय तो ऊपर वाले की मेहरबानी। शाम से ही महफ़िल गरम है। एजाज़ हुसैन साहब, उर्दू के हेड और दो-चार स्थानीय और एक-दो बाहरी। एजाज़ साहब फ़रमाते हैं कि फ़िराक़ साहब आप (एक साहब की तरफ इशारा करके) अच्छे शायर हैं। इनका कलाम छपने जा रहा है, चन्द अल्फ़ाज़ लिख दीजिए। एजाज़ साहब ने शायर साहब से कहा कि जनाब एकाध ग़ज़ल या चन्द अशआर पढ़ें। फ़िराक़ ने कहा, "इसकी क्या ज़रूरत है। आपने तो इनकी ग़ज़ल सुन ही ली होगी।" "जी हाँ। अच्छा कहते हैं।" "किसी दिन लिख दूँगा। आज हल्की-फुलकी बातें की जाएँ। रमेश एजाज़ को कुछ खिलाओगे नहीं।" मैंने कहा, "आप लोग जो हुक्म फ़रमायें।" "हाँ, मियाँ डॉक्टर सईद ने क़ीमा भेज दिया था। उसका क्या हुआ?" मैंने पता किया तो पता चला कि कबाब सेंकने की तैयारियाँ हो रही हैं। चने की दाल

और मसाले के साथ क़ीमा उबाल लिया गया है और पीसा जा रहा है। फिर सेंके जायेंगे कबाब। एजाज़ साहब ख़ुश हो गये। बोले, "रमेश, जैसा कबाब फ़िराक़ के घर बनता है वैसा तो मैंने कहीं खाया ही नहीं। फ़िराक़ साहब, आप इस मामले में बड़े ख़ुशनसीब हैं। आपकी बीवी बहुत उम्दा खाना पकाती हैं।" फ़िराक़ साहब के चेहरे पर थोड़ी ख़ुशी आ गयी। फिर बोले, "एजाज़ साहब, उसे तो कुछ पकाना नहीं आता था। मेरी बहनों ने ट्रेंड किया है उसे।" मुझे फ़िराक़ की बात अच्छी नहीं लगी। अगर वो इसे मान लेते तो फ़िराक़ का क्या घट जाता। मुझसे नहीं रहा गया और बिना अंजाम की परवाह किये मैं बोल बैठा कि हुज़ूर शुरू-शुरू में तो सबको सीखना पड़ता है। मगर जो स्त्री अच्छी तरह सीख ले उसकी भी तो तारीफ़ होनी चाहिए। कभी न कभी किसी न किसी स्टेज पर सब को गुरु की आवश्यकता होती है। बहू जी की तरह शायद ही कोई खाना पकाता हो। मैंने कह तो दिया मगर डर भी गया कि मैं यह क्या कर बैठा। फ़िराक़ ने कहा था कि रमेश, अपनी सीमा में रहना सीखो। मैं तो सीमा लाँघ गया। फ़िराक़ ने कहा, "अच्छा साहब आप और आपकी माता बहुत नेक। मैं ही चमार हूँ। ज्ञानी शिष्य को प्रणाम।" ख़ैर लोगों की उपस्थिति का ख़याल करके फ़िराक़ यहीं रुक गये। गरमागरम सोंधा-सोंधा कबाब प्लेटों में रखकर सबके सामने हाज़िर कर दिया गया। कबाब क्या था, फ़िराक़ की ग़ज़ल थी। लोग तारीफ़ करते जा रहे थे। फ़िराक़ लोगों को ख़ुश देखकर ख़ुश थे। बोले, "कबाब वाक़ई बहुत ही उम्दा है।" फिर बोले, "रमेश साहब, कबाब मेरे लिए रात के खाने पर भी होना चाहिए।" मैंने कहा, बजा। कबाब और धनिया की चटनी आज भी याद करके मुँह में पानी आ रहा है। अब न वो दिन रहे न वो लोग। न फ़िराक़ साहब, न बहू जी, न कबाब, न वो महफ़िल। अब हम यादों के जाम चूमकर सूखे होठ भिगो लेते हैं। मुझे रह-रहकर अपनी बेवक़ूफी क्रोंच रही थी। तीर छूट चुका था। डाल का चूका बन्दर और बात का चूका आदमी। कभी-कभी हद के दायरे में रह पाना मुश्किल हो जाता है।

दिन की आँखें झपक रही हैं। शाम सर पर सवार है। डर लग रहा है। लोग खा-पीकर उठ गये। फ़िराक़ की मयनोशी शुरू हुई। फ़िराक़ होमर के इलियड और ओडैसी पर बातें कर रहे हैं। मैं काव्य-रस पी रहा हूँ। शराब पीना थोड़ी देर के लिए स्थगित। यहीं यह भेद खुला कि साहित्य के आनन्द का नशा कितना स्थायी और प्रभावशाली होता है। शराब पीछे छूट गयी। फ़िराक़ जिस अन्दाज़ में समझाते थे उसका जवाब नहीं। भाषा तो ऐसी कि रस छलकने लगता था। आऩन्द ऐसा कि बाँध-तोड़कर चारों तरफ बहने लगता था। "तुझे हम वली समझते जो न बादाख़्वार होता।" मगर अन्दर डर भी था कि अगर फ़िराक़ को मेरी धृष्टता याद आ गयी तो रस परिवर्तन होते देर नहीं लगेगी। मगर ऐसा कुछ नहीं हुआ। शराब गिलास में ढाली

गयी तो वो वहीं की वहीं धरी रह गयी। फ़िराक़ अब प्रियाम के एचलीज़ के पास जाकर हेक्टर की लाश माँगने का प्रसंग-वर्णन कर रहे हैं। करुणा का सागर उछाल पर था। होमर को बखानूँ कि फ़िराक़ को। आप इस ग़लतफ़हमी में मत रहिएगा कि मैं फ़िराक़ को होमर की बराबरी का मर्तबा दे रहा हूँ। मैं तो उस निमित्त की बात कर रहा हूँ जिसके माध्यम से मेरा परिचय होमर से हुआ। मैं चाहता था कि यह प्रसंग चलता रहे और आनन्द का सागर लहराता रहे। मगर मेरे चाहने से क्या होता है। प्रकृति का विधान तो प्रकृति का विधान है। माहिर साहब, जौहर बिजनौरी और शफ़ीक़ साहब तशरीफ़ लाये। वातावरण बदल गया। कल किसी मुशायरे में जाने की बात है। इधर-उधर की बात हो जाने के बाद फ़िराक़ ने कहा, यारो कुछ शायरी हो जाय। जौहर साहब ने अपना शेर पढ़ा—

फ़ज़ाये दह्र देखता हूँ, आज भी है मुज़्तरिब
दुखे हुए दिलों की दुख कहानियाँ लिये हुए।

लोग देर तक पढ़ते रहे, फ़िराक़ देर तक सुनते रहे। शफ़ीक़ साहब ने कहा, "फ़िराक़ साहब, आपका यह शेर दिलोजाँ में नश्तर की तरह उतर गया—

पलट रहे हैं ग़रीबुल्वतन, पलटना था
वो कूचा रुकशे जन्नत हो, घर है घर फिर भी।

हुज़ूर इसी तरह के कुछ अशआर पढ़ने की ज़हमत फ़रमाएँ।" फ़िराक़ ने मुस्कुराते हुए कहा, "हज़रात आप अपने-अपने ख़यालात का इज़हार इसी शेर पर करें।" लोग एक-दूसरे का मुँह ताकने लगे। बड़ी मुश्किल आन पड़ी। ख़ैर शफ़ीक़ साहब ने हिम्मत की। बड़े अच्छे शायर भी थे और सुखनफ़हन भी। उन्होंने कहा, "आदमी कहीं भी जाये उसे अपना वतन याद आ ही जाता है। अपना घर, अपना वतन जन्नत से भी बढ़कर होता है। इस शेर में हुब्बुलवतनी की तरफ़ इशारा किया गया है। दिन भर हम कहीं रहें, शाम को घर आना ही पड़ता है। मगर आपने जिस अन्दाज़ में शेर कहा है, उसका जवाब नहीं। माहिर साहब और जौहर की ओर फ़िराक़ ने नज़र उठायी तो उन्होंने कहा" "शफ़ीक़ साहब ने जो कुछ कहा वही हमारा भी ख़याल है और इस शेर का मफ़हूम भी यही है।" अब फ़िराक़ साहब मेरी ओर मुख़ातिब हुए। "रमेश मियाँ आप भी अपना ख़याल ज़ाहिर करें तो बड़ा काम होगा।" मैं एकदम सकते में आ गया। अब तक न तो फ़िराक़ ने कभी कुछ शेर-शायरी के बारे में मुझसे पूछा था और न मैं अपने को इस क़ाबिल ही समझता था। मैं तो फ़िराक़ की महफ़िल में सिर्फ श्रोता की हैसियत रखता था। मगर आज गुरुदेव को क्या सूझी कि मेरा इम्तहान ले बैठे। मैं बहुत बचना चाहा मगर मेरी एक न चली। बोले, "बताओ मियाँ बताओ। तुम्हें सूली पर नहीं लटकाया जा रहा है।" लोगों ने भी इसरार किया। मरता क्या न करता। बोलना ही पड़ा। मैंने कहा, "हुज़ूर बात तो वही है कि

जो शफ़ीक साहब ने फ़रमाया। लेकिन फिर भी इस शेर में दो मक़ाम काबिले-ग़ौर हैं पहला 'पलट रहे हैं' दूसरा 'पलटना था' में जो अनिवार्यता या मजबूरी या नैचुरल कशिश या कोई सूरत नज़र नहीं आती, का भाव है और उसे जिस अन्दाज़ में शायर ने बयान किया है उसका जवाब नहीं है। तीसरा मक़ाम हैं 'घर' यहाँ 'घर' के मानी बहुत वसीअ या विस्तृत हैं। इस लफ़्ज़े-'घर' में धरती और सातों आकाश के पर्दे शामिल हैं। हम अपने घर से दूर जाकर तन्हा हो गये हैं और दर-बदर भटकते जा रहे हैं। हमारा घर धरती पर सभी जानदारों के बीच था—जहाँ पशु-पक्षी, फूल, वृक्ष, पर्वत, निर्झर, आबशार, नदियाँ, हमारे भाई-बहन थे, जहाँ हमारी आवाज़ अपने ख़यालात और जज़्बात की गहराई के साथ जंगल (कायनात) की गुफ़्तगू या संवाद के साथ घुल मिल गयी थी, जिसे हम धरती-संगीत या अरण्य-संगीत भी कह सकते हैं। उसी घर की जानिब पलटना था और पलट रहे हैं। जदीद या माडर्न दुनिया की चकाचौंध करने वाली रौशनी भले ही अपने बाहरी रूप में स्वर्गीय लगती है। मगर घर तो घर है। देवत्व या उलूहियत का मरक़ज तो घर ही है। यह घर व्यक्ति का समष्टि में मिलकर एक हो जाना है।" लोग बड़ी तन्मयता से सुन रहे थे। माहिर साहब ने कहा, "रमेश बाबू तो फ़िलासफ़ी बोलने लगे।" शफ़ीक़ साहब ने कहा, "फ़िराक़ साहब की सोहबत ने रमेश साहब को कहाँ से कहाँ पहुँचा दिया।" अब लोगों ने कहा, "फ़िराक़ साहब आप अपने ख़याल से नवाज़ें। आपने क्या सोचकर ये शेर फ़रमाया था।" फ़िराक़ ने कहा, "रमेश का ख़याल सुनकर बड़ा इत्मीनान और आराम आया। बस इतना ही। अब मुझे शेर की तश्रीह करने की जरूरत नहीं है। मैं काफ़ी हद तक इनके ख़याल से इत्तिफ़ाक रखता हूँ।" लोग उठकर जाने लगे तो फ़िराक़ ने कहा, "कभी-कभी इसी तरह आ जाया करिए।" चाय पीने से लोगों ने पहले ही इनकार कर दिया था। शफ़ीक़ साहब ने मुझे अलग बुलाया और व्हिस्की की एक बोतल मेरे हवाले की और साथ में कुछ मिठाइयाँ और बिस्कुट भी। मैंने मिठाई वग़ैरह बहू जी को सौंप दिया और शराब फ़िराक़ को। फ़िराक़ ख़फ़ा हो गये। "अन्दर क्या दे आये?" मैंने कहा "मिठाई और बिस्कुट।" "आप बड़े जाहिल और गँवार आदमी हैं। आपको पहले हमें दिखाना चाहिए था। बात है कि गँवार को गँवारपन खींचता है।" मैंने कहा, "ख़ता हुई हुज़ूर। माफ़ फ़रमाइए।" फ़िराक़ साहब फिर एकदम शान्त हो गये। बोले, "रमेश ये छोटी-छोटी बातें बहुत मैटर करती हैं। इनकी बड़ी अहमियत है। ख़ैर ठीक है। एक तरफ़ तो तुम शेर इतनी गहराई में उतरकर समझते हो—दूसरी तरफ़ ये मामूली बातें तुम्हारी समझ में नहीं आतीं।" मैं मन ही मन ख़ुश हो रहा था। गुरुदेव ने पहली बार तारीफ़ की थी। मैं परीक्षा में पास हो गया था। मैं जानता था कि मैं तारीफ़ के क़ाबिल नहीं हूँ। गुरुदेव सिर्फ़ मेरी दिलजोई कर रहे हैं। मेरी हिम्मत अफ़ज़ाई कर रहे हैं।

अब बाक़ायदा मयनोशी शुरू हुई। रात के आठ बजने को आ रहे हैं। मैंने कहा, “अगर इजाज़त हो तो मैं चौराहे पर जाकर पान खा लूँ और आपके लिए भी लेता आऊँ।” “ज़रूर जाओ। मगर जल्दी आ जाना। मेरे लिए पान मत लाना।” पान खाकर लौटने में कुछ देर लग गयी। वापस आया तो देखा कि कोहराम मचा है। मैं पीछे के दरवाज़े से घर में गया तो पता चला कि चटनी नहीं है। नौकरों ने चाट डाली थी। बहू जी ने जानते हुए भी रोका नहीं उन्हें। भयंकर गालियों पर गालियाँ। मैंने नौकर से फ़ौरन कहा कि अमरूद की या आँवले की पत्तियाँ हरी मिर्च के साथ पीस दो। जल्दी करो। चटनी तैयार हो गयी। गालियाँ चल रही हैं। मैं फ़िराक़ के पास गया तो बोले, “पान खाने क्या महोबा चले गये थे? मैं इन्तज़ार करते-करते मरा जा रहा हूँ और आपकी ख़बर तक नहीं। भूख लग आयी थी। खाना माँग लिया। चटनी ग़ायब। बिना चटनी के मरा जा रहा हूँ। आपकी माता जी हमें भूखों मार डालेंगी। डाइन राम। घर बरबाद कर दिया। लड़का पैदा हुआ तो इम्बसील ख़फ़तलुहवास। ख़ुदकुशी कर ली। इल्ज़ाम मेरे सर पर मढ़ दिया गया। यह चमाइन मुझे बरबाद करने आयी है। रमेश साहब, आप इसके साये से बचे रहिए। देखिए चटनी चट कर गयी।” मैंने कहा, “नहीं हज़ूर, चटनी तो मैंने सँभालकर रख दी है। ग़लती ये हुई कि मैंने बहू जी को बताया नहीं।” मैं चटनी अन्दर जाकर ले आया। फ़िराक़ ने कहा, “आप पर भी माताजी का काफ़ी असर होता जा रहा है। आपको चटनी सँभालकर रखने की क्या ज़रूरत थी।” फिर बड़ी देर तक समझाते रहे। बोले, “मगर यार चटनी बड़ी ज़ायकेदार है।” दही में मिलाकर खा गये और सो रहे। बहू जी ने कहा, “रमेश बाबू जब तक ये रात का खाना खा न लें, आप कहीं मत जाया करिए। आप रहते हैं तो मुझे इत्मीनान रहता है।”

फ़िराक़ की शायरी में आधी रात का बड़ा विशद वर्णन है। उन्हें लोग शायरे-नीमशब कहते हैं। यह सब ठीक मगर आधी रात के पहले का वक्त बड़ा भारी होता था। अगर आराम से खा-पीकर फ़िराक़ सो गये तो आदमी की ख़ैर। शाम से दस बजे रात तक का वक्त बड़ा गराँ गुज़रता था अक्सर। फ़िराक़ शराब पी चुके थे। खाना आया। नौकर फुलके एक-एक करके दे रहा था। पहल नेवाला लेते ही फ़िराक़ थू-थू करने लगे। “यह फुलका नहीं है, कच्चा आटा मुँह में जा रहा है। यह चुड़ैल मुझे भूखों मार डालने के लिए आयी है। फुलके ठीक से सेंके जायँ।” जब फुलके ठीक से सेंक कर आने लगे तो फ़िराक़ फ़रमाते हैं, “ये फुलके हैं या जूते के तल्ले। जबड़े छिल गये। बाप रे बाप। इस औरत ने मेरी रोटियाँ छीन लीं। रमेश साहब खाइए और बताइए कि रोटी है कि सूखा हुआ चमड़ा।” मैंने एक फुलका खाया और कहा कि फ़िराक़ साहब, मुझे सख़्त ज़ुकाम हो गया है। कुछ पता ही नहीं लग रहा है।” “बात ये है कि आपको मोटी-मोटी रोटी मिल जाती है। खा-पीकर मस्त रहते हैं।”

मैंने कहा, "नहीं साहब बहू जी बहुत अच्छी रोटियाँ बनाती हैं। मैं इस मामले में झूठ नहीं बोल सकता।" "अच्छा साहब मैं ही चमार हूँ। अभी तक तो आपको ज़ुकाम नहीं हुआ था। अब ज़ुकाम हो गया। यह झूठ नहीं तो और क्या है। आप भी उसी की तरह हैं। देहाती गँवार। मैंने कहा, "हुज़ूर, आप बात-बात में बहू जी पर ख़फ़ा हो जाते हैं। मैंने आज तक उन्हें आपको जवाब देते नहीं सुना। अगर छोटी-सी कोई ग़लती हो भी जाय तो इसका मतलब यह तो नहीं कि आप उनको गालियों से नवाज़ें। मुझे बड़ा दुख होता है। हाँ, मैं झूठ बोल रहा था। आपको जो सज़ा देनी हो दीजिए।" फ़िराक़ साहब एकदम चुप। उन्हें विश्वास ही नहीं हो पा रहा था कि मैं इतनी निर्भीकता से बोल रहा हूँ। उन्होंने खाना छोड़ दिया और सो रहे। सारा नशा हिरन हो गया। मैं भी अपने कमरे में जाकर बे-खाये लेट रहा। एक घंटे बाद फ़िराक़ ने नौकर को आवाज़ लगायी। बोले, "शराब की बोतल उठा लाओ।" बेहद शराब पीने लगे। मैं पछता के रह गया। फ़िराक़ के सामने कभी ज़बानदराज़ी नहीं की थी। पता नहीं मुझे क्या हो गया था। फ़िराक़ ने नौकर से पूछा, "रमेश कहाँ है?" "अपने कमरे में" नौकर ने कहा। "बुलाओ उन्हें यहाँ। उन्होंने खाना खाया कि नहीं।" "नहीं", नौकर ने कहा। "चमाइन जी कहाँ हैं और क्या कर रही हैं।" "बहू जी खाना खा रही हैं।" मैं अपने कमरे से उठकर फ़िराक़ के कमरे में आ गया। मैंने सोच रखा था कि आज मैं चुप नहीं रहूँगा। भले ही मुझे यूनिवर्सिटी छोड़ देनी पड़े। 'आजु हौं एक एक कै टरिहौं।' फ़िराक़ बोले, "क्यों जनाब, तो आपको ज़ुकाम हो गया है। आप झूठ बोलते हैं।" "जी हाँ, मैं झूठ बोलता हूँ। आप बेकसूर बहू जी को डाँटते हैं।" "ठीक है, मैं बेकसूर डाँटता हूँ आपकी बहू जी को भी, आपको भी। आपने खाना क्यों नहीं खाया? आपकी बहू जी उम्दा खाना पकाती हैं तो आपने खाना क्यों छोड़ दिया।" मैं चुप था। बोले, "बोलिए। अब तो आप बोलने भी लगे हैं।" मैंने कहा, "इस माहौल में कोई खा सकता है क्या? भोजन बहुत ही शान्तिपूर्ण वातावरण में किया जाता है। ऐसा वातावरण, घर का ऐसा माहौल तो मैंने कहीं पाया ही नहीं।" फ़िराक़ साहब पर नशा चढ़-उतर रहा था। बोले हाँ, "पंडित जी, ज्ञानी महाराज! आपका प्रवचन सुन रहा हूँ। शायद आपको नेचर ने इसीलिए भेजा है कि आप अपने ज्ञान के प्रकाश से मेरा अज्ञान हर लें। हाथ जोड़-जोड़ कर मुझे प्रणाम करने लगें।" "फिर बोले, चलिए आप भी भूखे, हम भी भूखे। आपने तो ज्ञान से मेरा पेट भर दिया और आपकी बहू जी खाना ठूँसकर खर्राटें ले रही होंगी। आप तो नाराज़ होकर अपने घर चले जायेंगे लेकिन रमेश, मैं कहाँ जाऊँगा। आपके यहाँ बहुत शान्तिपूर्ण माहौल है। यहाँ तो नरक ही नरक। इसी नरक की आग में अपने को भुनभुन कर खाता रहता हूँ। जाइए मुझे छोड़ दीजिए। पढ़िए, नौकरी करिए। शादी कर लीजिए और शान्तिपूर्ण वातावरण में खुशियाँ मनाइए। जाइए-जाइए और जाकर सारी दुनिया को

सुना आइए कि फ़िराक़ भेड़िया है। पतित है, शराबी है जो कुछ शायरी कर सकिए, कर डालिए। जब ज़िन्दगी ही मिट के रह गयी तो कैसी बदनामी और कैसी नेकनामी।" फ़िराक़ भावुक हो चले थे। भावना के तेज प्रवाह में बोलते ही जा रहे थे। "मगर बहुत पछताओगे मुझे छोड़कर। मैं बुरा आदमी नहीं हूँ बेटा। मेरी शादी ग़लत हो गयी है। जगदम्बा कुत्ते के पिल्ले ने मुझे और मेरे परिवार को मिटा डाला। मिटना तो मेरी कहानी है। यह प्यारी भोली-भाली सदाबहार दुनिया, ये प्यारे-प्यारे लोग, यह हसीन कविता, ये हरी-भरी गोदभरी धरती माता, माताजी के आते ही सब सियाह हो गया। अमृत का घड़ा विष का सागर बन गया। सारे अपने पराये बन गये। मैं एक भौंकता कुत्ता बन के रह गया। मैं बुरा आदमी नहीं हूँ। मैं एक आशिक़ हूँ। मैंने जीवन से प्रेम किया है। यही मेरी ख़ता है। प्रेम के अपराध में मैं सूली पर लटका दिया गया। मेरा एक शेर सुन लो फिर मुझे छोड़ दो और हमेशा के लिए छोड़ दो। मगर जब सुनोगे कि फ़िराक़ नहीं रहा, उठ गया तो बहुत रोओगे। मेरे ऐसे सरफिरे बहुत कम पैदा होते हैं।

मोहब्बत जिसने की है मिट गया है
यही होगा यही होता रहा है।
जीने वाले जी लेंगे
अब न मिलोगे अच्छी बात।

करुणा। करुणा जीवन की नींव में है। कविता की जननी है। सृष्टि करुणा के आँसुओं की चमक से बनी है। करुणा। भवभूति मिल जाते तो मैं उनसे लिपट कर रो लेता। क्रौंच पक्षी बनकर वाल्मीकि के तीर से घायल हो जाने के आनन्द की सोचो। मैंने तुम्हारा दिल दुखा दिया न। मैं यह कभी नहीं चाहता। अब मैं तुम्हारी बहू जी को कुछ नहीं कहूँगा। सारी पीर ख़ुद ही पी जाऊँगा। तुम ख़ुश रहो। देखो किसी को क्या पड़ी है जो सोचे कि फ़िराक़ एक घायल इंसान है। भूखा सो जाता है और अपनों को भी भूखे सो जाने पर मजबूर करता है। रमेश, आज की रात मुझे खुलकर गालियाँ दे लो। डाँटो-फटकारो, जो चाहो सो कहो। शायद तुम्हारी गालियों का बपतिस्माँ ही मेरी नाव पार लगा दे। मुझे मुक्त कर दे।" फ़िराक़ को नश्शा सँभाले था और नश्शे को फ़िराक़। मैं मूक प्रतिमा बना एक जीनियस की जीवन-शैली उसके आन्तरिक करुणा संसार की अभिव्यक्ति देख रहा था। फ़िराक़ का दुख प्रवाहमान था। बोले, "आज पता नहीं क्यों इतने दिनों बाद बुद्ध की याद आ रही है। एक बार मिल लेते तो उनसे पूछता, क्यों बुद्ध जी संसार के दुखों का इलाज ढूँढ़ने निकले थे न। तुम प्रबुद्ध हो गये तो क्या इलाज निकल आया? तुमने ठीक ही कहा था हज़ारों-लाखों बुद्ध आये थे और चले गये। सभी ने दुख का इलाज ढूँढ़ा था। कुछ नुस्ख़े छोड़कर चले गये तो क्या दर्द मिट गया। दर्शन से दुख नहीं मिटता। और एक बात फ़िराक़

की भी सुन लो। तुम महात्मा बुद्ध हो। मैं महात्मा पापी। दुख को मिटा नहीं सकते। वह भी नहीं मिटा सकता जिसने करोड़ों बुद्ध पैदा किये और मिटाये। दुख तो आधार है जीवन का। मगर ऐसा आधार जिसकी कोख में आनन्द का श्वेत कमल खिलता है और उसी श्वेत कमल की ख़ुशबू ने सब को भौंरा बना दिया। उसी एक भौंरे की गुंजन फ़िराक़ की शायरी है।" फ़िराक़ बाथरूम जाने के लिए उठे तो लड़खड़ाने लगे। मैंने उन्हें सँभाल लिया। फ़िराक़ ने कहा, "रमेश लड़खड़ाते हुए को सँभालते रहना। बस यही कहना है। और मेरी सारी ज़िन्दगी लड़खड़ाहट है। क्या मुझे छोड़ दोगे। मुझे सँभालोगे नहीं।" फ़िराक़ करुणा की मूरत बन गये थे। मैंने उन्हें सँभालकर बिस्तर पर बैठा दिया। मैंने कहा, "अब आप थोड़ा-सा खाना खा लीजिए।" "अच्छा बेटा। ज़रूर खाऊँगा। कोई इस तरह खिलाने वाला तो हो। क्या-क्या पका है?" "दाल है, गोभी की सब्जी है, दही है, चटनी है, क़ीमा है।" "अच्छा बस, एक कटोरी दाल, थोड़ी-सी चटनी, दही और कटहल का अचार।" फिर बोले, "देखो अगर वह मेरी बातों का जवाब देती और मुझसे लड़ती तब तो मैं उसके क़दम चूम लेता। मुर्दा है, मुर्दा।" मैं खाना लाने खुद अन्दर गया। खाना गरम किया गया। थाल में सजाकर ले आया। फ़िराक़ बोले, "अपना भी खाना मँगा लो।" मैंने कहा, "आप खा लें, मैं बाद में खाना खा लूँगा।" "अच्छा-अच्छा तो तुम बहू जी के साथ खाओगे। ठीक है, ठीक है।" फ़िराक़ हँसने लगे। "मगर माताजी तो खा-पी चुकीं। मैं भूखा हूँ। बेटा भूखा है मगर माता जी तुम्हारी बहू जी को क्या फ़िक्र।" फिर फ़िराक़ ने नौकर से कहा, "भइया का भी खाना यहीं चुन दिया जाय।" मैं भी भोजन कर रहा था फ़िराक़ भी। खाना ख़त्म। मैंने कहा, "फ़िराक़ साहब, आप लेट जाइए, मैं आपके सर में तेल डाल दूँ। आपको आराम मिल जायेगा।" फ़िराक़ ने मुझे देखा और चुप हो रहे। रात काफ़ी जा चुकी थी। मैंने चरण स्पर्श किया। जीते रहो—कहा फ़िराक़ ने। फिर बोले, "रमेश परेशान मत हो जाया करो। उत्तेजित मत हो जाया करो। सहिष्णुता, धैर्य, श्रवण और मनन। मैं चाहता हूँ कि लोग तुम्हें देखें और सुनें तो मैं याद आ जाऊँ उन्हें। बहुत बड़ा काम सौंपने जा रहा हूँ तुम्हें। तुम्हारे कन्धों को पुष्ट करना है। बस यही एक काम है। अपनी बहू जी का ख़याल रखा करो। अच्छा बेटा, शब बख़ैर।" फ़िराक़ ने मेरे सर पर हाथ रखा और उन हाथों का साया आज भी मेरे सर पर है, ऐसा मुझे आभास हो रहा है। बहू जी का भी आशीर्वाद साथ है।

फ़िराक़ सो गये तो मैंने उनके हाथ से सिगरेट लेकर बुझा डाली। मैं अपने कमरे में गया तो बहू जी तशरीफ़ ले आयीं। कुर्सी पर बैठ गयीं। "बोलीं, रमेश बाबू, आप बाबू जी से सवाल-जवाब मत किया कीजिए। मुझे तो गाँलियाँ सुनने की आदत पड़ गयी है। मुझे कुछ असर होता ही नहीं। एक बात और सुन लीजिए। कभी भड़क जायेंगे तो आपकी बेहुरमती कर देंगे। उनके क्रोध को आप बरदाश्त न कर पायेंगे

और क्रोध करके अपना भी ख़ून जलायेंगे। आपकी वजह से बहुत सँभले रहते हैं। कुछ बिगड़ जाता है तो आप सँवार लेते हैं। आप उनके स्वभाव को समझते हैं। मैं तो आज तक उन्हें समझ ही न पायी। छिन में कुछ, छिन में कुछ। कभी किसी से बहस हो जाती है तो बड़ा भयानक माहौल बन जाता है। मुझे लगता है कहीं मारपीट न होने लगे। आपकी वजह से लोग भी सँभले रहते हैं और बाबूजी को भी आप पर भरोसा रहता है कि रमेश बाबू के रहते कोई उन पर हाथ नहीं उठा सकता। बाबू जी बड़े विद्वान् हैं। यदुपति भी कह रहे थे। इनका नाम सारी दुनिया में है। ये इतने मशहूर क्यों हैं रमेश बाबू? मुशायरे में जाते हैं, किताब लिखते हैं इसीलिए न। रमेश बाबू बस आप इन्हें सँभाले रहिए। भगवान् आपको खुश रखें।" बहू जी जाने लगीं मैंने उन्हें प्रणाम किया। दम्पती-लीला भी क्या लीला है। मैं अपने बिस्तर पर पड़े-पड़े सोच रहा था कि कहाँ आकर फँसे, न भागने का मन करता है और रुके रहने में जी डरता है। अजीब अदृश्य बन्धन है। यह कौन-सा मकाम है। किस हॉन्टेड हाउस में आकर गिरफ़्त हो गया हूँ। यह फ़िराक़ हमारी तरह एक इंसान है या उसके शरीर में किसी यक्ष ने डेरा डाल रखा है। यक्ष है या कालिदास का शापित यक्ष। बहू जी हैं या कोई प्रेत आत्मा बहू जी का रोल अदा कर रही है। और ग़ौर से देखिए तो हम सब लोग एक नाटक के पात्र ही तो हैं। यह सब जो 8/4 बैंक रोड पर होता है—यह सच है या भ्रम है। इसी उधेड़बुन में नींद आ गयी।

जो कुछ भी लिख रहा हूँ, लिखते-लिखते क़लम रुक जाती है और समय में, बीते हुए समय में यात्रा करने लगता हूँ। जो कुछ लिखता हूँ या लिखने जा रहा हूँ वही सब देखने लगता हूँ। देखना और लिखना एक साथ नहीं हो सकता। धीरे-धीरे अपने को सँभालता हूँ और घटनाओं को सँभालकर सहेजने लगता हूँ। दृष्टि को विराम देता हूँ और लेखनी को प्रणाम करता हूँ, चूमता हूँ कि आगे बढ़ता हूँ अभी बहुत दूर जाना है। अभी तो यात्रा की शुरुआत है।

फ़िराक़ सुबह चाय पीने के बाद मेरे साथ अपने भाई यदुपति सहाय, जो बैंक रोड के एक यूनिवर्सिटी के बँगले में ही रहते थे, के यहाँ गये। वैसे वो रोज़ जाते थे मगर अकेले। आज मैं भी साथ में था। भाई के यहाँ बैठकर चाय पी रहे थे और कभी अंग्रेज़ी साहित्य पर, कभी अपनी बहनों और बहनोइयों की बातें कर रहे थे। थोड़ी देर में यदुपति सहाय का नौकर मदन आ गया था। वह हनुमान मन्दिर गया था हनुमान जी को लड्डू चढ़ाने। वाई सहाय की पत्नी ने कहा था कि पाव भर लड्डू चढ़ाकर फ़ौरन वापस आ जाओ। मदन आया तो पता चला कि उसने एक किलो लड्डू चढ़ा दिया हनुमान जी को। वाई सहाय की धर्मपत्नी जी आग-बबूला हो गयीं। मैंने तुमसे एक पाव लड्डू चढ़ाने को कहा था, तुमने एक किलो क्यों चढ़ा दिया। ग़ुस्सा बढ़ता ही जा रहा है। मदन ने कहा कि मैंने एक किलो ही सुना। वाई सहाय

ने कहा जाने भी दो। ज़रा हनुमान जी का भी ख़याल करो। वो क्या सोचते होंगे कि कैसे भक्त से पाला पड़ा है। फ़िराक़ साहब ने कहा, भक्त से नहीं भक्तिन से। बेचारे ब्रह्मचारी हनुमान जी की ऐसी भक्तिन से कैसे निभ सकती है। माहौल नरम हो गया। समस्या यह थी कि एक किलो लड्डू का होगा क्या। आधा लड्डू हमें दे दिया गया। रमेश बाबू पंडित है और पंडित को मिठाई पसन्द होती है। थोड़ी देर बैठकर हम वापस आ गये। फ़िराक़ साहब को मोतीचूर का लड्डू बहुत पसन्द था। एक लड्डू खा गये फिर बोले, जाकर अपनी बहू जी को दे आओ। अपनी बिरादरी, नौकर नौकरानियों के साथ बैठ लड्डू खाने में उन्हें आनन्द आयेगा। मुझे भी दो लड्डू मिले।

इसके बाद बहू जी मुझसे अक्सर कहती थीं कि रमेश बाबू मैं भी हनुमान जी को प्रसाद चढ़ाना चाहती हूँ। मगर उनसे कहने में डर लगता है। फिर घर का काम भी देखना है। देखिए किसी दिन जब बाबू जी बाहर जायेंगे तो मैं हिरवा के साथ मन्दिर जाकर प्रसाद चढ़ा आऊँगी। बहुत दिन हो गया। फ़िराक़ साहब का बाहर जाने का कोई प्रोग्राम बन ही नहीं रहा था। बहू जी के हृदय में मन्दिर जाकर हनुमान-दर्शन का भाव धीरे-धीरे प्रबल होने लगा। मैं भी सोच रहा था किस प्रकार बहू जी की लालसा पूरी हो। दिन इसी प्रतीक्षा में गुज़रने लगे। आख़िरकार बहू जी से नहीं रहा गया और उन्होंने हिरवा को सन्देश वाहक बनाकर फ़िराक़ साहब के पास भेज ही तो दिया। मौक़े की नज़ाकत को ध्यान में न रखते हुए। फ़िराक़ के पास कुछ अलीगढ़ के प्रोफ़ेसर, कुछ इलाहाबाद के शायर और कवि, डॉ. जगदीश गुप्त, संस्कृत के पंडित श्याम नारायण जी प्रोफेसर कुलभास्कर बैठे हुए थे। फ़िराक़ कला, कलाकार, कवि और कविता, दर्शन और ज्ञान और विज्ञान, संगीत आदि पर बोल रहे थे। ऐसा काव्यमय वातावरण बन गया था कि लोग शरीर के बाहर हो गये थे। फ़िराक़ बता रहे थे कि कवि का धर्म तो सिर्फ इतना ही है कि वह सृष्टि की अनेक और विविध वस्तुओं के आन्तरिक सम्बन्धों की बड़ी ईमानदारी के साथ अभिव्यक्ति कर दे। उनमें जो पारस्परिक सम्बन्ध है, रागात्मकता है, उसे कलात्मक ढंग से उजागर कर दे। इसीलिए एक अच्छी रचना अपने में सम्पूर्ण सृष्टि है। यह उतना ही सत्य है जितना यह सर्वत्र व्यापक विश्व। कवि सत्य के साथ इस प्रगाढ़ता और गहन संवेदना की अनुभूति के साथ रहता है कि उसकी प्रत्येक शारीरिक भावभंगिमा और जिस्मानी हरकत भावातीत का प्रतीक, बिम्ब या रूपक बन जाती है। प्रत्येक शारीरिक हरकत स्वर और व्यंजन का शुद्धतम उच्चारण लगने लगती है। कवि भावातीत की अभिव्यक्ति के लिए ही यहाँ उतारा गया है। लोग कान ही कान बन गये थे। जलती हुई सिगरेट जब उनकी उँगलियों तक पहुँच गयी तो शरीर का बोध हुआ। सिगरेट का स्टब फेंककर दूसरी सिगरेट सुलगायी। फ़िराक़ ने श्याम नारायण जी (कायस्थ थे मगर संस्कृत ज्ञान और आचरण से वे पंडित ही जाने जाते

थे) की ओर देखकर कहा, "क्यों पंडित जी क्या ख़याल है।" श्याम नारायण जी ने कहा, "फ़िराक़ साहब, महर्षि पतंजलि महाभाष्य में कहते हैं–

दुष्टः, शब्दः स्वरतो वर्णतो वा मिथ्या प्रयुक्तो न तमर्थमाह।
स वाग्वज्रो यजमानं हिनस्ति यथेन्द्रशत्रुः स्वरतोऽपराधात्।।

स्वर या वर्ण के अशुद्ध उच्चारण से, दूषित शब्द ठीक से प्रयोग न होने के कारण ठीक और उचित भाव का वाचक नहीं हो सकता। वह वचन रूपी वज्र यजमान या सुनने वाले को भी हानि पहुँचाता है। वृत्रासुर का वध ही इन्द्र के द्वारा हुआ स्वर की अशुद्धि के कारण।"

फ़िराक़ ने कहा, "देखा। मुझे अशुद्ध उच्चारण से तकलीफ़ होती है तो लोग समझते हैं कि मैं कटहा कुत्ता हूँ। अरे साहब, क्राइस्ट को सूली पर वह तकलीफ़ नहीं हुई होगी जो शब्दों के अशुद्ध उच्चारण सुनने से होती है। मन्त्र का प्राण ध्वनि पाठ ही है। ओम् की ध्वनि से ही सृष्टि बनी। पंडित जब वैदिक श्लोकों का ग़लत उच्चारण करता होगा तो अल्ला मियाँ को कितना घोर सदमा लगता होगा। निढाल हो जाते होंगे। ग़लत उच्चारण अंग भंग कर सकता है, जान भी ले सकता है। मगर कौन समझे। कविता अगर ठीक से पढ़ी जाय तो रस अपने आप प्रवाहित होने लगता है। जैसे बच्चे का हुंकार सुनकर गाय के थनों से दूध अपने आप निकलने लगता है।" फ़िराक़ यकायक चौंक गये और बोले, "यारो अफ़्रीका में लड़कियों के स्कूल में की जाने वाली एक प्रार्थना सुनो–

"O Thou Great Chief
Light a candle in my heart
that I may see what is therein
and sweep the rubbish
from Thy dwelling place"
"O God bestow upon us
light of understanding"
"For all that has been–Thanks!
for all that shall be 'yes'!"

डॉ. जगदीश गुप्त ने पूछा, "फ़िराक़ साहब, काव्य को ब्रह्मानन्द सहोदर कहा गया है। यह आनन्द या ब्रह्मानन्द सहोदर है क्या? आनन्द की अनुभूति कहाँ और कैसे हो सकती है?" फ़िराक़ साहब ने कहा, "वाह भाई जगदीश जी। आप ज़िन्दगी भर काव्य पढ़ते, लिखते और पढ़ाते आ रहे हैं। आपने आनन्द की अनुभूति अवश्य की होगी और अगर अभी तक आपको आनन्दानुभूति नहीं हुई तो एक नहीं असंख्य फ़िराक़ मिलकर भी आनन्द का अनुभव आपको कराने में असफल सिद्ध हो जायेंगे। It is a journey of the alone to the alone गाँव की एक कहावत आपने सुनी

होगी—बिना अपने मरे स्वर्ग नहीं मिल सकता। ख़ैर, जब आपने पूछा ही है तो सुन लीजिए। चेतना का शुद्धतम रूप जिसमें न कोई हरकत हो न कोई ख़लल। बिना लहरों के समुद्र की शान्ति। इसी तरफ़ वड्र्सवर्थ ने अपनी कविता टिनटर्न एबी में इशारा किया है। We are laid asleep in body and become a living soul.

जब इन्द्रियों का व्यापार मन के समेत ख़त्म हो जाय। जब इन्द्रियाँ और मन हृदय में विश्राम करने लगें या सो जायँ। जब ख़ुदी भी न रहे और बेख़ुदी भी न रहे। यह deep meditation या समाधि की अवस्था ही है, समत्व भाव। ललित कलाओं की परावस्था की अनुभूति ही आनन्द है। इसीलिए मैं काव्य की चरम अवस्था को गहन सम्भोग कहता हूँ। आप शरीर से बाहर होते हैं। अनुभव की पराकाष्ठा और इस शुद्ध चेतना की शुद्धतम स्थिति में जब हरकत पैदा होने लगती है, जब लहरें फिर शान्त समुद्र में उठने लगती हैं तो वह संसार है।" जगदीश जी का चेहरा खिल उठा। उन्होंने फिर बड़ी नम्रता के साथ पूछा, "फ़िराक़ साहब, एक बात और समझा दीजिए।" पूछो भाई पूछो।" "सम्पूर्ण ललित कलाएँ या सम्पूर्ण रचना, संगीत समेत या रचनात्मक क्रिया-कलाप में और आध्यात्मिकता और यथार्थ में क्या सम्बन्ध है?" "देखिए क्रिएटिव आर्ट या क्रिएटिव एक्शन यथार्थ और अध्यात्म के बीच एक गैप है। या यूँ कहिए कि दोनों के बीच में एक पुल है।" फ़िराक़ बड़े अच्छे मूड में थे। वाक़ई आनन्द बरस रहा था, ज़िन्दगी बरस रही थी। फ़िराक़ अभी कुछ बोलने जा ही रहे थे कि हीरा साहब फिर तशरीफ़ लाये। फ़िराक़ ने उसे देखा और कहा, "क्या है?" 'क्या है' इतनी ज़ोर और क्रोध की मुद्रा में कहा कि हीरा साहब भाग खड़े हुए और भागते हुए कहते गये कि कुछ नहीं है। फ़िराक़ ने मुझसे कहा, "रमेश, अन्दर जाकर पता करो क्या मामला है—हिरवा दो बार आ चुका है।" चेतना के शान्त समुद्र में तूफ़ानी लहरें उठने लगी थीं। आनन्द तिरोहित हो गया। काफ़ी देर हो गयी थी। जादू टूटा तो समय का बोध हो आया। प्रणाम करके लोग उठ गये।

"बहू जी कह रही थीं कि बाबूजी से कह दीजिए कि मैं हीरा के साथ गंगा नहाने जाना चाहती हूँ और वहीं बड़े हनुमान जी को प्रसाद भी चढ़ाऊँगी।" यह सुनकर फ़िराक़ साहब एकदम सन्न हो गये। बोले, "ऐसी फ़रमाइश तो आज पहली बार की गयी है। यह यदुपति की बीवी के हनुमान जी को प्रसाद चढ़ाने की क्रिया की प्रतिक्रिया है।" बोले, "जाकर अपनी बहू जी को प्रणाम करके कह दीजिए कि देखा जायेगा। जल्दी क्या है। हनुमान जी कहीं भागे नहीं जा रहे हैं न गंगा ही लुप्त होने जा रही हैं।" लगभग पन्द्रह दिन बीत गये। बहू जी ने मुझसे फिर कहा, "रमेश बाबू बाबूजी को याद दिला दीजिए मेरी बात। शायद वे भूल गये हैं।" मैंने फ़िराक़ साहब से कहा कि बहू जी गंगा नहाने जाना चाहती हैं और साथ में हीरा को भी ले जाना चाहती हैं। आप शायद भूल गये। फ़िराक़ बोले, "मैं भूला बिल्कुल नहीं। मैं सोचता

था कि माता जी शायद भूल चुकी होंगी। जाने दीजिए। जाये और वहीं गंगा में डूब मरे। बला टले। कुलबोरिनी चली हैं गंगा नहाने। उससे कहिए कि सुबह की चाय देकर भागे पाँच बजे सुबह और गंगा को अपवित्र करके, अपनी नहूसत और कुरूपता गंगा में घोल आये। इसके नहाने के बाद गंगा फिर किसी क़ाबिल रह नहीं जायेंगी। पैसे वग़ैरह हैं कि नहीं उसके पास। ये लीजिए पचास रुपया और उसे दे आइए। जो चाहे सो करे।" मैंने बहू जी को बताया तो वे ख़ुश हो गयीं। हीरा को भेजकर रिक्शा मँगाया। "जल्दी करना हीरा। ऐसा न हो कि बाबू जी का मन बदल जाय"– बहू जी ने कहा। बहू जी तैयार हो रही थीं। फ़िराक़ चाय पी चुके थे। रिक्शा आकर रुका तो फ़िराक़ ने ज़ोर की आवाज़ में मुझे बुलाया। "रमेश, रोको रिक्शे को। एक बात सुन लो, बहुत ज़रूरी है।" मैं भागकर फ़िराक़ के कमरे में गया। बोले, "देखो हीरा साहब तो एकदम बउड़म हैं। वो क्या सँभाल पायेगा माताजी को। हीरा तो डूबेगा ही माता जी को भी ले डूबेगा। देखो बैठे-बैठे कितनी मोटी हो गयी है। हीरा को यहीं रहने दो। साथ में तुम चले जाओ। देखना गहरे पानी में न जाने पाये और उस घाट में न नहाये जहाँ धारा तेज़ हो और फिसलन हो। डुबकी लगाने की ज़रूरत नहीं है। किनारे बैठकर लोटे से नहाएगी। और एक बात सुनिये, आपको तैरने आता है कि नहीं?" मैंने कहा "थोड़ा-थोड़ा।" फ़िराक़ ने कहा, "आप हरग़िज न नहाइएगा। पुरोहिती अपने ऊपर सवार न होने दीजिएगा। नहा-धोकर पूजा-पाठ करके उससे कहिएगा जल्दी लौटे। हाँ, एक बात और है, रिक्शा रोके रहिएगा। पैसे की फ़िक्र मत करिएगा। ले लीजिए पचास रुपये आप अपने पास रखिए।" हीरा साहब बहुत दुखी हो गये। मुँह बनाकर बैठ गये। फ़िराक़ ने कहा, "लोटा रखा कि नहीं?" मैंने कहा, "रख लिया है।" इतवार का दिन था। मैं अक्सर इतवार को पैलेस थियेटर में अंग्रेजी या बंग्ला सिनेमा देखने जाया करता था। आज भी यही सोच रखा था। मगर हरि इच्छा। बहू जी के साथ रिक्शे पर संगम पहुँच गये। काफ़ी पैदल भी चलना पड़ता था। बहरहाल संगम पर पहुँच ही गये। बहू जी ने कहा, "रमेश बाबू मैं एक-दो डुबकी ज़रूर लगाऊँगी। इतने दिनों बाद गंगा मइया नहाने आयी हूँ तो ठीक से नहा लूँ। पता नहीं अन्तिम समय में गंगा मिलें कि न मिलें।" मैंने कहा, "बहू जी लौटे से नहा लीजिए।" उन्होंने कहा, "नहीं बाबू किनारे गहरा नहीं है। सभी लोग नहा रहे हैं।" फिर उन्हें याद आया कि तौलिया तो लायीं ही नहीं। कहने लगीं, "आप जाइए दौड़कर तौलिया ले आइए।" मैंने कहा, "बहू जी यह सम्भव नहीं है। मैं आपको छोड़कर कहीं नहीं जाऊँगा। आप मेरे कुर्ते से तौलिये का काम लीजिए। धुला हुआ कुर्ता है और आज सुबह ही पहना है। मैं गीला कुर्ता ही पहन लूँगा। मगर हो सकता है कि आपको मेरी बात पसन्द न आये।" उन्होंने कहा, ब्राह्मण का वस्त्र इस्तेमाल करन में कोई हर्ज नहीं हैं और फिर तो आप मेरे बेटे हैं।" बहू जी ने नहा लिया।

मेरा खद्दर का कुर्ता तौलिया बन गया। बहरहाल, नहा-धोकर बहू जी हनुमान मन्दिर में आ गयीं। आधा किलो लड्डू लिया। पूजा-पाठ करके लोटे में गंगा जल लिये रिक्शे पर बैठकर बैंक रोड वापस आ गये। फ़िराक़ सड़क पर टहल रहे थे और प्रत्येक आते-जाते रिक्शे को ग़ौर से देख रहे थे। सिगरेट पी रहे थे और बड़ी बेसब्री से टहल रहे थे। कुछ बड़बड़ा भी रहे थे। हमें देखा तो आराम की साँस ली। बोले, "भागो मैं आ रहा हूँ।" फ़िराक़ बहुत तेज़ चलते थे। बहू जी अन्दर चली गयीं। मैंने कपड़ा बदला और फ़िराक के कमरे में हाज़िर हो गया। फ़िराक़ साहब हाँफ रहे थे—थकान से नहीं, घबराहट से, बेचैनी से। हीरा से बोले, "फ़ौरन चाय बनाओ।" फिर पूछा, "गंगाजल लाये हो?" मैंने कहा, "जी हाँ।" फिर पूछा, "बताओ मैंने यह प्रश्न क्यों किया?", मैंने कहा गंगाजल पान करने के लिए।" बोले, "नहीं। यह जानने के लिए कि लोटा साथ में ले गये थे कि नहीं।" फ़िराक़ ने एक लड्डू बड़ी श्रद्धा के साथ लिया, थोड़ा-सा गंगा जल गिलास में लिया। फिर बोले, "जितनी शराब की बोतलें हैं, उन सब में थोड़ा-थोड़ा गंगा जल डाल दो।" कुछ गंगाजल की बूँदे उन्होंने अपने ऊपर छिड़कीं। फिर इत्मीनान से बैठ गये। कहने लगे, "माताजी के स्नान के बाद गंगा को देखा था?", मैंने कहा "नहीं उसमें, देखने की क्या बात है?" "बात सिर्फ़ ये है कि माता जी के छूते ही गंगा जमुना हो गयी होंगी। गंगा का निर्मल स्वच्छ जल सँवला गया होगा।" फिर बोले, "मैं तो सोच रहा था कि गंगा, माताजी को अपनी गोद में सुला लेंगी। मगर उनकी भी हिम्मत न पड़ी। यह तो मैं ही हूँ कि इस पाप के पहाड़ को ढो रहा हूँ और शायरी भी कर रहा हूँ। शायरी क्या कर रहा हूँ बस झक मार रहा हूँ। माताजी से कहिए कि वो अपना खाना हिरवा से या बारिन से तैयार करा लें और आराम करें। चलिए हमलोग गिंज़ा में चलकर कुछ खा-पी लें।—कुछ बीयर, कुछ मग़्ज़।" मैंने कहा, "फ़िराक़ साहब, यदि यहीं नेताराम के यहाँ से कचौरियाँ और मोतीचूर के लड्डू वगैरह मँगा लें। बहू जी भी खा लेंगी और हमलोग भी।" "गुड आइडिया। मगर रमेश, तुम्हें यह योजना बहू जी के आराम के ख़याल से सूझी। मगर याद रखो कि आपकी बहू जी को अन्तिम बार गंगा लाभ नहीं होगा। यह नोट करके रखो। एक बार गंगा भोग चुकी हैं। तुम सोचते होगे कि मेरा क्या होगा। तो मैं कहाँ रहूँगा। मैं तो आकाश हूँ। निर्लिप्त बिल्कुल निर्लिप्त। रह गयी बात शरीर की तो उसकी क्या चिन्ता। तत्त्व अपने-अपने में मिल जायेंगे। मगर एक बात और याद रखना, मेरा शरीर भी पंडितराज जगन्नाथ का शरीर है। गंगा उसे अपनी आगोश में छुपा लेगी। देह कहीं भी छूटे, उसे आना पड़ेगा संगम में ही। सारा जीवन गंगा के किनारे ही बीता है। गंगा शब्द की ध्वनि को देखो। महाप्राण ध्वनि गंगा। कुण्डलिनी जगाने का मन्त्र है गंगा।" अन्दर से बहू जी इशारा कर रही थीं भोजन के लिए। भोजन की व्यवस्था होनी है। मैंने कहा, "फ़िराक़ साहब भूख लगी है।" "हाँ भाई हाँ। ख़ूब याद दिलाया।" रिक्शा मँगाओ। रिक्शे पर ख़ुद भी बैठ गये।

मैं भी बैठ गया और हीरा भी नीचे बैठ गये। बोले, "चलो नेतराम की दूकान।" कहने लगे, हीरा को नीचे बैठाना अच्छा नहीं लग रहा है। पर क्या किया जाय।" हीरा और बहू जी के लिए कचौड़ियाँ और बालूशाही वग़ैरह ख़रीदकर हीरा के हाथ भेज दिया। हमलोग गिंज़ा पहुँच गये। खा-पीकर लौटे। फ़िराक़ साहब आराम फ़रमाने लगे। खोले निशान सामियों ने रात हो गयी।

बहू जी का शरीर भारी भरकम हो चला था। अक्सर उनके बदन में रह-रहकर दर्द उठता रहता था। हकीम ज़िया ने किसी ख़ास तेल से मालिश कराने की राय दी। तेल हकीम साहब ने ख़ुद ही तैयार किया था। मामला फ़िराक़ के पास पहुँचा। उन्होंने मुझे बहू जी के पास भेजा। बहू जी ने कहा, "रमेश बाबू, बारिन बीस रुपये माह लेगी मालिश करने के लिए।" मैंने फ़िराक़ को बता दिया। उन्होंने कहा, "देखा माई जी की अक़्ल। भला बारिन क्या मालिश करेगी। बटेर के ऐसा तो उसका जिस्म है। नाम भी है छटंकी। ऊपर से कुबड़ी। मगर माताजी को ऐसे ही लोग पसन्द हैं। मर जाती तो मैं आराम की साँस लेता। मेरी आत्मा के गले में तो गू का तोबड़ा बाँध दिया गया है। दाँत देखिए। जितने दाँत हैं उतनी दिशाओं में फैले हुए हैं। गोजर की टाँगों की तरह या केकड़े की तरह। जब मैंने पहले पहल इसका मुँह देखा तो क्या बयान करूँ। अपनी मौत देखी। बाबू रघुपति सहाय का जनाज़ा देखा। नाक जैसे सुरंग। नाक में से लम्बे-लम्बे बाल निकलकर मुर्रा भैंसे की सींग बन गये थे।" जनाब आसिफ़ अंसारी, (इलाहाबाद हाईकोर्ट के सुप्रसिद्ध वकील जो उसी हाईकोर्ट में जज बन गये थे) साहब भी वहाँ बैठे थे। उन्हें हँसी आ गयी। अंसारी साहब बहुत खुलकर हँसते थे। फ़िराक़ ने कहा, "हँस लो बाबू हँस लो। इस औरत ने तो मुझे हँसी या मसख़रा बनाकर छोड़ दिया।" अंसारी साहब ने कहा, "फ़िराक़ साहब, मैं आपके ऊपर नहीं हँस रहा हूँ, कमाल की बात तो यह है कि आपकी उपमाएँ बहुत ही सटीक होती हैं। चाहे सुन्दरता का बयान हो या कुरूपता का। लोग कहते हैं कालिदास उपमाओं के लिए प्रसिद्ध हैं मगर मैं तो कहता हूँ आपका जवाब नहीं।" "अंसारी साहब, बात ये है कि पीड़ा और सौन्दर्य की गहनतम अनुभूति स्वयं अपने को व्यक्त कर देती है।"

"अधिकतर लोग, शायरों और लेखकों समेत गहराई से अनुभव ही नहीं कर पाते। यह अपनी-अपनी सेंसिटिविटी और सेंसिबिलिटी की बात है। कुछ धातुएँ बहुत जल्दी गरम और ठंडी हो जाती हैं। कुछ देर में। प्रेमचन्द को लीजिए। ग्रामीण जीवन की प्रत्येक पीड़ा, प्रत्येक दर्द उनका अपना दर्द बन गया था। शेक्सपियर और तुलसी को लीजिए। ये लोग जिस चरित्र का वर्णन करते हैं वे वही चरित्र हो जाते हैं। इसीलिए इनको मैं Spy of nature कहता हूँ। मुझे तकलीफ़ होती है कुरूपता और मूर्खता और अशुद्ध उच्चारण से तो लोग समझते हैं कि मैं गुस्सा करने वाला आदमी हूँ। यह मेरी चीख़ है, पीड़ा है, आँसू हैं, क्रोध नहीं। ख़ैर, छोड़िए इन सब

बातों को। बताइए हाईकोट का क्या हाल है।" फ़िराक़ यकायक चौंक पड़े। बोले, "रमेश, यार बातों की रौ में मैं तो आपकी बहू जी के मालिश की बात भूल ही गया था। भागकर जाओ और मुंशी नाऊ से मिलो और उनसे कहो कि किसी अच्छी तरह मालिश करने वाली औरत को लाएँ जो समझदार भी हो। ऐसी मालिश न कर दे कि आपकी बहू जी का अंगभंग हो जाए और फ़िराक़ साहब के ऊपर एक पहाड़ और टूट पड़े। "मैं भागा-भागा गया मुंशी नाऊ के पास। मुंशी नाऊ की कटरे में मस्जिद के बग़ल में बाल काटने की दूकान थी। उन्होंने कहा, "रमेश बाबू एक नाउन है जो बहुत अच्छी मालिश करती है। मगर वो पाँच रुपये रोज़ लेती है। परदे में रहती है, मरदों की नज़रों से दूर। वह नक़ाब में जायेगी और मालिश करके वापस आ जायेगी। पैसा रोज़ का रोज़ लेगी। चाय वग़ैरह दे दीजिएगा। मैं कल उसके साथ आऊँगा।"

मुंशी नाऊ दूसरे दिन मालिश वाली के साथ हाज़िर हो गये। फ़िराक़ ने मुंशी से कहा, "मुंशी जी, इसको सहेज दीजिएगा कि बहुत सँभाल-सँभाल कर मालिश करे। यह लीजिए पचास रुपये दस दिन का एडवांस। हाँ यार मुंशी, अगर कोई अच्छा मालिश करने वाला मिल जाय तो मुझे भी आराम हो जायेगा।" "बहुत अच्छा। पता करूँगा।" मुंशी जी सलाम करके चले गये। मालिश करने वाली का नाम था बानो। बहू जी यही कहकर उसे पुकारती थीं। फ़िराक़ साहब ने कहा कि जब वह चली जाय तो अपनी बहू जी से कह दीजिएगा कि उसे चाय और नाश्ता वग़ैरह दे दिया करें। उसे ख़ुश रखना चाहिए। प्रसन्न मन से जो सेवा होती है वह अधिक गुणकारी और लाभदायक होती है क्योंकि उसमें सेवा के साथ-साथ दुआ भी शामिल होती है। प्रसन्न मन में ईश्वर का निवास होता है।" मैंने बड़ी विनम्रता से पूछा कि फ़िराक़ साहब यह सब जानते हुए भी आप क्रोध करते हैं और उदास भी हो जाया करते हैं। ऐसा क्यों। बोले, "रमेश, तुम्हें यही तो समझना है। मैं न क्रोध करता हूँ न उदास होता हूँ, न ख़ुश होता हूँ न नाख़ुश। ये अलग-अलग भाव हैं जो आते-जाते रहते हैं। मैं तो अलग खड़ा होकर इन सब को देखता रहता हूँ। तुम गीता पढ़ते ज़रूर हो, रामचरितमानस पढ़ते ज़रूर हो मगर इनके तत्त्व को जीते नहीं हो। ये अलग-अलग भाव चीख़ते हैं, चिल्लाते हैं, गालियाँ बकते हैं, सम्मानित होते हैं, अपमानित होते हैं, क्रोध करते हैं, आते हैं और अपना-अपना रोल अदा करके चले जाते हैं। एक फ़िराक़ शराब पीता है दूसरा फ़िराक़ देखता रहता है और मैं उन दोनों को निस्पृह भाव से देखता रहता हूँ। यही जानने और सीखने के लिए तुम्हें यहाँ भेजा गया है।" फ़िराक़ की ये बातें सुनकर मैं अक्सर चक्कर में पड़ जाता था। मैंने फिर पूछा कि क्या आपके आचरण और व्यवहार में विरोधाभास नहीं है। उन्होंने कहा, "जीवन एक प्रवाह है, इसमें विरोधाभास नहीं है। विरोधाभास तो तुम्हारे मन में है।

यह पोथी-पत्रा की उपज है। समाज की कृपा से मिला है। इसीलिए बार-बार समझाना पड़ता है—समत्व दृष्टि, सम्यक् ज्ञान, अरे जाओ-जाओ, अन्दर जाओ। देखो उसे चाय वग़ैरह मिली कि नहीं। माताजी की खोपड़ी तो खेत की औंधी हाँड़ी है।" मैं अन्दर गया तो देखा मालिश कर रही है। मुझे देखते ही उसने सर ढक लिया। मैं उल्टे पाँव वापस आ गया और उसके जाने पर बहू जी से कहा कि उसे चाय वग़ैरह देती रहें। मैंने कहा, यह बाबूजी ने ही कहलवाया है।

मैंने फ़िराक़ साहब से कहा, "देखिए हुज़ूर, बहू जी आपकी अनुमति के बिना कुछ नहीं करतीं।" फ़िराक़ एकदम चीख़ पड़े। "देखिए रमेश साहब, ऐसी बातें मुझे सख़्त नापसन्द हैं। आप बहू जी की वकालत करना बन्द करिए नहीं तो मुझे कुछ और सोचना पड़ेगा। दुनिया भर को माताजी खिलाती रहती हैं। बारिन के परिवार को खिलाती हैं, तब तो नहीं पूछतीं। ये बहू जी नहीं हैं, चुड़ैल जी हैं, घसियारिन जी हैं। बिस्तुइया माता हैं। अपनी जाति के लोगों को खिलाने-पिलाने में क्यों पूछेंगी। वह मालिश करने वाली ऊँचे क़िस्म की महिला है। इसलिए उसे एक प्याली चाय पिलाने में हज़ारों रुकावटें आ रही हैं। बारिन का उस औरत का आना अच्छा नहीं लगा। बारिन ने सोचा कि पाँच रुपये रोज़ के हिसाब से महीने भर में एक सौ पचास रुपये होते हैं। अगर मालिश का काम मुझे मिल जाता तो बड़ा अच्छा होता। बारिन अब बहू जी से रोज़ कहने लगी कि मैं भी तो मालिश कर सकती हूँ। आप किसी बहाने से उसे निकाल दीजिए। बारिन साहिब की मंशा पूरी हुई और बहू जी ने बानो से कहा कि अब आराम आ गया है। अब रहने दो। ज़रूरत होगी तो फिर तुम्हें बुला लेंगे। बानू सलाम करके चली गयीं। बारिन मालिश करने लगी।

एक दिन आँगन से चीख़ने की आवाज़ आयी। फ़िराक़ भी चीख़ पड़े। "हिरवा क्या है। जल्दी आओ।" हीरा ने बताया कि अम्मा बहू जी की मालिश करने जा रही थी कि पीढ़ा उनके हाथ से छूट गया। अम्मा गिर गयीं और बहू जी के पैर में भी चोट आ गयी। फ़िराक़ ने पूछा, "यह गधी की औलाद अम्मा कौन है?" हीरा बोला, "गधी की औलाद नहीं, हमारी अम्मा छोटी बारिन है। वही गिर गयी और उसके हाथ से पीढ़ा छूट गया।" "क्या आज मालिश करने वाली नहीं आयी थी क्या?" हीरा ने बताया "उसको तो कई दिन हुए बहू जी ने निकाल दिया था।" अब फ़िराक़ के गुस्से की मत पूछिए। गालियों और डाँट-फटकार का वो बवण्डर उठा कि पूरा मोहल्ले का मोहल्ला उमड़कर एक जगह इकट्ठा हो गया। सड़क पर भीड़ लग गयी। मैं बड़ा दुखी था। सोच रहा था कि फ़िराक़ के बारे में लोग क्या-क्या धारणा बनाते होंगे। गालियों और डाँट-फटकार की गहरी चोट से बहू जी की और बारिन की तकलीफ़ रफ़ा हो गयी होगी। "क्यों उसे निकाल दिया गया बिना मुझे बताए हुए। इस गोबर की औलाद को कोई ज़िन्दा ही चिता में बाँधकर फूँक आता तो दुनिया के सर से एक भारी पाप का पहाड़ उतर जाता। पता नहीं कब मरेगी। कोई बताओ मैं कहाँ

चला जाऊँ कि इस पाप के साये से बच सकूँ। इस बदबूदार कीड़े ने मेरे सारे जीवन को बदबुओं के डंक से ढक लिया।" उस दिन फ़िराक़ दिन भर क्रोध की आग में जलते और जलाते रहे। हीरा से रिक्शा मँगाया और हालेंड हाल में आर.एन. देव के घर जा बैठे। देव साहब ने फ़िराक़ को देखा तो खुश हो गये। सब लोग बैठकर चाय पी रहे थे। फ़िराक़ लतीफ़े सुना रहे थे। मैं सोच रहा था कि क्या भयंकर क्रोध की पराकाष्ठा यही है। फ़िराक़ एकदम नॉरमल थे। देव साहब के साथ ही यूनिवर्सिटी चले गये।

एक-दो दिन बाद मुंशी नाऊ फ़िराक़ की हजामत बनाने के लिए तशरीफ लाये। हजामत बन गयी तो फ़िराक़ ने उन्हें दो रुपये दिये। मुंशी नाऊ ने फ़िराक़ के सामने एक दस रुपये की नोट रख दी। फ़िराक़ ने पूछा, "यह क्या है मुंशी?" मुंशी बोले, "साहब बानो ने आठ ही दिन मालिश की थी। उसका मेहनताना चालीस रुपया हुआ। उसने दस रुपया लौटा दिया है। पैसे उससे खर्च हो गये थे। किसी से उधार लेकर दस रुपया लौटाया है।" फ़िराक़ संजीदा हो गये। "इतनी ग़रीबी और इतनी ईमानदारी।" मुंशी ने कहा, "मैंने उससे कहा था कि तुम रुपये रख लो। साहब कुछ कहेंगे नहीं। मगर बानो ने कहा कि साहब तो नहीं कहेंगे मगर बड़े साहब, अल्ला मियाँ को क्या मुँह दिखाऊँगी।" फ़िराक़ बोले, "मुंशी मियाँ ये दस रुपये और लीजिए और उसे दे दीजिएगा।" मुंशी ने कहा, "साहब वो क़ुबूल ही नहीं करेगी। बड़ी पाक और खुदापरस्त है। पाँचों नमाज़ें पढ़ती है। पूरा रोज़ा बड़े नियम धरम से रखती है।" फ़िराक़ ने कहा, "यह दुनिया बानो ऐसे इंसानों की वजह से अपनी धुरी पर क़ायम है। एक बानो है और एक बिसखोपड़ी माता।" फ़िराक़ बड़ी देर तक सोचते रहे कि कैसे उसकी मदद की जाय। दो-तीन दिन बाद फिर मुंशी जी आये तो आते ही फ़िराक़ ने पूछा, "मुंशी, ये बताओ, उसके परिवार में कितने लोग हैं और रोटी-रोज़ी कैसे चलती है?" मुंशी बोले, उसका शौहर तो रिक्शा चलाता है और दो छोटे-छोटे बच्चे और शौहर की बूढ़ी माँ। फ़िराक़ ने कहा, "मुंशी जी, कल सबेरे उसके शौहर को हमारे पास भेज देना। रिक्शा लेकर आये।" दूसरे दिन जब वो आया तो फ़िराक़ बोले, "सिविल लाइंस चलो विश्वविद्यालय प्रेस।" फ़िराक़ और मैं विश्वविद्यालय प्रेस पहुँच गये काफ़ी हाऊस होते हुए। विश्वविद्यालय प्रेस के मालिक थे पी.सी. द्वादश श्रेणी। फ़िराक़ ने उनसे कहा, "ठाकुर साहब, मुझसे जो चाहे लिखवा लें, जितनी किताबें चाहें। मैं उसके बदले में कुछ भी नहीं लूँगा। बस इस रिक्शेवाले को अपने प्रेस में रख लीजिए और उदार दिल से तनख़्वाह दिया करिए। बस यही समझिए कि मेरी रोटी-रोज़ी का इन्तज़ाम कर रहे हैं।" ठाकुर साहब ने कहा, "फ़िराक़ साहब आपका हुक्म काफ़ी है।" रिक्शेवाले से कहा, "तुम कल से काम करने आया करो। आज बीस अक्टूबर है तुम्हें तनख्वाह पहली तारीख़ से यानी एक अक्टूबर से

मिलेगी। बेहतर होगा अगर तुम हमारे घर में काम करो। तुम्हें नाश्ता और खाना भी मिल जायेगा।" "शुक्रिया सरकार मगर मैं खाना तो अपने बच्चों के साथ ही खाऊँगा। प्रेस ही में काम करना बेहतर होगा।" ठाकुर साहब ने कहा, "तो ठीक है। कल से काम पर आ जाना।" "शुक्रिया सरकार।" चाय-नाश्ता वग़ैरह आया तो फ़िराक़ ने अपनी चाय और सैंडविच की प्लेट उसकी ओर बढ़ा दी।

कई दिन बाद बानो मुंशी के साथ आयी तो वह नक़ाब में थी। उसने फ़िराक़ को सलाम किया और बोली, "अल्लाह आपको सलामत रखे। हमारा पूरा मोहल्ला और पूरा शहर आपके लिए दुआएँ पढ़ता है। आप उर्दू की आबरू हैं और हमने ऐसा सुना है कि आप उर्दू और मुसलमानों की हिफ़ाज़त के लिए हुकूमत से लड़ते रहते हैं। जब भी कभी अख़बारों में आपकी बीमारी की ख़बर छपती है तो हमलोग अल्लाह से दुआ करते हैं कि आप जल्दी ही सेहतयाब हो जायँ। मुंशी जी आपके बारे में बताते रहते हैं।" सलाम करके बानो चली गयी। फ़िराक़ बोले, "देखा, ये मामूली कहे जाने वाले लोग भी कैसी ज़बान बोलते हैं और कितने बड़े लोग होते हैं। ज़बान एक दिन में नहीं बनती है। आते-आते आती है और बनते-बनते बनती है। अभी लोग तद्भव की शक्ति को नहीं जानते।" अभी फ़िराक़ बोल रहे थे कि सज्जाद ज़हीर, रज़िया सज्जाद ज़हीर और ज़ेड अहमद साहब तशरीफ़ लाये। थोड़ी देर में शान्ती स्वरूप भटनागर, आसिफ़ अंसारी और राजेन्द्र कुमार गर्ग भी आ गये। बातों का रुख़ बदल गया। बात कम्यूनिज़्म पर आ गयी।

फ़िराक़ की बहनें और बहनोई फतेहपुर से आये हुए थे। उनकी बहनों ने फ़िराक़ से कहा, "भइया अगर इजाज़त दो तो भौजी को हमलोग फतेहपुर कुछ दिनों के लिए लिवाते जाएँ। भौजी का कहीं आना-जाना तो हो ही नहीं पाता। उनकी तबीयत भी बहल जायेगी और हमलोगों को भी अच्छा लगेगा।" फ़िराक़ ने कहा, "उसमें इजाज़त की क्या बात है। गोबर की चोंथ उठा ले जाने में इजाज़त कैसी। दुर्भाग्य से कुछ लम्हों के लिए तो निजात मिल जायेगी। निजात क्या मिलेगी। निजात तो मेरे और उसके मरने के बाद भी न मिल पायेगी। घृणा और क्रोध तो मुझसे लिपटा ही रहेगा। अच्छा ये बताओ, कब लिवा जा रही हो?" "भइया, अभी हम लोग दस-पन्द्रह दिन यहाँ रहेंगे।" फ़िराक़ की बहनें रात यदुपति सहाय के घर बिताती थीं। दिन भर फ़िराक़ के यहाँ रहती थीं। खाना-पीना दोनों घरों में होता रहता था। एक दिन फ़िराक़ ने कहा, "चन्दर खड़े मसाले का गोश्त पकाओ और ठंडे मसालों में मछली।" फ़िराक़ की बहनों, बहनोइयों और यदुपति सहाय का परिवार सब का खाना फ़िराक़ के घर में पक रहा था। खाने का ज़ायका ख़ुशबू बनकर हमारी भूख बढ़ा रहा था। खाना तैयार हो गया। अन्दर के बरामदे में खाना खाया जा रहा था। पहली पाँती में आदमी, फिर औरतें। फ़िराक़ ने कहा, "क्या गोश्त पका है, क्या

मछली है। क्या पोलाव है। सदियों बाद ऐसा खाना खा रहा हूँ। वाक़ई, चन्दर और तारा तुम लोगों ने कमाल कर दिया। फ़तेहपुर से किसी के हाथ बटेर पकवाकर भेज देना।" "अच्छा भइया। जाते ही बटेर और मुर्ग़ वग़ैरह भेज दिया जायेगा।" "खाना लाजवाब पकाया है, मेरी बहनों ने।" चन्दर बुआ ने कहा "भइया, आज का खाना तो भौजी ने तैयार किया है।" अब फ़िराक़ का चेहरा देखने लायक़ था बोले, "तुम लोगों की मौजूदगी का कमाल है। लेकिन जब तुमने बता दिया कि खाना माता जी ने पकाया है तो उसका नाम लेते ही खाने की लज़्ज़त मारी गयी, चाहे पकाया तुम्हीं ने हो। ऐसा लग रहा है जैसे खाने में बिस्तुइया गिर पड़ी हो। खाना ज़हर बन गया। ख़ैर, ज़हर तो मैं खाता ही रहा हूँ। ज़हर खाते-खाते पूरा शरीर ही ज़हर हो जाता है।" फ़िराक़ के एक भांजे ने पूछा, "मगर मामा, आपकी शायरी में तो ज़हर नहीं होता।" "भाई ये बड़ा नाजुक सवाल उठ गया। शायर एक नयी चेतना से शायरी करता है। जब तक शेर उतरते रहते हैं, ज़हर अमृत में बदल जाता है। यही कवि का जीवन है। कवि की चेतना की प्रयोगशाला में विष जीवनदायी बन जाता है। कवि एक कीमियागर है जो विष को अमृत बनाने की कला जानता है।" तब तक यदुपति सहाय के नौकर ने आकर बताया कि कोई साहब आये हुए हैं और आपका इन्तज़ार कर रहे हैं। बात वहीं रह गयी।

दो-चार दिन बाद फ़िराक़ साहब की बहनें फतेहपुर जाने के लिए तैयार होने लगीं। फ़िराक़ साहब की पत्नी भी तैयारी करने लगीं। वे कुछ रुपया चाहती थीं माँगना फ़िराक़ से। उसके पहले ही फ़िराक़ ने हीरा को बुलाकर कहा कि ये लो सौ रुपये और माता जी को दे आओ। कह दो समझ-समझ ख़र्च करेंगी। फ़िराक़ की बहनों ने कहा, "भइया, पैसों की क्या जरूरत है। हम लोग हैं न।" फ़िराक़ ने कहा, यह तो ठीक है मगर उसके पास भी तो कुछ होना चाहिए। हर क़दम पर तो वो आपसे पैसे माँगती नहीं फिरेगी। हाँ सुनो, कम से कम दो-चार साल तो उसे फ़तेहपुर रखना। उसको तो वहाँ आराम ही आराम रहेगा। कुछ दिनों के लिए मैं भी दाँत पीसने से बच जाऊँगा। मगर कहाँ बच पाऊँगा। दाँत पीसना तो मेरा भाग्य है। ख़ैर, कुछ तो आराम मिले। पाप का पहाड़ तो टले, ख़ैर जाय।" फ़िराक़ की बहनों ने कहा कि जाते वक्त किसी को कुछ नहीं कहते। "मैं कहाँ कुछ कह रहा हूँ। यह तो मेरी पीड़ा बोल रही है।" फ़िराक़ ने कहा, "रमेश, तुम अन्दर चले जाओ। सामान वग़ैरह रखने में अपनी बहू जी की मदद कर दो। बाक्स वगैरह रिक्शे पर रख दो और उसे अच्छी तरह समझा दो कि फ़तेहपुर में किसी के ऊपर बोझ बनकर न रहे। जहाँ ज़रूरत हो खर्च करती रहे। कभी-कभी खाना वग़ैरह पका दिया करे। सबसे ज़रूरी है कि बीमार न पड़े। अपना हुक्का वग़ैरह लेती जाय।" चन्दर और तारा बुआ फ़िराक़ के कमरे में ही थीं। वे आपस में कह रही थीं कि देखो भइया ऊपर से तो इतने कठोर

लगते हैं, रात-दिन गालियाँ देते रहते हैं मगर अन्दर कितना ख़याल भी रखते हैं। क्या कहा जाय। उन्होंने कहा, “भइया हुक्का ले चलने की ज़रूरत नहीं है। वहाँ हुक्का वग़ैरह सब कुछ है।” “जब उससे ऊब जाना तो ख़बर भेज देना मैं रमेश को भेजकर बुला लूँगा।” “आप भइया कैसी बात करते हैं। ऊबने की क्या बात है। भौजी जितना चाहें फ़तेहपुर में रहें।” फ़िराक़ ने कहा, “कभी-कभी सिनेमा वग़ैरह दिखा दिया करो अपनी भौजाई साहिबा को, हालाँकि भैंस माता क्या समझेंगी। मगर फिर भी। इंसान तो कही ही जायेगी।” चन्दर जी ने कहा, “भइया रमेश को भी साथ भेज दीजिए। ये भी कुछ दिन रह आयेंगे।” “नहीं भाई नहीं। मैं बिल्कुल निरगोसाँय हो जाऊँगा। कोई तो डाँट सुनने के लिए यहाँ रहे।” “आपका खाना-पीना कैसे होगा?” “कुबड़ी माता तो है न। कुछ न कुछ हो जायेगा।” मैंने बहू जी का सामान उठाया तो बोलीं, “रमेश बाबू, बाबू जी का ख़याल रखिएगा। मेरा पक्ष लेकर उनसे बहस न करिएगा। और अगर वो ख़फ़ा होकर आपको डाँटें-फटकारें तो उनसे ज़बान मत लड़ाइएगा। घर की और उनकी हिफ़ाज़त करिएगा। शराब ज्यादा न पीएँ, इसका ध्यान रखिएगा। आप खुद समझदार हैं। बस उन्हें किसी तरह की तकलीफ़ न होने पाये। बादाम ज़रूर देते रहिएगा। मैंने आटे का लड्डू बनाकर रख दिया है। भंडारे में डिब्बे में है। उसे उन्हीं के कमरे की अलमारी में रख दीजिएगा। मैंने रफ़ीक़ साहब की बीवी से भी कह दिया है कि कभी-कभी देसी घी का हलवा बनाकर बाबू को देती रहें। आप भी अपना ख़याल रखिएगा। आने-जाने वालों को चाय मिलती रहे। ये है भंडारे की कुंजी।” बहू जी ने हाथ जोड़कर फ़िराक़ को भीतर ही से प्रणाम किया। जाते वक्त आँसू पोंछ रही थीं। बहू जी चली गयीं। घर सूना हो गया। भाँय-भाँय करता रहता है।

बहू जी के जाने के बाद फ़िराक़ ने कहा, “अब क्या करें? अब तो कुछ करने-धरने को रह ही नहीं गया।” हीरा को बुलाया। पूछा, “रात के लिए खाना बचा है?” “बहुत बचा है।” “जाओ रिक्शा लाओ। तुम यहीं घर पर रहना। कोई आये तो बता देना कि हम लोग दो-तीन घंटे में लौटेंगे। यह है काग़ज़ और ये रही पेंसिल। नाम पता लिखवा लेना आने वाले का। भीतर का दरवाजा बन्द कर देना। मैं अपना कमरा बन्द करके जाऊँगा। तुम बाहर के बरामदे में कुर्सी पर बैठे रहना। भूख लगे तो खाना वग़ैरह खा लेना। अँगीठी गरम रखना।” रिक्शा आ गया। “चलो कॉफ़ी हाउस।” कॉफ़ी हाउस पहुँचकर रिक्शे वाले से कहा, तुम रुके रहो। “मैंने कहा, फ़िराक़ साहब रिक्शे वाले को जाने दीजिए। मैं फ़ौरन रिक्शा ले आऊँगा।” “जैसा चाहो।” रिक्शा चला गया। फ़िराक़ कॉफ़ी हाऊस में पहुँचे। एक मजमा था वहाँ। फ़िराक़ के पहुँचते ही घेर लिया लोगों ने। सब घेरा बनाकर बैठ गये। आज फ़िराक़ चुप हैं। लोग बातें कर रहे थे। सवाल पूछ रहे थे। मगर फ़िराक़ एकदम चुप। कॉफ़ी आ गयी। चुपचाप कॉफ़ी पीते रहे। आधे घंटे बैठे रहे। फिर उठ गये। बोले, “रमेश,

चलो कहीं ओर चलें।" "घर चलें?" नहीं-नहीं। नानकिन चलें।" वहाँ रम मँगायी। हम ख़ामोशी में रम पीते रहे। फ़िराक़ रम पीते रहे, सिगरेट पीते रहे और न सुनाई पड़ने वाली भाषा में अपने में कुछ बोलते रहे। ऐसी ख़ामोशी कभी नहीं सुनाई पड़ी थी। कभी नहीं देखी थी। वेटर बिल ले आया। बिल पर दस्तख़त कर दिया। मैनेजर आकर फ़िराक़ के पास बैठ गये। बोले, "हुज़ूर और कुछ।" "कुछ नहीं। पैसे बाद में मिल जायेंगे। आज जेब में हाथ डालने को जी नहीं करता।" मैनेजर साहब ने कहा, "फ़िराक़ साहब, एक शेर पढ़ दीजिए। आज जी बहुत उदास है। देखिए मेरी प्रार्थना ठुकराइएगा मत।" फ़िराक़ उन्हें खोई-खोई आँखों से देखते रहे। फिर ये शेर पढ़ने लगे—

"अहले मसाफ़त एक रात का ये भी साथ ग़नीमत है
कूच करो तो सदा दे देना, हम न कहीं सोते रह जायें

एक शेर और, फिर मत फ़रमाइश करिएगा—

वो चुपचाप आँसू बहाने की रातें
वो इक शख़्स के याद आने की रातें"

फ़िराक़ रिक्शे पर घर आ गये। शराब अब बाक़ायदा पीने लगे। आधे घंटे तक पीते रहे। काफ़ी शराब पी चुके थे। थोड़ा-सा गोश्त खाया। बिस्तर पर पड़े रहे। ग़मों की चादर लपेटकर सो गये। घर में एकदम सन्नाटा। ऐसे में रहने का जी नहीं कर रहा है। हीरा से कहा, "भाई हीरा, तुम अन्दर के कमरे में खा-पीकर लेट जाओ। मैं तुम्हारा ख़याल करूँगा।" कुछ देर हुई तो काशी पहलवान हीरा को बुलाने आ गये। पहलवान नशे में थे। मैंने कहा, "पहलवान, आज हीरा यहीं रहेगा। मैंने उसे रोक लिया है।" बोले, "थोड़ी-सी शराब मिल जाती तो अच्छा होता।" मैंने कहा, "आप सीधे लौट जाइए। कुछ भी मिलने का नहीं।" पहलवान चले गये। मैं अपने बिस्तर पर पड़े-पड़े पता नहीं क्या-क्या सोचता रहा। मैं सोचता हूँ। मुझे फ़िराक़ के अलावा अपने बारे में कुछ सोचना नहीं है क्या। पता नहीं कब नींद आ गयी।

दो-चार दिन बाद फ़तेहपुर से कोई आया, बटेर और मुर्ग लिये हुए। कुछ पोलाव था, कुछ दही और लाल मिर्चों का अचार भी। फ़िराक़ ने पूछा, "फ़तेहपुर में कोई दुर्घटना तो नहीं हुई? सब ख़ैरियत तो है।" जवाब मिला, सब ख़ैरियत है। "चन्दर, तारा और बहादुर और नप्पी जी ठीक तो हैं न।" "जी हाँ, सब कुशल है।" लगभग एक महीने बाद नप्पी मानसिंह (फ़िराक़ के बहनोई तारा जी के पति) आये और बोले, "भइया, भउजी को वापस बुला लीजिए।" फ़िराक़ ने पूछा, "क्यों? क्या हुआ? मन भर गया। ऊब गये न।" बोले, "नहीं, ऐसी कोई बात नहीं है। बड़ी उदासी-सी छा गयी है। बड़ी मनहूसियत-सी लगने लगी है।" फ़िराक़ बोले, "बाबू साहब, एक महीने में ये हालत हो गयी। सोचिए मैं कैसी ज़िन्दगी गुज़ार रहा हूँ। उसकी मौजूदगी

में घर मसान लगने लगता है। लगता है पूरे वातावरण में मुर्दे ही मुर्दे बिखरे पड़े हैं। किसी के साथ भेज दीजिए। वह चलती-फिरती लाश है। बदबूदार लाश तो घर को उदास कर ही देगी। मेरे जीवन की जो ट्रैजिडी है—ऐसी ट्रेजेडी तो दुनिया में हुई ही नहीं। कई शेक्सपियर पैदा हों और मरें उनकी हिम्मत ही नहीं पड़ेगी उस ट्रैजिडी को हाथ लगाने की।" नप्पी जी ने कहा, "ऐसी कुछ बात नहीं है। आप हद से ज़्यादा सेंसिटिव हैं। आख़िरकार आपने बच्चे पैदा किये।" फ़िराक़ ने कहा, "मैं समझता था कि उसको भी सेक्स की भूख होगी और उस भूख को न मिटाना सबसे बड़ी हिंसा है।" "किसी को गालियाँ देना, हर वक्त अपमानित करना, बात-बात में डाँटना, फटकारने लगना—यह भी हिंसा ही है।" "हिंसा तो मेरे साथ हुई है। किसी के गले में मुर्दा लटका देना—इससे बड़ी हिंसा और क्या हो सकती है।" नप्पी जी ने कहा, "आपका खाना लाया हूँ। यदुपति के यहाँ ही सब का खाना है।" "और रमेश का क्या होगा?" "रमेश का भी खाना आया है। भला उन्हें कैसे भूल सकते हैं।" फ़िराक़ बोले नप्पी, "भइया खाना यहीं मँगवा लीजिए। हम सब लोग यहीं खा लेंगे।" फ़िराक़ फ़तेहपुर वालों पर कभी भी खफ़ा नहीं होते थे। साथ-साथ खाना खाया गया। फ़िराक़ साहब चटखारे ले-लेकर खा रहे थे। कुछ दिनों बाद बहू जी बैंक रोड पर वापस आ गयीं।

क़रीब दस बजे सुबह एक सम्भ्रान्त परिवार फ़िराक़ से मिलने आया। पति, पत्नी, दो बालक जिनकी उम्रें रही होंगी लगभग अठारह और पन्द्रह के घेरे में। बहुत घबराते, लजाते, शिष्टाचार की मूर्ति बने यह परिवार आकर बरामदे में खड़ा हो गया। मैंने उन्हें देखा तो मैं फ़िराक़ की इज़ाज़त लेकर उनके पास गया और उनके आने का सबब पूछा तो पता चला कि वे फ़िराक़ साहब से मिलना चाहते हैं। उस सम्भ्रान्त महिला ने पूछा, "फ़िराक़ साहब का मूड ठीक तो है न। हमलोग ग़ाज़ियाबाद से आये हैं सिर्फ फ़िराक़ साहब से मिलने। मेरे पति तो उतने इच्छुक नहीं थे, मगर मेरे दोनों बच्चे और मैं बहुत चाहते थे फ़िराक़ साहब से मिलना।" मैंने कहा, "आप तशरीफ़ लाइए। कोई घबराने की बात नहीं है।" वे लोग आकर कमरे में खड़े हो गये। शिष्टाचार के बाद फ़िराक़ ने उन्हें बैठ जाने को कहा। दोनों लड़कों ने फ़िराक़ का चरण स्पर्श किया। हालाँकि फ़िराक़ पैर छूने-छुलाने से चिढ़ते थे मगर उन्होंने बच्चों को आशीर्वाद दिया। फ़िराक़ ने पूछा, "कहिए कैसे आना हुआ? आप लोग क्या करते हैं? बच्चे कहाँ और किस क्लास में पढ़ते हैं? घर में और कौन-कौन से सदस्य हैं? आप लोगों की क्या हॉबी है?" कई सवाल एक साँस में पूछ गये। फ़िराक़ साहब की भाषा में आत्मीयता रची-बसी थी। इन प्रश्नों ने औपचारिकता की सारी दीवारें तोड़ दीं। लोगों के माथे पर एक इत्मीनान की रोशनी झलक रही थी। उन्होंने बताया कि वे लोग ग़ाज़ियाबाद में रहते हैं। "हमारे यहाँ टिम्बर का कारोबार होता है। मेरा

नाम राममोहन त्रिपाठी है, ये मेरी पत्नी हैं। इनका शौक़ पेंटिंग और संस्कृत और उर्दू शायरी में है। यह आपके बच्चे हैं। दिल्ली में पढ़ते हैं। एक साहब इण्टरमीडिएट और दूसरे हाईस्कूल में पढ़ते हैं। हमारी पत्नी और बच्चे आप से मिलना चाहते थे। कई साल से प्रोग्राम बन रहा था। आज बड़े भाग्य से यह अवसर नसीब हुआ। हम लोग बारनेटस में ठहरे हैं। लड़के आप से कुछ सीखने आये हैं।" बड़े लड़के ने कहा, "सर, पापा कहते हैं प्रार्थना किया करो। मुझे प्रार्थना करना नहीं आता और मैं यह भी नहीं समझता कि प्रार्थना क्या है और कैसे की जाती है।" फ़िराक़ ने पूछा "और मम्मी क्या कहती हैं? क्या वो भी प्रार्थना करने पर ज़ोर देती हैं?" "नहीं। मम्मी कुछ पूजापाठ नहीं करतीं। पापा देर तक पूजा करते हैं। मन्दिर भी जाते हैं।" फ़िराक़ ने समझाना शुरू किया। "तुम अपना लुकिंग ग्लास साफ़ रखते हो न कि चेहरा साफ़ दिखाई पड़े।" "जी हाँ।" "जिस तरह आईना साफ़ किया जाता है, ठीक उसी तरह अपनी आत्मा या स्पिरिट क्लीन रखो।" "सर, उसे कैसे साफ़ किया जाय?" "प्रार्थना के द्वारा बेटे, प्रार्थना के द्वारा। शोर मचाकर नहीं, बड़े-बड़े शब्दों का प्रयोग करके नहीं जैसे धार्मिकता के ढोंगी भाव-प्रवाह में गँवार पादरी या पंडित चिल्लाते हैं। उस तरह नहीं। आडम्बर नहीं। प्रार्थना केवल एक स्पष्ट, सरल, सीधा, शुद्ध चिन्तन और विचार है। जब प्रार्थना करो अच्छी तरह सोचो कि क्या सोच रहे हो और अपने विचारों को ठोस वस्तुओं में रूपान्तरित करो। इस प्रकार तुम्हारी प्रार्थना या सुंचितित विचार में शक्ति प्रवेश कर जायेगी। और वह शक्ति तुम्हारा हिस्सा बन जायेगी। विचार तुम्हारा शरीर मन और आत्मा बन जायेगा।" बच्चा बहुत प्रसन्न हुआ और बोला, "सर, यह तो कुछ और है, पिताजी वाली प्रार्थना नहीं।" "इसी 'कुछ और' की साधना करो। यही जीवन है। पिताजी की प्रार्थना पिताजी के पास रहने दो।" "मगर सर, मम्मी तो प्रार्थना नहीं करतीं। उन्हें भी आपकी बतायी प्रार्थना करनी चाहिए।" फ़िराक़ बोले, "बेटे, मम्मी तो यही प्रार्थना करती हैं जो मैंने अभी-अभी तुम्हें बतायी है।" "नहीं सर, वे बिल्कुल नहीं करतीं।" "उनकी चित्रकला ही प्रार्थना है। उच्चकोटि की प्रार्थना। उनका काव्य-प्रेम सघन आन्तरिक प्रार्थना है और पापा की असली प्रार्थना उनका कारोबार है और तुम लोगों का होना ही प्रार्थना है।" बच्चे बड़े खुश हुए। मम्मी और पापा भी प्रसन्न थे। फ़िराक़ ने पूछा, "आपने अपना नाम तो बताया ही नहीं।" "ज्ञानेन्द्र त्रिपाठी और मेरे भाई का नाम मलयज त्रिपाठी है।" फ़िराक़ ने मलयज से पूछा, "तुम्हें भी कुछ पूछना है?" मलयज ने कहा, "सर, मुझे मैथ बिल्कुल अच्छी नहीं लगती। पापा कहते हैं मेहनत करो। बताइए मैं क्या करूँ।" "मैथ मत पढ़ो। जिसमें मन लगे वही पढ़ो। और सुनो पढ़ना कोई बहुत ज़रूरी नहीं है। शिक्षित होना कुछ और है, पढ़ना कुछ और है।" ज्ञानेन्द्र ने पूछा सर, मुझे पहाड़, घाटियाँ, जंगल देखने का बहुत मन करता है। पापा कहते हैं पहले पढ़ाई करो फिर घूमना,

पहाड़ देखना।" "नहीं। फ़िराक़ ने कहा, "पहले पहाड़, जंगल, फूलों की घाटियाँ, विशाल समुद्र देखो फिर पढ़ना। उनका दर्शन ही पढ़ना है। आदि कालीन पर्वतों का निष्कलंक, निष्पाप सौन्दर्य, फूलों में ज़िन्दगी की मुस्कुराहट, विकास का रहस्य—यही देखना, यही समझना प्रार्थना है। देखो पहाड़ गहरी प्रार्थना में डूबे हैं। अस्तित्व समाधि है। एक शान्त संवाद। वहाँ भाषा निरर्थक है। मौन के द्वारा मौन में प्रवेश।" फ़िराक़ यकायक चौंक पड़े। "हीरा चाय वगैरह लाओ।" चाय आ गयी। बच्चों की मम्मी चाय डाल रही थीं। सबके चेहरे खिल गये थे। महिला ने बताया, उनका नाम शेफाली है। शेफाली ने कहा, "साहब, आपकी पत्नी कहीं गयी हैं क्या। यहाँ आयीं नहीं।" फ़िराक़ का चेहरा उतर गया। बोले, "जाइए अन्दर मिल आइए" चाय पीने के बाद फ़िराक़ ने मुझसे कहा, "शेफाली जी को बहू जी के पास ले जाइए और आप भी वहीं रहिए।" बहू जी के पास कुर्सी पर शेफाली जी बैठ गयीं। बोलीं, "आप भी वहीं चलिए। "बहू जी ने कहा" नहीं, मैं वहाँ जाकर क्या करूँगी। ये सब बातें मेरी समझ में नहीं आतीं और फिर उनका मूड बिगड़ जायेगा।" "बच्चे कहाँ हैं?" बहू जी ने कहा, "बेटियों की शादी हो गयी है। अपने-अपने घर हैं।" बहू जी बड़ा असहाय लग रही थीं। मुझे उनकी स्थिति पर बड़ा दुख हो रहा था। दोनों महिलाओं में अधिक संवाद न हो सका। मगर भीतर का दुख अपनी दास्तान सुना गया। शेफाली जी बहू जी को प्रणाम करके फ़िराक़ के कमरे में आ गयीं। लगभग एक बजने को आ रहा था। शेफाली जी ने कहा, "सर, ये मदिरापान बहुत करते हैं।" "इन्हें समझाइए। इन्हें समझाने की ज़रूरत नहीं है। ये समझदार आदमी हैं। किसी के पीन-खाने के मामले में छेड़छाड़ या दख़ल अन्दाजी नहीं करनी चाहिए। इससे मामला बिगड़ जाने का डर रहता है। हाँ, इतना ध्यान ज़रूर रखना चाहिए कि घर का माहौल बिगड़ने न पाये। परिवार पहले, शराब बाद में। अगर मुझे एक हँसता-बोलता, चहकता-महकता परिवार मिलता तो शराब क्या शायरी तक छोड़ने को तैयार था।" "मलयज ने पूछा" सर, शराब क्यों पीते हैं लोग? पापा भी पीते हैं और आप भी पीते हैं। क्या शराब अच्छी चीज़ है?" "नहीं बेटा, शराब अच्छी चीज़ नहीं है। आदमी थक जाता है। इसीलिए पी लेता है। शराब के कतरे तो आँसू के कतरे हैं। खैर छोड़ो। तुम लोग पानी पिया करो। फलों का जूस लिया करो और मुस्कुराते रहा करो। मम्मी की पेंटिंग देखा करो।" तब तक इलाहाबाद हाईकोर्ट के सुप्रसिद्ध वकील एस.यन. मुल्ला साहब तश्रीफ़ लाये। इधर-उधर की बातें करने के बाद मुल्ला साहब ने पूछा, "फ़िराक़, ये बताओ कि प्लेटो साहित्य विशेषकर कविता से इतना चिढ़ा हुआ क्यों था? कल हाईकोर्ट में बड़ी देर तक इसी विषय पर बहस होत.ी रही। मगर मामला सुलझ न पाया। मैंने सोचा, फ़िराक़ के पास चलें, वहीं ये मसला तै होगा।" त्रिपाठी जी ने कहा, "अच्छा सर, हम लोग चलते हैं। कल फिर हाज़िर होंगे।" "कहाँ जायेंगे आप

लोग?" फ़िराक़ ने पूछा। "बारनेटस—वहीं ठहरे हुए हैं।" मुल्ला साहब ने कहा, फ़िराक़ चलो बारनेटस में हमलोग भी चलें। तुम्हारे पास तो ठर्रा ही रहता है। "फ़िराक़ साहब ने कहा, "त्रिपाठी जी आप लोग भी चलिए साथ में।" शेफाली जी ने कहा, "मैं ज़रा अन्दर जाकर उनको भी प्रणाम कर आऊँ। इतने महान् कवि और विचारक की पत्नी होना भी बड़े भाग्य की बात है।" "जाओ ज़रूर जाओ।" शेफाली जी अन्दर चली गयीं तो फ़िराक़ ने कहा, "अब इनको कौन समझाए कि ऐसी औरत का पति होना कितना दुर्भाग्यपूर्ण है।"

सब लोग बारनेटस पहुँच गये। बच्चे अपने कमरे में चले गये। त्रिपाठी जी, फ़िराक़ और मुल्ला साहब एक अलग कमरे में। शराब शुरू हो गयी और साहित्य चर्चा भी। मुल्ला साहब ने फिर अपना सवाल दोहराया। "प्लेटो साहब शायरी और अदब से इतना क्यों परेशान हैं।" "बात ये है मुल्ला साहब कि प्लेटो साहब सियासी दृष्टिकोण से साहित्य पर मिलिटरी शासन लागू करना चाहते हैं। उनके रिपब्लिक में उनकी दलीलें सोवियत यूनियन के सिद्धान्तों की तरह लगती हैं। कला और साहित्य के बारे में आदर्श कभी-कभी अपना सर बड़ी चतुराई और चालाकी से छिपा जाता है।" अभी बात चल ही रही थी कि मुल्ला साहब को कुछ याद हो आया और वे फ़िराक़ की इजाज़त लेकर चलते बने। फ़िराक़ ने कहा, "मुल्ला साहब, वो तो प्लेटो का दृष्टिकोण था और आप अपने इस व्यवहार को कला और साहित्य के प्रति क्या कहिएगा?" खाना त्रिपाठी परिवार के साथ ही खाया गया। फ़िराक़ घर आ गये। रास्ते में कहा, "औरत औरत को बुरी समझ ही नहीं सकती। इस मामले में ज़्यादा उलझना नहीं चाहिए।"

दूसरे दिन त्रिपाठी परिवार लगभग ग्यारह बजे दिन में हाज़िर हो गया। फ़िराक़ साहब जैसे उनका इन्तजार ही कर रहे हों। बोले, "आओ बेटी आओ।" सलाम-दुआ के बाद सब बैठ गये। त्रिपाठी जी ने व्हिस्की की एक बोतल फ़िराक़ के पास रख दी। "सर, यह आपके लिए।" फ़िराक़ ने कहा, "भाई त्रिपाठी जी, आप ने हद ही कर दिया, आप जब बच्चों के साथ हों, शराब नज़र नहीं आनी चाहिए। इतने पवित्र परिवार के सामने शराब की बोतल देखकर लगता है जैसे गंगोत्री में तेज़ाब की बारिश हो रही है।" अभी तक तो सब ठीक रहा। शेफाली जी ने कहा, "आपकी पत्नी जी बड़ी नेक हैं। बड़ी ममतामयी हैं। करुणा की मूर्ति हैं। आप अपने साथ उनको बैठने दिया करिए। अलत-अलग अच्छा नहीं लगता।" बड़ी देर तक शेफाली फ़िराक़ को उपदेश देती रहीं। मैं डर रहा था कि क़यामत आने वाली है। मगर फ़िराक़ सब सुनते रहे और कुछ मोनालिज़ा वाली मुस्कान उनके चेहरे पर खेलती रही। वह मुस्कुराहट क्या थी" कौन बता सकता है। बस यही कहा फ़िराक़ ने, "ठीक कहती हो बेटी। काश, ऐसा मैं कर सकता।" त्रिपाठी जी और उनका परिवार आज ग़ाज़ियाबाद वापस जाने वाला है। शेफाली जी ने कहा, "आप ग़ाज़ियाबाद आइएगा, जरूर आइएगा मगर

हमारे यहाँ ही रुकिएगा। साथ में उनको (अपनी पत्नी को) भी लाइएगा।" सब चले गये।

फ़िराक़ आज एकदम साधारण लग रहे हैं। न क्रोध, न घृणा, न प्यार, न शायरी, न आदर्श, न यथार्थ। कहने लगे, "दुनिया में लाखों-करोड़ों लोग हैं। जो उसके साथ सुखी जीवन बिता सकते हैं। उसमें कोई ऐब नहीं, कोई दुर्गुण नहीं। कभी लड़ती झगड़ती नहीं। जो कुछ कहता हूँ, डाँटता-फटकारता हूँ, गालियाँ देता हूँ, सब चुपचाप सह लेती है, सुन लेती है। खाना अच्छा पकाती है। कभी कोई फ़रमाइश नहीं करती। यह सिधाई है कि डेडनेस है। मेरा भी स्वभाव ठीक उसी की तरह क्यों नहीं हुआ। भले मैं बेवक़ूफ़ समझा जाता मगर परिवार के साथ ख़ुश तो रहता। कौन ज़िम्मेदार है इसके लिए? वह, मैं या नेचर। शेफाली मुझे आईना दिखा गयी। फेंक दो यह आईना। टुकड़े-टुकड़े कर दो उसे। मगर हर टुकड़ा भी तो आईना है। मेरा स्वभाव कहाँ खो गया। मुझे क्या हो गया है। तब तक हुनर साहब आ गये। विषाद योग समाप्त। मुशायरा योग शुरू हुआ। हुनर साहब ने कहा, "कटरा में एक मुशायरा होने वाला है। लोग चाहते हैं आप भी शिरकत करें।" बातों का रुख़ बदल गया।

फ़िराक़ बाहर के बरामदे में बैठे लोगों से बातें कर रहे हैं। बात गीता के ज्ञान योग से चलते-चलते कर्म योग की यात्रा करके भक्ति-योग की रस माधुरी के स्पर्श से पुलकित हो रही थी कि घसियारा अपनी खुर्पी रखकर मौज मस्ती में रस सरसाने वाली वाणी में गाने लगा। "मैना मैना रे मैना, मैना केदली के बनवा फुलवा लोढ़इ रे मैना।" फ़िराक़ जैसे अपनी मंजिल पा गए। "पावा परम तत्त्व जिमि जोगी।" सिगरेट हाथ से गिर गयी। चौंककर होश में आ गये। फिर होश खो बैठे, घसियारे को आवाज़ दी। बुलाया। कुर्सी पर बिठाया। वहाँ उपस्थित एक शास्त्री जी ने कहा, "फ़िराक़ साहब आप भक्ति योग पर बोलने जा रहे थे।" फ़िराक़ ने उन्हें घूरकर देखा, बोले, "चुप भी रहना सीखिए। भक्ति योग पर भाषण या भक्ति रस पान।" फ़िराक़ ने घसियारे से कहा, "भइया वही गाओ जो गा रहे थे। 'मैना मैना रे मैना।'" घसियारे ने बीड़ी सुलगायी फिर बुझा दी। बोला, "बाबू साहब, एक सिगरेटवा दीहल जाय।" लअअ सिगरेटवा, चहवउ ले...अ। बिस्कुट खा। मगर गावअ।" सिगरेट फूँकी, चाय पी। गाना गाने लगा। 'मैना मैना रे मैना मैना केदरी के बनवाँ फुलवा लोढ़ई रे मैना।' फ़िराक़ डूबते जा रहे थे। वह गाता जा रहा था। और क्या-क्या गा रहा था, मुझे सुधि नहीं। मगर 'मैना मैना रे मैना' भीतरी कान में रस घोल रहा था। ऐसी तल्लीनता फ़िराक़ में कभी नहीं देखी थी। मेरी हालत कुछ कम ख़राब नहीं थी। मैं अपना आनन्द बिसार कर फ़िराक़ को देख रहा था। उन्हीं के आनन्द में मैं भी बेसुध हो रहा था। अरसिक विद्वत् मंडली पर रस का प्रभाव ऊसर में वर्षा जैसा था। हीरा छिपकर सुन रहा था और रस उसकी आँखों में छलक रहा था। बहू जी अन्दर के

बरामदे से सुन रही थीं। आधे घंटे तक घसियारा गाता रहा। फिर बोला, "बाबू, अब जाने दीजिए। घास बेचेंगे नहीं तो घर में चूल्हा नहीं जलेगा।" फ़िराक़ ने पूछा, "घास बेचने से कितना मिलता है?" "दो रुपया बाबू।" "ये लो पाँच रुपया। जाओ घास बेचो। कल फिर आना।" बोला, "बाबू अब घास तो है ही नहीं, आपके लॉन में।" फ़िराक़ बोले, "तुमने ख़ाली ज़मीन को सींच दिया है न। रात भर में मैना हरी-हरी दूब से ढक देगी ज़मीन को। पृथ्वी घास से कभी ख़ाली नहीं होगी जब तक मैना गाती रहेगी या जब तक तुम मैना को याद करते रहोगे। यह जीवन इसीलिए बंजर होता जा रहा है कि लोग मैना को भूलते जा रहे हैं। तुम ऐसे लोगों से ही धरती की हरियाली बनी है।"

घसियारा चला गया। फ़िराक़ 'मैना मैना रे मैना मैना केदरी के बनवाँ फुलवा लोढ़इ रे मैना' टेरते रहे। होठ हिल नहीं रहे थे। रस भीतर प्रवाहित हो रहा था। बोले, "इस घसियारे ने मेरा सब दुख हर लिया। सारा ज्ञान योग, कर्म योग, भक्ति योग मैना बहा ले गयी।" फ़िराक़ मैना बन गये थे। तब तक मौलवी रौनक़ साहब तशरीफ़ लाये। सलाम करके कुर्सी पर बैठ गये। थोड़ी देर में हाफ़िज़ का ज़िक्र उठा। बोले, "सईद साहब के यहाँ गया था। वहाँ हाफ़िज़ की ग़ज़लों पर बात चल रही थी। हाफ़िज़ का क्या कहना।" फ़िराक़ जैसे कुछ सुन ही न रहे हों। रौनक़ साहब ने फिर अपनी बात दोहरायी। अब बात मैना से हटकर हाफ़िज पर आ गयी। मगर अभी तक मैना मैना रे मैना का संगीत फ़िराक़ के काव्यमय चेतना में नृत्य कर रहा था। बोले, "बात ये है रोनक़ साहब कि हाफ़िज की शायरी हो या कालिदास की कविता, सारी शायरी धरी रह जाय मैना के सामने।" "मैना कौन है?" पूछा रौनक़ साहब ने। मैना एक चिड़िया है, एक चिरई है। वो गाती है तो आसमान रक्स करने लगते हैं। कलियाँ ख़्वाब से चौंकने लगती हैं, शान्त दरिया बहने लगता है। ख़ामोश हवाएँ चलने लगती हैं। अल्ला मियाँ अपनी कलाकृति पर झूमने लगते हैं। पक्षियों का गाना चहचहाना अल्ला मियाँ से ख़िताब है। और फिर ये लोकगीत, लोकसंगीत आदिकालीन शुद्धतम रस का प्रवाह है। दुनिया भर की शायरी लोकगीतों के सामने फीकी लगने लगती है। चरवाहों के गीतों को सुना है आपने रौनक़ साहब। लड़की की विदाई के समय गाये जाने वाले गीतों को सुनने का मौक़ा मिला कभी। मौलवी साहब आदमी ने ग़ज़ल बनायी, पृथ्वी ने लोक-गीतों की रचना की। लोकगीत परलोक गीत हैं। ग़ज़ल से मेरा मतलब सम्पूर्ण काव्य से है।" मौलवी साहब ने कहा, "रमेश बाबू, चाय वग़ैरह कब आयेगी?" फ़िराक़ ने हीरा को आवाज़ दी। फिर मेरी ओर मुख़ातिब हुए, "रमेश भाई, इन चीज़ों का भी ख़याल रखा करो। लोगों को चाय के लिए फ़रमाइश न करनी पड़े। शायरी में इस क़दर मत डूब जाइए कि लोकाचार का ध्यान ही न रहे। आप मेरी शायरी की दुनिया और इस नाम-रूप की दुनिया में एक पुल हैं। मुझे

उनसे आज़ाद रखिए। आप आज़ाद हो जायेंगे।" चाय आने में देर हो रही थी। फ़िराक़ चीख़ पड़े। हीरा बोला, "दूध नहीं है।" अब फ़िराक़ के गुस्से का ठिकाना नहीं। मैंने हीरा से कहा, "सुबह ग्वाला एक सेर दूध दे गया था, क्या हुआ?" मैं अन्दर गया। बहू जी ने कहा, "रमेश बाबू, क्या बताऊँ मैं बारिन से बातों में लगी थी–बिल्ली सब दूध पी गयी।" हीरा ने पहले ही आकर फ़िराक़ को बता दिया। फ़िराक़ बड़ी शर्मिन्दगी महसूस कर रहे थे। मैं फ़ौरन बग़ल में मेहरोत्रा साहब के यहाँ से दूध ले लाया। चाय का पानी पहले से गरम हो रहा था। पाँच मिनट में चाय हाज़िर हो गयी। फ़िराक़ सब समझ गये। उन्होंने बस इतना ही कहा, "देखा माई जी को। क्या कहूँ। लोग समझते हैं बड़ी सीधी है। बेवक़ूफ़ी को सिधाई समझना बहुत बड़ा गुनाह है। ख़ैर, रमेश साहब कभी-कभी किचन में भी झाँक लिया करिए–हालाँकि मुझे आप से यह कहने में बड़ी शर्मिन्दगी महसूस हो रही है। मगर क्या करूँ बेटा। ख़ैर छोड़िए–मुर्दे का क्या मान, क्या अपमान।" लोग चाय पीकर उठ गये। तनहा फ़िराक़ कमरे में बैठे अपनी तकदीर को कोस रहे हैं। मुझे रौनक़ साहब के आने की ख़ुशी नहीं हुई। लोकगीतों पर फ़िराक़ का प्रवाह टूट गया था। यह एक बड़ी दुर्घटना थी। बहू जी डर रही थीं कि लोगों के जाने के बाद बाबूजी के क्रोध का भाजन बनना पड़ेगा उन्हें। मगर फ़िराक़ की खामोशी उनके क्रोध की मंज़िलों का पता दे रही थी। कोई चीज़ दबाए दबती नहीं। फ़िराक़ कब तक गुस्सा रोके रहते। मगर यह गुस्सा, यह क्रोध अपना रास्ता बदल रहा था। फ़िराक़ अपने को गालियों से नवाज़ रहे थे। आईने के सामने खड़े होकर अपने ऊपर गालियों की वर्षा कर रहे थे। "और कहलवाओं शायरे जमाल, शायरी का दामन पकड़कर भव सागर पार उतरना चाहते हो? ऐसा डूबोगे कि मरने के बाद भी नहीं उतराओगे। शायरी के आगे भी कई मंज़िलें हैं। "रामचरित सर बिन अन्हवाए"। तुलसी की राह पकड़ो। शराब और शेर सब धुआँ बनकर उड़ जायेंगे। बात-बात में गालियाँ देना, शराब पीकर मासूम लोगों पर विद्वता और जीनियस बनने का रोब गाँठना, अंग्रेज़ी साहित्यकारों और कवियों पर लेक्चर देकर वाह-वाही लूटना, पत्र-पत्रिकाओं में अपना नाम देखकर ख़ुश होना। मियाँ रघुपति सहाय फ़िराक काल पृथ्वी समेत सूरज को ऐसा निगल जायेगा कि डकार तक न लेगा। ज़मीं खा गयी आसमाँ कैसे-कैसे। आराम से रहना सीखो। कब तक नफ़रत की आग में जलते रहोगे। I hate my nose. कविता तो पावक है और तुम्हारी नफ़रत का शोधन न कर सकी कविता की आग। अभी तुम्हें शायरी की उन मंज़िलों तक पहुँचने में कई जनम लगेंगे जिसकी निशानदेही मीरा, तुलसी, सूर और चैतन्य करते हैं।" तब तक हुनर साहब ने आवाज़ दी। "दौड़ो रमेश, देखो महमूद अहमद हुनर साहब आये हैं। देखो मेज़ पर बहुत-से लिफ़ाफ़े और पोस्टकार्ड पड़े हैं। सब ग़ायब हो जायेंगे।" मैं दौड़कर कमरे में गया।

फ़िराक़ साहब ने अपने ऊपर करम फ़रमाया। गालियों का सिलसिला ख़त्म हो गया।

हीरा उड़-उड़ की टेर लगा रहे थे। फ़िराक़ ने हीरा को आवाज दी। कोई जवाब नहीं। "उड़ रे उड़। साली उड़ती नहीं है। अभी तुम्हारा खोथा (घोंसला) उजाड़ता हूँ तो पता चलेगा। हरामज़ादी, कब से भगा रहा हूँ, उड़ती नहीं।" फ़िराक़ ने गला फाड़कर चिल्लाना शुरू किया, "अबे हिरवा—क्या है? क्या उड़-उड़ की टेर लगाये जा रहा है?" हीरा साहब डर से चौंक उठे और भागकर फ़िराक़ के पास आ गये। बोले, "भंडारे में चिड़िया ने खोथा बना रखा है। रोज़ साफ करता हूँ, रोज़ गंगगी (गन्दगी) फैलाती रहती है। खोथे में अंडा दिया है। अभी उसका खोथा उजाड़ दूँगा तब पता चलेगा। फ़िराक़ ने कहा, "नहीं हीरा—ऐसा कभी न करना। किसी का घर नहीं उजाड़ा करते। हरगिज़ उसे परेशान मत करना। सुबह बड़े चुपके से किसी बर्तन में पानी रख आया करो और कुछ दाने धरती पर बिखेर दिया करो। बच्चे निकल आयेंगे और उड़ने लायक़ हो जायेंगे तो चिड़िया अपने बच्चों समेत ख़ुद चली जायेगी। ख़ुदा का शुक्र है कि उसने तुम्हारे घर को इस क़ाबिल समझा कि वो अपना घर यहाँ बनाये।" हीरा ने कहा, "मगर साहब महीने भर का सामान भंडारे में रखा गया है।" फ़िराक़ ने कहा भंडारा बन्द कर दो। सड़ने दो सामान को। जो ज़रूरत हो वो फिर लाओ और उसे कहीं और रख दो। ख़बरदार अगर चिड़िए को परेशान किया गया।" हीरा समझ गये और चुपके से बाहर हो लिये। एक दिन बाद बहू जी मेरे कमरे में आयीं और बोलीं "रमेश बाबू, बताइए महीने भर का सामान पड़ा है और बाबू जी कहते हैं उसका इस्तेमाल मत करो। सामान फिर से मँगा लो। एक चिड़िया के लिए सामान की बर्बादी करना ठीक है क्या? आप उन्हें समझाइए।" मैंने अर्ज़ किया, "बहू जी, मैं कुछ नहीं समझाऊँगा। जब चिड़िया बाहर जाये तो धीरे-धीरे सामान हटवा लिया जाय। मैं इसकी इजाज़त लेने की कोशिश करूँगा।" मैंने फ़िराक़ को अच्छे मूड में पाकर उनके सामने अपनी बात रखी। फ़िराक़ बड़ी देर तक मुझे देखते रहे फिर बोले, "बेजान अठन्नी भर के सामान के लिए ममता के साथ इतना कठोर व्यवहार। वो अंडे से रही है। डर जायेगी तो फिर कभी अंडों पर बैठेगी नहीं। गँवार महाराज, लंठाधिराज, घामड़ानन्द जी आपके पवित्र करुणामय हृदय में ऐसे भाव कैसे जनमें। आपने ऐसी बात कहकर मुझे दुखी कर दिया। यह न सोचा, चिड़िया डरकर भाग गयी तो अंडे बच्चे नहीं बन पायेंगे। सामान बार-बार आ सकता है मगर चिड़िया का टूटा दिल फिर नहीं जुड़ सकता। जाइए अपने कमरे में। आपसे तो ये उम्मीद न थी।, मेरी गर्दन झुकी थी। मैं बस इतना ही कह सका, "मुझसे ख़ता हो गयी।" फ़िराक़ का दुख उनकी आँखों से झलक रहा था। मैं मन ही मन दुआ कर रहा था कि कोई आ जाता तो यह प्रकरण बदल जाता। दुआ हर वक्त कारगर नहीं

होती। किए और कहे का फल भुगतना ही पड़ता है। समय धीरे-धीरे सरक रहा था, बड़े धीरे-धीरे। दुख में समय की गति भी बड़ी मन्द पड़ जाती है, मैंने बड़ी दबी ज़बान से कहा, "अगर इजाज़त दें तो मैं पान खा आऊँ।" "ज़रूर जाइए पान खाइए और बिन सोपाड़ी वाला एक पान मेरे लिए भी लेते आइए।" जियरा का धन पाया, भगे। बड़ी देर तक पान की दूकान पर खड़े रहे। कभी इससे बात करते रहे, कभी उससे बात करते रहे। फ़िराक़ के पास जाने की हिम्मत ही नहीं पड़ रही थी। काफ़ी वक्त गुज़र गया। लगभग चालीस मिनट। उधर फ़िराक़ परेशान हो रहे थे। इसी बीच में निर्मल जी फ़िराक़ जी से मिलने आ गये। फ़िराक़ ने उन्हें दौड़ाया कि वे जाकर मुझे ढूँढ़ लायें। मैं फ़िराक़ के लिए पान लेकर वापस आ ही रहा था कि निर्मल जी रास्ते में ही मिल गये। बोले, "यार रमेश, फ़िराक़ तुम्हारे लिए परेशान हैं। कह रहे थे कि रमेश नाराज़ होकर कहीं चले तो नहीं गये।" बहरहाल मैं फ़िराक़ के पास आकर खड़ा हो गया। बोले, "मेरा पान?" मैंने पान पेश कर दिया। बोले, "मेरे मुँह में पान बिना तोड़े मड़ोरे डाल दो।" यह भी कर गुज़रे। निर्मल जी कोई लेख लिखवाने आये थे। बहुत खुलकर, ठहाका लगाकर हँसते थे। पूरा माहौल बदल डाला। फ़िराक़ भी हँस पड़े। मगर उनकी हँसी में ग़म भी शरीक था। हीरा चाय ले आये। आज मेरा मन बहुत उदास था। मैं सोच रहा था कि फ़िराक़ के हस्सास और संवेदनशील स्वभाव को जानते हुए भी मैंने क्यों उनसे ऐसी बात कही? एक तरफ़ बहू जी की बात थी, एक तरफ़ मेरी जान का ख़तरा। मैंने यह ख़तरा जानकर मोल लिया था। "इश्क़ में तेरे कोहे ग़म सर पर लिया जो हो सो हो।" फ़िराक़ के पास और साथ रहकर तो ख़तरों से गुज़रना ही था। बड़ा नाजुक ख़तरा जो इंसान का मिज़ाज ही बदलकर रख दे। सच मानिये, आज तक उस ख़तरे की कशिश से आज़ाद नहीं हो सका हूँ। निर्मल जी चले गये। अल्ला-अल्ला करके दिन ढल गया। शाम सर पर सवार हो रही थी। फ़िराक़ के शब्दकोश में शाम के मानी शराब के भी थे। दो-चार लोग आ गये थे। बाहर के बरामदे में महफ़िल सजी थी। फ़िराक़ शराब को ऐसे पी रहे थे जैसे मछली पानी पीती है। दुनिया से बेख़बर अपने में ही बड़बड़ा रहे थे। अजीब-अजीब भंगिमाएँ बना रहे थे। फ़िराक़ के मूड को देखकर किसी की कुछ हिम्मत ही न पड़ी बोलने की या कुछ पूछने की। मुझे इस तरह देख रहे थे जैसे अर्जुन के बाण अपने निशाने को देख रहे हों। फ़िराक़ ने मुझे मुख़ातिब करके कहा, "हाँ तो रमेश साहब, आपको मेरे सामान की बड़ी चिन्ता है। आप मेरे हितैषी हैं। आप चाहते हैं कि फ़िराक़ के दो पैसे ज़ाया न जाएँ। आप बड़े नेक दिल इंसान हैं। मगर आप उस माँ के दिल को न समझ सके जो अपने सीने की गर्मी से अपने बच्चे को, पोस रही है।" फ़िराक़ का गुस्सा अपनी चरम सीमा तक पहुँच रहा था। बस यही कहूँगा। बोले, "माई जी का चेहरा देखते ही समझ गया था कि मुझे ऐसे ही दोस्त और

ख़ैरख़्वाह मिलेंगे जो चिड़िए के दिल की मूक भाषा न समझ पाएँगे। सब पढ़ना-लिखना व्यर्थ है अगर दिल की भाषा न पढ़ पाये। इंसान का दिल तोड़ देना उतना बड़ा गुनाह नहीं है जितना बेज़बानों की भाषा न समझ पाना।" फ़िराक़ दुनिया भर का फ़लसफ़ा समझाते रहे। कभी प्यार से, कभी डाँट से, कभी क्रोध से। दस बजे रात तक डाँटने का सिलसिला चलता रहा। पेशाब करने उठे तो लड़खड़ा कर गिर पड़े। मैंने बमुश्किल उन्हें उठाया। शराब की बोतल गिरकर चूर-चूर हो गयी और बची-खुची शराब ज़मीन पी गयी। मैंने हीरा को आवाज़ दी। शीशे के टुकड़े चुने जा रहे थे। फ़िराक़ को सँभाल कर बिस्तर पर लिटा दिया। पंखा चला दिया गया, बिना खाये फ़िराक़ सो रहे। मैं अपने कमरे में चला गया। हीरा घर चला गया। मैंने भी नहीं खाया। डाँट खा चुका था। पेट भर गया था। बहू जी मेरे कमरे में तशरीफ़ लायीं। बोली, "रमेश बाबू आप मेरी सोचिए। बिना गलती के डाँट खाती रही हूँ। गालियाँ सुनती आ रही हूँ। बस ये ज़रूर है, कि इन्होंने कभी मेरे ऊपर हाथ नहीं उठाया मगर रमेश बाबू, हो सकता है कि कभी शराब और गुस्से की हालत में वो आप पर हाथ उठा दें। फिर आप क्या करिएगा।" बहू जी का ये सवाल अजीब सवाल था। मैं सवाल का मतलब न समझ पाया। मैंने कहा, "जैसे डाँट खाता हूँ वैसे मार भी खा लूँगा।" बहू जी ने कहा, "चलिए रसोई में बैठकर खाना खा लीजिए।" बोलीं, "मैं खाना खाने जा रही हूँ, मुझे भूख लगी है। आप खा लीजिए।" मैंने कहा, "बहू जी मैं आँगन के दरवाज़े से बाहर जा रहा हूँ। पान खाकर वापस आ जाऊँगा। आप बाहर से ताला बन्द कर जाइए।" "ठीक है।" मैं बाहर गया। गिलास भरकर चाय पी। पान खाया फिर वापस आ गया। मुझे नींद नहीं आ रही थी। एक नॉबेल पढ़ने लगा। The Navvy रात के दो बज गये। सोने की कोशिश करने लगा। फ़िराक़ के चीख़ने की आवाज़ आयी। नींद में चीख़ रहे थे। "दौड़ो-दौड़ो, देखो कोई घोंसला उजाड़ रहा है। अरे भाई ऐसा न करो। मैं चल नहीं सकता। कोई बचा लो पंछी के घर को, बेचारी बेघर हो जायेगी। रमेश, कहाँ हो? दौड़ो-दौड़ो। काशी पहलवान को बुलाओ।" मैं भागकर फ़िराक़ के पास गया। फ़िराक़ चौंक कर उठ बैठे। मुझे देखकर बोले, "क्या टाइम है।" "तीन बज रहा है।" "मैं सपना देख रहा था। जाइए देखिए किसी ने चिड़िए का घोंसला तो नहीं उजाड़ डाला।" मैंने कहा, "नहीं घोंसला सलामत है।" अच्छा भाई। कुछ भूख लग आयी है।" मैंने अख़बार जलाकर तवे पर कुछ, कबाब गरम किये। फ़िराक़ ने पूछा, "कबाब किसने गरम किया?" "बहू जी ने" मैंने कहा। "क्या अभी तक जग रही है?" "आपको कबाब देकर सोने चली गयीं। उनके सर में दर्द है।" "दर्द तो होगा ही। वह खुद मेरा सर दर्द है।" लाइट जल रही थी। फ़िराक़ के कपड़े पर खून के धब्बे थे। मेज़ के तेज किनारे से सर टकरा गया था, बाल खून में सन गया था। शराब की फ़रमाइश की। फिर सो रहे। साढ़े चार बजे उठ बैठे।

मुझे आवाज़ दी। कडुआयी आँखें मलता हाज़िर हो गया। बोले, "जाओ ठंडे पानी की छींटों से आँखें ठंडी कर लो। पोथी-पत्रा पढ़कर आराम से आधे घंटे में चुस्त दुरुस्त होकर आ जाओ। जम्हाई मत भरा करो।" हीरा अभी आया नहीं था। चाय की हाँक लगायी। बहू जी अँगीठी तैयार कर चुकी थीं। फ़िराक़ गुनगुना रहे थे। कविता उनके आन्तरिक होठों पर थिरक रही थी। मैं नहा-धोकर पूजा-पाठ से निवृत्त होकर उनके पास आ गया। बहू जी ने इशारे से मुझे बुलाया। मैं चाय की ट्रे लिये हाज़िर हो गया। चार लड्डू थे। फ़िराक़ तीन खा गये। एक मैंने ग्रहण किया, बिस्कुट खाये, चाय पी। मैंने बहू जी से कहा, "पानी गरम कर दीजिए।" गरम पानी डिटाल वग़ैरह लिये फ़िराक़ के पास आ गया। बोले, "यह सब क्या है?" मैंने कहा आपके सर में चोट आ गयी है। बाल ख़ून में चिमट गये हैं। धोना है।" "अच्छा भाई।" मैंने फ़िराक का घाव धोया। घी का मरहम लगाया। कपड़े बदलवाये। फ़िराक़ ताजा दम लग रहे थे। बोले, "चलो थोड़ी-सी चहल-क़दमी कर लें।" फ़िराक़ बहुत तेज़ चलते थे। मुझे उनके हमराह चलने के लिए दौड़ना पड़ता था। डॉ. बेनीप्रसाद के बग़ल में हफ़ीज़ सैयद साहब रहते थे। हम लोग वहीं पहुँच गये। हफ़ीज़ साहब फ़िराक़ साहब को देखकर खुशी से झूम उठे। बोले, "सुबह-सुबह आपका दर्शन बड़ा मुबारक है।"

फ़िराक़ ने कहा, "मेरा दर्शन नहीं, भोर का दर्शन, ऊषा-काल का दर्शन, सतरंगे झुरमुट का दर्शन मुबारक है।" हफ़ीज़ सैयद साहब सूफ़ी थे। दो सूफ़ी सन्त मिल बैठे। सन्त समागम। दो भक्तिधाराएँ मिल रही थीं। मैं संगम में ग़ोताज़नी कर रहा था, चाय पी गयी। आधे घंटे बाद फ़िराक़ वापस आ गये। हीरा साहब तशरीफ़ ला चुके थे। आते ही फ़िराक़ ने पूछा, "हिरवा, चिड़िया रानी सकुशल तो हैं न।" हीरा ने कहा, "साहब, कौन चिड़िया रानी? यहाँ तो अभी कोई रानी नहीं आयी। आज आने में देर हो गयी थी। रानी नहीं हमारी नानी आ गयी थी। बहुत बुढ़िया गयी है। अब मरने वाली है। "अबे तुम्हारी नानी को नहीं पूछ रहा हूँ। चिड़िया का घोंसला ठीक है न।" "हाँ साहब। चिड़िया आती-जाती रहती है। कुछ दिनों में अंडे आँख फोड़ देंगे। बच्चे बाहर निकल आयेंगे। सब ठीक है।" "चलिए बड़ा आराम मिला।"

बहू जी को चिड़िए की उपस्थिति खल रही थी। महीने भर का सामान बरबाद हो रहा था। चिड़ियों का क्या, जहाँ चाहती हैं घोंसला खड़ा कर लेती हैं। उन्हें क्या ख़बर किसी की बरबादी की। कुछ अंडों का गिरकर टूट पड़ना कोई बड़ी बात नहीं है। बहू जी ने हीरा से कहा, "तुम सब सामान निकाल लाओ। भगा दो चिड़िया को।" हीरा तो इसी की प्रतीक्षा कर रहे थे। उन्होंने न जाने क्या किया घोंसला गिर गया, अंडे टूट गये। कुछ मांस के लोथड़े बाहर गिर पड़े। बहू जी ने घोंसला उजाड़ने को नहीं कहा था। बस चिड़िया को भगाकर सामान निकाल लाने की बात कही थी। मगर हीरा ने स्वामिभक्ति दिखायी और अपनी ऐसी कर बैठे। फ़िराक़ साहब

यूनिवर्सिटी से आते ही पूछ पड़े। "हीरा कहाँ है?" हीरा घर गया था। बोले, "पंडित जी महाराज, भंडारे के दरवाजे से झाँककर देखिए, घोंसला सही सलामत है?" मैंने देखा तो कुछ नज़र नहीं आया। ख़ुद चले आये और भंडारे को साफ़ सुथरा देखकर भाँप गये। घोंसला कहीं नहीं था। भंडारा भाँय-भाँय कर रहा था। भंडारा भरा था मगर भंडारा वीरान हो गया था। फ़िराक़ उल्टे पाँव लौट आये। मुझे भेजकर हीरा को बुलाया। पूछा, "घोंसला कहाँ है। बच्चे कहाँ हैं, अंडे कहाँ हैं?" हीरा डर गये और सारी रुदाद बयान कर डाली। फ़िराक़ धड़ाम से बिस्तर पर पड़ रहे। गुस्से का आलम ये था कि उन्हें देखे नहीं बन रहा था। क्रोध का पहाड़ टूट रहा था और बड़े-बड़े गालियों के शिला खण्ड टूटकर पृथ्वी पर उत्पात मचा रहे थे। लगता था क़यामत आ गयी। दरो-दीवार काँप-काँप रहे थे। मुझे इशारे से बैठ जाने का हुक्म मिला। ऐसी भयानक गालियाँ कि गालियों को भी शर्म आ जाए। अप्रचलित, नयी कविता की तरह उन्मुक्त गालियाँ। फ़िराक़ निरीह बहू जी पर निशाना साधे हुए थे। मामला हद से बढ़ रहा था। मैंने सोचा अगर क्रोध की गंगा को रोका न गया तो पृथ्वी उलट-पुलट हो जायेगी। सारी मर्यादाएँ ध्वस्त हो जायेंगी। मैंने कहा, "सर, बहू जी निर्दोष हैं।" प्रवाह बदल गया। उन्होंने सोचा कि इस कारगुज़ारी में मैं भी शामिल हूँ। हीरा की फिर पुकार की गयी। हीरा हाज़िर। "सब कुछ ठीक-ठीक बताओ। अगर रमेश ने ऐसा किया या घोंसला उजाड़ने में वो भी शरीक हैं तो अभी से भला है। उनसे छुट्टी ले ली जाय।" हीरा ने इस बार सच उगल दिया। "बहू जी ने घोंसला उजाड़ने की बात नहीं कही थी। उन्होंने तो बस सामान हटा लेने की बात कही थी। घोंसला तो मैंने हटा दिया।" अब क्या था। हीरा को उठकर दो चप्पल जमा दिये और भंडारे भर गाली दे डाली। हीरा को नौकरी से निकाल दिया गया। तनख़्वाह उसके घर भेज दी गयी। उसकी माँ गिड़गिड़ाने लगी। "रमेश बाबू, हीरा को निकाल दिया साहब ने, अब हम लोगों को क्वार्टर से भी निकाल देंगे। बड़ी फ़जीहत में जान है। आप किसी तरह साहब को समझाइए-बुझाइए।" मैंने कहा, "बारिन मैं क्या कर सकता हूँ।" काशी पहलवान डयूटी पर बाहर गये थे। कल आयेंगे। उस दिन फ़िराक़ क्रोध और वेदना के अंगार बरसाते रहे। मैं मन ही मन कह रहा था कि क्या ही अच्छा होता अगर मुझे भी भगा देते फ़िराक़। जान तो बच जाती। पढ़-लिख कर कोई नौकरी कर लेते, आराम से तो रहते। मुझे ऐसा ज्ञान-विज्ञान नहीं चाहिए जो जीना हराम कर दे। मगर माँगने से मौत भी नहीं मिलती। दिन भर और रात भर फ़िराक़ शराब पीते रहे। गालियाँ देकर थक जाते तो लेट रहते। फिर उठते, शराब पीते। लड़खड़ाते भंडारे में जाते। घोंसला तलाश करते, दुखी हो जाते, लौट आते। मुझे जीवन का फ़लसफ़ा समझाते। कहते, "ज्ञान-विज्ञान, मानव सभ्यता, पीर पैग़म्बर, दीन-धर्म बड़े-बड़े काम कर सकते हैं मगर चिड़िया का उजड़ा घोंसला, उसका दर्द टूटे हुए अंडों की वेदना का क्या होगा। अजीब लीला है—

नशेमन फूँकने वाले मेरी ये ज़िन्दगी अब है
कभी रोये, कभी सिजदे किये ख़ाके नशेमन पर

दूसरा दिन आया। शाम का वक़्त आया। काशी पहलवान आये मैंने उन्हें देखा तो मैं फ़िराक़ के पास ही बैठा रहा। काशी पहलवान नशे में थे। बरामदे में आ गये और लगे गालियाँ देने फ़िराक़ को। तुमने हीरा को क्यों पीटा। आज मैं तुम्हारी हड्डी पसली एक कर दूँगा। फ़िराक़ दुबक कर बैठे रहे। मैं सोच रहा था कि पहलवान को मन की भड़ास निकाल लेने दीजिए। काशी पहलवान कमरे में आ गये। बोले, सौ रुपये लाओ।" फिर शराब की बोतल पर हाथ लगाने लगे और फ़िराक़ की ओर लपके। मैं जानता था कि यह बनरघुड़की है फिर भी फ़िराक़ का भयभीत चेहरा मैं न देख सका। मैंने कहा, "काशी, बस वहीं खड़े रहो और ज़बान बन्द करो। तुमने हिम्मत कैसे की बरामदे में चढ़कर कमरे में घुसने की।" बहू जी अन्दर के बरामदे से देख रही थीं और मुझे इशारा कर रही थीं कि काशी को बाहर कर दिया जाय। मैंने काशी की कलाई पकड़ी और उन्हें गेट के बाहर कर दिया। मैंने कहा, "पहलवान, अगर अब कभी फ़िराक़ को गालियाँ दीं तो ख़ैर नहीं।" पहलवान बोले, "रमेश बाबू, मैं तो उसे हड़का रहा था। मैं जानता हूँ कि हीरा की जगह कोई दूसरा यहाँ टिक नहीं सकता। ऐसा कई बार हो चुका है। बस थोड़ी-सी शराब दिलवा दीजिए।, मैंने कहा "बस चुपके से लौट जाइए। हीरा को काम पर भेज दीजिए।" मामला ठंडा हो गया। दर्द का इलाज दर्द। गाली गाली से दब गयी। सब कुछ पहले जैसा हो गया। मगर फ़िराक़ कभी-कभी भंडारे में जाते हैं, आँख उठाकर ऊपर देखते हैं भारी मन से वापस आ जाते हैं। जब बरामदे में किसी गौरैये के चूँचूँ की आवाज़ आती है तो फ़िराक़ चौंक पड़ते हैं फिर चुप हो जाते हैं—

ये वीराना है, मैं हूँ और तायर आशियानों के।

बहू जी बोलीं, "रमेश बाबू, हमें वो भले ही गाली देलें। मगर उन्हें कोई कुछ कहता है तो मुझे बहुत दुख होता है।"

इधर कई दिनों से बहू जी की तबीयत ख़राब चल रही है। बुख़ार है। डॉ. सरस्वती प्रसाद का इलाज कुछ कारगर साबित न हो सका। डॉ. रमेश को बुलाया गया। बुखार तेज़ था। बहू जी परेशान हैं। डॉ. रमेश ने देखा। दवा दी और बोले सर पर पानी की पट्टी रखी जाय। खाना हल्का जैसे मूँग की खिचड़ी, आलू का भुर्ता वगैरह। डॉ. रमेश ने फ़िराक़ से कहा, "दवा सुबह शाम बराबर चलती रहे। उसमें लापरवाही न की जाय, नहीं तो टायफायड हो सकता है। पानी उबालकर पीती रहें। मुझे हाल रोज़ भेजते रहें।" फ़िराक़ ने कहा, "रमेश बेटा, मुझे छोड़ दो। बिल्कुल भूल जाओ। अपनी बहू जी की देखभाल करो। उसे वक़्त पर दवा देते रहो। उसकी बुद्धि तो भ्रष्ट है। खाना जो डॉक्टर ने कहा है वही देते रहो। और रोज़ दिन में तीन बार

बुख़ार नापते रहो। रोज डॉक्टर को ख़बर देते रहो। हाँ, पानी की पट्‌टी बराबर रखते रहो।" खाना बारिन पकाती ही थी। दूसरे दिन बुख़ार 103 से 101 पर आ गया। बहू जी को भूख लगने लगी। खिचड़ी खाते-खाते ऊब रही थीं। डॉक्टर ने कहा, "रोटी का छिलका और मूँग की दाल, हरी सब्ज़ी दी जा सकती है।" फ़िराक़ के लिए मछली पकायी गयी थी। बहू जी भी ज़िद कर रही थीं, मछली खाने के लिए। मैं समझाता रहा। मैं डॉक्टर के यहाँ हाल बताने गया था। इधर बारिन से माँगकर उन्होंने मछली खा ली। मुँह का ज़ायका ठीक करने के लिए अचार भी खाया। दही का भी सेवन कर डाला। दूसरे दिन बुख़ार बढ़ गया। खाँसी आने लगी। बड़ी मुसीबत आ गयी। मैं भागकर डॉक्टर के पास गया। डॉक्टर साहब तशरीफ़ लाये। बुख़ार 104 डिग्री पहुँच गया। जब डॉक्टर को मालूम हुआ कि मरीज ने मछली वग़ैरह खा ली है तो बड़ा नाख़ुश हो गये। फ़िराक़ के पास आकर बोले, "इसी तरह लापरवाही चलती रही तो बुख़ार कभी नहीं उतरेगा और बहुत से दूसरे काम्प्लीकेशन भी पैदा हो सकते हैं।" बहू जी डर रही थीं कि अगर बाबू को मालूम हो गया तो उनकी डाँट-फटकार शुरू हो जायेगी। फ़िराक़ ने मुझे डाँटना शुरू किया, "रमेश, यही तुम्हारी तीमारदारी है।" मैं चुप रहा। बहू जी ने मेरी गैरहाज़िरी में ये सब खाया-पीया था। डॉक्टर हैरान थे कि फ़िराक़ साहब अपनी कोई प्रतिक्रिया नहीं जता रहे हैं। फ़िराक़ ने कहा, "डॉक्टर साहब, ये आदमी की ख़ूबसूरत कमज़ोरियाँ हैं। उसमें खाने-पीने का लालच नहीं है। मगर बीमारी में कभी-कभी ऐसी ग़लती तो आप भी कर बैठेंगे। बहरहाल, अब घर में कोई ऐसी चीज़ पकेगी ही नहीं जो उसको नुकसान पहुँचाये। मैं जाकर बाहर खा लिया करूँगा।" फ़िराक़ को इतना नार्मल और उदार देखकर सब को ताज्जुब हो रहा था। कुछ दिनों में डॉक्टर के इलाज से बहू जी ठीक हो गयीं। बुख़ार एकदम उतर गया था। कमज़ोरी भी धीरे-धीरे जाती रही। फ़िराक़ आदमी की कमज़ोरियों का आदर करते थे। उन्हें ख़ूब समझते थे। मगर फ़िराक़ को समझ पाना बड़ा मुश्किल था।

तीन-चार दिन बाद फ़िराक़ की दो चप्पल (विद्यागरी जो उन्होंने कलकत्ते से मँगायी थी) ग़ायब हो गयीं। अब क्या था। लगे नौकरों को डाँटने। नौकरों को डाँट चुके तो बहू जी पर ख़फ़ा हो गये। कुछ न मिला तो बीमारी की हालत में मछली खाने की बात याद आय। घंटों डाँटते-चीख़ते चिल्लाते रहे। "उसकी सूरत देखते ही मैं समझ गया कि मौत मेरे घर में आ रही है। कुरूप मौत, बेजान मौत, भिखमंगी मौत, बुद्धिहीन मौत। मौत में भी एक कशिश होती है, एक तेवर होता है, एक चिनगारी होती है, एक कविता होती है, एक धधकती चिता की लपट होती है, एक मादक खुशबू होती है। मगर माई जी, लुजलुजी, मरी हुई चुहिया की तरह निर्जीव मौत है। मुर्दा मौत। क्या कहूँ। मैं तो उजड़कर रह गया। अब बताइए जब घर से चप्पलें गायब होने लगीं तो उजड़ने में क्या रह गया। पाँव नंगे हो गये। जिस्म और

रूह सब बेपर्दा। चप्पल ग़ायब होने का अर्थ—सूने पाँव। आँगन तो सूना था ही पाँव भी सूने हो गये। सूने पाँव का अर्थ दुनिया भर के काँटों का जंगल हो गया घर। ऐसी हैं माईजी।"

सारा घर चप्पलों की तलाश में लग गया। बड़ी छानबीन के बाद एक चप्पल ज़नाने बाथरूम में मिली। अब दूसरी चप्पल की खोजाई मची। दो घंटों की कड़ी मेहनत के बाद दूसरी चप्पल लॉन की झाड़ी के क़रीब मिली। पता चला कि कुत्ता उसे उठा ले गया था। मैंने कहा, "सर, आप इतना ख़फ़ा हो रहे थे बहू जी पर। क्या-क्या नहीं कह डाला उन्हें। आपकी चप्पल तो कुत्ता उठा ले गया था।" अब फ़िराक़ का सारा पश्चात्ताप अपना प्रायश्चित्त करने के लिए गुस्सा बनकर मेरे ऊपर टूट पड़ा। बोले, "पंडितों में उपदेश का रोग ही भारत की गुलामी का कारण है। उपदेश के अलावा पंडित जी के पास कुछ है ही नहीं। पंडित जी महाराज, उपदेशक, पं. तोताराम, कम से कम मेरे ऊपर तो कृपा कीजिए। वैसे तो आप चुप ही रहते हैं मगर जहाँ मैं अपने दुर्भाग्य को कोसता हूँ, आप पोथी-पत्रा खोलकर बैठ जाते हैं।" और जाने क्या-क्या कुछ कहते रहे। डाँटकर थक गये तो चुप हो रहे। माई जी ग़लत आदमियों को तो भेजेंगी ही मेरे पास, कुत्तों को भी भेजना शुरू कर दिया। जाइए पता कर आइए कि कुत्तों ने किसी के जूतों और चप्पलों पर भी कृपा दृष्टि डाली है। हीरा बोल उठे, "साहब हमारी अम्मा की चप्पल भी कुत्ता उठा ले गया था।" फ़िराक़ कुछ स्वस्थ मूड में थे बोले, "वह कुत्ता तुम्हारी अम्मा से दुलार करने के मूड में अठखेलियाँ कर रहा था। हीरा ने कहा, "धत्त" और रफ़ूचक्कर हो गये।

आजकल पुष्पा जी फ़िराक़ की बेटी, आयी हुई हैं। घर आबाद लग रहा है। फ़िराक़ साहब घर-गृहस्थी का महत्त्व समझा रहे हैं। रवि बाबू भी हैं। नारी-धर्म पर बात आ गयी। एक-दो लोग और आ गये। लम्बी-चौड़ी बहस छिड़ गयी। फ़िराक़ साहब किसी और लोक की सैर कर रहे हैं। ध्यान में डूबे हैं। बहस में पुष्पाजी, उनके पति और आगन्तुक भाग ले रहे हैं। पुष्पाजी ने कहा कि आदमी को हर काम औरतों की राय से करना चाहिए। रवी जी ने कहा, "ऐसा सम्भव नहीं है। किस वक़्त कौन काम सर पर आन पड़े, क्या फ़ैसला लेना पड़े, कौन जानता है। हर वक़्त पत्नी कहाँ पास रहेगी। और फिर यह तो मित्रता न हुई। गुलामी हुई।" उपस्थित लोगों में एक साहब बोल पड़े, "जहाँ तक मुमकिन हो मिलजुल कर फ़ैसला लेना चाहिए।" पुष्पा जी भारी पड़ रह थीं। बोलीं, "पत्नी का बराबर का अधिकार है। उसे हक़ है कि वह पति की हर बात को जाने और राय दें।" मामला सुलझ नहीं रहा था। अन्त में बात फ़िराक़ साहब के सामने रखी गयी। फ़िराक़ चौंक पड़े। "क्या बात है?" मामला पेश किया गया। "ठीक है, आदमी को हर बात पूछकर करना चाहिए जैसे हगना, मूतना, छींकना, खाँसना, बीमार पड़ना, मरना, खाना-पीना, वग़ैरह-वग़ैरह।" फिर बोले, "बीवी

कितनी भी अच्छी हो—She is not my keeper मियाँ यह भी कोई बात हुई। जहाँ ज़रूरत हो वहाँ मश्वरा ठीक है। एक वाक़या सुनिये। एक साहब मर रहे थे। उन्होंने अपनी पत्नी से कहा—सुनो बड़े लड़के को घर दे दिया जाय। दूसरे लड़के को एक दुकान, तीसरे लड़के को खेत बारी सौंप दी जाये और चौथे को फैक्टरी। बीवी ने सब उलट पुलट दिया। तंग आ गये। ज़िन्दगी भर यही होता रहा। इनकी कोई भी बात स्वीकार ही न की जाती। अन्त में तंग आकर बोले, यह बताओ मैं मर रहा हूँ या तुम। तब मेरी बात चलेगी कि तुम्हारी। बात है घर-गृहस्थी समझदारी से चलती है। आज़ादी और सलाह-मशवरा का समन्वय होना चाहिए।" पुष्पा जी चुप हो गयी। रवी बाबू मुस्कुरा रहे थे। अब बात खाने पर आयी। फ़िराक़ साहब वहाँ उपस्थित दो लोगों को भी दावत दे बैठे। बाक़ी सब तै हो गया। स्वीट डिश पर आकर बात ठहर गयी। फ़िराक़ ने कहा, "फ़ीरीनी।" "बहुत ख़ूब।" सर्वसम्मति से तै पाया गया। आज खाना पकाने का काम रवी बाबू ने राय दी कि पुप्पा जी सँभालें। न चाहते हुए भी पुष्पा जी को हाँ कहना पड़ा। फ़िराक़ ने कहा, "बारिन वग़ैरह से मदद ले लेना। अपनी माँ को आज आज़ाद रखना।" पुष्पा जी लग गयीं खाना पकाने में। तब तक श्यामनारायण जी संस्कृत के विद्वान् भी आ गये। फ़िराक़ ने उनसे भी भोजन में शरीक हो जाने को कहा। उन्होंने माफ़ी माँग ली। फिर बोले, "फ़िराक़ साहब आज शाम को साढ़े चार बजे कालिदास पर आपको बोलने के लिए दावत देने आया हूँ।" फ़िराक़ तैयार हो गये। कुछ संस्कृत के विद्वान् बाहर से भी आ रहे थे। जब कमेटी के सामने श्यामनारायण जी ने फ़िराक़ का नाम प्रस्तावित किया तो लोगों ने एतराज़ किया। लेकिन श्यामनारायण अपनी बात पर अड़े रहे। बहरहाल, फ़िराक़ को बुलाया गया। श्यामनारायण जी चले गये, चार बजे तक आने का वादा करके।

खाना लगाया जा रहा था। सब लोग अन्दर के बरामदे में दरी पर बैठ गये। फ़िराक़ ने कह रखा था कि खाना केले के पत्ते पर सर्व किया जाय। लोग खा रहे थे तारीफ़ करके। वाक़ई, तुरई की सब्जी तो बेमिसाल थी। बाक़ी भी ठीक था, अच्छा था। अब मिट्टी के शकोरों में फ़ीरीनी दी जा रही थी। फ़िराक़ खाते ही बिफर पड़े। "यह फीरीनी है। इसमें खुरदुरापन बिल्कुल नहीं होना चाहिए। माँड़ की तरह एकदम चिकनी।" पुष्पा जी बहस कर बैठीं। फ़िराक़ भी उखड़ गये। "छूने लायक़ नहीं है फ़ीरीनी।" बोले, "तुमसे हज़ार गुना बेहतर तो तुम्हारी माँ खाना पकाती है। अल्लाह ने उसके हाथों में यह गुण और रस तो दिया ही है।" लोगों को फ़िराक़ की अपनी बीवी की तारीफ़ करनी अच्छी लग रही थी। तब तक सँभल गये और बोले, "एक खाना पका लेना ही तो सब कुछ नहीं है। कुछ और भी तो चाहिए।" मैंने कहा "सर, अच्छा भोजन बहुत नेमत है। जीवन का आधार है।" फ़िराक़ साहब मुस्कुरा पड़े और बोले, "पंडित जी, पंडितों के लिए भोजन ही सब कुछ है। भोजन और भजन।

इसीलिए आप लोग भोजन पर जान देते हैं।" पुष्पा ने कहा, "चलिए खाना अच्छा हो या न हो कम से कम बाबू जी ने अम्मा की तारीफ़ तो की।" अब फ़िराक़ अपने पर आ गये। बोले, "जब ज़िन्दगी ही उजड़ के रह गयी तो खाना क्या महत्त्व रखता है।"

साढ़े चार बजे हमलोग साहित्य सम्मेलन पहुँच गये। फ़िराक़ को देखते ही लोग उठ खड़े हुए। फ़िराक़ के व्यक्तित्व में एक ज़बरदस्त कशिश थी जो सबका ध्यान उनकी तरफ़ खींच लेती थी। फ़िराक़ का वक्तव्य कालिदास पर आज भी कानों में गूँजता रहता है। लोग सराहना कर रहे थे। फ़िराक़ की तक़रीर ने सबका रुख़ ही मोड़ दिया। जो बोलता, फ़िराक़ की बात ही दोहराता और उसकी प्रशंसा करता। वहाँ से उठकर खुन्नूलाल की दुकान गये। एक-दो बोतल व्हिस्की ख़रीदी। घर आये। दो-चार लोग साथ हो लिये। घर पर भी बड़ी देर तक कालिदास गूँजते रहे। लोग चले गये तो फ़िराक़ साहब फ़ीरीनी का इतिहास-भूगोल समझाते रहे। कहाँ से आयी। कितनी क़िस्में होती हैं। क्या-क्या गुण होते हैं। फ़िराक़ खीर के बहुत ख़िलाफ़ थे। कहते थे कि खीर जल्दी हज़म नहीं होती। अपनी बात पुष्ट करने के लिए त्रयम्बक शास्त्री को क़ोट करते थे। रात के खाने पर भी फ़ीरीनी पेश की गयी। पहले तो बिगड़े मगर खाने के बाद तारीफ़ करने लगे। बोले, "यह आइडियल फ़ीरीनी है। मैंने कहा, "बहू जी ने पकाया है।" बड़ी-बड़ी डरावनी आँखों से घूरा। फिर चुप हो रहे। बोले, "मैंने आप से पूछा क्या कि किसने फ़ीरीनी पकायी है। फ़ीरीनी अच्छी है मगर आपने बोलकर उसे बदज़ायका बना दिया।"

फ़िराक़ एक बहुत ही साधारण आदमी थे। ग़ैरमामूली मामूली इंसान। उन्होंने असाधारण होने के खोखलेपन को समझ लिया था। एक दिन एक कुत्ते के पिल्ले को अपनी गोद में बैठाकर उसे सहलाते हुए कहा था, "तू संसार चलाने का भार इतनी निरीहता से रचता है। अपनी सादगी और भोलापन और प्रेमोन्माद मुझे सौंप दे।" और जब मैं उनके कमरे में गया तो मुस्कुराने लगे। बोले, "लो सँभालो इसे। इसे सँभाल पाये तो सँभल जाओगे। मैं उनकी बात समझ न पाया। सिर्फ़ आज्ञाकारी भृत्य की तरह उसका लालन-पालन करने लगा। रात-दिन मेरे कमरे में रहता है। फ़िराक़ जब कभी मेरे कमरे में पदार्पण करते हैं तो वह लहलहा उठता है। उछल-उछल कर उनका गाल चाटता है। कभी-कभी बाल नोचता है। बोले थे देखो, "रमेश, इतना स्नेह कभी तुम्हें मिला था। सारा दर्शन कितना झूठा लगता है इसके प्रेम के सामने।" बहू जी भी उसे प्रेम करती थीं। खिलाती-पिलाती थीं। उसमें एक विशेषता थी। वह गोश्त मछली सूँघता तक नहीं था। खाने की तो दूर रही। आम और फल बड़े चाव से खाता था। बड़ा शेर दिल था। एक बार काशी पहलवान फ़िराक़ के पास चिल्लपों कर रहे थे कि चढ़ बैठा काशी पर। जान बचाना मुश्किल हो गया। फ़िराक़ अगर उसे न

पकड़ लेते तो शायद वह काशी को फाड़ डालता। फ़िराक़ जब कभी बहू जी पर ख़फ़ा होते और उन्हें गालियों से नवाज़ते तो वह बड़े गुस्से की आवाज़ में भौंकता और अगर कोई फ़िराक़ से तेज़ आवाज़ में बोलता तो ऐसा गुर्राता जैसे प्रचण्ड क्रोध गुर्राता है। उसकी आँखें आग बरसातीं। जब फ़िराक़ शेर पढ़ते तो वह उनकी ओर रसज्ञता की चमक भरी आँखों से देखता।

अकेले में या कभी-कभी मेरे सामने फ़िराक़ उससे बातें करते तो सर हिलाता और दुम हिलाकर अपनी भाषा में समझदारी का प्रमाण पेश करता। चिड़ियाँ उसके ऊपर बैठतीं। फूलों के बीच में बैठना उसे पसन्द था। बिल्ली दूध पी गयी तो उसने बिल्ली को निकिया डाला। काशी पहलवान को उसकी उपस्थिति खलती। पता नहीं क्या हुआ कि वह एक शाम फ़िराक़ के पास आकर ख़ून उगलने लगा। चक्कर लगा लगाकर घूमने लगा और फ़िराक़ के कदमों पर सर रखकर सिधार गया। फ़िराक़ दुख के पारावार में डूब गये। कफ़न लपेटकर पिछवाड़े दफ़न कर दिया। "मजनूँ जो मर गया है तो जंगल उदास है।" कई महीने बाद मैंने डरते-डरते अर्ज किया कि हुजूर एक नज़्म लिख डालिए उस पर। बोले, "रमेश, कोई कविता उसके क़रीब तक फटकने की हिम्मत नहीं कर सकती। शुद्धतम प्रेम को या चेतना को शुद्धता और प्रेम से ही स्पर्श किया जा सकता है। वह मेरे हृदय में बैठकर स्वयं कविता रचेगा। वह कविता है जो आजतक लिखी न जा सकी। वह मुझे समझाने आया था। समझाकर चला गया। जब तक वह रहा, मैं आपकी बहू जी पर क्रोध कर ही न सका। जहाँ कुछ कहता, डाँटने लगता। अब तो गालियाँ भी अनाथ हो गयीं। ख़ैर छोड़ो।" हीरा बहू जी का सन्देश फ़िराक़ तक ले आया। माता जी कहती हैं, "एक दूसरा कुत्ता पाल लीजिए।" फ़िराक़ ने कहा, "अब कोई जानवर नहीं पालना है। वह कुत्ता जिसे मरा समझा जाने लगा है मरा कहाँ। इश्क़ मरता नहीं है। अब भी वो मेरे पास ही है और मेरे उठ जाने के बाद भी युधिष्ठिर के कुत्ते की तरह मेरे साथ ही रहेगा।" फिर उन्होंने कीट्स की वो पंक्ति पढ़ी जो उसने अपनी प्रेमिका फैनी ब्रान को उसके दिवंगत होने के बाद लिखी थी–I eternally see you eternally vanishing मैं तुम्हें शाश्वत रूप से अन्तर्धान होते हुए देखता रहता हूँ। हीरा ने जाकर कहा, "बाबू जी पता नहीं क्या कहते हैं–मैं समझ नहीं पाता। अब कोई कुत्ता नहीं पाला जायेगा।"

आज लगभग ग्यारह बजे दिन राही मासूम रज़ा तशरीफ लाये। उनके साथ मशहूर नेता ज़ेड अहमद, सुप्रसिद्ध बैरिस्टर शेखर सरन, सज्जाद ज़हीर (बन्ने भाई) और रज़िया सज्जाद ज़हीर भी थे। फ़िराक़ खिल उठे। कम्यूनिस्ट पार्टी की मीटिंग थी। फ़िराक़ को भी शरीक होना था। दोपहर के खाने पर फ़िराक़ ने सब को बुला लिया। मैं भी फ़िराक़ के साथ आना चाहता था मगर फ़िराक़ ने मुझे रोक दिया।

"रमेश, आज तुम घर पर ही रहो और खाने का इन्तज़ाम देखो। मैं तुम्हें इतना समझा दूँगा कम्यूनिज्म के बारे में कि तुम कम्यूनिज्म से अपना दामन बचाते फिरोगे।" "नहीं फ़िराक़, ऐसा न करना।" मैं एक बात लिखना तो भूला ही जा रहा था। राजेन्द्र कुमार गर्ग साहब भी थे। गर्ग साहब खिलखिलाकर हँस पड़े और बोले, "नहीं फ़िराक़ साहब—ऐसा न कीजिएगा। आपके लेक्चर सुन-सुनकर तो मैं कम्यूनिज़्म की तरफ मायल हुआ।" बहरहाल, मैं घर पर ही रह गया। सब सामान आ गया। बहू जी ने खाना पकाया। क्या खाना था! लोग लगभग दो बजे तक वापस आ गये। एक-एक आइटम सराहा जा रहा था। ज़ेड अहमद ने कहा, "फ़िराक़, तुम बड़े खुशनसीब हो कि तुम्हें इतनी नेक बीवी मिली। ऐसा कबाब तो बहुत कम ही खाने को मिलता है। क्या बात है।" बन्ने भाई मुस्कुरा रहे थे। गर्ग साहब के लिए शाकाहारी भोजन बना था। फ़िराक़ साहब भी ख़ुश थे। बोले, "जनाब मैंने उसे डाँट-डाँट कर खाना पकाना सिखाया है।" अब मुझसे नहीं रहा गया। मैंने कहा, "सर, किसी को डाँट कर खाना पकाना या कुछ भी सिखाया नहीं जा सका। जो डाँट खाकर सीखा जायेगा वह जल्द ही भुला दिया जायेगा या उस काम से नफ़रत हो जायेगी।" राही मासूम रज़ा ने कहा, "भाई ने बहुत अच्छी बात कही है।" बन्ने भाई ने बात का रुख बदल दिया। बोले, "फ़िराक़, तुम्हारी तक़रीर ग़ज़ब की थी। बहुत अच्छा बोलते हो भाई।" तब तक हीरा भी बोल उठे, साहब "प्याज़ मैंने काटी है। अँगीठी मैंने जलायी है। गोश्त मैं ले आया हूँ।" सब बोल पड़े, "वाह भाई वाह।" बन्ने भाई ने हीरा को बीस रुपये दिये। हीरा सलाम करके चले गये। बहू जी अपनी तारीफ़ सुनकर ख़ुश हो रही थीं। बाद में मुझसे बोलीं, "रमेश बाबू, भला बताइए—ये मुझे खाना पकाना क्या सिखायेंगे। हाँ, अच्छे खाने पर भी डाँट ज़रूर मिलती रही है। अच्छा रमेश बाबू, यह बताइए कि बाबूजी को खाना पसन्द आया कि नहीं। दुनिया पसन्द करके क्या करेगी अगर बाबूजी को खाना न पसन्द आया।" मैंने कहा, "बहू जी बाबू जी बड़ी तारीफ़ कर रहे थे।" बोली, "मैं धन्य हो गयी। हज़ार बार की डाँट-फटकार, गाली-गलौज भूल जाती हूँ जब वे एक बार भी दबी ज़बान से भी तारीफ़ कर देते हैं। तारीफ़ करें या न करें बस वो मन से खा भर लें और ख़ुश होकर खा लें।" रात का खाना और पीना शेखर सरन के यहाँ है। छह बजे शाम से ही महफ़िल गर्म हो गयी। स्कॉच थी। तली हुई मछली के क़तरे और कबाब, साथ में मदिरा। शेखर सरन को संस्कृत भाषा और साहित्य का अच्छा ज्ञान था। बाल्मीकि से उतरकर बात बाणभट्ट पर आकर वहीं रुक गयी। वहाँ भी महफ़िल फ़िराक़ के हाथ रही। बोले, "मैं अपनी सारी शायरी जला दूँ अगर बाणभट्ट की तरह प्रोज़ लिखने की कला आ जाए। हर वाक्य से शायरी की चन्द्रकिरणें टकपती हैं।" लतीफ़े शुरू हुए। फ़िराक़ छाये हुए थे। अब फ़िराक़ अपने शेर सुनाते रहे। लोग कीलित-से हो गये थे। बन्ने

भाई के दाद देने का अन्दाज़ भी ख़ूब था। उनके सिगरेट पीने के अन्दाज़ और हल्की-हल्की मुस्कुराहट से फ़िराक़ की शायरी का मर्म स्पष्ट हो रहा था। अब खाना लगाया जा रहा था। लोग खा रहे थे। पीने की तारीफ़ सब ने की। मगर खाने पर लोग चुप ही रहे। गर्ग साहब ने कहा, "खाना शान्त मन से खाना चाहिए।" राही जी ने कहा, "रमेश, फ़िराक़ के खाने का जवाब नहीं।" बन्ने भाई ने बोलती आँखों से इसकी पुष्टि की। फ़िराक़ बोल ही पड़े। पीने के बाद खाने का ज़ायका नहीं मिलता। खाना बड़े होश और जागरूकता के साथ खाना चाहिए। महफ़िल बरख़ास्त हो गयी। रास्ते में फ़िराक़ ने मुझसे कहा, "देखा, शराब कितने ऐब छुपाती है और कितने ऐब उभारती है। कितना अच्छा होता अगर मैं नफ़रत से आज़ाद हो सकता। मगर भाई खाने के सिवा और भी तो कुछ हो।" अब फ़िराक़ पर शराब का असर नहीं था। घर आकर महुए के दो पेग चढ़ा गये। दिन का बचा हुआ कबाब खाया। उँगलियाँ चाटते-चाटते सोने की कोशिश करने लगे। बोल पड़े, "देखिए रमेश महाशय, आप मेरे बाप बनने की कोशिश न करें तो अच्छा हो। मैं आपके कमेंट पर गुस्सा पीकर रह गया। बहस कीजिए—समझने के लिए, जब भी मैं उसको कुछ कहता हूँ, आप बोल पड़ते हैं।" शराब माँगी और मुझ पर गुस्सा बरसाने लगे। फिर कबाब की फ़रमाइश की। सोते-सोते एक कबाब खाया फिर बड़बड़ाते-बड़बड़ाते सो रहे।

प्रोफ़ेसर्स के घर की कुछ औरतें बहू जी के पास बैठी हैं। फ़िराक़ साहब कहीं गये हुए हैं। मैं घर पर ही हूँ। बहू जी पकौड़ियाँ बना रही हैं। प्रोफ़ेसराइनें चाय और पकौड़ी का आनन्द ले रही हैं। कल बहू जी पर बिना किसी ग़लती के गालियों की वर्षा हो रही थी। बारिन के द्वारा घर-आँगन का समाचार घर-घर पहुँच जाता था। एक दुनिया फ़िराक़ के ख़िलाफ़ थी। विशेषकर प्रोफ़ेसराइनें बहू जी के साथ हमदर्दी दिखातीं और फ़िराक़ को जी खोलकर कोसतीं। वहाँ उपस्थित सब की सब बहू जी की तारीफ़ कर रही थीं और फ़िराक़ की निन्दा कर रही थीं। थोड़ी देर तक तो बहू जी चुपचाप सुनती रहीं। उनसे अपने बिगड़ैल पति का अपमान सहा नहीं जा रहा था। बोलीं, "वे मुझे डाँटते हैं, गालियाँ देते हैं, आपको तो कुछ नहीं कहते। आप लोग उनकी बुराई क्यों कर रही हैं। मुझे अच्छा नहीं लग रहा है। उनकी निन्दा मेरी निन्दा है। उनके समान पूरे संसार में कोई ज्ञानी नहीं है। उनकी तारीफ़ तो गाँधी जी और मोतीलाल नेहरू और जवाहर लाल नेहरू करते हैं। मैंने इन्हीं हाथों से रोटियाँ सेंक-सेंक कर उन लोगों को खाना खिलाया है। बाबूजी अगर ख़राब आदमी होते तो इतने बड़े-बड़े लोग उनकी तारीफ़ क्यों करते। आपके आदमियों की तारीफ़ तो कोई नहीं करता। उनका नाम बड़े-बड़े अखबारों में छपता है। बड़े-बड़े लोग यहाँ आते हैं और डाँट खाते हैं। आख़िर अगर बाबूजी इतने ख़राब आदमी होते तो लोग

क्यों आते उनके पास। वे हर वक्त गाली ही थोड़े देते रहते हैं। दिन भर, रात भर ज्ञान की चर्चा होती रहती है। बड़े-बड़े अख़बारों में उनका नाम छपता है। फोटो निकलती है। गाली तो वे अमरनाथ झा को भी देते रहते हैं। बाबू जी की माँ (बहू जी की सास) भी बहुत गाली देती थीं। इसी से उनकी भी आदत पड़ गयी है। और फिर यह भी तो सोचिए कि मैं किस योग्य हूँ। न रूप, न रंग, न गुन, न ढंग। मैं उनकी पत्नी बनने के योग्य बिल्कुल नहीं हूँ। आप लोगों में से कोई इस योग्य नहीं है जो उनकी पत्नी बन सके। मैं तो कहती हूँ कि मेरा भाग्य धन्य है कि मुझे उनकी तरह पति मिला। एक बात और कह दूँ। आप और आपके पतियों को कोई याद भी नहीं करेगा। लेकिन बाबूजी को और उन्हीं की वजह से मुझे भी लोग हमलोगों के मर जाने के बाद भी याद करेंगे। और तो और उनके नौकर-चाकर को भी लोग याद करेंगे। उनके माता-पिता, बहन-भाई को भी लोग उन्हीं की वजह से पूछेंगे।" बहू जी की बातें सुनकर मुझे बड़ी ख़ुशी हो रही थी, मैं सोच रहा था कि काश, फ़िराक़ साहब भी बहू जी की बातों को सुन पाते तो शायद उनका बहू जी के प्रति नज़रिया बदल जाता। प्रोफ़ेसराइनें बहू जी का मुँह ताक रही थीं। सन्न मार गयीं। एक ने कहा, "यही आदर्श तो भारतीय नारी को पति का गुलाम बनाए हुए है।" बहू जी ने कहा, "हमें हमारी गुलामी पसन्द है, आपकी खोखली आज़ादी नहीं चाहिए। महफ़िल बरख़ास्त हो गयी। फ़िराक़ साहब के आने का वक्त है।

फ़िराक़ साहब रिक्शे से उतरे और उतरते ही उन्होंने मुझे आवाज़ दी। मैं दौड़कर उनके पास गया। कुंजियाँ फेंकी। दरवाज़ा खोला। फ़िराक़ साहब अन्दर आये। चाय की फ़रमाइश की। पीछे-पीछे कुछ और लोग आ रहे थे। फ़िराक़ बोले, "ये लोग दिल्ली से आ रहे हैं।" सब बैठ गये। सब के लिए चाय वग़ैरह हाज़िर कर दी गयी। आने वालों में एक महिला भी थीं। बातों-बातों में उन्होंने पूछा, "फ़िराक़ साहब, भारतीय पौराणिक आख्यानों का महत्त्व तो यहाँ की भौगोलिक स्थिति और वातावरण की वजह से ही माना जायेगा।" फ़िराक़ ने अपनी भरपूर आँखों से उन महिला को देखा फिर बोले भाई इंडियन लीजेण्ड का आधार और महत्त्व और काव्यात्मकता सिर्फ भौगोलिक वातावरण और स्थानीयता के सौंदर्य के कारण ही नहीं है, बल्कि उसका यह सौन्दर्य और हृदय ग्राह्यता एवं काव्यात्मकता सदैव यहाँ के महान् कवियों के संवेदनशील हृदय की धड़कनों की उपज है और यह सौन्दर्य चेतना वह प्रकाश है जिसे हम कल्पना कहते हैं। यह उज्ज्वल प्रकाश और चमत्कार, यह खिलखिलाहट और खिलावट, यह विकास सब कल्पना की गोद में पलते हैं। सौन्दर्य वस्तुओं का गुण धर्म ही नहीं है, यह (Spiritual) आध्यात्मिक ऊर्जा है जो दृष्टिगत वस्तुओं में उतना नहीं है जितना लयात्मक दृष्टि में है।" उपस्थित सज्जनों में एक महाशय डॉ. डुबेल भी थे जो ईसाई थे और अंग्रेजी के अध्यापक भी थे। वे बीच ही में बोल पड़े, "सर,

ह्वाट इज़ योर आइडिया एबाउट सफ़रिंग (what is your idea about suffering?)" महिला ने डॉ. डुबेल को टोकते हुए कहा, "जनाब फ़िराक़ साहब को अपनी बात तो ख़त्म कर लेने दीजिए।" फ़िराक़ ने कहा, "छोड़िए उनकी बात का जवाब भी होना चाहिए। ईसाई धर्म में सफ़रिंग का बड़ा महत्त्व है। तो भाई डुबेल ज़रा उस शक्ति को भी सोचिए जो हमें सफ़रिंग के बाद मिलती है। दर्द, पीड़ा, क्लेश और सफ़रिंग अल्ला मियाँ की फ़िंगरटिपूस (उँगलियों) का स्पर्श है। सफ़रिंग से हम उसे प्राप्त कर लेते हैं जिसे पाने में कई जन्म लगते। आप स्वयं क्राइस्ट के जीवन को देख लीजिए। इस सफ़रिंग ने ही क्राइस्ट को क्राइस्ट बनाया।" डॉ. डुबेल ने फिर पूछा, "अच्छा सर, यह बताइए कि क्या कोई भी क्रिटिक (आलोचक) काव्यात्मक संवेदनशीलता (Poetic Sensibility) के बिना आलोचक बन सकता है क्या?" फ़िराक़ ने डॉ. डुबेल को देखा और बोले, "जनाब डॉक्टर साहब, यह निश्चित है कि बिना पोयटिक सेंसबिलिटी के कोई भी आलोचक समझ सकता है कि उसकी तर्क शक्ति की गहनतम प्रगाढ़ता भी अपनी मंज़िल नहीं पा सकती। केवल काव्यात्मक विवेक और बुद्धि ही काव्य की अन्तर आत्मा तक पहुँच पाते हैं। और काव्यात्मकता से उपजी हुई कल्पना ही कविता पर निर्णय दे सकती है।" डॉ. डुबेल ने फिर पूछा, "सर, क्राइस्ट ने (लव) प्रेम पर बड़ा ज़ोर दिया है। आपकी निगाह में (लव) क्या है और क्या इसका सेक्स से भी कोई सम्बन्ध है?" महिला जी बोल उठीं, "भाई, आप एक विषय से दूसरे पर कूदते रहते हैं। सर को बात तो पूरी कर लेने दीजिए।" फ़िराक़ बोले, "हर आदमी में एक बच्चा भी छिपा रहता है और बच्चे का स्वभाव है चंचलता। हमेशा कूदता-फाँदता रहता है।" डॉ. डुबेल ने अपनी डायरी निकाली लिखने के लिए, तो फ़िराक़ उखड़ गये। "अगर आप इंटरव्यू ले रहे हैं तब तो ठीक है, नहीं तो ग़ौर से सुनिये और अपनी आत्मा की डायरी में नोट करते जाइए। ख़ैर, तो देखिए। प्रेम एक गहनतम विश्वास है जो किसी दूसरे व्यक्ति के साथ एक हो जाने की आवश्यकता की कोख से जन्म लेता है। यह एक हो जाने की भावना केवल शारीरिक नग्नता तक ही सीमित नहीं है बल्कि भावनात्मक और आध्यात्मिक नग्नता पर भी आधारित है। इसके विपरीत घृणा उस विश्वास का निषेध है जो आत्मिक अकेलेपन या बिलगाव में अपना मुँह छिपा लेती है। यही मेरी जिन्दगी है। जीवन के मूल से कट जाना। जीवन, कटी पतंग बन जाता है। "जो भी तेरी बज़्म से निकला वो परीशाँ निकला।"" सम्भ्रान्त महिला ने पूछा, "सर, आप का लेक्चर तो बस पूछिए मत। क्या लेक्चर था जो आपने दर्शन विभाग में दिया था। संसार ग़ायब हो गया था। सर, एक बात स्पष्ट करें। अभी आप कह रहे थे कि आपका जीवन एक Spiritual isolation की दास्ताँ है।" फ़िराक़ बोल, "पड़े यह क्या कह दिया आपने। दास्ताँ नहीं, हक़ीक़त है और इसी घृणा की आग में बराबर जलता रहता हूँ। यह क्या पूछ

लिया आपने।" "लेकिन सर घृणा करना या प्रेम करना तो आपके बस में है।" "मेरे बस में कुछ नहीं है। समझ-समझ के प्रेम और घृणा नहीं किया जाता। लाखों-करोड़ों फैक्टर काम करते रहते हैं। मैं बुद्धि से समझ सकता हूँ कि घृणा नरक को भी जलाकर ख़ाक कर देती है, इंसान की तो बात ही क्या है। मगर प्रेम और घृणा की आँच को बुद्धि बरदाश्त ही नहीं कर सकती है। प्रेम भी सब कुछ जला देता है और घृणा भी सब कुछ जला देती है। कहीं शुभ जलता है कहीं अशुभ। दरअसल प्रेम और घृणा से—दोनों से ऊपर उठ जाना है जैसे आकाश, मगर फिर भी—दिल भी तो है—दिल की दुनिया दर्द से आबाद होती है। शाश्वत दर्द, शाश्वत वियोग। ज़्यादातर पति-पत्नी कामचलाऊ प्यार करते हैं। बोलिए, आप का प्रेम आप के पति के प्रति कैसा है?" भद्र महिला जी एकदम चौंक पड़ीं—जैसे किसी ने उनकी दुखती रग पर उँगली रख दी हो। कुछ बोल ही नहीं पायीं। जन्म-जन्म की चोट उभर आयी। यही बोल सकीं, "बस किसी तरह निभा रही हूँ।" तब तक हीरा साहब हाज़िर हो गये। बोले, "साहब आज गोश्त नहीं मिला।" फ़िराक़ बोले, "क्या मतलब?" "साहब मैं बाज़ार गया था आज गोश्त की दूकान बन्द है।" "तो मैं क्या करूँ। गोश्त नहीं मिला तो नहीं मिला। जो है वो ठीक है। आप तशरीफ़ ले जाइए। इस तरह बीच में कूदा नहीं जाता। मैं सौ बार कह चुका हूँ कि ये सब बातें, रमेश बाबू को बतायी जायँ।" "सर, माता जी ने कहा कि जाकर बता दो नहीं तो नाराज़ होंगे।" "ठीक किया, जाइए।" बातों का रुख़ बदल गया। डॉ. डुबेल ने कहा, "सर, चलिए कहीं बाहर चलकर खायें। बेहतर होगा अगर आप लोग म्योराबाद चलें। मैं अपने एक रिश्तेदार के यहाँ ठहरा हूँ। वहाँ सब इन्तज़ाम हो जायेगा।" फ़िराक़ ने इनकार कर दिया। "बिल्कुल नहीं। चलना है तो सिविल लाइन्स में नानकिन के यहाँ चलिए।" सब लोग वहीं चले गये—मैं भी साथ था। पीना हुआ, खाना हुआ। खाने की मेज़ पर ग्रीक दार्शनिक पाइथागोरस के नम्बर दर्शन और भारतीय शब्द दर्शन (शब्द ब्रह्म) पर फ़िराक़ ने बड़ा ही रोचक व्याख्यान दे डाला। नानकिन के मालिक भी रिन्दों में शरीक थे। उन्होंने एक-एक पैग रम अपनी ओर से पेश किया। भद्र महिला ने कहा, "सर, आप तो घृणा की आग में जल-जल कर विचारों के गुलाब खिलाते रहते हैं।" फ़िराक़ ने भद्र महिला को देखा और उठ गये।

शाम आयी और अपने साथ एक अजीब सुरमई ख़ुशी लायी। अजीब ग़मो-ख़ुशी का मिक्सचर। शाम को वह भद्र महिला और उनके साथ एक व्यक्ति जो कल की महफ़िल में शरीक नहीं भी थे और थे भी। चुपचाप ख़ामोश बैठे थे। इस बार महिला अपने साथ कुछ खस्ते और मिठाई भी लायी थीं। उनके साथ वाले व्यक्ति ने फ़िराक़ के सामने एक रम की बोतल रख दी। महिला ने उनका परिचय कराया। आप मेरे रिश्तेदार हैं और मेरठ में मिलिटरी में अफ़सर हैं।" महिला ने पूछा, "सर, आप इतनी

तन्हाई और उदासी की ज़िन्दगी बसर करते हुए इतनी उच्चकोटि की शायरी भी करते हैं, लतीफ़े भी सुनाते हैं, खुश भी रहते हैं और उतनी गहरी बातें भी करते हैं।" फ़िराक़ मूड में थे, बोले, "भाई बेहयायी जो न करा दे।" फिर वो बड़ी कोशिश करके हिम्मत करके पूछ पड़ी, "सर, अगर आप अपनी शादी से प्रसन्न नहीं थे तो दूसरी शादी क्यों नहीं कर ली।" फ़िराक़ एकदम संजीदा हो गये। उठकर बाथरूम चले गये। फिर अपनी अलमारी से महुए की बोतल उठा लाये और रम की बोतल अलमारी में बन्द कर आये। अब बाक़ायदा शराबनोशी शुरू हुई। आगन्तुक मिलिटरी महाशय उम्मीद में थे कि वो भी फ़िराक़ के साथ रम शेयर करेंगे। मगर बात बन न पायी। कार में आये थे। उठ गये और आधे घंटे बाद लौटे। इस बार अपने साथ मिलीटरी कैंटीन से एक बोतल व्हिस्की लाये थे। बोतल खोलकर मेज़ पर रख दी। गिलास भी लाये थे। भद्र महिला ने फिर सवाल दोहराया, "सर, आपने दूसरी शादी क्यों नहीं की?" मैंने महसूस किया कि भद्र महिला भी मदिरा शेयर करना चाहती थीं मगर देशकाल और परिस्थिति का विचार कर अपनी अदम्य इच्छा दबा गयीं। फ़िराक़ इस सवाल और जवाब से कतराना चाहते थे। मगर जब सवाल सर पर मार दिया गया तो बोले, "आप इतनी परेशान क्यों हैं, क्या इस सवाल के जवाब में आप अपनी ज़िन्दगी की कोई गुत्थी सुलझाना चाहती हैं?" फ़िराक़ की बात सुनकर मिलिटरी महाशय जैसे चौंक उठे हों और भद्र महिला के चेहरे पर वो भाव उठने लगे जैसे कोई उनके मन की पीड़ा को आईना दिखा रहा हो या जैसे किसी की चोरी अप्रत्यक्ष रूप से पकड़ी गयी हो। फ़िराक़ ने दो अंगुल महुआ उतार ली, खाँसने लगे फिर पूछ पड़े भद्र महिला से, आपने दूसरी शादी क्यों नहीं की?" लोकलाज सामने दीवार बन गयी या शादी की आड़ में स्वतन्त्र व्यापार में विघ्नों का भय? भद्र महिला का चेहरा पीला पड़ गया। मुँह में लाटे लग गये। सन्न मार के बैठ रहीं। मैंने उनसे पहले ही कह रखा था कि ऐसे सवाल न पूछें मगर होनी को कौन टाल सकता है। भद्र महिला उठकर कार तक गयीं और मुँह पोंछती हुई, होठों पर खुशबुओं का लेप किये हुए- चेहरा फ़रोग़े-मय से गुलिस्ताँ किये हुए आकर बैठ गयीं। सोमपान से (मैं कयास कर रहा हूँ) उनका खोया हुआ साहस और आत्मविश्वास वापस आ रहा था। हीरा साहब तशरीफ़ लाये। "साहब जा रहा हूँ प्याज़ लाने।" फ़िराक़ चीख़ पड़े। "हरगिज़ नहीं। यहीं रहो। देखो रमेश साहब, माईजी की बुद्धिमानी। अब प्याज की सूझी।" भद्र महिला को मुख़ातिब करते हुए बोले, "बताइए, मैं आपके सवाल का जवाब दूँ कि माता जी के प्याज को सँभालूँ। ख़ैर। मैं ज़िन्दगी भर एक के बाद दूसरी शादी ही करता-फिरता क्या? मैंने अपने भाग्य को स्वीकार कर लिया कि फ़िराक़ इसी नरक की आग में जलते रहना है। यही मेरा जीवन है। मैं यह आग अपने साथ लेकर पैदा हुआ था और उसी में जलता-भुनता रहा हूँ। अगर नरक की आग में जलना नहीं आया तो आप स्वर्ग के

भी हक़दार नहीं हो सकते। नरक को पचा लेना ही स्वर्ग है।" भद्र महिला अब बोल्ड हो चली थीं। मदिरा कभी-कभी मर्यादा के बन्धनों को ढीला कर देती है। भद्र महिला उड़ान भर रही थीं। उन्होंने कहा, "सर, अगर मैं आपसे कहूँ कि आप मुझसे शादी कर लीजिए तो आप तैयार हो जायेंगे? मैं आपकी हर ज़रूरत पूरी करूँगी।" फ़िराक़ का चेहरा तमतमा गया, बोले, "अगर आप ऐसा प्रोपोज़ल मेरे सामने रखेंगी तो मैं इसके जवाब में आपको धक्के मारकर घर से बाहर निकाल दूँगा और सुन लीजिए, आप मेरी जाहिल बीवी की जूतियाँ उठाने लायक भी नहीं हैं। आप की तरह से वो बेहया नहीं है, अच्छी घर-गृहस्थ है, खाना अच्छा पकाती है। अच्छी है या बुरी है—मेरी तक़दीर है। मैं उसको नहीं, अपनी तक़दीर को कोसता हूँ। आपके विचार से बदबू आती है। आपकी बातें चुग़ली खा रही हैं कि आप एक नेक घर-गृहस्थ महिला हो ही नहीं सकतीं। दुनिया में बहुत-से लोग हैं जो आपकी तमन्ना पूरी कर सकते हैं, ख़ासकर मिलिटरी में आसानी से मिल जायेंगे।" भद्र महिला ने माफ़ी माँगी। बोलीं, "सर मैंने तो मज़ाक में कहा था।" फ़िराक़ बोले, "मगर मैंने गम्भीर जवाब दिया था।" महिला हर बीस मिनट के बाद उठ जाती थीं, कार तक जातीं फिर वापस आतीं। फ़िराक़ इस चक्कर में थे कि ये लोग जल्दी जायँ और व्हिस्की की बोतल पर उनका कब्जा हो जाय। भद्र महिला अंग्रेजी बोलने लगीं तो फ़िराक़ ने कहा, "क्या आपको हिन्दी नहीं आती क्या। उस भाषा में बात करना जो आपकी भाषा नहीं है और जो आपको आती भी नहीं, ठीक नहीं है। मैं हिन्दी समझ लेता हूँ।" "सर आई ऐम सॉरी। सर, जो आप उस होटल में बता रहे थे पाइथोगोरस का नम्बर दर्शन और भारतीय शब्द ब्रह्म के बारे में—मैं समझ नहीं पायी। आप एक बार कृपा करके समझा दीजिए।" फ़िराक़ ने कहा, "आपको जो समझना है वही समझने की कोशिश करिए। मैं आपको समझा नहीं सकता।" बहुत गिड़गिड़ाने और अनुनय-विनय करने के बाद फ़िराक़ ने संक्षेप में बताया। "शब्द या नाद का गहन सम्बन्ध संगीत से है जैसे संगीत का नम्बर से है। नम्बर एक विशेष अर्थ में प्रयोग किया गया है। ऐसा पाइथोगोरस के दर्शन मानने वालों का मत है। शब्द एक प्रकार का योग है जो मन और वस्तुओं को मिलाता है। इन्हें आपस में एक सूत्रता में बाँध देता है। काव्यात्मकता और रचनात्मकता की शुद्धता ध्वनि मन्त्रों के उच्चारण या जाप में वायुमण्डल में गूँजती रहती है और इसी को हम पाइथोगोरस के ज्योमिट्री के आकारों और गणित के सिद्धान्तों से तुलना कर सकते हैं। ध्यानावस्थित होकर ऋचाओं का उच्चारण स्वरूप अख़्तियार कर लेता है। यह सृष्टि मन्त्रों की गूँजती हुई ध्वनि तरंगों का मुज़ाहिरा है। शब्द ब्रह्म है, इसी तरह नम्बर भी ब्रह्म है। ये ध्वनि तरंगें दोनों रूपों में सोमरस पान से उद्भूत भाव समाधि की मादकता को जन्म देती हैं। इन ध्वनि तरंगों की झंकारों को पाइथागोरस और भारतीय ऋषि ही सुन सकते हैं। यही

ओम् या आदि नाद है। एक जगह नाद शब्द है, दूसरी जगह नम्बर है। वही शब्द नम्बर बन जाता है। मैथमेटिक्स की भाषा, शुद्ध भाषा है जो वस्तु रूपात्मक नहीं है। उसमें कोई कांटेंट नहीं है। इसीलिए वह केवल मानसिक चिन्तन तक सीमित होकर रह जाती है। All things are numbers किन्तु शब्द-शक्ति अनेक स्तरों पर काम करती है। गहनमत चिन्तन की भूमि पर भी और व्यावहारिक संसार की भूमि पर भी। काव्यात्मकता के धरातल पर भी और व्यावहारिकता के धरातल पर भी। इसीलिए उसका महत्त्व और उपयोगिता अधिक है।" मैंने फ़िराक़ साहब की बात को जितना समझ पाया उतना बयान कर दिया। इसीलिए उसमें त्रुटियाँ भी हो सकती हैं। ख़ैर। भद्र महिला की आवाज़ कुछ लड़खड़ाने लगी थी। फ़िराक़ ने कहा, "जाइए अब आराम कीजिए।" मिलिटरी महाशय ने कहा, "सर, कल शाम खाना-पीना हमारे साथ करें तो कृपा होगी।" फ़िराक़ ने पूछा, "आप कहाँ ठहरे हैं।" बोले, "कैंट एरिया में। मैं आपको ले चलूँगा। मेरे साथ रमेश भी होंगे।" "बिल्कुल ठीक। अच्छी व्हिस्की, टेण्डर चिकेन, धनिया की चटनी, गला हुआ चावल (भात) और दही ज़रूर हो। चलते वक्त एक बोतल व्हिस्की भी साथ कर दीजिएगा।" "बहुत ठीक।" दोनों ने फ़िराक़ के पैर छुए और दोनों चले गये। मैंने फ़िराक़ को अच्छे मूड में पाकर बताया प्रोफ़ेसरों और फ़िराक़ साहब की पत्नी के बीच का वार्तालाप। फ़िराक़ एकदम उखड़ गये और बरसने लगे मेरे ऊपर। बोले, "आप क्या चाहते हैं, मैं जाकर उसके चरण पकड़कर बैठ जाऊँ और कान पकड़कर अपनी ग़लती मान लूँ। आपको मेरे साथ रहना हो तो रहिए, नहीं तो चले जाइए यहाँ से। आप माताजी को जानते नहीं। आप और वह दोनों डलर्डस हैं। कहीं न कहीं आपमें भी एक रग प्रगाढ़ डलनेस और स्टूपिडिटी की है। देखा नहीं जब मैं किसी से बात करता हूँ, ख़बर भेजती है—प्याज़ नहीं है।" गालियाँ देने लगे बहू जी को— मगर इस बार गालियाँ अभद्र नहीं थीं। शिष्ट गालियाँ थीं, काव्यात्मक गालियाँ थीं। मगर देर तक यह कर्णकटु वर्षा होती रही। खा-पीकर सो रहे। कभी-कभी सोने में भी गालियाँ देते रहे। मैं खा-पीकर अपने कमरे में जाकर सोने की कोशिश कर रहा था कि फ़िराक़ ने आवाज़ दी। "भागकर यहाँ आइए।" मैं उनके कमरे में गया तो बोले, पाइथागोरस और शब्द ब्रह्म की बात तो अच्छी लगती है आपको। मगर मेरी तकलीफ़ का अन्दाज़ा नहीं है। माई जी अगर पाइथागोरस और ऋषियों को मिलती तो पाइथागोरस गोबर बनकर रह जाते और ऋषि रीछ बनकर रह जाते। शब्द-ब्रह्म शब्द विष और ब्रह्म-भ्रम बन जाता। मैं देख रहा हूँ आप उसके कुप्रभाव में दिन-प्रतिदिन मूर्ख बनते जा रहे हैं। पंडित महाराज, बचाइए अपने को। बस यही कहूँगा। सो जाइए। देखिए उसके खर्राटों की नाद-तरंगें मेरे कानों में विष घोल रही हैं।" बड़ी देर तक बड़बड़ाते रहे, फिर सो गये।

फ़िराक़ साहब दिल्ली गये हुए हैं। बहू जी की तबीयत ख़राब होने के कारण मुझे 8/4 बैंक रोड पर ही रहने का आदेश मिला। देखिए, खाने-पीने में गड़बड़ी न होने पाये, दवा ठीक वक़्त पर मिलती रहे। तबीयत ख़राब होने लगे फ़ौरन डॉक्टर को बुलाया जाय। मेरी डाक सहेजकर रख दीजिए। आने-जाने वालों का नाम और पूरा पता और आने का मक़सद नोट करके रखा जाय। मनी आर्डर, चेक वग़ैरह सँभाल कर रख लिये जायें। अपने लिए सुखबालीला के यहाँ से गरम कुर्ते का कपड़ा ख़रीद कर रज़ा दर्जी को दे दीजिएगा। वापस आने के बाद मैं बिल का पेमेंट कर दूँगा। मैकबेथ का ड्रामा अच्छी तरह से पढ़ लीजिएगा। जो-जो प्रश्न उठें नोट करते जाइएगा। मैं आकर बता दूँगा। माली के साथ-साथ रहिएगा। पौधों को ईश्वर, रामायण और गीता समझकर उनकी देखभाल होनी चाहिए। एक भी पौधा मुर्झाने न पाये। नहीं तो मन मुर्झा जायेगा। आपके दोस्त वग़ैरह आयें तो उनको चाय वग़ैरह बड़े आदर और सम्मान के साथ देते रहिएगा। आगन्तुकों के साथ घर आया हुआ ईश्वर समझकर बड़ी नम्रता, शिष्टता और आदर के साथ उनके सामने पेश आइएगा। नौकरों का ख़याल रखिएगा। मेरी नक़ल करके उन्हें हरग़िज डाँटिए मत। और अध्ययन में आलस्य या प्रमाद मत करिएगा। घर की सफ़ाई का ध्यान रखियेगा। मेरे ही कमरे में रात गुज़ारियेगा। मगर मेरे बिस्तर पर हरगिज़-हरगिज़ मत लेटिएगा। बैठिएगा भी नहीं। इससे विचारों का वाइब्रेशन असन्तुलित हो जाता है। पान नौकर से मँगा लिया करिए। समय, पान खाने के बहाने गफ्फार की दुकान पर बरबाद मत करिएगा। सामान की हिफ़ाजत पूरी चौकसी के साथ करिएगा। मैं आने की सूचना तार द्वार भेज दूँगा। मेरे वापस आने पर आप मौजूद रहें। सौ रुपये दिये जा रहा हूँ - समझकर ख़र्च करिएगा। कम पड़ जाये तो किसी से ले लीजिएगा। हिसाब रखने की ज़रूरत नहीं है। जदुपति की बेटियाँ आयें तो उन्हें अच्छे बिस्किट वग़ैरह देते रहिएगा। शायद दिल्ली से लुधियाना जाना पड़े। साहिर लुधियानवी भी दिल्ली आ रहे हैं। उन्हीं के साथ लुधियाना जाना तै हुआ है। मगर यह प्रोग्राम टेन्टेटिव ही समझिए।" मैं फ़िराक़ साहब के साथ नहीं जा रहा था– इसका दुख था। बाहर बड़ी रंगारंग महफ़िल सजती है। फ़िराक़ की अनमोल बातों से वंचित रह जाऊँगा मगर गुरुवर का आदेश। उन्होंने बहू जी की अस्वस्थता के कारण ही मुझे रोका था। अभी फ़िराक़ समझा ही रहे थे। "आपको यहाँ कोई सुख नहीं मिल रहा है। आप रहते हैं तो मेरा आत्मविश्वास बना रहता है। मैं एकदम निश्चिन्त रहता हूँ। मगर ज़रूरत आन पड़ी तो आपको घर पर ही छोड़ना पड़ रहा है।" इस बार भी मैंने अपने परम हितैषी मित्र कृष्ण बिहारी को फ़िराक़ के साथ कर दिया। कृष्ण बिहारी बड़े समझदार आदमी हैं। मैंने उनसे कहा कि फ़िराक़ अधिक शराब न पीने पायें। किसी से झगड़ जायँ तो उन्हें सँभालने की और दूसरों को समझाने की पूरी कोशिश कीजिएगा।

बहरहाल, रिक्शे बुला लिये गये। मैं स्टेशन तक पहुँचाने गया। खाना फ़तेहपुर में उदयभान सिंह जी ले आयेंगे। गाड़ी आने से एक घंटा पहले ही स्टेशन पहुँच गये। फ़िराक़ साहब को अकेले भेजते हुए बड़ा दुख हो रहा था। गाड़ी आयी, गाड़ी गयी भी। मैं मन मारे अकेला लौटा। इस भरे इलाहाबाद में मैं अकेला महसूस कर रहा था। यूँ तो भरी दुनिया है लेकिन दुनिया में हर एक तनहा है। घर वापस आया तो एक सन्नाटा हमारा स्वागत कर रहा था। कुछ करने-धरने को रह ही नहीं गया। शेर के बिना जंगल कैसा।

दो दिन बाद राममोहन त्रिपाठी और उनकी पत्नी शेफाली त्रिपाठी तशरीफ़ लाये। इस बार वे लोग रॉयल होटल में ठहरे हैं। जब उन्हें पता चला कि फ़िराक़ साहब बाहर गये हैं तो उन्हें बड़ा दुख हुआ। उन्होंने कहा, “अगर मुझे मालूम होता कि फ़िराक़ साहब दिल्ली में हैं तो हम लोग वहीं मिल लेते और उन्हें अपने घर ले आते। मगर, रमेश जी, आपका साथ होना ज़रूरी था। अकेले फ़िराक़ साहब को सँभाल पाना मुश्किल है। इस बार बच्चे नहीं आये हैं।” शाम को उन्होंने मुझे रॉयल होटल में ही बुला लिया। वहीं खाना-पीना है। बहू जी एकदम ठीक हो गयी हैं। इसलिए मैं उन्हें छोड़कर दो-चार घंटे के लिए जा सकता हूँ। फ़िराक़ के कमरे में ही रात को एक चारपाई लग जाती थी मेरे लिए। त्रिपाठी जी ने दो-तीन दिन के लिए एक टैक्सी इंगेज कर रखी है। शाम को टैक्सी 8/4 बैंक रोड पर आ गयी और मैं बहू जी की आज्ञा लेकर रॉयल होटल के लिए रवाना हो गया। शेफाली जी ने बहू जी को भी बुलाया था मगर बहू जी ने जाने से इनकार कर दिया। त्रिपाठी जी अपने साथ स्कॉच की दो-तीन बोतलें भी लाये थे। कुछ फ़िराक़ के लिए और कुछ अपने लिए। नाम था डिंपिल। शाम रात में बदल रही थी। त्रिपाठी जी ने एक बोतल डिंपिल मेज़ पर रखी। वेटर से दो गिलास मँगवाये, साथ में सोड़ा की बोतलें और शेफाली जी ने तले हुए काजू, बादाम और पिस्ते प्लेट में रख दिये। शेफाली जी ने अपने लिए काफ़ी मँगायी। स्कॉच ढाल दी गयी। चीयर्स टु फ़िराक़्स हेल्थ एंड पोइट्री। एक पेग, दो पेग। तीसरे के बाद मैंने माफ़ी माँग ली। त्रिपाठी जी पीते रहे। पहले तो शेरो-शायरी हुई। जब त्रिपाठी जी ने चौथे के बाद पाँचवाँ पेग बनाया तो शेफाली जी ने कहा, “त्रिपाठी जी, अब बस करिए।” मुझसे पूछा, “भाई साहब आप और लेंगे?” मैंने हाथ जोड़ लिया। त्रिपाठी जी को क्या सूझी उन्होंने, “कहा फ़िराक़ बड़े शायर और विद्वान् जरूर हैं मगर उनका अमानवीय व्यवहार उनकी पत्नी के प्रति उनको एक घटिया इंसान बना देता है।” मैं चुप था। शेफाली जी बोलीं, “आपको ऐसा अभद्र शब्द घटिया इतने महान् व्यक्तित्व के लिए नहीं इस्तेमाल करना चाहिए। और कम से कम रमेश जी का ख़याल करना चाहिए था आपको।” मैंने कहा, “नहीं त्रिपाठी जी ने जो उचित समझा, जो उनके दिल में ख़याल आया” उसकी अभिव्यक्ति

की उन्होंने। त्रिपाठी जी ने अपनी पत्नी को सम्बोधित करके कहा, "अगर मैं तुम्हारे साथ ऐसा ही व्यवहार करता जैसा फ़िराक़ साहब अपनी पत्नी के साथ करते हैं तो तुमको कैसा लगता?" शेफाली ने कहा, "आप न तो फ़िराक़ साहब हैं और न मैं उनकी पत्नी की तरह ही हूँ। हम लोग एक साधारण घर-गृहस्थ हैं। हमारी तुलना उनके साथ कैसी?"

त्रिपाठी– कोई भी हो। फ़िराक़ या सुकरात। यदि पति-पत्नी एक-दूसरे की इज़्ज़त नहीं करते तो वे घटिया आदमी तो हैं ही। सीता और राम को लीजिए। कितना प्रेम था एक-दूसरे के लिए।

शे.– व्यर्थ की बात करने से क्या लाभ? राम को मजबूरन सीता का त्याग भी करना पड़ा था। राम ने सीता के लिए कठोर और अनुचित शब्दों का भी प्रयोग किया था। राम के हृदय में प्रेम बहुत था। मगर परिस्थिति वश उन्हें कठोर शब्दों का प्रयोग भी करना पड़ा सीता के लिए।

त्रि.– क्या बात करती हो? राम ने कभी भी सीता के लिए कठोर शब्द का प्रयोग नहीं किया। उन्हीं के लिए इतना बड़ा समर करना पड़ा और राम ने कभी भी सीता को गालियाँ नहीं दीं। फ़िराक़ का व्यवहार उनकी पत्नी के प्रति बहुत ही घृणित है। तुम कितना भी तर्क दो, अनुचित अनुचित है। पत्नी को भला-बुरा कहना किसी भी दशा में स्वीकार नहीं किया जा सकता।

शे.– आपने रामचरितमानस का अध्ययन तो किया ही है। लंका से वापस आते समय राम ने कुछ अपशब्द या कठोर शब्द का प्रयोग किया था सीता के लिए। तुलसी जैसा रामभक्त 'दुर्बांद' ऐसे शब्द का प्रयोग करता है। ख़ैर, प्रत्येक व्यक्ति का मानसिक धरातल अलग-अलग होता है। पति या पत्नी एक-दूसरे से कुछ अपेक्षाएँ रखते हैं। कहाँ फ़िराक़ का मानसिक धरातल और कहाँ उनकी पत्नी का। मैं तो उनके पास भी बैठी थी। बातें भी की थीं। फ़िराक़ चाहते होंगे कि ऐसी पत्नी हो जो उनके भौतिक और मानसिक संसार में हिस्सा बँटा सके। उनकी सारी अपेक्षाएँ और आशाएँ चकनाचूर हो गयीं। कोई और होता तो मिट के रह जाता। मगर उतने बड़े सदमे के बावजूद फ़िराक़ अपने को सँभाल रहे और ऊँची कोटि की शायरी रचते रहे। उनकी गालियाँ उनके अन्तर की पीड़ा हैं। आवाज़ हैं। कोई और होता तो पत्नी को त्याग देता। फ़िराक़ उनकी हर सुख-सुविधा का ख़याल रखते हैं। उनकी बीमारी में उनकी देखरेख करते हैं। उनकी सेवा के लिए नौकर-चाकर लगा रखा है। उनकी पत्नी बड़ी नेक हैं। फ़िराक़ की गालियों का कोई असर नहीं लेतीं। मज़े में हँसती-बोलती खाती-पीती रहती हैं। दुख तो होता ही है उनको। मगर उन्होंने अपने भाग्य और दुखों से समझौता कर लिया है। मगर फ़िराक़ बहुत ही संवेदनशील हैं, वे एक महान् मौलिक चिन्तक हैं। उनकी एक वैवाहिक जीवन की कल्पना रही

होगी। ध्वस्त हो गयी। अच्छा, आप अक्सर राम और सीता की बात उठा देते हैं। आप और मुझमें भी अगर कोई बात हो जाती है तो आप सीता और राम की बात करने लगते हैं। सीता कितनी सेवा करती थीं राम की, सासु की, ससुर की वग़ैरह-वग़ैरह। आप अपनी तुलना राम से तो नहीं कर सकते न। और फिर यह बताइए कि राम अगर सीता को इतना ही प्यार करते थे तो एक धोबी के कहने से उन्हें त्याग क्यों दिया? सीता और प्रेम की प्रतिष्ठा के लिए बेहतर होता राज सिंहासन छोड़ देते। मगर राज का प्रलोभन सीता के प्रेम पर भारी पड़ गया।

त्रि.– देखो, बात को बहुत बढ़ाओ मत। राम को राज्य का प्रलोभन बिल्कुल ही नहीं था। अगर राज्य का प्रलोभन होता तो वे वनवास ही क्यों स्वीकार करते? बोलो, बोलो। चुप क्यों लगा गयी?

शे.– चुप नहीं लगा गयी। मैं आप की बात ग़ौर से सुन रही थी। ज़िन्दगी भर आपकी बात गौर से ही सुनती आयी हूँ। अभी राम राजा नहीं हुए थे। सब कुछ दशरथ के हाथ में था। दशरथ वचन हार चुके थे कैकेयी से। मजबूरन जाना पड़ा जिसे उन्होंने सहर्ष स्वीकार किया। त्याग तो भरत ने किया। छोड़िए इन पौराणिक और श्रद्धा, विश्वास पर आधारित बातों में तर्क बुद्धि का प्रयोग नहीं करना चाहिए। राम और सीता भारतीय आत्मा के प्राण हैं। वे भारत हैं। उनके बिना भारत की कल्पना भी नहीं की जा सकती। देखिए, उस दिन फ़िराक़ साहब हमलोगों से विशेषकर बच्चों से कितना घुलमिल कर बातें कर रहे थे। उनकी भी इच्छा रही होगी एक भरे पूरे परिवार की।

त्रि.– तुम्हें उनकी पत्नी की दशा पर तरस नहीं आता क्या? फ़िराक़ डाँटते रहते हैं। वो भी लगातार। एक दिन, दो दिन की बात हो तो आदमी सह ले मगर रोज़-रोज़ की डाँट-फटकर, गालियाँ, बस सोच लो। क्या तुम, यदि मैं ऐसा व्यवहार करूँ तो सहन कर पा सकोगी क्या?

शे.– अब आप अपने और मेरे ऊपर उतर आये। और अगर मैं भी बहुत तेज़ तर्रार झगड़ने वाली औरत होती या एक गाँव की, अपढ़, गँवार होती तो क्या आप मुझे पूज पाते क्या? तब तो आप मेरी उतनी भी देखभाल न कर पाते जितनी फ़िराक़ साहब अपनी पत्नी की करते हैं। देखिए, बात को बिगाड़कर या जय-पराजय के भाव से नहीं संवाद करना चाहिए। हम लोगों को निष्पक्ष होकर फ़िराक़ साहब से कुछ प्राप्त हो सके, कोई रोशनी मिल सके तो ले लेनी चाहिए। बस इतना ही। और इस महान् कवि और चिन्तक के प्रति आदर-भाव तो पैदा ही हो जाता है। आज दुनिया क्यों खिंची आती है फ़िराक़ की तरफ़। पत्नी के प्रति दुर्व्यवहार के कारण नहीं। उनकी प्रतिभा और प्रज्ञा के कारण। उनकी काव्य-साधना के कारण। अब छोड़िए इस बात को। रमेश जी बोर होते होंगे। अभी खाना खाना है।

मैंने कहा, "मैं बोर नहीं हो रहा हूँ। मैं बहुत आनन्दित हो रहा हूँ।"

त्रि.— अभी बहुत समय है। रमेश जी, आप भूखे हैं क्या? मैंने कहा, "नहीं त्रिपाठी जी। अच्छा हाफ पेग व्हिस्की और हो जाय।" मैं चुप-चुप रहा। फिर बोलना शुरू किया, "त्रिपाठी जी ने। ऐसी कला और प्रज्ञा क्या जो घर और जीवन उजाड़ कर रख दे। संसार साधारण घर-गृहस्थों से आबाद है। कवियों, चिन्तकों, कलाकारों और लेखकों की वजह से नहीं। अपनी पत्नी को मुख़ातिब करके बोले। "अगर तुम एक कलाकार न होती, पेंटिंग न करती, संसार के महान् कलाकारों के सब पेंटिंग्स और उनकी आत्म-कथाएँ न पढ़ती तो क्या घर-गृहस्थी चल ही न पाती?"

शे.— त्रिपाठी जी। संसार चलता। लोग जीते रहते, साँस लेते रहते। मगर एक मिनट के लिए सोचिए यह दुनिया की बस्ती बिना कवियों के, कलाकारों के, चिन्तकों के, ऋषियों के और उनके प्रणीत महान् ग्रन्थों के बिना कितनी उजाड़ और वीरान होती। कविता, संगीत और कला विहीन संसार की कल्पना ही नरक है। सिर्फ़ नरक ही नरक होता। नरक में लोग जीते हैं, साँस लेते हैं। देखिए, कभी-कभी आप मेरी पेंटिंग्स और कला को भी समय का अपव्यय समझते हैं और ड्राइंग रूम सजाने और सँवारने को अधिक महत्त्व देते हैं, आप यह भी भूल जाते हैं कि गृह सज्जा भी एक कला है। संसार का कोई भी स्थान उतना पवित्र नहीं लगता, जितना किसी चित्रकार का स्टूडियो, उसकी तूलिका, कैनवास वग़ैरह और कवि की कलम और उसका कक्ष।

त्रि.— मैं तो ऊब गया। व्यर्थ तुमसे बहस ठान ली। अच्छा होता अगर रमेश जी से फ़िराक़ जी की कुछ रचनाएँ सुनते। अच्छा अन्त में यह बताओ। कौन ग़लत है—फ़िराक़ या उनकी पत्नी। बस अपना निर्णय सुना दो। फिर रमेश जी से फ़िराक़ साहब की कविताएँ सुनी जायँ।

शे.— मुझे बड़ी खुशी है कि अन्त में आप ने कविताओं की फ़रमाइश की। वैसे तो शराब और खाना काफ़ी था जीवन के लिए। इन चीज़ों के अलावा भी कुछ और चाहिए। और कुछ 'और ही' हमें खींच लाता है बार-बार फ़िराक़ साहब के यहाँ। संसार इन्हीं दीवानों से आबाद है। मजनुओं से, फ़िराक़ों से, ग़ालिबों से, तुलसियों से, शेक्सपीयरों से, कालिदासों से, होमरों से और हमसे और आपसे भी। जहाँ तक फ़ैसला सुनाने की बात है—तो कहने दीजिए यह एक कॉस्मिक ड्रामा या लीला है। यही होगा, यही होता रहा है। जीवन एक वियोग की दास्ताँ है—कहीं लड़ के, कहीं प्यार करके। यह वियोग इसलिए कि हम अपने ही से अलग हो गये हैं। कोई दोषी नहीं। Enternal Leela बस ड्रामा देखते जाइए। सब शुभ है। कला शुभ ही तो है। कलाकार जिस चीज़ को बस छू भर देता है वह चीज़ शुभ हो जाती है। सत्यं शिवं सुन्दरम्। जब-जब फ़िराक़ और किशोरी देवी पैदा होते रहेंगे, यह ड्रामा चलता ही

रहेगा, आदि से अन्त तक।" शेफाली जी ने मुझसे फ़िराक़ की पत्नी का नाम पूछ लिया था।

मैंने एक दो शेर पढ़े। महफ़िल ख़त्म हो गयी–

तू ही अव्वल तू ही आख़िर
ऐ शबे हिजराँ ऐ शबे हिजराँ
आये गुनहगाराने मोहब्बत
नादिम नादिम नाज़ाँ नाज़ाँ

मैं वापस आ गया 8/4 बैंक रोड पर। कल त्रिपाठी जी और शेफाली जी वापस जा रहे हैं। शुभरात्रि।

आजकल बहू जी के मैके से कुछ लोग आये हैं। उनमें से एक लड़की भी है जिसे लोग सन्ने कहकर पुकारते हैं। फ़िराक़ की पत्नी, सन्ने, पुष्पा जी, एक दो महिलाएँ और एक मर्द भी हैं। मर्द का नाम मैं नहीं जानता। वे अक्सर ज़नानखाने में ही रहते हैं। एकाध बार उन्होंने हिम्मत जुटायी फ़िराक़ साहब के पास बैठने की। फ़िराक़ ने नाराज़गी या वचन बज्र का प्रयोग तो नहीं किया मगर अंगारे बरसाने वाली आँखों से उन्होंने बस एक बार देखा था कि रिश्तेदार महाशय 'अरे बाप रे' कहकर भाग खड़े हुए और पाख़ाने में जाकर शरण ली। शायद उनका पाजामा ख़राब हो गया था। बड़े सीधे और 'अल्ला मियाँ की गाय' आदमी थे और फ़िराक़ अल्ला मियाँ के बिगड़ैल और मरकहवा साँड़। गर्म-गर्म आँखों से फुफकारा तो पाख़ाने में जाकर जान बचायी। हँसी भी आती है और दया भी। फ़िराक़ के साये से भागे-भागे फिरते थे। रोज़ सबेरे उठकर टोकरी लेकर सब्ज़ी-गोश्त लाने के बहाने भाग निकलते थे और काफ़ी देर बाद लौटते थे। दिन तो कट जाता किसी तरह मगर शाम के छह बजे से लेकर साढ़े आठ नौ बजे रात का समय भारी पड़ता। भीतरी कमरे में भीगी बिल्ली की तरह दुबके पड़े रहते। मुझसे फ़िराक़ रोज़ कहते पूछो उससे कब जायेगा। मेरी पूछने की हिम्मत न पड़ती। शरीफ़ इतने थे कि भूखी बाघिन को भी तरस आ जाय। एक दिन बहू जी ने मुझे अपने कमरे में बुलाया फ़िराक़ के सो जाने के बाद। बोलीं, "रमेश बाबू, अभी भइया जी (वे फ़िराक़ के साले नहीं थे), कुछ दिन रहना चाहते हैं। इनका कुछ काम है। हर वक़्त डरे रहते हैं। आप बाबूजी को किसी तरह समझा दीजिए।" मैंने कहा, "बहू जी, मेरी हिम्मत नहीं है। वैसे भी मैं डाँट खाता रहता हूँ। आप रहें जब तक चाहें। फ़िराक़ साहब को बोलने दीजिए। बहू जी ने फिर कहा सन्ने का कुछ काम है। बाबूजी कह देंगे तो हो जायेगा।, मैंने कहा "बहू जी, फ़िराक़ साहब इतने डरावने आदमी नहीं हैं। सन्नेजी स्वयं उनके पास जाकर कह सकती हैं। मैं भी वहाँ बैठा रहूँगा।" दूसरे दिन चाय के वक़्त सुबह-सुबह सन्ने जी तशरीफ़ लायीं। फ़िराक़ को प्रणाम करके खड़ी रहीं। फ़िराक़ बोले, "बेटी, कुर्सी पर बैठ

जाओ।" नौकर को आवाज़ दी कि बीबी जी के लिए भी चाय की प्याली जल्दी रख जाओ। बहू जी बरामदे में खड़ी होकर सब देख-सुन रही थीं और फ़िराक़ के शिष्टाचार पर प्रसन्न हो रही थीं। बोले, "सबके लिए चाय ढालो।" सन्ने जी ने चाय ढालना शुरू किया तो प्याला भर गया। बोले, "बताओ, बेटी! अब दूध कहाँ डालोगी। हमेशा आधी प्याली चाय ढालनी चाहिए। और दूध और शक्कर डालने के बाद भी प्याली भरी न हो, कोई बात नहीं। थोड़ी-सी चाय बाहर जाकर उड़ेल आओ।" चाय खत्म हुई तो बोले, "तुम्हारा यहाँ मेरे पास आकर बैठना मुझे अच्छा लगा। मैं तो यही चाहता हूँ कि सुबह की चाय पुष्पा भी हमारे साथ लें। मगर आप लोग हैं कि सियारिन की गोद में घुसी रहती हैं। बोलो, क्या हाल है। आजकल क्या कर रही हो।" फ़िराक़ की हिम्मत अफ़जाई ने सन्ने जी के क़ल्ब में नयी रूह फूँक दी। बोलीं, "फूफाजी, आप अगर डाइरेक्टर से मेरी सिपरिस कर देते तो मेरा काम बन जाता।" फ़िराक़ ने माथा ठोक लिया। तुम बी.ए., एम.ए. पास हो, ख़ुदा जाने तुम्हारी क्या क्वालीफिकेशन है। और यह सिपरिस।" फ़िराक़ जैसे कोई किसी के जनाज़े पर ग़मगीन हो जाता है वैसे ही हो गये। मुँह से एक लफ़्ज नहीं निकला। सिर्फ उफ़-उफ़ करते रहे और दुख और उदासी की मूरत बन गये। हाथ में एक लड्डू लिया था सो हाथ से छूट गया और बिस्तर पर भूसा बनकर बिखर गया। मगर साफ़ करने की सुध-बुध खो बैठे। सन्ने जी सन्न रह गयीं। उनकी समझ में ही न आया कि क्या हो गया। वे उठकर अन्दर चली गयी और बोलीं कि फूफाजी की तबीयत यकायक ख़राब हो गयीं है। मुझे अन्दर बुलाया। मैं बैठा ही रहा। फ़िराक़ ने आँख उघारी तो बोले, "सिपरिस गयीं?" "जी हाँ। वे गयीं।" "अब बताइए मैं क्या करूँ। कहाँ जाऊँ। किसको अपना दोस्त बनाऊँ। यह हमारा परिवार है। मैं परिवार के बीच तनहा हूँ। एक माइ जी हैं जो अपने बेटे को गोबिन्न कहती थीं।" दूसरे दिन फ़िराक़ ने मुझे डिक्टेट करके एक ख़त डायरेक्टर के नाम लिखा दिया था जिसे मैंने सन्ने जी को सुपुर्द कर दिया। बोले, "भाई किसी की भलाई होती हो, काम बनता हो तो उसकी मदद जरूर करनी चाहिए। कहाँ तक उच्चारण का रोना रोया जाए। जब यूनिवर्सिटी के प्रोफ़ेसर साहबान ऐसी ग़लती कर बैठते हैं तो इन मासूम बच्चों को क्या कहा जाए।" बात आयी-गयी हो गयी।

दूसरे दिन सन्ने जी फिर आयीं और बोलीं, "अगर आप खुद चलकर सिपरिस कर देते तो काम ज़रूर बन जाता।" फ़िराक़ एक चुप हज़ार चुप। अपने को मार-मार कर बोले, "मुझसे अधिक मेरा ख़त काम करेगा। मैं सिपरिस नहीं जानता। सिपरिस मुझे मार डालेगा। जाओ बेटी जाओ। सिपरिस बेटी जाओ।"

अब फ़िराक़ बेचैन हो रहे थे कि रिश्तेदार भाई से जान कैसे बचेगी। अपने को मार-मार के सँभालते रहे। बेचैनी और गुस्सा दबाये नहीं दब रहा था। एक दिन मुझे

भेजकर उन्हें बुलवाया। बेचारे काँपने लगे जैसे तेज़ हवा में बूढ़ी पत्ती काँपती है। बोले, "डर लग रहा है?" बहू जी ने कहा, "रमेश बाबू, आप वहीं बैठे रहिएगा और बाबूजी को सँभाले रहिएगा। इनको डाँटें-फटकारें नहीं। बहुत सीधे आदमी हैं।" मैं खुद बहुत परेशान था। क्या किया जाय। बेचारे डरते-डरते धीरे-धीरे मन मारे मेरे साथ आ रहे थे जैसे कोई हिरनी बाघ के घर जा रही हो। आये और प्रणाम करके बैठ गये। फ़िराक़ ने पूछा, "क्या हाल है। कोई तकलीफ़ तो नहीं है? मैं आपकी क्या खिद्मत कर सकता हूँ? चाय पी कि नहीं? खाना पसन्द आता है कि नहीं?" बेचारे बड़े खुश हुए। फ़िराक़ इतनी मोहब्बत से बोल रहे हैं, इससे बढ़कर क्या बात हो सकती है। बोले, "मैं बहुत अच्छी तरह से हूँ। बहुत आराम है।" नौकर को आवाज़ लगायी, "हीरा, आधी-आधी घूँट चाय लाओ।" बहू जी बरामदे में खड़ी-खड़ी सब सुन रही थीं। उन्हें ताज्जुब हो रहा था कि बाबूजी इतनी मोहब्बत से कैसे पेश आ रहे हैं। चाय आ गयी। चाय पीकर रिश्तेदार भाई उठकर प्रणाम करने लगे और बोले, "मेरे लायक कोई खिद्मत हो तो फरमाइएगा। हाथ जोड़े खड़े थे। फ़िराक़ ने कहा, "बैठिए जनाब बैठिए।" बैठ गये। फ़िराक़ ने बड़े ड्रामाई अन्दाज़ में कहा, "भाई, एक खिद्मत है।" रिश्तेदार बोले, "क्या हुज़ूर।" फ़िराक़ ने पूछा, "आप कब तशरीफ़ ले जा रहे हैं? यही आप की सेवा होगी।" बेचारे सूख गये। कुछ बोल ही न पाये। फ़िराक़ ने कहा, "सोच-समझ लीजिए कल तक बता दीजिए। जाइए सो जाइए।" वक्त मिलने पर बहू जी रिश्तेदार के साथ मेरे पास आयीं और बोलीं, "रमेश बाबू, बाबूसाहब खुश हैं तो, मगर उनसे जाने की बात कर रहे हैं, क्या किया जाय। मैं बहुत परेशान हूँ। "मैंने, कहा बहू जी फ़िराक़ साहब के मिज़ाज में मेरा कोई दखल नहीं है।" बहू जी ने कहा, "अच्छा मैं हिरवा से रिश्तेदार की तरफ़ से सिफारिश करती हूँ। आप भी बात बना लीजिएगा।" दूसरे दिन चाय देने के बाद हीरा ने कहा, "साहब जो बाहर से आये हैं अभी उनका काम नहीं हुआ इसलिए वे अभी पन्द्रह-बीस दिन और रहना चाहते हैं।" फ़िराक़ कुछ शेर गुनगुना रहे थे, उन्होंने हीरा की बात पर कान नहीं किया। चाय पी। अख़बार आ गया। मैं उन्हें अख़बार पढ़कर सुना रहा था। तब तक हीरा साहब फिर तशरीफ़ ले आये और अपनी बात दोहरायी। फ़िराक़ गुस्से में एकदम उबल पड़े। बोले, "बोलो, तुमने क्यों कहा यह सब। तुम्हें किसने सिखाकर भेजा है? रमेश बाबू या वो मेहमान? बोलो जल्दी बोलो, नहीं तो अभी उठाता हूँ छड़ी।" बउड़म हीरा एकदम घबरा उठे। बोले, "माताजी ने।" अब क्या था। टूट पड़ा आसमान। बहू जी, जगदम्बा उनके सारे पुश्त का धो डाला फ़िराक़ ने मुझसे। पूछा, "क्यों जनाब, इसमें आप भी शरीक थे? मैं कुछ सोच-समझ कर चुप रहा। अब फ़िराक़ और चिढ़ गये। उन्होंने समझा यह मेरी करतूत है फिर तो मेरी वो धुलाई हुई वो धुलाई हुई कि हम पाक हो गये। मुझे दुख ज़रा भी नहीं था। लीला देखने

में जो आनन्द आने लगा था। मगर लीला भी कभी-कभी खलिया डालती है। फ़ौरन रिश्तेदार को बुलाया। बोले, "क्या सोचा, क्या फ़ैसला किया आपने? आपकी मदद में पूरा घर लग गया है। बोलिए, कब यहाँ से कूच कर रहे हैं।" बेचारे एक चुप हज़ार चुप। होठों से दो लफ़्ज भी न निकला। बस आँखों में आँसू आ गये। मैं उनका दुख देख न पाया। बोल उठा, "सर, इन्हें कुछ दिन रहने दीजिए। शरीफ़ लोग हैं। आपके रिश्तेदार हैं। चन्द रोज़ों की बात है।" अरे साहब फिर क्या था। आँखों से अंगारे बरसने लगे। ऐसे-वैसे अंगारे नहीं। फ़िराक़ साहब ही के इस शेर से उन अंगारों की प्रचण्डता का कुछ एहसास हो सकता है–

सद शोलाहाय तूर तो पिछला के रख चुकी।
वो ग़म की आँच जिसमें तपाया गया हूँ मैं।।

वो क्रोधराग छिड़ा कि मेरा तनमन जलने लगा। बोले, "आप ऐसे सलाहकारों की ज़रूरत नहीं है मुझे, हज़रत आप ही ने हीरा से सन्देशा कहलवाया था। वो जाये या न जाये (रिश्तेदार के लिए) आप तशरीफ़ ले जाइए। हमारा आप का इन्हीं चन्द लमहों का साथ था। आप हद से बढ़ते जा रहे हैं। मुझे कथावाचक, उपदेशक पुरोहितों की ज़रूरत नहीं है। आप जाइए। मुझे कुछ कहना नहीं है। गँवार को दोस्त बनाने का फल चख लिया। मुझे ऐसी उम्मीद न थी आपसे। जाइए रह लेंगे। जब ज़िन्दगी ही धधकती चिता बन गयी तो आप कर ही क्या सकते हैं, बस चिता की आग को हवा दे सकते हैं। जाइए।" फिर फ़िराक़ साहब ने मुहँ फेर लिया। मैंने उनके पैर छुए और अपने कमरे में जाकर बोरिया-बिस्तर बाँधने लगा। बहू जी मन मारे खड़ी थीं। मेहमान सकते में आ गये। मैं सामान बाँधे बरामदे से नीचे उतरा। गेट तक पहुँचा। गेट बन्द करने की आवाज़ फ़िराक़ के कानों में पड़ी तो नंगे पाँव दौड़े आए। मैं गेट के बाहर निकल चुका था। कँकरीली सड़क पर आ गये। कुछ बोले नहीं। सिर्फ बड़ी आहिस्ता से मेरी पीठ पर हाथ रखा और लिवा आये। अपने कमरे में आकर बैठ गये। मैं सरनुगूँ बैठा था। मेरी आँखों से सैलाब उमड़ पड़ा। मैं रोक न पाया, कुछ भी तो नहीं हुआ था। आँसू क्यों आ गये। फ़िराक़ ने मुझे देखा। कुछ बोले नहीं। अपने हाथ से आँसू पोंछ रहे थे। जीवन में पहली बार कविता के हाथ आसुँओं को स्पर्श कर रहे थे। अपने को सँभालते हुए बोले, "रमेश, तुमने फ़िराक़ को यही समझा है। तुमसे तो ऐसी उम्मीद न थी।" बात वही थी। बस भाव बदल गया था। हीरा को आवाज़ दी। बोले, "जाकर माताजी को खबर कर दो कि रिश्तेदार जितना चाहें, रहें। रमेश बाबू का बिस्तर लगा दो। सामान ठीक से रख दो।" रात को बहू जी मेरे कमरे में आयीं और बोलीं, "रमेश जाबू, मेरी खातिर आपको बहुत कुछ सुनना पड़ा।" फ़िराक़ ने कहा, "रमेश का खाना भी हमारे कमरे में लगाओ। वे आज से यहीं मेरे साथ खाना खायेंगे।" तूफ़ान गुज़रने के बाद वातावरण

साफ़ हो जाता है। कुछ दिनों के बाद फ़िराक़ ने रिश्तेदार को डाँट-फटकार कर वापस भेज दिया। दरअसल उनका कोई काम नहीं था। बस जलवायु परिवर्तन के लिए आये थे। चले गये।

आजकल बवासीर का सख़्त हमला हुआ है। काफ़ी ख़ून जाता है। कल सुबह तो पूरा कमोड खून से भर गया। बहू जी परेशान हैं। मैं परेशान हूँ। नौकर-चाकर परेशान हैं। सरस्वती प्रसाद ने नक्स 30 दिया और सल्फ़र। परहेज़ करने को कहा। शराब कुछ दिनों के लिए बन्द कर दीजिए। हरी मिर्च और लाल मिर्च का अचार वग़ैरह न खाइए। दही खाइए। इसबगोल की भूसी दही में मिलाकर खाइए। फ़िराक़ बोले, "सरस्वती प्रसाद जी, आप ख़ून जाता देखकर घबरा गये। नेचर ख़ुद मेरा इलाज कर रही है। यह तो ख़राब ख़ून है जो जा रहा है। इसका रुकना प्राणघातक हो सकता है। और एक बात और सुन लीजिए, मिर्चा और मिर्चों का अचार और शराब को छोडूँगा नहीं। ये मेरे जनमसाथी हैं। वो डॉक्टर ही क्या, वो दवा ही क्या जो बिना परहेज के इलाज न कर सके और काम न कर सके।" बहू जी ने मुझसे कहा, "रमेश बाबू, आप इन्हें समझाइए। देखिए न कितने कमज़ोर हो गये हैं। इसी तरह लापरवाही करते रहेंगे तो दिन ब दिन इनकी हालत बिगड़ती ही जायेगी।" मैंने कहा, "बहू जी, आपने देखा नहीं, कल डॉ. सरस्वती प्रसाद को कितनी डाँट पड़ी। मेरी हिम्मत नहीं है उनको समझाने के लिए। वो जो उचित समझें, करें। फ़िराक़ साहब किसी की सुनते तो हैं नहीं।" बहू जी से रहा नहीं गया। उन्होंने कुछ उपाय सोचा होगा। रात के खाने पर मिर्चा और मिर्चे का अचार नहीं था। शराब पर तो उनका कुछ अख़्तियार न था। फ़िराक़ ने हीरा को आवाज़ लगायी। दौड़कर हरी मिर्चों और लाल मिर्च का अचार लाओ। हीरा ने आकर कहा" "अचार तो नहीं है और हरी मिर्च ख़त्म हो गयी है।" अब क्या था। बोले, "चार किलो अचार पड़ा था। क्या हो गया? बोल जल्दी बोल।" हीरा साहब काँपने लगे। बोले, "बहू जी ने नहीं दिया। फ़िराक़ साहब ने गालियों से उन्हें नहलवा दिया। खाने की थाली फेंकने जा रहे थे कि मैंने थाली पकड़ ली। गुस्से की नज़र मुझ पर पड़ी तो मैं कुछ उसी तरह सहम गया जैसे "शिवहिं बिलोकि ससंकेउ मारू।" फ़िराक़ खून का घूँट पीकर रह गये। मैंने बड़ी दबी ज़बान से कहा, "सर, इसमें बहू जी का कोई कसूर नहीं है। मिर्चे के अचार और हरी मिर्च के लिए मैंने रोक रखा था।" बाहर का गुस्सा भीतर चला गया। भीतरी, मानसिक घाव या क्रोध पीड़ा बन जाता है। फ़िराक़ ने चुप रहकर गुस्से का इज़हार कर दिया। खाना छोड़ दिया। खाने का काम पीने से लिया। क्रोध मिली हुई शराब ज़हर बन गयी। बिस्तर पर पड़ रहे। सुलगती सिगरेट उँगलियों में रखी थी। मैं बगल में कुर्सी पर मन मारे बैठा था। रियाह ख़ारिज हुई। फिर खून का परनाला बह निकला। उठ बैठे। बोले, "देख लीजिए अपनी तपस्या और हित-कामना का प्रवाह

और फल। मैं जानता हूँ कि यह सब काम माइ जी का है। मगर आपने सब अपने ऊपर ओढ़ लिया। मैं इसी ख़ून के दरिया में पड़ा रहूँगा। इसी दरिया में मेरा जन्म हुआ और इसी दरिया में दफ़्न हो जाऊँगा।" मैं इस महावाक्य के अर्थ गाम्भीर्य पर महीनों सोचता रहा। अब भी सोचता रहता हूँ। माँ के रक्त प्रवाह के साथ हम निकले थे और अपने रक्त प्रवाह में प्रवाहित हो जायेंगे। रक्त रक्त रक्त। खैर मैंने चादर बदल डाली। फ़िराक़ के कपड़े बदल डाले। फ़िराक़ काठ की तरह पड़े रहे। रात गहराई। नींद आ गयी। सो रहे। रात लगभग दो बजे फ़िराक़ की नींद उचट गयी। उठे, दो जलती हुई सिगरेट लिये मेरे कमरे में आ गये। रौशनी की। कुर्सी पर चुपचाप बैठे रहे। थोड़ी देर में आँख खुली तो फ़िराक़ साहब को इस तरह बैठा देखकर मुझे हैरत हुई। मैंने पूछा, "कोई तकलीफ़ तो नहीं है।" बोले, "अब तकलीफ़ नहीं होती। कमोड पर जाना पड़ा। इस बार कुछ कम खून आया है।" फिर बोले, "भूख लग आयी है।" "क्या खाइएगा।" "ब्रेड, बटर, मिर्च का अचार और शीशे के गिलास में चाय।" मैंने कहा, "हजूर ब्रेड मैं जाकर दुकान खुलवा कर ले आता हूँ और आप घी से खाना चाहें तो घी घर में ही है। मैं अभी सब लिये हाजिर होता हूँ।" बोले, "रात के ढाई बज रहे हैं। कहीं जाना ठीक नहीं है।" मैंने कहा, "मेरे पास मिल्क बन है। घी लगाकर दूँ।" बोले, "ठीक है।" मैंने भंडारे की लाइट जलायी। लाल मिर्च का आचार निकाला। देसी घी निकाला। बन में चुपड़ा। अख़बार जलाकर चाय बनायी और सब लिये दिये हाजिर हो गया। फ़िराक़ खा रहे थे और आँखों में सन्तुष्टि थी। बोले, "बड़ा आराम मिला।" पूछे, "आग कैसे जलायी।" "अख़बार से।" "यही बुद्धिमानी है। अँगीठी जलाने लगते तो रात बीत जाती।" फ़िराक़ ने आशीर्वाद का हाथ मेरे सर पर रखा और बोले, "रमेश, तुम कभी-कभी ऐसी ग़लतियाँ कर बैठते हो कि जी चाहता है तुमसे अलग हो जाऊँ। मगर जैसे कोई चीज़, कोई इनविज़िबल, ग़ैवी ताकत रोक लेती है। मैं अशक्त हो जाता हूँ। ये क्या माज़रा है। क्या मसलहत है। मीर ने ठीक कहा था। "चाहे हैं तो आप करे हैं, हमको अबस बदनाम किया" फ़िराक़ अपने कमरे में कमर सीधी करने चले गये। मैं भी सोने की कोशिश करने लगा। मगर नींद कहाँ। फ़िराक़ बदस्तूर साढ़े चार बजे उठ बैठे। आज सुबह ख़ून नहीं आया। ख़ून बिल्कुल रुक गया था। इसे मिर्चे का कमाल कहिए या फ़िराक़ का औघड़ी स्वभाव या खून बहते-बहते अपने आप थक गया था। रुक गया। बहू जी ने भगवान् को धन्यवाद दिया कि बाबू ठीक हो गये।

समय प्रतिकूल है। हीरा साहब छुट्टी पर हैं। उनकी अम्मीजान बीमार हैं। बहू जी की कमर में तकलीफ है। सुबह की चाय व नाश्ता बहू जी ने कराहते-तड़पते बनाया। बहू जी ने कहा, "रमेश बाबू, खाना पकाने की हिम्मत नहीं है। मैंने नाश्ता अच्छा कर लिया है। मुझे भूख नहीं है। आप और बाबूजी बाहर जाकर खाना खा

लेते तो अच्छा था।" मैंने कहा, "आप चिन्ता न करें।" मैंने फ़िराक़ साहब को सब कह सुनाया। बोले, "ठीक है। कश्मीरी होटल से खाना मँगा लो सबके लिए—पोलाव, दही, कोरमा, चटनी वग़ैरह।" मैंने कहा, अच्छा ख़याल है। मैं बाहर निकला ही था कि फ़िराक़ ने अपनी घन गरज आवाज़ में मुझे बुलाया। मैं वापस आ गया। बोले, "कैसा रहेगा अगर तुम जाकर सबके लिए नेतराम के यहाँ से पूरियाँ और सब्जी लाते। साथ में दही और मोतीचूर के लड्डू भी, चटनी भी।" मैंने कहा, "बेहतर।" बहू जी ने मुझे इशारे से बुलाया और बोलीं "रमेश बाबू, दही कुछ ज्यादा ही लाइएगा।" मैंने कहा, "ठीक है।" सब कुछ लिये दिये हाजिर हो गया। बहू जी ने अपने हिस्से का खाना निकाल लिया। मैंने केले के पत्ते काटे और उसी पर खाना परोस लिया। फ़िराक़ खुशी से उछल पड़े। "भाई यह तो आपने कमाल कर दिया। केला दिव्य लोक का वृक्ष है। वैसे भी पत्ते पर खाना बड़ा लाभदायक होता है। डॉ. भगवान दास के यहाँ हम लोगों को केले के पत्तों पर खाना मिलता था।" बहू जी से मैंने प्रार्थना की कि आप दही न खायें। कमर में दर्द है। शायद तकलीफ बढ़ जाये। मगर उन्होंने एक न सुनी। प्रश्न बर्तन माँजने का था। रात का जूठा बर्तन पड़ा था। यह काम न तो बहू जी के बस का न तो मेरे ही। मेहतरानी आयी तो मैंने उससे कहा, "बर्तन साफ कर दो।" उसने कर दिया। शाम को बारिन साहिबा कराहते-काँखते तशरीफ़ लायीं। जब उन्हें पता चला कि मेहतरानी बर्तन साफ कर गयी तो मुँह बना लिया। बहरहाल, अँगीठी जली। चाय बनी। लगभग दस बजे प्रसिद्ध कहानीकार बलवन्त सिंह तशरीफ लाये। फ़िराक़ ने कहा, "भाई खूब आये। आज रमेश और मैं सब लोग आपके इम्पीरियल होटल में खाना-पीना करेंगे।" बलवन्त जी ने कहा, "मैं इसीलिए हाज़िर हुआ हूँ। बम्बई से मेरे एक-दो दोस्त आ गये हैं। वे आपके यहाँ आना चाहते थे। मैंने सोचा कि आप और रमेशजी को अपने साथ यहीं लाऊँ। खाना-पीना सबका यहीं हो। दो-चार घंटों की सोहबत रहेगी।" फ़िराक़ ने न चाय पूछी न मिज़ाज पूछा। मुझे भेज कर दो रिक्शे बुलवा लिये। फिर उन्हें ध्यान आया बहू जी के खाने का। मैंने बहू जी से पूछा, "आप क्या खाना चाहेंगी?" उन्होंने कहा, "मेरा खाना यहीं पक जायेगा। बारिन आ गयी है। धीरे-धीरे कर लेगी।" हम लोग इम्पीरियल होटल पहुँच गये। महफिल जम गयी। लगभग दस बजे रात खा-पीकर घर लौटे। साथ में एक व्हिस्की की बोतल भी बलवन्त सिंह जी ने दी। दूसरे दिन लगभग दस बजे सब के सब फ़िराक़ के यहाँ धमक पड़े। फ़िराक़ साहब यूनिवर्सिटी जाने की तैयारी कर रहे थे। रुक गये। बोले, "यार बलवन्त सिंह, तुम लोग बातें करते रहो, मैं क्लास लेकर एक घंटे में वापस आता हूँ।" बलवन्त सिंह ने कहा, "रमेश बाबू तो हमलोगों का साथ देंगे न।" फ़िराक़ बोले, "नहीं भाई। मैं नहीं चाहता कि रमेश क्लास मिस करें।" बलवन्त सिंह ने कहा, "फ़िराक़ साहब,

हमलोग फिर शाम को लगभग चार बजे हाजिर होंगे।" "ठीक है। साथ में कुछ लेते आना।" बोले, "सब कुछ लेता आऊँगा। खाने के लिए भी, पीने के लिए भी।" क्लास में आज फिराक साहब कीट्स की Ode on a grecian urn पढ़ा रहे थे। लोग झूम रहे थे। कुछ अध्यापक भी आकर पीछे बैठ गये थे। मैंने पूरा लेक्चर नोट कर रखा था। इस कविता की सुन्दरतम पंक्ति फ़िराक़ समझा रहे थे। मैं इसे हू-ब-हू लिख रहा हूँ—

"Beauty is Truth, Truth Beauty"

'Beauty is truth, truth beauty'–that is all
Ye know on earth, and all ye need to know.

These are the concluding lines of Keats's Ode on a Grecian Urn. A mildly exciting controversy started with these lines in which Prof. Middleton Murry and other eminent critics presented their differing points of view. Some went so far as to say that the Ode should have ended just above these lines which were superfluous. Some others justified the inclusion of these lines but on different grounds and with different interpretations.

Here keats sums up the message of the piece of art which the Grecian Urn was, and the figures which circle the outer surface of the Urn. Keats in many of his poems avoids philosophising or drawing philosophical conclusions. In some of his letters he said things against mixing up poetry with philosophy. "O, for a life of sensations rather than of thoughts." And again, "All things wither at the touch of cold philosophy". These are stray but significant remarks in some of his letters. Why then did Keats break his own rules which he scrupulosuly observed in many of his sonnets and in other lyrics like the Ode to Autumn, Ode to a Nightingale, La Bella Dame Sans Merci and even in his longer poems? It may appear paradoxical but nevertheless true that his creed and his theory against the intrusions of philosophy into poetry was itself the result of Keat's theory of philosophy and of poetry. For only a rival theory and philosophy can be opposed to another theory or philosophy. Having rounded off or nearly rounded off his Ode on a Grecian Urn, Keats felt impelled to draw our attention of the philosophy embodied in or implicit in the piece of art, namely the Grecian Urn. This poem stands alone amidst all the other poetic creations of Keats as being a poem on a piece of sculpture which formed part of the Elgin marbles in the British Museum.

The Urn itself and the figures on it seemed to Keats as a concreate illustration or rather revelation of his own theory of art and poetry. This thesis or theory, according to Keats, goes to the very root of the question, "What is Art ?"

By aesthetic intuition Keats, taking his cue from the Grecian Urn, reveals reality as having beauty as the most worthwhile, the most central, the highest possible actuality of everything, and this is Truth. When a thing begins to exist in an ascending scale reaching its climax not in the utilitarian or other aspected functions of a thing but as beauty. To discover the beauty of a thing is to discover the highest self-fulfilment of that thing, namely the truth of that thing. Beauty thus means the highest value or the truth of things. This value is not negotiable; it is not for sale. It is incapable of being presented or recieved in anything but in terms of beauty. Thus "Beauty is truth" means a thing apprehended, as beauty is the highest value or the truth of that thing. Otherwise the figures on the vase of the Grecian Urn would only mean a congregation of lines and a depiction of scenes and figures of things which once were and then were not. The Grecian Urn gave Keats the divine secret of the figures represented thereon. This divine secret was the truth of the things represented.

And now to the second part of the statement–"Truth Beauty" Truth here means the truth of apprehension or cognition, the supramental intuitive cognition of thins. Here we have a transition from the objective aspect of truth to the authentic and all satisfying subjective experience of things. This process of aesthetic perception of things makes us feel that not only the figures on the Grecian Urn but the figures on the Urn called the universe are not just figures extended or projected in time and space but figures which touch the stars. To experience things like this is to experience truth. And we have such experience of things when we experience them not as this or that but as incarnations of beauty. Having felt the divine touch in each and all things we attain the truth. It is to such a state of experience that Wordsworth in Tintern Abbey refers when he speaks of the sincere and blessed mood in which the affections gently lead us on to where–

We are laid asleep
In body, and become a living soul:
While with an eye made quiet by the power
Of harmony, and the deep power of joy
We see into the life of things.

To experience life and the things of the world in any other way simply burdens the human consciousness with what Wordsworth elsewhere calls, "the heavy and weary weight of all this unintelligible world"

Keats enjoints on us to perceive and understand the figures on the Grecian Urn, not in a indifferent way which will make them appear as figuring trivialities with which we shall soon feel satiated and which will end appearing to us as something weary, flat and unprofitable. We should perceive that eternity itself has been caught in the figures on the Urn which actually, from the worldly point of view, represent a moment in the life of the Greek people and not the greatest moment at that. Truth means to capture apparently passing and trivial things as representing the highest aspect of existence. In other words, truth is the beauty–awarness of things–Beauty is Truth. It was such an apprehension even of things ugly or monstrous, that made Caliban say, "This island is full of strange sounds." It was a similar apprehension, which resulted in Lucifer appearing as the hero of Paradise Lost. And it was such an apprehension which gave a foreverness and a datelessness to the passing figures on the Grecian Urn leading Keats to conclude his Ode with the words,

'Beauty is truth, truth beauty'–that is all
Ye know on earth, and all ye need to know.

इसको बाद में फ़िराक़ के निबन्धों में शामिल कर लिया गया। लोग झूम रहे थे। सत्य और सौन्दर्य का रहस्य उतर गया था विद्यार्थियों और अध्यापकों के दिलों

में। फ़िराक़ किस दिव्य लोक में पहुँचा देते थे। इसे मैंने क्या कर दिया, इसी लोक को, भू लोक को दिव्य लोक बना देते थे हमारी चेतना की आँखों से पर्दा हटाकर।

फ़िराक़ साहब को घेरे बलवन्त सिंह और उनके दोस्त बैठे हैं। अभी सत्य और सौन्दर्य का खुमार उतरा नहीं है। वही माहौल है। लोग तहोबाला हो रहे हैं। शराब की बोतल खुल तो गयी है मगर मेज पर धरी की धरी रह गयी। फ़िराक़ के सौन्दर्य वर्णन का नशा माहौल पर तारी है। फ़िराक़ ने चाय की फरमाइश की। हीरा चाय लेकर हाजिर हो गये। चाय रखकर खड़े हो गये। फ़िराक़ ने पूछा, "हीरा क्या है?" बोले, "बाबू जी, आज ग़ज़ब हो गया। सबेरे मेरी माँ नहीं आ पायी तो रमेश भइया ने मेहतरानी से बर्तन साफ करा लिया। अब बताइए उस बर्तन में खाना कैसे पकाया जायेगा। माताजी भी दुखी हैं और मेरी माँ भी।" ग़ज़ब हो गया। फ़िराक़ का गुस्सा आसमान छूने लगा। चाय की प्यालियों और पाट को पटक दिया। जमीन हिलने लगी। सौन्दर्य वर्णन की जगह गालियों ने ले लिया। बोले, "अब बताइए मैं क्या करूँ। रमेश ने ठीक ही किया। मेहतरानी भी तो इंसान है। उसके स्पर्श से अपवित्रता भी पवित्र हो जाती है। अब रमेश की शिकायत की जा रही है। बोले, "जाकर अपनी माँ से बोल दो और माताजी से भी अगर मेहतरानी के छूने से बर्तन अपवित्र हो गया है तो कमोड में खाना पकाया जाय। पता नहीं क्या-क्या कहते रहे। कविता गयी, शराब और गालियाँ उपस्थित हो गयीं। मैं लाख-लाख कोशिश कर रहा था कि फ़िराक़ का मूड बदल जाय मगर मेरी सारी कोशिशें नाकाम साबित हो रही थीं। विषय परिवर्तन की ग़रज़ से बलवन्त सिंह के एक सरदार साथी ने पूछा, "फ़िराक़ साहब, अभी तो आप फरमा रहे थे कि राक्षस और बेवकूफी और असुन्दर लगने वाली वस्तु में भी दिव्यता की अनुभूति ही सही अनुभूति है, बाकी सब बकवास।" फ़िराक़ ने अपनी घनगरज आवाज में कहा, "हाँ सरदार जी, यही तो अब भी कह रहा हूँ। मेहतरानी और ब्राह्मणी और रानी में समान देखना ही सही देखना है। पूजा की थाल और कमोड में अभेद दृष्टि ही ठीक दृष्टि है। व्यावहारिक संसार में आप जो भी उचित हो करें मगर सत्य और सौन्दर्य दर्शन का यही भेद है। सौन्दर्य और सत्य मेहतर और ब्राह्मण होते हैं क्या? यही तो मैं चिल्ला-चिल्लाकर कह रहा हूँ।" अन्दर से बहू जी ने मुझे बुलाया और कहा, "रमेश बाबू, मैं तो बारिन को रोक रही थी कि खबरदार ऐसे विचार भी मन में मत लाओ। रमेश बाबू ने तो ब्राह्मण होकर भी मेरी खातिर जमादारिन से बर्तन साफ करा लिया। मगर पता नहीं मेरे रोकने के बावजूद बारिन ने क्यों बाबूजी के पास शिकायत करने के लिए हीरा को भेज दिया। मैंने जाकर फ़िराक़ साहब से बड़ी नम्रता से बता दिया कि यह सब बारिन और उसके बेटे हीरा की कारगुजारी है। फ़िराक़ बोले, "इसीलिए तो वह बारिन है। दृष्टि ही किसी को बारिन और किसी को शंकराचार्य बनाती है। महान् या जागरूक व्यक्ति इस भेद दृष्टि

को कुचल देता है। मैं अपनी बीवी को डाँटता हूँ जिसने मुझे उजाड़ दिया। इस सांसारिक शरीर को यह सांसारिक शरीर डाँटता-फटकारता है। तत्त्व-तत्त्व से कोई लड़ाई नहीं है। न मैं रघुपति सहाय फ़िराक़ हूँ न उसका पति हूँ और न वो किशोरी देवी मेरी पत्नी है। तत्त्व तो वाणी के परे है। गाली देने से मेरी वाणी दूषित होते हुए भी दोष मुक्त है।" सरदार जी बड़ी तन्मयता से सुन रहे थे। इतने में डॉ. रफ़ीक़ हुसैन साहब सिगरेट फूँकते हुए रफ़ीक़ाना अन्दाज में तशरीफ लाये। माहौल बदल गया। बात उर्दू विभाग पर आकर रुकी फिर बढ़ी तो अनीस की मर्सिया निगारी के फ़न पर आकर मरकूज हो गयी। आधे घंटे बात करने के बाद रफ़ीक़ साहब उठ गये। लोगों ने खूब पिया, खूब खाया। फिर चलते बने। आज मयनोशी देर से शुरू हुई। फ़िराक़ साहब लगभग साढ़े ग्यारह बजे रात बिस्तर पर लुढ़क रहे। 8/4 बैंक रोड सो गया। रात हो गयी।

मैं अपने घर मिर्जापुर गया था। दो दिन बाद आया तो हालात से वाकिफ हुआ। कल काशी पहलवान ने चढ़ाई कर दी थी। खूब लड़ाई हुई। आधी बोतल शराब पर सन्धिपत्र लिखा गया। बहू जी बड़ी दुखी थीं। मुझसे कहने लगीं, "जब देखो काशी धमक पड़ता है। बाबूजी को भलाबुरा कहने लगता है। मैंने बारिन से लाख कहा कि वो काशी पहलवान को समझाये मगर काशी किसकी सुनने वाले हैं। पड़ोसी तो बस भीड़ लगाकर तमाशा देखते हैं। आप रहते हैं तो काशी की हिम्मत नहीं पड़ती। आपके न रहने पर ही वह आ जाता है और लड़ने लगता है। आप जाकर उसे डाँटिए और उन लोगों से घर खाली करवा लीजिए। भले ही मुझे बर्तन माँजना पड़े। और दूसरी नौकरानियाँ भी बड़ी आसानी से मिल जायेंगी।" मैं भी बड़ा दुखी हो गया। मुझे कभी न कभी तो बाहर जाना पड़ ही सकता है। इस तरह तो काशी की आदत बिगड़ती जायेगी और वो आये दिन फ़िराक़ को परेशान करता रहेगा। फ़िराक़ ने मुझे कुछ नहीं बताया। मैंने फ़िराक़ साहब से पूछा तो वे खुद मुझसे सवाल करने लगे, "मुझे यह सब किसने बताया", मैंने कहा, "सागर पेशे वालों से हालात मालूम हुए।" कहने लगे, "छोड़ो इन बातों को। जब जिन्दगी ही उजड़ गयी तो ऐसी मामूली-मामूली घटनाओं का क्या महत्त्व है। तुम हरगिज काशी पहलवान से मत उलझना। जो हो गयी सो हो गयी।" मैं सोच रहा था कि क्या करूँ। बहू जी रोज कहती थीं कि रमेश बाबू, आप काशी को और उसके परिवार को घर से निकाल दीजिए। रोज-रोज की लड़ाई अच्छी नहीं। बारिन आयी तो मैंने पूछा, "काशी पहलवान घर पर है क्या?" बोली, "नहीं। रात को आयेंगे और कल रहेंगे।" मैं दूसरे दिन सबेरे-सबेरे ही काशी के यहाँ पहुँच गया। मैंने कहा, "काशी साहब, आप क्यों गये थे बँगले पर और साहब से क्यों झगड़ रहे थे। आप तीन दिन के अन्दर मकान खाली कर दीजिए नहीं तो मैं सामान बाहर फेंकवा दूँगा।" काशी ने कहा, "रमेश बाबू, मैं नशे में चला गया

था। बात यह है कि मेरा नशा फट रहा था। मुझे शराब चाहिए थी। मैं क्या करता। इसीलिए लड़ गया। अब ऐसा नहीं होगा।" मैंने कहा, "कई बार आप ऐसी हरकत कर चुके हैं और कई बार माफी माँग चुके हैं। अब आप घर खाली कर दीजिए—बस यही कहूँगा।" इतना कहकर मैं चला गया। अब पूरे परिवार में खलबली मच गयी। रात को काशी पहलवान फिर नशे की हालत में आये मगर बातें होश की कर रहे थे। फ़िराक़ के सामने मुजरिम की हैसियत से खड़े थे। बोले, "रमेश बाबू हमारे यहाँ गये थे और घर खाली करने को कह रहे थे। बताइए हमारा परिवार बीसों बरस से आपकी सेवा करता आ रहा है। अब हम लोग कहाँ जायेंगे। अब मैं कभी ऐसी गलती नहीं करूँगा।" मैं अपने कमरे में बैठा-बैठा सुन रहा था। काशी ने समझा मैं कहीं गया हूँ। फ़िराक़ ने कहा, "आप जाइए रमेश बाबू को मैं समझा दूँगा।" काशी को अपनी पहलवानी याद आयी और तैश में आकर बोल पड़े। "अगर रमेशबाबू अब इस तरह की धमकी देंगे तो उनकी भी खैर नहीं। देख लूँगा कि रमेश बाबू घर का सामान क्या खाकर फेंकते हैं।" फ़िराक़ ने कहा, "काशी पहलवान, रमेश को कुछ कहना मत, न उनसे उलझने की जरूरत है। झगड़ा बढ़ाने से क्या फायदा।" अब मुझसे नहीं रहा गया। फ़िराक़ की शराफत और बेचारगी और काशी की बदतमीजी और उद्दण्डता ने मुझे बेसब्र कर दिया। मैं बाहर निकल आया और काशी को धक्का देते हुए बरामदे के बाहर कर दिया। मैंने कहा, "मैं अभी चलकर तुम्हें और तुम्हारे परिवार को बाहर किये देता हूँ। हिम्मत हो तो रोको।" मैं काशी का हाथ पकड़े उसके घर की ओर बढ़ा तो फ़िराक़ अपने कमरे से निकल कर मेरे पास आ गये और बोले, "रमेश, यह सब क्या कर रहे हो। तुम भी काशी पहलवान के स्तर पर उतर आये। छोड़िए उनका हाथ। किसी का घर उजाड़ोगे क्या। काशी ने अपनी लाज बचाने के लिए ऐसी बातें कह दी थीं।" काशी ने कहा, "रमेश भइया, मैं तो मजाक कर रहा था। मेरे रहते हुए आपको कौन आँखें दिखा सकता है। आप भी पहलवान मैं भी पहलवान। फर्क सिर्फ यह है कि आप अभी उठते हुए पहलवान हैं, जवान हैं। मैं बूढ़ा हो चला हूँ। आप मेरी लाज रखिए, मैं आपकी लाज रखूँगा।" मैं फ़िराक़ के साथ वापस आ गया। फ़िराक़ समझाने लगे। "रमेश जी, आप इंसान की कमजोरियों को समझने की कोशिश क्यों नहीं करते। काशी ने कई बार मुझे मुसीबतों से बचाया है। नशे की झोंक में कुछ कह गया तो आप तैश में आ गये और उसका हाथ पकड़कर बरामदे से नीचे उतार दिये। यह भी कोई भलमनसाहत है। तुम्हारे दरवाजे पर दुश्मन भी आ जाय तो उसका सम्मान करो। लोगों में काशी पहलवान के जवाँमर्दी और बहादुरी के चर्चे हैं। आपने सब पर पानी फेर दिया। किसी का भरम नहीं गँवाते। यही सब खूबसूरत झूठ और भ्रम तो आदमी की जिन्दगी का सहारा है। सभी को भ्रम का सहारा चाहिए ख़्वाह वो शंकराचार्य हों या हम-तुम और काशी पहलवान।

जाओ, काशी से क्षमा-याचना करो।" मैंने कहा, "सर, मुझे क्षमा माँगने में कोई संकोच नहीं है। बात सिर्फ यह है कि फिर काशी का मन बढ़ जायेगा और वह इसका फायदा उठाकर आपसे लड़ जाया करेगा और अगर अब काशी ने कभी आपके साथ बदसलूकी की तो मुझसे न रहा जायगा और मैं काशी को ऐसा सबक सिखा दूँगा कि वह जिन्दगी भर याद करेगा।" फ़िराक़ बोले, "रमेश साहब, आप क्या समझते हैं मैं काशी से डरता हूँ। एक मिनट में काशी जेल में होंगे। इनके खेल को बिगाड़ा नहीं करते। यही डींग मारना तो इनका सहारा है। लोगों से कहते होंगे आज फ़िराक़ मुझसे डर गये। शराब की बोतल उठा लाया। डरकर कमरे के भीतर छिप गये। यह उनका तकिया है, सहारा है। किसी का सहारा नहीं छीनते। फिर तुम भी तो, हम भी तो किसी सहारे पर जीते हैं। झूठे अज्ञान और अहंकार से किसी का भ्रम नहीं तोड़ते। यह भ्रम भी तो ब्रह्म ही का आभास है।" बड़ी देर तक फ़िराक़ मुझे सत्य और भ्रम समझाते रहे। मैं सोच रहा था पता नहीं किस बहाने ज्ञान की कुंजी हाथ लग जाये। जीवन की इतनी व्यापक दृष्टि की मैं कल्पना भी नहीं कर सकता था। अब मुझे फ़िराक़ की एक रुबाई याद आ रही है, आप भी सुन लीजिए।

हर जलवे से इक दर्से नुमूँ लेता हूँ
लबरेज कई जामो सुबू लेता हूँ
पड़ती है जब आँख तुझ पै ऐ जाने बाहर
संगीत की सरहदों को छू लेता हूँ

प्रत्येक घटना, प्रत्येक दृश्य, हर लड़ाई और झगड़ा हमें एक कुंजी सौंप जाता है जीवन के रहस्य को खोलने के लिए अगर हम चैतन्य और जागरूक हैं। यही फ़िराक़ मुझे समझा रहे थे।

दूसरे दिन बारिन आयी तो, मगर मन मारे हुए। हीरा भी उदास थे। बारिन ने बहू जी से कहा, रमेश बाबू ने उनकी बेइज्जती कर दी। पूरे मोहल्ले में बदनामी हो गयी। हमलोग मजबूर हैं। रमेश भइया की वो (काशी) बहुत इज्जत करते हैं। चलिए जो कुछ हुआ सो हुआ। उनको आप भी समझा दीजिए कि अब घर खाली करने की बात न कहें। बहू जी ने बारिन के सामने ही मुझे समझाना शुरू किया। "आपको ऐसा नहीं कहना चाहिए था, वैसा नहीं कहना चाहिए था। बारिन के घर पर जाकर घर खाली कराने की बात नहीं कहनी चाहिए थी। देखिए बारिन रो रही है, उसके बच्चे रो रहे हैं।" मैं एकदम चुप था। क्या कहता, क्या जवाब देता। मैं सोच रहा था कि किस मुसीबत में फँस गया हूँ। सोचता हूँ अच्छा, हो जाता है बुरा। बहू जी ने मुझसे, कभी ऐसी बातें नहीं कही थीं। दयालु थीं। दया आ गयी। बस मैं यही कह सकता हूँ कि मुझे अपनी गलती का एहसास हुआ। एक तरफ फ़िराक़ की दुश्वारियाँ, बेचारगी, परेशानियाँ, कंजूसियाँ, दूसरी तरफ उनकी हिम्मत, बहादुरी,

व्यापक जीवन दर्शन, दरियादिली। फ़िराक़ के चरित देख-देखकर भारी भ्रम में पड़ जाता था। अब तक गुत्थी सुलझा नहीं पा रहा हूँ—

जो उलझी थी कभी आदम के हाथों
वो गुत्थी आज तक सुलझा रहा हूँ

रहस्य उद्घाटन की चेष्टा मूर्खता होगी। आगे-आगे देखिए होता है क्या। बस देखना ही आ जाय तो काम बन जायेगा।

मैं तीन दिन से बुख़ार की गिरफ्त में हूँ। फ़िराक़ साहब अक्सर मेरे कमरे में आकर बैठ जाते हैं। वहीं पर चाय-नाश्ता वग़ैरह करते हैं। मिलने-जुलने वालों को भी वहीं बुला लेते हैं। बड़ा मनसायन रहता है। डॉ. सरस्वती प्रसाद का इलाज चल रहा है। डॉ. साहब रोज यूनिवर्सिटी से आ जाते हैं। खाने के लिए मूँग की खिचड़ी, भुना हुआ मूँग का पापड़ और आलू का भुर्ता मिलता है। अक्सर डॉ. साहब अपने मरीजों को यही खाना बताते हैं। जब से मैं बीमार पड़ा हूँ, घर में गोश्त मछली नहीं पकता। फ़िराक़ साहब भी खिचड़ी और भुना हुआ पापड़ और भुर्ता पसन्द करते हैं। खिचड़ी के साथ दही और देसी घी भी लेते हैं जो मेरे लिए अभी मना है। बदन में पीड़ा है। नींद नहीं आती। बुख़ार है मगर भूख भी लगती है। डॉ. साहब कहते हैं कि यह बड़ा यूनीक केस है। बुख़ार है मगर भूख भी है। फ़िराक़ साहब विश्वविद्यालय जाने के पहले और आने के बाद भी अधिकतर समय मेरे कमरे में ही गुजारते हैं। वहीं शेर-शायरी होती है, विविध विषयों पर चर्चा होती है। मुझे अच्छा लगता है। इसका प्रभाव स्वास्थ्य पर भी अच्छा पड़ रहा है। फ़िराक़ साहब ने डॉ. साहब से पूछा, "क्या रमेश को मैं थोड़ी-सी व्हिस्की दे सकता हूँ। नींद आना जरूरी है।" डॉ. साहब ने मना कर दिया। बोले, "बुखार बिगड़ जायेगा।" फ़िराक़ ने कहा, "होमियोपैथी की दवाएँ तो अल्कोहल में ही बनती हैं।" बहस में फ़िराक़ की जीत रही। मगर बहस में जीतना एक बात है और इलाज एक बात है। दिल्ली से जगन्नाथ आजाद आये हैं। फ़िराक़ ने कहा, "भाई उनके लिए बेजीटेरियन खाना अच्छा से अच्छा पकाया जाय, गोश्त वग़ैरह नहीं। रमेश को टेम्पटेशन हो सकता है। और मन को मारना अच्छा नहीं।" मैंने कहा, "नहीं, सर आप गोश्त वगैरह पकवाइए। तबीयत ही इधर नहीं जा रही है। खिचड़ी- भुर्ता बेहतर है।" गोश्त, मछली, कलेजी, कबाब सब पका। खाना-पीना मेरे कमरे में ही हो रहा था। फ़िराक़ कह रहे थे, "भाई मैं गिल्टी महसूस कर रहा हूँ।" तब मुझे फ़िराक़ की महानता का एहसास होने लगा। रात को महफिल दस बजे तक लगी रही। बुख़ार ने कमज़ोर कर दिया था। मैं बैठना चाहता था। फ़िराक़ खुद अपने कमरे से गाव तकिए उठा लाये और मुझे सहारा देकर बैठाया। गुरु अपने शागिर्द की सेवा में प्रसन्न हो रहा था। बोले, "रमेश, तुम कल तक ठीक हो जाओगे। कल सुबह की चाय और भुने हुए मुनक्के मेरे कमरे में ही लेना। मैं

तुम्हें अख़बार पढ़कर सुनाऊँगा।" मेरा दिल भर आया। आजकल गुरु जी अखबार पढ़कर सुनाते हैं। फ़िराक़ ने हीरा से कहा, "रमेश के लिए आज साबूदाने के खिंचड़ी पकायी जाय।" छोटी से छोटी बात पर भी बहुत ध्यान देते हैं। चादर रोज बदली जाती है। दो गाव तकिए अगल-बगल लगा दिये जाते हैं। थर्मस में गरम पानी रखा रहता है। खूब शेरो-शायरी होती है। अंग्रेजी और फ़ारसी कवियों की कविताएँ सुनाते रहते हैं और अर्थ गाम्भीर्य समझाते हैं। मैं सोच रहा था इसी तरह जीवन बीत जाय तो कितनी अच्छी बात होगी। आराम करते-करते थक चला था। बुख़ार में कमी थी। मगर बुख़ार अभी था। डॉक्टर, मेरे और फ़िराक़ साहब के दोस्त अहबाब मुझे देखने आते हैं। पत्रिका में ख़बर छपी थी कि फ़िराक़ के साहित्यिक सचिव बीमार। अब तो भीड़ लगने लगी। हीरा को रात मेरे कमरे में ही बितानी पड़ती है। काशी पहलवान भी आ गये थे। उन्होंने ही हीरा को हुक्म दिया था कि जब तक मैं बीमार हूँ हीरा मेरे ही पास रहे। V.V.I.P. हो गया हूँ। कल फ़िराक़ साहब ने दूध में ब्रैंडी मिला के मुझे पीने को दिया। नींद तो आयी मगर बुख़ार तेज़ हो गया। डॉ. रमेश को बुलाया गया। उन्होंने बताया—फ्लू है। फ़िराक़ ने मुझसे कहा, "रमेश तुम्हारे घर से किसी को बुला दें।" मैंने कहा, "नहीं सर, लोग परेशान हो जायेंगे। और फिर आप तो सौ घर के बराबर हैं।" फ़िराक़ साहब जब यूनिवर्सिटी चले जाते हैं तो बहू जी आकर बैठ जाती हैं। आज सर में बड़ा दर्द है। बहू जी बैठी हैं। मेरे सर में तेल लगा रही हैं। माँ के हाथ का स्पर्श, सब दुख दूर हो गया। मैंने हीरा से कहा, "हीरा भाई, चाय मिल जाती तो आराम मिल जाता।" हीरा चाय बनाने चले गये। इतने में फ़िराक़ साहब यूनिवर्सिटी से सीधे मेरे कमरे में आ गये। बहू जी को देखा तो जाने लगे। मैंने कहा, "सर आप यहीं बैठिए। कहीं जाइए नहीं।" हीरा चाय ले आया। फ़िराक़ साहब के लिए भी चाय बनाने चला गया। फ़िराक़ साहब बैठ तो गये मगर बहू जी की तरफ से मुँह फेरकर। मैंने ऐसा दृश्य कभी नहीं देखा था। फ़िराक़ बड़ी शान्त मुद्रा में थे। आज जीवन में पहली बार फ़िराक़ साहब और उनकी पत्नी को साथ एक कमरे में आमने-सामने कुर्सी पर बैठा देख रहा था। फ़िराक़ साहब नजरें चुरा रहे थे। बहू जी नजरें झुकाए-झुकाए मेरे सर पर देख रही थीं। पता नहीं क्यों यकायक बहू जी की आँखों से आँसू टपकने लगे। बड़ा कारुणिक दृश्य था। फ़िराक़ साहब ने पूछा, "कितना बुखार है?" मैंने कहा, "101।" फ़िराक़ ने कहा, "क्या ब्रैण्डी ने नुकसान पहुँचाया क्या।" मैंने कहा, "नहीं। आराम मिला। रात को नींद आ गयी थी।" चाय आ गयी। फ़िराक़ चाय पी रहे थे। थोड़ी देर में बहू जी ने कहा, "अच्छा अब मैं जा रही हूँ।" मैंने कहा, "नहीं, आप यहीं बैठी रहिए।" फ़िराक़ बोले, "तो फिर मैं जाता हूँ।" मैंने हाथ जोड़कर कहा, "नहीं आप भी यहीं बैठे रहिए।" तब तक हुनर साहब और हकीम जिया साहब तशरीफ लाये। बहू जी उठकर चली गयीं। मेरी बीमारी का

खयाल करके फ़िराक़ अपने को सँभाले रहे। अफसोस कोई कैमरामैन नहीं था।

"देख मिलें कब आज के बिछड़े, ले लूँ बढ़कर तेरी बलायें।" वह जीवन का पहला अवसर था जब मैंने फ़िराक़ और उनकी पत्नी को आमने-सामने देखा। इसके बाद जब तक मैं बीमार पड़ा रहा, फ़िराक़ मेरे पास ही रहे। कह रहे थे "रमेश, देखा– काशी पहलवान भी तुम्हें देखने आये थे और हीरा को सहेज गये थे कि रमेश बाबू की सेवा करते रहो। रात को उन्हीं के कमरे में रहना। बाथरूम जायें तो हाथ पकड़े रहना। आदमी कभी अपवित्र या गन्दा नहीं होता। तुम किसी के साथ कठोरता का व्यवहार कभी मत करना। जरूरत है आदमी के अन्दर झाँककर देखने की। "मैंने कहा, "देखिए बहू जी भी मेरा कितना ख़याल करती हैं। मेरे सर में दर्द था। सर में तेल लगा रही थीं। मुझे बड़ा आराम मिला।" फ़िराक़ बोले, "अच्छी बात है। आराम मिल गया न।" फिर चुप हो रहे। जैसे किसी ख़्वाबो ख़याल की दुनिया में गुम हो गये हों। या कहीं कुछ ढूँढ़ रहे हों। मैं ठीक हो चला हूँ। वातावरण बड़ा स्निग्ध हो गया है। गाली नहीं, क्रोध नहीं, कडुवाहट नहीं। मगर यह माहौल बहुत दिनों तक न रह सका। फ़िराक़ और उनकी पत्नी की व्यथा को सोचता हूँ तो काँप-काँप उठता हूँ। आप भी काँप-काँप जायेंगे।

बहू जी को तो जैसे "पावा परम तत्त्व जिमि जोगी, लहेउ स्वास्थ्य जिमि सन्तत रोगी।" उस वाकये को याद करके अक्सर बहू जी की आँखों में सन्तुष्टि के आँसू भर आते हैं। माता-पिता को साथ देखकर मैं पूर्णकाम हो गया।

आजकल फ़िराक़ का क्रोध जैसे हिरन हो गया हो। बड़ी शान्ति रहती है घर में। हीरा से भी गलती हो जाय, कोई कुछ कह दे। मुझे आने में या उठने में देर हो जाय, फ़िराक़ का स्वभाव ही जैसे खो गया हो। दिन-दिन भर अपने में ही गुम रहते हैं। कुछ सोचते रहते हैं। हर बात का जवाब 'हूँ, हाँ' में देते हैं। खुदा जाने क्या मामला है। एक जीनियस का यह रुख भी बड़ा रहस्यमय है। अच्छा नहीं लग रहा है। घर में सब खुश हैं। मैं गम्भीर हो चला हूँ। कुछ पूछता हूँ—कुछ भी, तो एक मुस्कुराहट फैल जाती है होठों पर। हिम्मत करके मैंने एक दिन पूछ ही लिया। "सर, आपने आजकल ख़मोशी अख़्तियार कर ली है। तबीयत तो ठीक है न।" बोले, "तबीयत हो तो बताऊँ। सब कुछ मर चुका है। आजकल मैं शमसान में जले हुए और सृष्टि के अन्त तक जलते रहने वाले मुर्दों की राख बन गया हूँ। मेरी राख और राखों से गुफ्तगू करती रहती है। मैं उसी को सुनता रहता हूँ। शिव की गौर काया में चिताभस्म से उठते हुए तराने सुनता रहता हूँ। ऐसी कविता, ऐसा तराना बिना राख हुए नहीं सुना जा सकता। और सिर्फ राख बनने से काम नहीं चलेगा। जब तक तुम्हारी राख को शिव अंगीकार न करें तब तक तो राख बस ख़ाक है। जब शिव से तुम्हारी राख लिपट जायेगी तब वह कविता की जननी बन जायेगी। तब

उस राख के एक-एक कण से वह राग फूटेगा जिस पर अनहद नाद को भी प्यार या रश्क आ जाये। तब वह राख शिव से लिपटकर शिवा बन जायेगी। मैं राख तो बन गया लेकिन अभी वह 'मेरी राख' के नाम से जानी जाती है। मैं उसे मेरी राख कहता हूँ। यह मेरी ही नरक है। इसी से उबर सका तो शिव की कुरबत मिल जायेगी। तब मैं कवि नहीं कविता बन जाऊँगा। मुझे तो घृणा की आग ने जलाया है। मेरी राख भी घृणित होगी। कैसे मिले मुक्ति इस घृणा से। इसी उधेड़बुन में लगा रहता हूँ। यह देव-दनुज संग्राम मेरे भीतर ही क्यों? सुनो रमेश यार मेरा यह शेर—

मेरे दिल के सिवा क्या रज्मगह ही थी नहीं कोई
ये जंगे खैरोशर यारब यहीं क्यों हो यहीं क्यों हो।"

फ़िराक़ साहब बड़े मूड में हैं। बड़ी प्यारी-प्यारी बातें सुनने को मिल रही हैं। मगर यह क्या, हीरा साहब आकर बीच में कूद पड़े। "साहब दूध गिर गया। माता जी ने कहा है जाकर दूध लाओ।" अब फ़िराक़ की राख से शोले उठने लगे। अभी आग पूरी राख नहीं बन पायी थी। शोला भड़क उठा। फिर डाँट-फटकार, गाली-गलौज है कि जो था। पूरा माहौल जहरीला बन गया। मैं हीरा को पकड़कर अन्दर ले गया। मैंने कहा, "हीरा यह सब हमें बताया करो।" "मैं कई बार कह चुका हूँ आपसे मगर आपके ऊपर असर ही नहीं होता।" बहू जी ने कहा, "मैंने हीरा से कहा था कि अभी दूध की बात मत उठाओ। खाना खिला-पिला के जाना तो उधर से दूध लेते आना।" सब कुछ अच्छा-अच्छा चल रहा था। बिगड़ गया। मैंने आकर फ़िराक़ साहब से कहा कि दूध की कोई समस्या नहीं है। हीरा को बीड़ी पीने की ख़्वाहिश हो रही थी। वो बीड़ी लाने के लिए बाहर जाना चाहते थे। एक बहाना बना लिया। फ़िराक़ बोले, "रमेश, तुम बात समझ ही नहीं रहे हो। माताजी ऐसे ही नौकर भेजेंगी जो मेरी जिन्दगी नरक किये रहे। मैं किसी के बीड़ी की तलब को समझता हूँ। उसे कह दो जाकर बीड़ी लाये और दो बण्डल बीड़ी मेरे लिए भी लेता आये।" मौका पाकर बहू जी ने मुझसे कहा, "रमेश बाबू, बताइए मैं क्या करूँ।" मैंने कहा, "बहू जी, करना क्या है। यह ऐसा मरज है जिसका इलाज नहीं।" बोलीं, "मैं अपने लिए नहीं परेशान रहती हूँ। उनकी सोचती हूँ। उन्हें गालियाँ देकर क्या आराम मिलता होगा। कितना खून जलता होगा, इन्हीं बातों को लेकर उनकी बदनामी होती है। जिसके जो जी में आता है कहता रहता है। मैं चाहती हूँ कि उन्हें कोई कुछ न कहे। मगर मैं क्या कर सकती हूँ।"

दो दिन से पानी झमाझम बरस रहा है। लगता है आसमान फटा पड़ा जा रहा है। फ़िराक़ साहब छाता लेकर यूनिवर्सिटी जाते हैं। मेरे पास छाता नहीं है। मैं कहीं निकल ही नहीं पा रहा हूँ। हीरा साहब की मेहरबानी से पान मिल जाता है। यह पकौड़ियों का मौसम है। फ़िराक़ साहब शायद छाता कहीं भूल आये हैं। पानी में

भीगते हुए आ रहे हैं। हालाँकि साथ में आर.एन. देव साहब हैं जो अपने साथ फ़िराक़ को सँभालते हुए ला रहे हैं मगर हवा की तेजी और पानी की बौछारों के आगे बेचारे छाते की एक नहीं चलती। छतरी उलट गयी। दोनों प्रोफेसर पानी से तर-बतर हैं। फ़िराक़ देव साहब से चाय पीने को कहते हैं। देव साहब चले जाते हैं। फ़िराक़ कपड़े बदल डालते हैं। मैंने पूछा, "सर, पकौड़याँ खायेंगे।" बोले, "क्यों नहीं खाऊँगा। मगर प्याज की पकौड़ियाँ खूब कुरकुरी होनी चाहिए। पतले-पतले आलू के कतरों की पकौड़ियाँ भी तैयार की जायँ।" मैंने पकौड़ियों की फरमाइश बहू जी से पहले ही की थी। बहू जी ने कहा था कि रमेश बाबू, उनको भी आ जाने दीजिए शायद वो भी पकौड़ी खाना चाहें। बारिश कुछ-कुछ कम हो चली थी। मैंने सोचा था कि आज बारिश की वजह से शायद मिलने वाले न आयें तो मैं बायरन की कुछ कविताएँ पढ़ूँगा। विशेषकर जॉन डुआन के बारे में बहुत कुछ सुन रखा था। इसके अलावा भी बहुत कुछ पूछना चाहता था। उर्दू कवि और कविता, तुलसी के प्रति उनकी विशेष श्रद्धा का कारण, उपनिषदों की गरिमा, कर्म-योग, जीवन का उद्देश्य—बहुत सारे प्रश्न थे जो जवाब तलाश कर रहे थे। पकौड़ियाँ तल-तल के आ रही थीं। पकौड़ी चटनी, खट्टी और मीठी, साथ में मिर्चे का अचार और गरमा गरम, लब-सोज, तब बन्द चाय। फ़िराक़ मज़ा लेकर खा रहे थे कि एक हरी मिर्च की पकौड़ी ने अपना परिचय देना शुरू किया। फ़िराक़ तिलमिला उठे। चीख पड़े, "पानी पानी पाआआनी।" मैं पानी लाने दौड़ा। तब तक फ़िराक़ ने चाय से हरी मिर्च के क्रोध को शान्त करना चाहा। क्रोध और भभक उठा। पूरा गिलास पानी पी गये तब कहीं जाकर आराम मिला। पकौड़ियाँ अभी प्लेट में पड़ी थीं। कि हीरा साहब विविध रूप रंग के और पकौड़े लिये हाजिर हो गये। ये पूई के पकौड़े थे। अजवाइन के पत्तों के पकौड़े थे। फ़िराक़ पूछ पड़े, "कबाब हैं क्या?" जवाब मिला "जी हाँ।" "रखे रहो। शाम को शराब के साथ।" तब तक मकसूद अहमद जमाल साहब, हुनर साहब और अजमल अजमली साहब तशरीफ लाये। पकौड़ियाँ देखकर सब के मुँह में पानी आ गया। जमाल साहब ने कहा, "मौसम के मिजाज के मुताबिक काम हो रहा है।" मुझे लगा शायद इतने लोगों के लिए पकौड़ियाँ न तैयार हो सकें। मैंने पूछा तो बहू जी ने कहा, "रमेश बाबू, किसी चीज की कमी नहीं है।" यह अन्नपूर्णा की आवाज थी। खूब पकौड़ियाँ खायी गयीं। फ़िराक़ बोले, "रमेश साहब, सँभाल के खाइएगा। कहीं पेट न चल जाय।" लोग वाह-वाह करके पकौड़ियों की दाद दे रहे थे। अजमल अजमली साहब ने कहा "फ़िराक़ साहब चाय तो कुछ वैसी ही है जैसा बयान चाय का मौलाना अबुल कलाम ने किया है।" हुनर साहब ने कहा, "अच्छा बावर्ची बड़ी किस्मतों से मिलता है।" फ़िराक़ ने कहा, "खूब कहा भाई। यह तो रमेश साहब की बहू जी का कमाल है। उजड़ी हुई जिन्दगी और जायकेदार पकौड़ियाँ।" सब के सब एकदम

ख़ामोश हो रहे। जमाल साहब ने कहा, "फ़िराक़ साहब, यह तो एक खूबसूरत नॉवेल का नाम हो सकता है।" फ़िराक़ ने कहा, "भाई जमाल साहब, मेरी हयात को मरकज में रखकर लिख डालिए एक नॉवेल।" मामला संजीदा होता जा रहा था। फ़िराक़ को जैसे कुछ याद आ गया हो। बोले, "कल चलकर बाटा से एक छाता खरीदना है।" मैंने पूछा, "हुजूर, आपका छाता कहाँ रह गया।" बोले, "मेरे सेमिनार में एक विद्यार्थी है। बड़ा जहीन मगर बेहद गरीब। तुम तो जानते हो उसको। वह तुम्हारा दोस्त भी है। विश्वम्भर त्रिपाठी। पानी में भीगते आया था। मैंने छाता उसे दे दिया।" जमाल साहब ने फ़िराक़ साहब से ग़ज़ल की फरमाइश की। फ़िराक़ ने कहा, "जमाल साहब, ग़ज़ल का मूड नहीं बन पा रहा है, आप कोई ताज़ा कलाम पढ़ें तो शायद जी कुछ इस तरफ़ आये।" जमाल साहब ने एक बहुत ही बड़ी ख़ूबसूरत ग़ज़ल पढ़ी। फ़िराक़ का मूड बन गया। बोले, "ये मेरी एक पुरानी ग़ज़ल है शायद उसे मैंने 1933 में कही थी।" मैंने कहा, "सर, 1933 मेरी पैदाइश का सन् है।" फ़िराक़ खुश हो गये, "बोले समझ लो यह ग़ज़ल उसी मौके पर पढ़ी गयी थी—

सुनो दोस्तो—

तुम्हें क्यों कर बतायें जिन्दगी को क्या समझते हैं
समझ लो साँस लेना, खुदकुशी करना समझते हैं
किसी बदमस्त को राज आश्ना सबका समझते हैं
निगाह-ए-यार तुमको क्या बतायें क्या समझते हैं
बस इतने पर हमें सब लोग दीवाना समझते हैं
कि इस दुनिया को हम इक दूसरी दुनिया समझते हैं
कहाँ का वस्ल तन्हाई ने शायद भेस बदला है
तेरे दम भर के आ जाने को हम भी क्या समझते हैं,
जहाँ की फितरते बेगाना में जो कैफे गम भर दे
वही जीना समझते हैं, वही मरना समझते हैं
भुला दीं एक मुद्दत की जफायें उसने ये कह कर
तुझे अपना समझते थे तुझे अपना समझते हैं
ये कहकर आबला पा रौंदते जाते हैं काँटों को
जिसे तलवों में करलें जज्ब उसे सहरा समझते हैं
ये हस्ती नेस्ती सब मौजखेजी है मुहब्बत की,
न हम कतरा समझते हैं न हम दरिया समझते हैं
फ़िराक़ इस गरदिशे अय्याम से कब काम निकला है
सहर होने को हम भी रात कट जाना समझते हैं

फ़िराक़ का मूड बन चुका था। बोले, "दोस्तो! एक गजल के चन्द अशआर और

भुगत लो।" लोगों ने कहा, "अता हो हुजूर। ऐसे लम्हें कहाँ बार-बार आते हैं।" फ़िराक़ बोले, "आपकी मोहब्बत है। सुनिये। रमेश, यह ग़ज़ल तुम्हारी पैदाइश से लगभग दस साल पहले यानी 1923 में कही थी–

भुला रक्खा जिन्हें तूने वो तुझको याद करते हैं।
जहन्नुम झेलते हैं जन्नतें आबाद करते हैं॥
बता ऐ आशिक़ी तुझको कसम शामें जवानी की।
किसी के हिज्र में रातों को क्यों फ़रियाद करते हैं॥
सबक़ आमेज़ हैं बरबादियाँ उनकी भी ऐ हमदम
हम उनके चाहने वालों को अक्सर याद करते हैं॥
कहाँ ले जाती हैं पल मारने में वहशतें उसको।
जब अच्छी आँखों वाले कोई दिल आबाद करते हैं॥
बता दे नज़अ में याद आने वाले ओ जफ़ा परवर।
तुझे हम ऐसे नाजुक वक़्त में क्यों याद करते हैं॥
खुद रक्खे दिले सोज़ाँ चिराग़े ख़ाना था अक्सर।
फ़िराक़ उस दर्द की तस्वीर को हम याद करते हैं॥"

बड़ी प्यारी फिज़ा है। ऐसे लमहे जरा कम ही नसीब होते हैं। आप पूछेंगे कि फ़िराक़ और उनकी पत्नी के सम्बन्धों को लेकर लिखे जाने वाले वाक़यों से इनका क्या तआल्लुक है? मैं कहता हूँ कि किसी घटना को समग्रता में समझने की ज़रूरत है। फिर ये वाकये अगर प्रकाश में आने से रह गये तो बताइए इससे किसी का क्या भला होना है। लोग कान ही कान बन गये थे। फ़िराक़ के पढ़ने का अन्दाज हर शेर को नवीन बनाता रहता है। फ़िराक़ बड़ी देर तक खलाओं में गुम होने के बाद धरती पर आये। बोले, "सुनों यारो, सुन लो। फिर फ़िराक़ नहीं मिलेंगे।" फ़िराक़ सिर्फ एक व्यक्ति का नाम नहीं था। प्रत्येक क्षण में फ़िराक़ का एक नया चेहरा उभंरता रहता था। शायर फ़िराक़ मुखरित थे–

ये जो कौलोकरार है क्या है।
शक हैं या ऐतबार है क्या है॥
इश्क की यादगार है क्या है।
एक टूटा मज़ार है क्या है॥
किसको समझे कोई नूमूदे बहार।
वर्ग है, गुल है ख़ार है क्या है॥
कुछ जो उठता है दिल में रह-रहकर।
अब्र है या गुबार है क्या है।।
नीची नज़रों में कुछ तबस्सुम-सा।

शोख़ है, शर्मसार है, क्या है॥
ज़ेरे लब इक झलक तबस्सुम की।
बर्क़ है या शरार है क्या है॥
कोई दिल का मक़ाम समझाओ।
घर है या रहगुज़ार है क्या है॥
इश्क मजबूर मालिके तक़दीर।
जब्र है, अख़्तियार है, क्या है॥
ज़िन्दगी का रुका रुका वक्फा।
बस तेरा इन्तजार है, क्या है॥
गरदिशे मेह्रोमाह दौरे हयात।
एक ख़स है शरार है क्या है॥
न खुला ये कि सामाना तेरा।
दीद है, इन्तजार है क्या है॥
जिसको कहते हैं लोग शेरे फ़िराक़।
मीर का शआर है क्या है॥

बारिश थम गयी। मगर घटा छायी हुई है। आसमान ने ज़मीन को ढक लिया है। लोग खा-पीकर शायरी की खुशबू में तरबतर होकर उठ खड़े हुए। फ़िराक़ ने कहा, “रमेश, हीरा को आवाज दो कि मेरी मेज सजायी जाय। शीशे का गिलास चमाचम किया जाय, कवाब सेंके जाएँ और शराब की बोतल अलमारी से निकाल कर मेज पर मेरे सामने रख दी जाए।” मैंने हीरा तक हुक्मे फ़िराक़ पहुँचा दिया। शाम सुर्ख हो गयी। कुल-कुल की सदा कानों में घुँघरू बजाने लगी। उधर आस्मान मये हयात बरसाने लगा। कड़कती हुई बिजली, अब्रो बाराँ, सदाये कुलकुले मीना फजा को रोमांटिक बना रहे थे। फ़िराक़ मुझे उमरखय्याम की रुबाइयाँ सुनाकर समझा रहे थे। मौसम शराबी हुआ जा रहा था। फ़िराक़ ने शराब का गिलास उठाया ही था कि किसी के गिरने और चीख पड़ने की सदा आई। फ़िराक़ ने कहा, “रमेश देखो, क्या गिरा?” हीरा दौड़कर आये और बोले कि बहू जी बाथरूम जा रही थीं, फिसलकर गिर पड़ीं। मैं दौड़ा उन्हें उठाने के लिए। हीरा भी मेरी मदद कर रहे थे लेकिन भारी भरकम जिस्म हमारे बस का नहीं था। फ़िराक़ भी अन्दर आ गये। खुद भी भींगते बड़बड़ाते उठाने लगे। बड़ी मुश्किल से बहू जी को उठाकर उनके कमरे तक लाया गया। वो होश में थीं मगर उठ नहीं पा रही थीं। फ़िराक़ और हम सभी तर-बतर हो चुके थे। बोले, “हीरा बेटा, कपड़े बदल डालो और गरम-गरम चाप बनाकर उसे दो और उसका हुक्का भी ताजा करके दे दो।” बहू जी ने कपड़ा बदल डाला। आराम से बैठ गयीं और चाय की चुस्कियाँ ले रही थीं। कमर में कुछ दर्द था। बारिन से मालिश कराने

की बात कर रही थीं। मुझसे बोलीं, "बैठिए रमेश बाबू। भगवान् उनको लम्बी उमर दे। मैंने कभी ये सोचा नहीं था कि वो मुझे गिरने पर उठायेंगे।" अभी कुछ और कह रही थीं कि फ़िराक़ चीख पड़े, "रमेश साहब, वहाँ क्या मिठाई मिल रही है। छोड़िए, भागिये यहाँ आइए।" फिर अपनी तकदीर को घंटों कोसते रहे और रंगारंग गालियों से बहू जी को नवाजते रहे। कहने लगे ये नहीं कि बरामदे से होकर अन्दर के गुसुलखाने में जाय। आँगन से होकर जाने की क्या ज़रूरत थी। मुझे सताने और जहन्नुत की आँच में जलाने की नयी-नयी तरकीबें सोचती रहती है। पाप के पहाड़ से प्रकटी हैं माताजी। जब तक सो नहीं गये गालियाँ देते रहे।

बहू जी की आँख उठ आयी है। जलन होती है, गड़ती है, आँखें सुर्ख हैं। बुख़ार भी है। फ़िराक़ साहब के ऊपर बवासीर का हमला हुआ है। बारिन का परिवार देवी दर्शन के लिए बाहर गया है। न कोई नौकर न नौकरानी। बवासीर है कि खून का परनाला बह रहा है। दिन पर दिन दुबले होते जा रहे हैं। शराब रोकने की बात ही छोड़ दीजिए। मुझे भेजकर डॉ. शौकत और डॉ. सरस्वती प्रसाद को बुलाया गया। वही नक्स वोमिका 30, और सल्फर 30। एक दिन तो खाना कश्मीरी होटल से आ गया था—सबके लिए। गोश्त, दही, पोलाव वग़ैरह। मैं फ़िराक़ को, बहू जी को सँभालू कि होटल से खाना लाने जाऊँ। बिपतू को बुलाया गया। बिपतू साहब कचहरी में होटल चलाते हैं। खाना बहुत उम्दा पकाते हैं। आजकल कचहरी बन्द है। वही सबके लिए खाना पकाते हैं। गोश्त, मछली, कबाब, गोश्त बिरियानी रोज ही पकता है। मैं बहुत परेशान हूँ। फ़िराक़ कहते हैं, "रमेश, मुझे छोड़ दो, अपनी बहू जी को सँभाले रहो।" विपतू के घर वाली भी आ गयी है। वह रसोई सँभालती है। फ़िराक़ घर-बाहर दोनों देखते हैं। न शराब में कमी आयी, न बवासीर में। फ़िराक़ मुझसे कहते हैं, "भाई आँख का मामला है। कहीं अन्धी न हो जाय। अगर उसकी आँखों की रौशनी जाती रही तब तो मेरी मुसीबत बहुत बढ़ जायेगी। मैं तो मर जाऊँगा। वह मुझे बरबाद करने के लिए ही पैदा हुई है। रमेश साहब, आप भागकर शफीक बीड़ी वाले के पास जाइए और उन्हें लिवाते आइए। कहिएगा फौरन आयें। एक मिनट की देर भी जानलेवा साबित हो सकती है।" शफ़ीक़ साहब भागे-भागे आये। फ़िराक़ ने कहा, "शफीक साहब, आँख के अस्पताल में रमेश की बहू जी को यानी उसे जो मेरी मौत की शक्ल में मेरी बीवी की हैसियत से रहती है घर में, उसे डॉ. को दिखा दीजिए।" शफ़ीक़ साहब ने कहा, "मैं डॉ. चन्द्रा से अप्वाइन्टमेंट ले लेता हूँ फिर उन्हें दिखलवा दूँगा।" आँख के अस्पताल (जो चौक में मछली बाजार के पास है) में एक नर्स सूरी काम करती थी। वो शफ़ीक़ साहब की चहेती थी। शाम को छ बजे बहू जी को अस्पताल ले जाना तै हो गया। फ़िराक़ ने शफ़ीक़ साहब से कहा भाई, "शफ़ीक़, अपनी कार भेज देना। रिक्शे पर उसे तकलीफ़ होगी।" शाम के

5.30 पर कार आ गयी। मैं बहू जी के साथ अस्पताल पहुँच गया। सूरी को मैं जानता था। वो शफ़ीक़ के साथ कई बार फ़िराक़ के यहाँ आ चुकी थी। वह बहू जी को डॉक्टर के पास ले गयी। साथ में मैं भी था। डॉ. ने बहू जी को बहुत इत्मीनान से देखा। दवाइयाँ लिख दीं। बोले, "धूप और धुएँ से कम से कम छः सात दिन बचें। ये गोलियाँ खाती रहें और यह आयी ड्राप आँख में दिन रात मिलाकर पाँच बर डालती रहें।" फ़िराक़ साहब की न तो तकलीफ कम हो रही है न खाने-पीने में कोई सावधानी बरती जा रही है। रोग अपना काम कर रहा है, मैं अपना काम कर रहा हूँ। फ़िराक़ साहब ने कहा, "भाई रमेश, उसे दवा देते रहें, आँख में बराबर समय पर दवा डालते रहें, दुनिया के और कामकाज भूल जायँ। मेरी फिक्र बिल्कुल न करें। मेरी बीमारी जैसे आयी है वैसे चली जायेगी। मैं तीमारदारी करते-करते ऊब गया हूँ।" आजकल शेर शायरी बन्द है। बस कभी-कभी समय निकालकर फ़िराक़ साहब रामचरित की चौपइयाँ सुनते रहते हैं और अपने और अपने दिल से पता नहीं क्या-क्या बातें करते रहते हैं। मैं फ़िराक़ के पास ही बैठा हूँ। बोले, "देखो बुढ़ापे का इश्क़ बड़ा खतरनाक होता है। इश्क़ क्यों कहा जाय इसे। यह तो वासना है। कैकेयी में दशरथ का प्रेम कम, वासना अधिक थी। वासना का आधिक्य और प्रागाढ़ता, तथा प्रेम की गहनता दोनों जान ले लेते हैं। दशरथ को वासना ने नहीं, राम के प्रेम ने मार डाला। किसी के प्रेम में मर जाने से बढ़कर कोई दूसरी मौत हो ही नहीं सकती। मौत इसीलिए बनायी गयी है कि किसी के प्रेम में मरा जाय, किसी के प्रेम में जिया जाय। तुलसी ने ठीक ही कहा है "जिअन मरन फल दशरथ पावा।" मगर मैं घृणा में मर रहा हूँ और तुलसी की सुधा बरसाने वाली कविता में जी रहा हूँ। घृणा का विष इतना प्रचण्ड होता है कि हलाहल जिसे शिव ने अपने कण्ठ में धारण कर लिया था। उससे अरब-खरब गुना बड़े विष को घृणा की आग की एक चिनगारी जलाकर खाक कर दे। उसी घृणा को दाँत पीस-पीसकर सहता रहता हूँ। इधर से माई जी मौत की आग बरसा रही हैं, उधर से तुलसी की वाणी अमृत की धार बरसा रही है। मरता रहता हूँ, जीता रहता हूँ।"

बहू जी की आँख ठीक हो चली है। फ़िराक़ की बीमारी बढ़ती जा रही है। विपतू चले गये। हीरा आ गये। मगर विपतू के यहाँ से गोश्त आता रहता है। कहते हैं, विपतू गोश्त अच्छा पकाता है। हैदराबाद से मुशायरे का दावतनामा आया है। फ़िराक़ मुशायरे में जाना चाहते हैं। डॉक्टर और मैं सब समझाकर हार गये। किसी की सुनते ही नहीं। कहने लगे तुलसीदास भी रोकें तो भी मैं रुकने वाला नहीं। मेरी एक रग कैकेयी की जिद की प्रचण्डता की आग से बनी है। रमेश अपना और मेरा रिजर्वेशन फर्स्ट क्लास में करा लो। जब बहू जी को मालूम हुआ कि फ़िराक़ साहब ऐसी भयंकर बीमारी में भी हैदराबाद जाने वाले हैं तो बड़ी खुश हुईं और बोली कि चलो कुछ दिन

तो आराम से रहने को मिलेगा। "रमेश बाबू, आप इनका खयाल रखियेगा।" फ़िराक़ कहते हैं "अभी जाने में पन्द्रह दिन बाकी हैं। सब ठीक हो जायेगा।" फ़िराक़ ने दवा एक दम बन्द कर दी है। अब दारू ही दवा बन गयी है। खून आना बन्द हो रहा है। फ़िराक़ कहते हैं, "किसी के रास्ते में रुकावट मत बनो। उसे आने-जाने दो। यह दुनिया है। आना-जाना लगा रहता है। जो आता है, वो जाता है, जो जाता है वो आता है। बस, तुम एक तमाशबीन बनकर आना-जाना देखते रहो। हमेशा अपने को अपने से बचाकर रक्खो, अलग करके रक्खो।" बहू जी की आँख तो ठीक हो गयी है। मगर बुखार अभी तक बना है। लापरवाही बद परहेजी। मैंने फ़िराक़ से कहा, "बहू जी को डॉक्टर रमेश को दिखा दिया जाय। बुख़ार बना रहता है।" बोले, "छोड़ो वो मरने वाली नहीं। न बुखार जाने वाला है, न वो। डॉ. रमेश बहुत फीस लेते हैं। डॉ. सरस्वती प्रसाद को दिखा दो। वो तो शाम को आते ही हैं। होमियोपैथी चल रही है। धीरे-धीरे सब ठीक हो रहा है।"

आजकल फ़िराक़ साहब दस बादाम महीन रेशमी पिसा हुआ, शाम को शराब पीने के पहले लेते हैं। तीन-चार दिन से उन्हें बादाम नहीं मिल रहा है। भूले हुए हैं। यकायक शाम को बड़े जोरों से बादाम की याद आयी। हीरा को आवाज लगायी। "पिसा हुआ बादाम लाओ। आजकल बादाम क्यों नहीं मिलता?" हीरा अन्दर गये फिर बाहर आये। बोले, "बादाम खत्म हो गया है।" अब क्या था। डाँटना गाली देना, अपने भाग्य को कोसना, जगदम्बा को भद्दी से भद्दी गाली देना शुरू। क्रोध के पहाड़ टूट-टूटकर गिरने लगे। बोले, "रमेश साहब, आपने भी ध्यान नहीं दिया।" मैंने कहा, "खता हो गयी।" बोले, "कल सुबह दूकान खुलते ही एक सेर बादाम लाके रख दीजिए।" हीरा को बुलाया। बोले, "शाम को अगर बादाम नहीं मिली तो तुम्हारी खैर नहीं। उस चुड़ैल को क्या कहा जाय।" मैं अन्दर गया—उबली हुई प्याज लाने। बहू जी ने कहा, "रमेश बाबू, बादाम तो चार-छः दिन पहले ही खत्म हो गया था। मैं बताना भूल गयी थी।" मैं किसी काम से भंडारे में गया तो देखा बादाम की दो थैलियाँ भरी पड़ी हैं। दोनों में कुल मिलाकर लगभग एक किलो से अधिक ही बादाम रहा होगा। मैंने हीरा से कहा, "बादाम तो भरा पड़ा है। तुम लोगों को कुछ खबर ही नहीं।" शाम को मैं पान खाने निकल गया था। फ़िराक़ ने हीरा से पूछा, "रमेश बाबू बादाम लाये?" हीरा ने कहा कि बादाम तो भंडारे में रखा था। अब क्या था, क्रोध के अंगारे टूट-टूटकर गिरने लगे। ज़मीन काँपने लगी। आसमान थर्राने लगा। आने पर सब मामला सामने आया। फ़िराक़ ने कहा, "आपकी बहू जी मेरी बरबादी मुकम्मल करने पर आमादा हो गयी हैं। अपनी हैसियत से अधिक ख़र्च करता हूँ। बादाम के बोरे भरे पड़े हैं और मुझसे कहा जा रहा है कि बादाम तो नहीं हैं। मुझे लूटने और लुटवाने की तरकीबें निकाली जा रही हैं।" मैंने दरियाफ़्त किया तो बहू

जी ने बताया कि हीरा ने बहू जी को बताया था कि बादाम खत्म हो गया है। बात अब मेरी समझ में आयी। हीरा और बारिन की योजना थी कि कह दो बादाम खत्म हो गया है और चुपके से किसी दिन मौका पाकर बादाम उठा ले जाओ। बहू जी हीरा पर विश्वास करती थीं। उसी का यह नतीजा निकला कि उन्हें गालियाँ सुननी पड़ रही हैं। मुझसे कहने लगीं कि हीरा की नजर बादाम पर नहीं पड़ी होगी। वह बेवकूफ तो है ही। उस शाम फ़िराक़ शराब पीते रहे और गालियाँ देते रहे। मैं क्या कर सकता था। मेरे बस में कुछ नहीं था। बिना खाये सो रहे। "पानी भी है शराब, हवा भी शराब है"। गाली भी है शराब, क्रोध भी शराब है, मूर्खता शराब, और बोध भी शराब है। "केशव कहि न जाइ का कहिए"। मैं सोच रहा था किसी तरह फ़िराक़ से जान बच जाये। मगर फ़िराक़ तो मेरी डेस्टिनी हैं। अपने भाग्य से भागकर कहाँ जाता। अपनी डेस्टिनी से भाग निकलने का कोई रास्ता है ही नहीं। "आप न आवै ताहि पर ताहि तहाँ लै जाय"। मैंने रात को ही बादाम पानी में भिगवा दिये थे। सुबह उन्हें चाय पर पिसी हुई बादाम मिली तो खुश हो गये। बोले, "बादाम तो मैं शाम को लेता हूँ।" मैंने कहा, "बहू जी ने कहा है कि बादाम सुबह लेना अच्छा होता है।" बड़ी-बड़ी आँखों के ढेलों को नचाते हुए बोले, "यह तो कमाल हो गया। मगर मुझे शाम को भी बादाम दिया जाय।" मैंने कहा, "बेहतर।" फ़िराक़ साहब बड़े गौरों फिक्र की दुनिया में डूबे हुए हैं। कह रहे हैं। "माई जी में इतनी विजडम कहाँ से आ गयी। यह वो मेरे डाँटने और गाली देने का असर है। बात यह है कि डाँट और गालियाँ कभी-कभी कुन्दजेहनों को भी दुरुस्त कर देती हैं। मगर यह चमक बिजली की तरह वक्ती रौशनी करके विलुप्त हो जाती है–

फूलहिं फलहिं न बेंत जदपि सुधा बरसहिं जलद।
मूरख हृदय न चेत जौ गुरु मिलहिं बिरंचि सम॥

फ़िराक़ साहब बात-बात में तुलसी को याद करने लगे हैं। उन्हें दोहे, चौपाइयाँ बहुत याद हैं। कहते हैं, "तुलसीदास में कोटैबिलिटी बहुत है।" जो आता है उसी को डाँट और गालियों का महत्त्व समझाते हैं। कहते हैं, "जीवन में पिटाई की भी बड़ी ज़रूरत है। डलर्डस और मूढ़ों को समझाने की यही भाषा है। Take to a fool in the language that he understands," He पर बड़ा जोर दे रहे हैं। लोगों को बता रहे हैं कि किस प्रकार डाँट और गालियों ने उनकी पत्नी का स्वभाव बदल दिया। किस प्रकार बादाम सुबह-सुबह देने की उपयोगिता माता जी की समझ में आयी। कहने लगे, "गालियाँ और डाँट बहुत पावरफुल पिटाई है। शब्दों की छड़ी का प्रभाव बहुत गहरा होता है। हाँ, अगर आँखों की रौशनी बुझी नहीं है तो इलाज से गयी हुई रौशनी वापस बुलायी जा सकती है। मगर अगर रौशनी एकदम मर गयी है तब तो इलाज अकारथ जायेगा। हाँ–इब्नेमरियम की बात और है।" कहते हैं, "मैंने

डाँट-डाँट के उसे अच्छा कुक बना दिया। रमेश साहब पर भी डाँट ने अच्छा असर दिखाया है। भाषा दुरुस्त बोलने लगे हैं। खाली वेद पढ़ने से ही काम नहीं चलता पंडित जी महाराज। आँखों की भाषा से भी पिटाई होती है। समझदार को एक बार डपट भरी आँखों से देख लीजिए, वह काँप-काँप जायेगा। मगर बज्र मूढ़ तो अल्ला मियाँ की लाठी की गहरी पिटाई से भी कुछ नहीं समझ सकता। उसके ऊपर असर ही नहीं होगा। वह "खल काली कामरी है" उस पर दूसरा रंग चढ़ ही नहीं सकता।" बहू जी ने फ़िराक़ से अपनी तारीफ़ सुनी तो वह ख़ुश हो गयीं। कहती हैं, "बाबू जी एक बार भी तारीफ कर देते हैं तो हजार बार की डाँट-फटकार भूल जाती हूँ।" "राम को भी डाँटने की जरूरत पड़ी थी। कृष्ण ने तो डाँटने-फटकारने से भरपूर काम लिया है। बस उन महान् लोगों और मेरी डाँट फटकार में एक ही फर्क है। उनके क्रोध में, डाँट में घृणा नहीं शामिल थी। मगर मेरा क्रोध मेरी बीवी के प्रति घृणा से भरा रहता है। बेज़रूरत भी उसे गालियाँ देता रहता हूँ। यह क्रोध, यह डाँट-फटकार मुझे जलाता रहता है। आजकल घर में बड़ी शान्ति छायी रहती है।" छोटी-छोटी ग़लतियों को नज़र अन्दाज करते रहते हैं।

कुछ लोग बाहर से मिलन आये हैं, कुछ लोग इलाहाबाद के हैं। बाहर से आने वालों में एक बालक भी है। फ़िराक़ साहाब ने सबसे पहले उस बालक से पूछना शुरू किया। बालक डरा-डरा-सा लगता था। कुछ बोल ही नहीं पा रहा था। फ़िराक़ चिन्तित हो गये। उसके पिता से बातें शुरू हुईं। बच्चा क्या करता है। कसि क्लास में पढ़ता है। भयभीत क्यों है। इसकी तबीयत तो ठीक हैं न। लड़के के पिता ने बताया कि इण्टरमीडिएट में दो बार फेल हो चुके हैं। इन पर घर में डाँट पड़ती रहती है। इनका मन पढ़ने में कम लगता है। बस तबला बजाने का शौक है। जब देखिए तबला लेकर बैठे हैं। मैं कहते-कहते थक गया कि फेंको तबला। पढ़ो किताबें। मैंने इनका तबला हारमोनियम सब तोड़ डाला। घर में तो नहीं, बाहर जाकर तबला पीटते रहते हैं। मारपीट के हार चुके। राम मोहन त्रिपाठी मेरे रिश्तेदार हैं। उन्होंने कहा, तुम जाओ, इस बालक को लेकर फ़िराक़ साहब के यहाँ। उनकी पत्नी शेफाली ने तो आपसे मिलने पर बहुत जोर दिया। इसी उद्देश्य से मैं आपके पास आया हूँ। इन्हें कुछ समझा दीजिए। फ़िराक़ साहब ने उन्हें कसकर घूरा तो बेचारे घबरा उठे। उन्होंने कहा, "जनाब पिटाई की ज़रूरत बच्चे को नहीं, पिटाई की ज़रूरत तो आप को है। आपने क्या पास किया है? "बोले, मैंने हाईस्कूल प्रथम श्रेणी, इण्टरमीडिएट प्रथम श्रेणी और बी.ए. द्वितीय में उत्तीर्ण किया। आजकल पी.डब्ल्यू.डी. में हेड क्लर्क हूँ।" फ़िराक़ ने अपना माथा ठोंक लिया और बोले, "धन्य हो पी.डब्ल्यू.डी. महाराज। रिश्वत की कमाई ने आपको क़साई बना दिया है। अक़्ल की जगह भैंस का चोंथ (गोबर) रखा है। तो आप बेचारे होनहार बालक को मार-मारकर, सड़क की तरह

पीट-पीटकर पी.डब्ल्यू.डी. बनाना चाहते हैं। बच्चे का जन्म तबला वादक बनने के लिए हुआ है। आपकी हर डाँट, हर पिटाई बच्चे पर नहीं प्रकृति की पीठ पर है। बच्चा फेल हो गया। उसे प्यार करिए। उसे सिनेमा ले जाइए। उसे किसी अच्छे म्यूजिक कॉन्फ्रेंस में ले जाइए। प्यार करिए। बच्चे पढ़ने और डाँटने-मारने के लिए नहीं पैदा किये गये हैं। जीवन का उद्देश्य प्रथम श्रेणी में पास होना नहीं है। जीवन को कमल की तरह विकसित करना है। डाँटिए कमल को, क्यों कमल हरामजादे तुम संगमरमर की फर्श पर क्यों नहीं उगते। संगमरमर पर ताजमहल उगता है, कमल नहीं। ताजमहल की नींव में भी पानी, कीचड़, कंकड-पत्थर ही रहे होंगे। हाईस्कूल प्रथम श्रेणी पर जीवन का कमल विकसित नहीं होता। जीवन रोब गाँठने के लिए नहीं बना है। आप लोग पता नहीं बच्चों को क्या बनाना चाहते हैं। गोरखपुर में हमारे एक दूर के रिश्तेदार हुआ करते थे। वो अपने बच्चों को समझाते थे। 'बेटो, मेहनत से पढ़ो। पढ़ने से बहुत फायदा होता है। देखो फलाँ साहब के लड़के पढ़-लिख गये। कचहरी में क्लर्क हो गये हैं। घर में दो-दो सब्जियाँ पकती हैं। गोश्त, मछली, मुर्गा सब पकता रहता है। खूब रिश्वत मिलती है। कच्चा घर पक्का घर हो गया।' आप ऐसे पिता और हितैषी ही बालकों के जीवन की बुनियाद टेढ़ी कर देते हैं। वाह रे पिता। पैसों का लोभ पुत्र-प्रेम से अधिक महत्त्व रखता है आपके लिए। आपको चाहिए कि बालक को किसी कुशल तबला वादक की निगरानी में भेज दें। उसका जन्म ही इसी काम के लिए हुआ है। समझे पी.डब्ल्यू.डी. महाशय।" अब फ़िराक़ बालक से मुखातिब हुए। बच्चे के चेहरे पर हँसी थिरक रही थी। बोला, "सर, मुझे तबला बजाने में कई-कई इनाम मिल चुके हैं। मैं उस्ताद अल्ला रक्खा साहब की शागिर्दी करना चाहता हूँ। गुदई महाराज, कण्ठे महाराज से तबला सीखना चाहता हूँ।" फ़िराक़ ने बच्चे को अपने पास बुलाया और उसके सर पर हाथ रखकर आशीर्वाद दिया। "जाओ बेटा, तुमको सफलता मिलेगी। तबला वादन में रियाज करते रहो। गुरु तुम्हें स्वयं मिल जायेगा।" फिर पिता जी को समझाने लगे। "जाइए महाराज, अपने बेटे पर कृपा करिए और उसे तबला बजाने में महारत हासिल करने में उसकी मदद करिए। रिश्वत की कमाई का यही सदुपयोग करिए।" डाँट और चुमकार ने पिता पर जादू का काम किया। बालक को तबला वादन में प्रशिक्षण मिलने लगा। बाद में पता चला कि उसे बम्बई में कहीं किसी कॉलेज में तबला शिक्षक के रूप में नौकरी मिल गयी।

लोग उठने ही वाले थे कि हीरा साहब सबके लिए चाय-बिस्कुट लिये हाजिर हो गये। फ़िराक़ बड़ी प्रसन्न मुद्रा में नजर आ रहे थे। बोले, "जीवन में डाँट-पिटाई की बड़ी ज़रूरत है। देखिए आज हीरा साहब बिना कहे सबके लिए चाय बना लाये। देखा मेरे डाँट का असर। माई जी में सुधार आने लगा है। हाँ, इसका ज़रूर ध्यान रखना चाहिए कि डाँट-फटकार एक सीमा से अपनी हद से आगे न बढ़े। अगर इस

शस्त्र का गलत प्रयोग किया गया तो इसका प्रभाव घटने लगता है। जैसे ब्रह्मास्त्र में बाँध लेने के बाद जब राक्षसों ने हनुमान जी को रस्सी से भी बाँधना शुरू किया तो ब्रह्मास्त्र का प्रभाव हट गया। खैर, यह अपराध तो मैं भी अक्सर कर बैठता हूँ। यह मेरी कमजोरी है। मैं अपनी इस कमजोरी से खूब वाकिफ हूँ।" फिर यकायक मेरी ओर मुड़ गये और बोले, "पंडित जी महाराज, मैं समझ रहा हूँ, आपके मन में प्रश्न उठ रहे हैं। मेहरबानी करके मुझे गुस्सा दिलाने का प्रयत्न मत करिएगा। आप अपने सवालों को भी जानते हैं और उनका जवाब भी आपके पास है। अपनी सीमा में रहना सीखिए। मेरे दुर्गुणों को मत ग्रहण कीजिए। मैं बड़ी रपटनी शिला हूँ। चलने में जरा भी असावधानी हुई कि फिसले। यह मामूली फिसलन नहीं है। करोड़ों मील गहरी खाई में गिर पड़ेंगे। चेतना की हड्डियाँ चूर-चूर हो जायेंगी। देखिए मेरी डाँट का असर यह हुआ कि बिना आवाज लगाये, बिना गला फाड़े सबको चाय मिल गयी। मेरे ऊपर कई इल्जामों में एक विशेष महत्त्वपूर्ण इल्ज़ाम यह भी है कि मेरा पारिवारिक जीवन बहुत खराब है, नरक बन गया है और इसका ज़िम्मेदार मैं स्वयं हूँ। यह इल्ज़ाम एकदम ठीक है। हर आदमी अपना नरक और अपना स्वर्ग अपने साथ लेकर आता है। नरक और स्वर्ग ये दोनों अलग-अलग देश नहीं हैं। दोनों साथ-साथ रहते हैं जैसे पेट और पीठ, खुशी और गम, प्रेम और घृणा, राग और द्वेष, रात और दिन, मान और अपमान। प्रत्येक आदमी का आधा शरीर नरक की आग में जलता रहता है और दूसरा भाग यानी दूसरा आधा अमृत से नहलाया जाता रहता है। अर्द्ध नारीश्वर की कल्पना या सत्य में यह तत्त्व भी निहित है। यानी आदमी तथाकथित विरोधाभासों का संगम है। इसीलिए कृष्ण कहते हैं कि मैं समासों में "द्वन्द्व" समास हूँ। आदमी या जीवन विरोधाभासों को जोड़ने वाला पुल है। जवाहर लाल ने अपने किसी भाषण में बड़े साफ़ अल्फ़ाज़ में कहा था "You believe in this or that and we believe in this and that." मेरा ही विचार या धर्म ठीक है, दूसरे के विचार या धर्म गलत हैं—यह सेमेटिक विचारधारा है। सत्य के अनेक पहलू हैं। जीवन के अनेक लेयर्स हैं, अनेक तहें हैं। जीवन तह दर तह है। उसे किसी एक विचारधारा में बाँधना सबसे बड़ा गुनाह है। जीवन-समुद्र में अनेक लहरें उठती रहती हैं। कौन लहर ठीक है, कौन गलत। बताइए यह भी कोई बात हुई। इसी एकांगी दृष्टिकोण ने मंसूर को सूली पर लटकवाया, इसी संकुचित दृष्टि ने सरमद की गर्दन मार दी। यही एकांगी विचार शैवों और वैष्णवों में खून-खराबा का कारण बना।

एक देस के नाम हैं दोनों
दोज़ख़ कहिए या उसे जन्नत

मेरा पारिवारिक जीवन उजड़ा हुआ है। मेरे पिता भी इससे अवगत थे। उन्होंने हाथ जोड़कर मुझसे माफी माँगी थी। उनका कोई दोष नहीं था। उन्हें क्या पता कि माई जी क्या हैं। मैं इस नरक से समझौता न कर सका—बस यही मेरी ख़ता है।

हजारों-लाखों लोग हैं जिनका पारिवारिक जीवन उनकी पत्नियों या पतियों की वजह से बरबाद है। मगर उस पर ऐसे चतुर बेहया लोग पर्दा, खूबसूरत पर्दा डाले रहते हैं। मैं इस दर्द को, इस घृणा को, इस नरक को छिपा नहीं पाता, इस पर पर्दा नहीं डाल पाता। बस यही मेरी खता है। मैं How do you do? वाला आदमी नहीं हूँ। यह दिखावा, यह ड्रामा अमरनाथ झा को खूब आता था। नक़ली आदमी था। शेक्सपीयर पर सीना तानकर लेक्चर झाड़ने के लिए जीवन नहीं बना है। जीवन ईमानदारी से जीने के लिए बना है। मान हो या अपमान। प्रशंसा हो या निन्दा। मैं नकली बनकर जीना नहीं चाहता। मुझे राजनीति नहीं आती। सत्य आदमी से बड़ा है। जो भी अमरनाथ झा से मिलने आता, पूछते थे। How is your father? How are you ऐसे लोग अपनी बीवियों से भी शयनकक्ष में टाई पहनकर मिलते हैं और पूछते हैं How is your mother? And how are you? मैं एक बुरा आदमी हूँ। मगर मैंने किसी का बुरा नहीं किया। मैंने किसी को धोखा नहीं दिया। मैंने किसी का कुछ अपहरण नहीं किया। जैसा हूँ, वैसा हूँ। हँसता भी हूँ, रोता भी हूँ। घृणा भी करता हूँ प्यार भी करता हूँ। Evil भी मैं ही हूँ, Good भी मैं ही हूँ। अमृत भी मैं ही हूँ, विष भी मैं ही हूँ। रमेश यार, याद दिलाओ, मेरी वो रुबाई क्या है?" मैंने पहली पंक्ति ही पढ़ी थी कि फ़िराक़ बोल पड़े। "ठीक है। ठहरिए—मुझे याद आ गयी रुबाई—

शाद किसे कहते हैं नाशाद किसे
क़ैद किसे कहते हैं आज़ाद किसे
एक दिल है कि सौ भेस बदलता है 'फ़िराक़'
आबाद किसे कहते हैं, बरबाद किसे"

लोग बड़ी तन्मयता से फ़िराक़ की बातें सुन रहे थे। बालक तो बड़ा खुश हो रहा था। कुछ पूछने को उतावला हो रहा था। फ़िराक़ भाँप गये। बोले, "बेटे, कुछ पूछना चाहते हो क्या?" बालक बोला, "सर आप अपने को बुरा आदमी क्यों कहते हैं? आप तो अच्छे आदमी हैं। आपने मेरे पिता को समझा दिया। अब मुझे तबला बजाने का अच्छा मौका मिलेगा। आप तो अच्छे आदमी हैं। एक बात और है, सर, आजतक मुझे कोई ऐसा आदमी नहीं मिला जो अपने को खराब बताये। सब लोग दूसरों को खराब बताते हैं, अपने को अच्छा। पिता जी भी सब में, मम्मी में खराबी निकालते हैं, और मम्मी भी यही करती हैं। एक टीचर दूसरे की बुराई करता है। आप पहले आदमी मिले जो अपने को बुरा कहते हैं। ऐसा क्यों?" लड़के के पिता ने लड़के को बोलने से रोकना चाहा तो फ़िराक़ उन पर बरस पड़े। "बच्चे को बोलने दीजिए साहब। आप उसे रोकते क्यों हैं? बात यह है कि पी.डब्ल्यू.डी. महाशय, आप पर डाँट पड़ती होगी आफिस में, आपको बोलने से रोका जाता होगा। यही कारण

है कि अब आप उसका बदला लड़के से ले रहे हैं। अपनी हुकूमत बच्चे पर चलाते हैं। दफ्तर में तो बस नहीं चलता। घर में बॉस बने हैं।" फ़िराक़ बच्चे की बात या सवाल का जवाब देने ही जा रहे थे कि हीरा साहब बीच में कूद पड़े। बोले, "रमेश बाबू को अन्दर भेज दीजिए। कुछ काम है।" फ़िराक़ चीख पड़े, "पूछकर आओ क्या काम है?" "गोश्त, सब्जी बगैरह लाना है, क्या-क्या मँगा लिया जाय।" फ़िराक़ हाँफने लगे। "भाई जो कुछ भी घर में है उसी से काम चला लिया जाय।"

प्रवाह में अवरोध आ गया। लोग उठ गये। लड़के और उसके पिता ने फ़िराक़ का चरण-स्पर्श किया। फ़िराक़ बोले, "भाई अब कभी पाँव न छूना।" जो हुआ सो हुआ। लोग चले गये। अब फ़िराक़ ने हीरा को बुलाया और पूछा, "तुम क्यों आये मेरे कमरे में?" "बहू जी ने भेजा था।" हीरा ने कहा। फ़िराक़ अपना माथा ठोकने लगे।" क्या कहूँ? कहाँ भाग जाऊँ। अपनी तकदीर से भागा जा सकता है क्या?" घंटों अपने को कोसते रहे। वक़्त मिलने पर बहू ने अपना दुखड़ा रोना शुरू किया। "बताइए रमेश बाबू, कुछ पूछिए तो बुरा, न पूछिए तो बुरा। मेरी तो कुछ समझ में ही नहीं आता, क्या करूँ। इनका कोई ठिकाना नहीं। कब किस बात पर खुश हो जाएँ, कब किसी बात पर उखड़ पड़ें। बड़ी मुश्किल में जान है।" हीरा ने कहा, "आप छोड़िए बाबूजी की बात को। वह तो सनकी हैं, पागल हैं। हमारे घर में और मोहल्ले टोले में सब यही कहते हैं।" बहू जी हीरा को डाँटने लगीं। "हीरा, तुम हमारे सामने बाबूजी को कुछ मत कहा करो। तुम्हारे घर में और मोहल्ले में जो लोग उन्हें जो कुछ कहते हैं, कहने दो।" अजीब मुश्किल में जान है। क्या लिखें क्या न लिखें।

आज फ़िराक़ साहब के यहाँ कुछ लोग आने वाले हैं। शायद Sunday Club (सण्डे क्लब) की बुनियाद डाली गयी है। पहली मीटिंग फ़िराक़ के यहाँ है। पन्द्रह-बीस के करीब लोग होंगे। जाड़े की शुरूआत है। फ़िराक़ साहब दो दिन पहले से ही सोच-निमग्न हैं। क्या नाश्ता दिया जाय। शराब कौन-कौन होगी। पीनेवाले कितने होंगे। फ़िराक़ ने कहा, "नॉन वेज तो हरगिज नहीं होगा। पता नहीं कैसी-कैसी रुचि के लोग होंगे। चीज-सैण्डविच, पालक की पकौड़ी हरी के यहाँ से, नेतराम की बालूशाही और बूँदी के लड्डू, पोटैटो फिंगर्स, और हरी की नमकीन, काफी होगा।" यह सब काम शफ़ीक़ साहब के ज़िम्मे-सुपुर्द किया गया। फ़िराक़ ने हाईकोर्ट के मशहूर वकील एस.एन.मुल्ला, शेखर सरन और पी.सी.चतुर्वेदी को भी बुला रखा है। फ़िराक़ इन महाशयों के यहाँ खुद गये थे इन्हें बुलाने के लिए। पी.सी.चतुर्वेदी ने कहा, "फ़िराक़ साहब, व्हिस्की मैं लेता आऊँगा अपने साथ।" फ़िराक़ ने कहा, "नहीं। सबेरे दस बजे तक बोतलें हमारे यहाँ पहुँचा दी जायँ।" "ठीक है।" फ़िराक़ ने कहा, "भाई चतुर्वेदी, मेरे लिए एकाध बोतल अलग से रख लेना। "ठीक है।" "लाइब्रेरी वाले कमरे में सबके बैठने का इन्तजाम है। कई-कई

गाव तकिए मँगा लिये गये थे। सारा इन्तजाम चुस्त-दुरुस्त। घर में पकाने के लिए कुछ नहीं कहा गया था। चाय की प्यालियाँ, शीशे के गिलास, प्लेटें, चम्मचें सब चमाचम दुरुस्त। नाश्ते का सारा सामान सजाकर रख दिया गया। शफ़ीक़ साहब अपने कुछ मुलाजिमों के साथ हाज़िर थे। शाम के चार बजने को आ रहे हैं। लोगों का आना शुरू हो गया। अंग्रेजी विभाग से बेनी सिमिलाई, पी.सी.गुप्त, ज्योती स्वरूप सक्सेना, वी.डी.यन. साही, इकबाल साहब, आर.एन.देव तथा संस्कृत के विद्वान श्यामनारायण जी वगैरह मौजूद थे। ठीक वक़्त पर हाईकोर्ट के वकील लोग, लोअर कोर्ट से बाक़र उस्मानी और सेहत बहादुर, प्रीमियर रईस, रईस बेनी प्रसाद टंडन, भगवत शरण उपाध्याय, डॉ. जगदीश गुप्त तथा कुछ रिसर्च स्कॉलर सबके सब आ गये। कोई तले हुए बादाम, काजू और पिस्ते भी ले आया था। बड़ी सुसभ्य महफिल थी। विद्वत् समाज इकट्ठा था। दस मिनट बाद मदिरा-वितरण शुरू हुआ। कई-कई संस्कृतियाँ एक ही कमरे में जलवागर थीं। कुछ लोग व्हिस्की की चुस्की ले रहे थे, कुछ लोग चाय की गरमा-गरम प्यालियों को मुँह लगा रहे थे। नाश्ते का सारा सामान रखा था। इतने में हीरा साहब एक बड़ी ट्रे में कुछ गरमा-गरम पकौड़ियाँ लिये हाजिर हो गये। पता चला बहू जी ने पूई के साग की पकौड़ियाँ बनायी थीं। पकौड़ियों को खूब सराहा गया। सबने एक साथ कहा, "दिस इज दि बेस्ट आइटम "This is the best item." लोगों ने जी भर के पकौड़ियों की फरमाइश की और जी भर के खाया भी। एक साहब पूछ पड़े, "ये पकौड़ियाँ किसने तली हैं?" हीरा साहब मौजूद थे, बोल पड़े, "माताजी ने"। फ़िराक़ मुस्कुरा रहे थे। मुल्ला साहब ने कहा, "फ़िराक़ तुम अपनी बीवी को भला-बुरा कहते हो। यह अच्छी बात नहीं। देखो लोग कितनी तारीफ कर रहे हैं। पकौड़ियों को बनाया है तुम्हारी बीवी ने, मगर तारीफ तुम्हारी हो रही है। यह भी बहनचो, कोई बात हुई कि नेक बीवी की जबरदस्ती बुराई की जाय।" फ़िराक़ एक चुप हज़ार चुप। मौक़े की नज़ाकत से वाक़िफ़ हैं फ़िराक़। महफ़िल नहीं ख़राब होनी चाहिए। शराब चलती रही। हाईकोर्ट और लोअर कोर्ट की बातें चलती रहीं। पी.सी. गुप्त साहब ने सण्डे क्लब का मक़सद बताया। फिर कुछ देर यूनिवर्सिटी पर बातें होती रहीं। मुल्ला साहब महफ़िल पर छाये हुए हैं। बात घूम-फिरकर उमर ख़य्याम की रुबाइयों पर आ गयी। मुल्ला साहब का इस विषय में विशेष दखल है। लगे सुनाने रुबाइयाँ। कुछ लोगों ने कहा, "फ़िटज़ेराल्ड का तर्जुमा बहुत ख़ूबसूरत है।" बढ़ते-बढ़ते बात मौलिक रचना और अनुवाद पर आ गयी। ख़ैर यह तो सबने माना कि फ़िटज़ेराल्ड का तर्जुमा मौलिक की ही तरह ख़ूबसूरत है। शेखर सरन ने कहा, "तर्जुमें में मौलिक रचना की बात नहीं आ सकती। सब लोग अपनी-अपनी बात कहने लगे। बात कुछ साफ होती नज़र नहीं आ रही थी। लोगों ने फ़िराक़ की राय जाननी चाही। फ़िराक़ आज शान्त मुद्रा में हैं। बस मज़ा ले रहे

हैं। मुझसे कहते हैं, "देखते जाओ, सुनते जाओ, चौधिरियों, महन्तों की महफ़िल है।" अंग्रेजी विभाग के ज्योती स्वरूप साहब ने अपना गिलास सँभालते हुए फ़िराक़ साहब को मुख़ातिब करते हुए कहा, "Sir, We want to listen to you" सब लोग चिल्ला पड़े, "Yes, yes, we want to listen to Firaq" लोग शान्त थे। शान्ति भंग करते हुए शेखर सरन साहब ने कहा, "आप लोगों ने A.L. Basham की The wonder that was India तो पढ़ी ही होगी।" किसी ने हाँ कहा, किसी ने नहीं। इसमें जो अनुवाद बैशम ने ऋग्वेद के Creation सूक्त का किया है—बात तो आ गयी है मगर बात बनती नजर नहीं आती। मुझे वो अनुवाद तो याद नहीं है, संस्कृत का मौलिक सूक्त भी याद नहीं है। फ़िराक़ साहब आपकी क्या राय है?" फ़िराक़ साहब ने कहा, "सुनिए, मैं सुनाता हूँ बैशम का अनुवाद और पंडित श्यामनारायण जी पढ़ेंगे मौलिक रचना। भेद अभी खुल जाता है। मुझे खुद वह मन्त्र बहुत प्रभावित करता है। मुझे उस मन्त्र के कई-कई अनुवाद याद हैं। मैंने भी उस रहस्य को अपनी भाषा में कहने की कोशिश की है। सुनिए पहले बैशम का अनुवाद—इसके पहले बैशम साहब ने जिन अल्फ़ाज़ में सृष्टि रचना-मन्त्र की रहस्यमयता का बखान किया है उसे पहले सुनिये-फिर अनुवाद। This wonderful "Hymn of Creation", one of the oldest surviving records of philosophic doubt in the history of the world, marks the development of a high stage of abstract thinking, and it is the work of a very great poet, whose vision of the mysterious chaos before creation, and of mighty ineffable forces working in the depths of the primeval void, portrayed with impressive economy of language. सुन लिया आपने?" तब तक शेखर सरन ने कुछ पूछना चाहा तो फ़िराक़ ने उन्हें वहीं रोक दिया। बोले, "मुझे अपनी बात खत्म कर लेने दीजिए फिर जो कुछ पूछना हो पूछ लीजिएगा।

अब सुनिये उस महामन्त्र का अनुवाद—

"Then even nothingness was not, nor existence.
There was no air then, nor the heavens beyond it.
What covered it? Where was it? In whose keeping?
Was there then cosmic water into the depths unfathomed?
"Then there were neither death, nor immortality,
nor was there then the torch of night and day.
The One breathed windlessly and self-sustaining.
There was that one then, and here was no other.
"At first there was only darkness wraped in darkness,

All this was only unillumined water.
That one which came to be, enclosed in nothing
arose at last, born of the power of heat.
"In the beginning desire descended on it–
that was the primal seed born of the mind.
The sages who have searched their hearts with wisdom
Know that which is in to that which is not
"And they have stretched their cord across the void
and know what was above, and what was below.
Seminal powers made fertile migty forces.
Below was strength and over it was inspulse.
"But after all, who knows and who can say
whence it all came, and how creation happendended?
The gods themselves are later than creation,
So who knows truely whence it has arisen?
"Where all creation had its origin,
he whether he fashioned it, or whether he did not
he who surveys it all from highest heaven
he knows- or may be even he does not know.

फ़िराक़ ऐसे रहस्यमय अन्दाज में सुना रहे थे जैसे शुद्धतम चेतना का हृदय धड़क रहा हो। कमरे में पूर्ण शान्ति थी। छिपकलियों की हरकतें भी जैसे थम गयी हों। शान्ति भी शान्त थी। हिलना-डुलना सब बन्द। ख़ामोशी टूटी तो लोगों ने कहा, क्या अन्दाज था फ़िराक़ के पढ़ने का।" किसी ने पूछा "फ़िराक़ साहब" आप इतने बड़े-बड़े उद्धरण कैसे याद कर लेते हैं?" फ़िराक़ ने कहा "याद नहीं करना पड़ता। इतनी तन्मयता से पढ़ता हूँ कि सब मेरी स्मृति का हिस्सा बन जाता है। वाइब्रेशन। वाइब्रेशन। ध्वनि तरंगें, चेतना की ध्वनि तरंगों में सन्निहित हो जाती हैं। बस अपनी चेतना के तारों को कॉसमिक चेतना के तारों से जोड़ देना है। यही तो किया था ऋषियों ने। छोड़िए इन बातों को। अब हम लोग श्यामनारायण जी से ऋग्वेद का मूल मन्त्र सुनें। श्यामनारायण जी ने अपना सहज स्वरूप सँभाला। पूर्ण आरोह-अवरोह की मुद्रा में हाथ को ध्वनि यानी महाप्राण, दीर्घ प्राण और ह्रस्व प्राण के आरोह-अवरोह की मुद्रा में ऊपर-नीचे, उठाते-गिराते सृष्टि-प्रकरण के मन्त्रों को पढ़ना शुरू किया। महाप्रलय का गर्जन और वादे बहारी की कोमल लचक का अजीब सम्मिश्रण था। ऐसा लग रहा था जैसे कोई सोयी हुई रूह को जगा रहा हो। शरीर का बोध ही गायब

हो गया था। लगभग आधे घंटे तक पाठ चलता रहा। लोगों के बैठने का अन्दाज बदल गया था। सबके मेरुदण्ड सीधे थे। सोमरस का प्रभाव वैदिक ऋचाओं की ध्वनि तरंगों को और गाढ़ा करता जा रहा था। बहू जी हीरा और बारिन अन्दर के बरामदे से सुन रहे थे। फ़िराक़ का कमरा ऋषि आश्रम बन गया था। फिर लोगों के अनुरोध पर श्यामनारायण जी कालिदास का मेघदूत सुनाने लगे। संस्कृत भाषा की पवित्रता की अनुभूति जैसे सबमें समा गयी थी। बात को एक नया मोड़ देते हुए शेखर सरन ने कहा, "फ़िराक़ साहब, पहले तो आपके पढ़ने के अन्दाज ने हम सब पर मोहिनी डाल दी। फिर जब पंडित जी ने ऋग्वेद के संस्कृत सूक्त का पाठ प्रारम्भ किया तो उसने आपके जादुई अन्दाज की मोहिनी का भ्रमजाल तोड़ दिया। अच्छा से अच्छा अनुवाद भी मूल के मौलिक प्रभाव की समता नहीं कर सकता। हम सब इसे जानते हैं और मानते भी हैं। मगर हम लोग इसका भेद आपसे सुनना चाहते हैं।" एक साहब बोल पड़े, भाई "मूल मूल ही है, अनुवाद अनुवाद ही है।" श्यामनारायण जी ने कहा, पूरे विश्व में रामचरितमानस ही एक ऐसा ग्रन्थ है, जिसे कुछ हद तक अनुवाद की कोटि में रखते हुए भी मौलिक रचना ही मानना पड़ेगा।" फ़िराक़ ने कहा, "रामचरितमानस को अनुवाद की कोटि में रक्खा ही क्यों जाय। वह तो मूल से भी अधिक मौलिक स्वतन्त्र रचना है। लगता है मौलिक रचना तो तुलसी की है जिससे तथाकथित मौलिक रचना ने प्रभाव ग्रहण किया है। मौलिक अनुवाद मालूम होता है। यह तो तुलसी का जीनियस है। रामचरितमानस तो अपने रंग और ढंग का प्रथम और अन्तिम ग्रन्थ है।" शेखर सरन ने कहा, "फ़िराक़ साहब, मेरी जिज्ञासा तो वहीं की वहीं धरी रह गयी।" फ़िराक़ ने कहा, घबराइए मत। मैं वहीं आ रहा हूँ। "फिर बोलना शुरू किया।" देखिए, "प्रत्येक भाषा का अपना वातावरण होता है, अपना संगीत होता है, अपनी धरती होती है।" चतुर्वेदी जी ने कहा, "फ़िराक़ साहब" अच्छा अनुवाद तो परकाया प्रवेश है।" फ़िराक़ ने कहा, "हरगिज नहीं। दूसरे की काया में कोई दूसरा है। यहाँ बस शरीर का भ्रम है या शरीर की समता है। काया वही है, आदमी दूसरा है। विचार, भावनाएँ, हृदय की धड़कन सब अलग हैं। आप दूसरे के घर में घुस गये। घर तो आपने हथिया लिया। मगर घर के साथ जुड़ी हुई भावनाएँ, दीवारों में, आँगन में बसी हुई बच्चों की किलकारियाँ, तुलसी के बिरवे के नीचे जलते हुए दीपक की मद्धिम लौ की चुमकार यह सब कहाँ से लायेंगे। प्रत्येक भाषा का एक संगीत होता है। उसका अनुवाद नहीं हो सकता। जैसे गायन का अनुवाद नहीं हो सकता। नृत्य का अनुवाद नहीं हो सकता। संगीत में छिपी हुई रहस्यमयता का अनुवाद नहीं हो सकता। हाँ, वर्णन-शैली की कुशलता और अन्दाजे बयान से कुछ हद तक विचारों से परिचय प्राप्त किया जा सकता है।" तब तक किसी ने कहा, "फ़िराक़ साहब, एक बार चाय और पकौड़ियों का दौर फिर चल जाता

तो बस मजा आ जाता।" इसी बीच में अंग्रेजी विभाग के पी.सी. गुप्त ने कहा, "लगे हाथों यह भी तै हो जाय कि अगली मीटिंग कहाँ होनी है और बातचीत का विषय क्या होगा।" बहुत मन्थन के बाद तै हुआ कि हम लोग जर्मन साहित्य पर विशेषकर गेटे, शोपेनहार और हरमन हेस को केन्द्र में रखकर बातें करेंगे। शेखर सरन ने कहा, "अगली सिटिंग हमारे यहाँ होगी और आप सभी लोग आयेंगे।" जितने लोग मौजूद थे, सभी क्लब के मेम्बर हो गये। किसी ने कहा, "भाई, जरूरी नहीं है कि शराब भी चले।" फ़िराक़ ने कहा, "भाई साहब शराब कम्पलसरी सबजेक्ट नहीं है। यह तो आप्शनल है।" किसी ने आवाज लगायी, "भाई क्लब ड्राई नहीं होना चाहिए।" तै पाया गया मद्य निषेध नहीं है। जो चाहे सर्व करे जो न चाहे सर्व न करे। क्लब को उन्मुक्त रखा जाय। फ़िराक़ ने कहा, "मगर यह भी ध्यान रहे कि कहीं क्लब पियक्कड़ों की महफिल होकर ही न रह जाय।" लोगों ने बड़ा मजा लिया। लोग एक आवाज मे बोल उठे, "भाई यह भी नोट किया जाय कि यह फ़िराक़ साहब कह रहे हैं।" तब तक देखा गया कि हीरा साहब बड़ी-बड़ी प्लेटों में पकौड़ियाँ लिये हाजिर हो गये और बोले, "चाय भी आ रही है।" लोगों ने कहा, "भाई, यह तो कमाल हो गया। फ़िराक़ की गृहस्थी तो कल्पतरु है। इच्छादानी।" फ़िराक़ को भी ताज्जुब हो रहा था। बात यह थी कि बहू जी अन्दर के बरामदे में कुर्सी पर बैठकर सब सुन रही थीं। पकौड़ियों का जिक्र उठा कि वे खुद उठ गयीं और तैयारी में लग गयीं। लोग खा-पीकर उठने ही वाले थे कि फ़िराक़ ने मुझसे कहा कि रमेश जी लोगों को धन्यवाद तो दे दीजिए। मैं झिझक रहा था कि फ़िराक़ ने जो घूरकर देखा तो मैं उठ खड़ा हुआ। मुझसे जैसे बन पड़ा मैं वैसा बोला। लोग तो चुप रहे मगर फ़िराक़ ने मेरी हिम्मत अफ़ज़ाई की, महफ़िल ख़त्म हो गयी। फ़िराक़ ने मुझसे पूछा, "यार रमेश, पकौड़ियाँ तैयार करने में इतनी मुस्तैदी, बात समझ में नहीं आती। तुम भी यहीं बैठे रहे, मैंने भी हीरा से कुछ कहा नहीं।" मैंने कहा बात यह है कि बहू जी अन्दर के बरामदे में बैठी-बैठी सब सुन रही थीं। जैसे ही पकौड़ियों की बात उठी तो फौरन उठ गयीं पकौड़ियाँ तलने के लिए और चाय बनाने के लिए।" फ़िराक़ बोले, "भाई, किसी के बारे में अन्तिम निर्णय नहीं दिया जा सकता। कब किस वक्त चेतना की रगें क्या कर बैठें कुछ कहा नहीं जा सकता। महाविद्वान् भी मूर्ख हो जाता है और घोर से घोर मूढ़ भी चैतन्य बन सकता है। आजकल रात-दिन हँसी-खुशी, राजी-खुशी में बीत जाता है। ऐसे ही बीतता जाय तो बड़ा अच्छा हो।"

बड़े आराम चैन से दिन बीत रहे हैं। दिन भर साहित्य-चर्चा, खाना-पीना, यूनिवर्सिटी आना-जाना, कहकहे, लेक्चर, काफी हाउस-चारों ओर बसन्त ही बसन्त। मुझे बोल-बोलकर आर्टिकिल्स वग़ैरह भी लिखवाते रहते हैं। सबेरे-सबेरे रोज मेरे साथ छोटे भइया यानी वाई. सहाय्र अपने भाई के यहाँ जाते हैं। मैं उन्हें यदुपति सहाय

जी के गेट के पास छोड़कर वापस आ जाता हूँ। आज भाई के यहाँ से वापस आने के बाद फ़िराक़ का मूड कुछ बदला लग रहा है। कुछ खिन्न हैं। मगर फिर भी कोई बात नहीं। सब नार्मल है। यूनिवर्सिटी से आने के बाद मैं फ़िराक़ की इजाज़त लेकर कर्नलगंज में अपने एक रिश्तेदार मथुरा प्रसाद द्विवेदी के यहाँ अपनी चचेरी बहन मालती से मिलने के लिए तैयार हो रहा था कि फ़िराक़ ने पूछ लिया, "कहाँ की तैयारी है मियाँ।" मैंने बताया कि मेरी चचेरी बहन के यहाँ कथा है। वहीं जाना चाहता हूँ। ठीक है जरूर जाइए मगर दिन डूबने के कब्ल वापस आ जाइयेगा। शाम को लोग मिलने आते हैं—आपका रहना बहुत जरूरी है। मैंने कहा, "साहब, थोड़ी देर भी हो सकती है।" "ठीक है। खाने के वक़्त तो आ जाँगे न?" मैंने कहा, "सर, खाना भी वहीं है।" "ठीक है। हिरवा को बता दीजिएगा कि आपका खाना न पकाया जाय।" मैंने कहा बेहतर और चलने ही वाला था कि फ़िराक़ ने कहा, "रमेश जी, अभी आप यूनिवर्सिटी से वापस आ रहे हैं। चाय वगैरह तो ले लीजिए। मैं भी आपके साथ एकाध घूँट ले लूँगा।" मैंने कहा, "बेहतर" और फ़िराक़ के पास कुर्सी पर बैठ गया। किसी को भेज दिया था फ़िराक़ साहब ने बालूशाही और खस्ते नेतराम के यहाँ से लाने के लिए। चाय तैयार होकर आ गयी थी। बालूशाही और खस्तों का इन्तजार था। फ़िराक़ चीख़ रहे थे कि हिन्दुस्तानी वक़्त की कीमत समझता ही नहीं। जब मेरे खाने की ख्वाहिश का जनाजा निकल जायेगा तो लण्ठराम सब लिये—दिये हाजिर हो जायेंगे। ख़ैर साइकिल से उतरकर एक साहब हाथ में मिठाई और खस्ते का दोना लिये हाजिर हो गये। फ़िराक़ ने पूछा, "इतनी देर क्यों लगा दी मेहरबान।" "एक साहब मिल गये थे। उन्हीं से बात करता रहा।" फ़िराक़ ने उन्हें बड़ी डाँट पिलायी और बोले, "अगर रास्ते में राजा रामचन्द्र भी मिल जायँ और आपको प्रणाम करें तो उनकी तरफ बिल्कुल तवज्जह न देकर सीधे यहाँ आइए। ख़ैर बैल को समय की उपयोगिता क्या समझाना।" चाय ठंडी हो गयी थी। बोले, "हीरा, चाय फेंक दो, दूसरी चाय बना लाओ।" हीरा ने कहा, "साहब, फेंकेंगे नहीं। हम लोग पी लें।" "भागो यहाँ से और दौड़कर दूसरी चाय लाओ।" चाय आ गयी। एक-एक बालूशाही और खस्ता रखकर बाकी अन्दर भेज दिया गया। चाय वगैरह पी जा रही थी। तब तक दर्शनशास्त्र के संगम लाल पाण्डेय तथा और लोग भी आ गये। फ़िराक़ ने उनसे चाय की बात की तो उन्होंने माफी माँग ली। मैं अपनी बहन के यहाँ जाने के लिए बेचैन हो रहा था। बात शंकर के अद्वैत पर आकर रुक गयी। जाने का मन तो नहीं कर रहा था मगर न जाना अच्छा न होता। वैसे भी रिश्तेदारों के प्रति उदासीन होने का इल्जाम मेरे ऊपर कम था। बमुश्किल तमाम मैं फ़िराक़ की इजाजत लेकर चला गया। वहाँ पहुँचा तो कथा समाप्त हो चुकी थी। प्रसाद वितरण हो रहा था। मेरे बहनोई बोले, "आइए रमेश जी, अच्छे मौके पर पधारा आपने।" ख़ैर। प्रसाद तो पा

लिया। मगर भोजन में देर थी। कीर्तन भजन हो रहा था। वापस आ गया। फ़िराक़ साहब खाना खा रहे थे। 'चेहरा फ़रोग़े मय से गुलिस्ताँ किये हुए।' मुझे देखते ही पूछ पड़े, "पंडित जी, भोजन ग्रहण किया कि नहीं।" मैंने कहा, "भोजन बनने में विलम्ब था यूँ ही लौट आया।" अपनी घनगरज और भर्रायी हुई आवाज में हीरा को बुलाया। हीरा हाँफते हुए आये। फ़िराक़ ने कहा, "हीरा, बाबू के लिए खाना है कि नहीं। अगर न हो तो दौड़कर नेतराम के यहाँ से पूरियाँ वग़ैरह ले आओ।" मैंने कहा, "हुजूर, भूख नहीं है।" डाटते हुए बोले, "अभी नहीं है तो लग सकती है। भूखा ब्राह्मण शिष्य घर में सो रहे तो गुरु भयानक पातक का भागी होता है। गुनाहों का पहाड़ तो सर पर लादे फिर रहा हूँ। यह पाप मुझसे नहीं ढोया जायेगा।" बहू जी ने हीरा से कहलवाया कि रमेश बाबू के लिए भरपूर खाना है। फ़िराक़ ने अपनी प्लेट मेरी ओर बढ़ाते हुए कहा, "लो बेटा, एक कबाब खा लो। बहुत सोंधा है।" गुरुदेव ने भोजन किया। थाली में ही हाथ धोया। लगभग दो पेग महुये की ली। सिगरेट सुलगायी और हाथ में लिये सिगरेट सो रहे। बहू जी ने मुझे अन्दर बुलाया। मैं अन्दर गया और बोला कि बहू जी फ़िराक़ साहब सो जायँ तो उनके हाथ से सिगरेट लेकर फेंक दूँ फिर मैं आपके पास आता हूँ। पाँच मिनट बाद फ़िराक़ गहरी नींद में निमग्न हो गये। उनके हाथ से सिगरेट लेकर बुझा डाली। फिर अपने कमरे में गया। बहू जी हीरा के साथ तशरीफ ले आयीं। बोलीं, "रमेश बाबू, खाना खा लीजिए, मैं रोटी सेंक-सेंक कर भेजती हूँ।" मैंने कहा, "ठंडी रोटियाँ नहीं है क्या?" "हैं, मगर गरम-गरम रोटियों का स्वाद ही कुछ और होता है।" फिर बोलीं, "रमेश बाबू, बाबू जी की किताबें लेख और शायरी वग़ैरह तो उनके बाद भी लोग पढ़ेंगे मगर जो बातें करते हैं बड़े-बड़े विद्वानों के बीच में वह सब कहाँ मिलेंगी इनके बाद। आप इनकी बातों को, लिखते जाइए और बाद में छपवा दीजिएगा। आपका भी नाम हो जायेगा। मगर इनके लड़ाई-झगड़े को, गाली वग़ैरह को मत लिखिएगा, नहीं तो इनकी बदनामी होगी। बाबू जी बुरे आदमी नहीं हैं। इनका गुस्सा तो बचपन ही से है। अपनी माँ से भी लड़ जाते थे और माँ-बेटे में दो-दो, तीन-तीन दिन तक, बातें नहीं होती थीं। बस अपने पिताजी को बहुत मानते थे। इनके पिता जी गोरखपुर के मशहूर वकील थे। मुझे तो शादी के तीसरे-चौथे दिन से ही डाँटना शुरू किया। घर में ऐसा कौन था, इनके पिता को छोड़कर जिस पर इनकी डाँट न पड़ती हो। अपने साथी संगियों से भी लड़ जाते थे। गोरखपुर के कांग्रेस के नेताओं से भी लड़ जाते थे। इसी वजह से लोग इनसे जलते भी थे और घबराते भी थे। मैंने अपने इन्हीं हाथों से रोटियाँ बना-बनाकर जवाहरलाल और मोतीलाल नेहरू को खिलायी हैं। इनकी माँ ने मुझे खाना पकाना वगैरह सिखाया था। घर में कई-कई नौकर-चाकर थे। एक नौकरानी थी घोंघवा की माई। थी तो बड़ी अच्छी मगर उसके गले में घेंघा निकला था। बाबू

जी उससे बहुत चिढ़ते थे। बदसूरत लोगों को, चाहे आदमी हो या औरत, देखना पसन्द नहीं करते थे। लक्ष्मी भवन में एक बहुत बड़ी लाइब्रेरी थी। अंग्रेज उसे जब्त करना चाहते थे। उसे तिलक पुस्तकालय के नाम से जनता की लाइब्रेरी बना दिया गया। बाद में सारी किताबें वग़ैरह यहाँ इलाहाबाद उठा लाये। रमेश बाबू, आप इनकी अच्छी-अच्छी बातें जो ये बोलते हैं—सब लिखते जाइए। यह काम बस आप ही कर सकते हैं। देखिएगा आपका भी नाम हो जायेगा। आप से लोग बहुत जलते हैं। मगर मैं आपको अपने बेटे की तरह ही समझती हूँ।" बेटे शब्द का निकलना था कि आँखों से आँसू टपकने लगे। बहू जी बहुत ही ममतामयी थीं। निश्छल, निष्कपट, सज्जनता और उदारता की मूरत। रात का खाना खाया। बहू जी वाकई बड़ा ही रुचिकर, मन को प्रसन्न कर देने वाला खाना पकाती थीं। खा-पीकर खाली हुए तो हीरा साहब मेरे कमरे में दाख़िल हुए और बोले, "रमेश बाबू एक रुपया दे दीजिए। नशा फट रहा है। बीड़ी नहीं है।" मैंने एक रुपये की नोट हीरा के हाथ में देते हुए कहा, "हीरा, मेरे लिए पान भी लेते आना।" हीरा पान लेकर हाजिर हो गये। बोले, "रमेश बाबू, आप शाम को जब अपने रिश्तेदार के यहाँ चले गये थे तो बाबू जी आपको बहुत डाँट रहे थे।" कह रहे थे कि बिना कथा सुने और कच्ची-कच्ची पूड़ियाँ खाये बाभन महाराज को चैन ही नहीं पड़ता। हीरा ने पूछा कि रमेश बाबू क्या बाभन लोग कच्ची पूरियाँ खाते हैं। मैं मुस्कुराकर रह गया। दूसरे दिन मैंने बहू जी से पूछा तो कहने लगीं, "रमेश बाबू, उनकी बातों को लेकर कहाँ तक रोया-धोया जाय। बात यह है कि शाम को या वैसे भी कहीं भी आपका जाना उन्हें अच्छा नहीं लगता। आप पर बहुत भरोसा करते हैं बाबू जी। रमेश बाबू, आप बाबू जी की बातों को जरूर लिखते जाइए। आपका बड़ा नाम होगा।" शायद यह बहू जी का आशीर्वाद ही है जो मुझसे सब कुछ लिखवा रहा है। मैंने पूछा, "बहू जी क्या फ़िराक़ साहब अपने बच्चों को भी डाँटते थे?" बहू जी बोलीं, "बच्चे जब तक छोटे थे, बाबू जी बच्चों से बहुत ही घुलमिल कर रहते थे। उन्हें कहानियाँ-किस्से सुनाते थे। मगर जब बच्चे बड़े होने लगे तो वे बाबू जी से घबराते थे।" मैंने बहू जी से फिर पूछा, "बड़े होने पर बच्चे फ़िराक़ साहब से घबराते क्यों थे।" "बात यह है रमेश बाबू कि बाबू जी मुझ पर, नौकरों पर और बहुत से लोगों पर बहुत तेज़ गुस्सा हो जाया करते थे। इनके डाँट-फटकार और तेज़ आवाज़ पर बच्चे डर जाया करते थे। बड़े होने पर बच्चों को कभी डाँटते-डपटते नहीं थे। मगर इनके क्रोधी स्वभाव के कारण बच्चे क्या सभी इनसे घबराते थे। और तो और इनके भाई लोग भी इनके क्रोधी स्वभाव के कारण इनसे घबराते थे। वैसे बाबूजी, अपने भाइयों का, अपनी बहनों का, सब की पढ़ाई-लिखाई का, कपड़े-लत्ते का, खाने-पीने का बड़ा ध्यान रखते थे। और तो और अपनी माँ को बहुत डाँटते-डपटते रहते थे। हालाँकि इनकी माँ इन्हें प्यार करती थीं। सब को

पढ़ाया-लिखाया, सब की शादी, विवाह किया। अपनी जिम्मेदारियों को बहुत अच्छी तरह निभाया। मगर बाबू जी के क्रोधी स्वभाव ने सब पर पानी फेर दिया। रिश्तेदार-नातेदार सब इनसे घबराते थे। मिलने जुलनेवालों पर भी डाँट पड़ती थी। जिद्दी स्वभाव के तो ये बचपन ही से थे। एक बात और बताऊँ रमेश बाबू, बड़ी से बड़ी मुसीबत में भी बाबू जी घबराते नहीं थे। बड़े हिम्मती इंसान हैं। मगर पता नहीं इनकी किसी से पटती ही नहीं। मेरे मैके वालों पर तो हमेशा नाक-भौं चढ़ाये रहते हैं। सीधे मुँह किसी से बात नहीं करते। इनके सामने तो हमारे भाई लोग आने से डरते हैं। मेरे छोटे भाई अशर्फी बाबू तो बहुत ही घबराते हैं। बड़े भाई गिरिजा बाबू इनके सामने बड़े अदब से पेश आते हैं। बाबू जी उन्हें पूरा सम्मान देते हैं। नौकरों-चाकरों का टिक पाना मुश्किल था। मगर रमेश बाबू, ऐसा भी नहीं था कि बाबू जी हमेशा गुस्सा ही करते थे। हँसते-बोलते थे, हँसी-मजाक करते थे। छेड़छाड़ करते थे। हँसी-ठिठोली करते थे। निराला जी से तो हमेशा लड़ाई होती रहती थी। मगर एक-दूसरे का सम्मान भी बहुत करते थे। निराला जी ख़ूब डटकर गोश्त खाते थे और रमेश बाबू निराला जी शराब भी पीते थे और खूब पीते थे। शराब पी लेने पर खूब लड़ाई होती थी। हर लड़ाई के बाद ऐसा लगता था कि अब निराला जी बाबू जी के यहाँ कभी नहीं आयेंगे मगर दूसरे दिन फिर हाजिर। रमेश बाबू, कविता और शायरी करने वाले शराब क्यों पीते हैं। मगर लोग बताते हैं कि बड़े-बड़े कवियों और शायरों का जीवन बड़ा दुखी होता है। उनकी घरेलू जिन्दगी उजड़ी हुई होती है। हाँ, एक बात है रमेश बाबू, प्रेमचन्द्र से इनकी कभी लड़ाई नहीं हुई। मजनूँ से तो कभी-कभी हो जाती थी। रमेश बाबू, अब तो इनका गुस्सा उतना तेज नहीं रह गया है। पहले आप एक डाँट ही में घबराकर भाग खड़े होते। यह तो भगवान् की कृपा ही समझिए कि इनकी नौकरी बची रह गयी। अमरनाथ झा को तो सरेआम गालियाँ देते रहते थे। मगर एक बात है रमेश बाबू, इन्होंने कभी किसी का नुकसान नहीं किया। कोई भी हो, मदद सब की करते रहते थे। इनका मन बहुत शुद्ध है। कभी नौकरों की तनख़्वाह नहीं रोकी। कभी उधार नहीं किया। इनके पिता जी के मरने के बाद बड़ा भारी कर्ज़ हो गया था। इनके पिता के पास कई गाँव थे। बाबूजी ने उन गाँवों और ज़मीन को बेच-बेचकर कर्ज़ा चुकाया। कांग्रेस में भी इनका बड़ा नाम था। इनकी जान-पहचान बड़े-बड़े लोगों से थी। मगर इन्होंने कभी भी अपने फायदे के लिए उनका इस्तेमाल नहीं किया। ग़रीब विद्यार्थियों की हमेशा मदद करते थे। चाहे इनका दुश्मन ही क्यों न हो, अगर इनके दरवाज़े इनकी मदद माँगने आ गया तो बाबू जी ने उसकी मदद ज़रूर की। कभी किसी से बदला नहीं लिया। एक बात और भी है। अभी किसी से लड़ाई हो गयी, लोग नाराज़ होकर उठ गये और उसी दिन या दूसरे दिन फिर आ गये तो ऐसा लगता था जैसे लड़ाई हुई ही नहीं। एक

बात तो मुझे याद है रमेश बाबू, एक बार इसी बैंक रोड पर कोई भिखारी आया। वो भिखारी बूढ़ा था और अक्सर पाँचवें-छठे आ जाया करता था। कोई आवाज नहीं लगाता था। बाबू जी चिल्लाकर भीख माँगनेवालों से बहुत चिढ़ते थे और उन्हें डाँट-डपटकर भगा देते थे। मगर वह बूढ़ा चुपचाप आकर बरामदे में बैठ जाता था। बाबू जी उसे कपड़ा-लत्ता देते रहते थे। पैसे भी दे दिया करते थे और खाना तो उसे जरूर खिलाते थे। कभी-कभी वह बूढ़ा बाबू जी के कमरे में ही बैठकर बाबू जी के साथ ही चाय वग़ैरह भी पीता था। एक बार वो आया तो बरामदे में गिर पड़ा और बेहोश हो गया। बाबू जी ने इन्दू देब की मदद से उसे बगलवाले कमरे में बिस्तर पर लिटा दिया। उसके मुँह पर पानी छिड़का तो उसे होश आया। बाबू जी ने खुद अपने हाथ से एक गिलास दूध और कटोरी में आधी कटोरी शहद उसे दिया। बूढ़ा धीरे-धीरे दूध पी गया। आधे घंटे में स्वस्थ हो गया। फिर खाना खिलाया। उसे करीब छः-सात दिन तक अपने घर ही में रखा। जब वो जाने लगा तो बाबू जी बोले, "जब भी आया करो, सुबह आया करो और भरपूर नाश्ता करके ही जाया करो भीख माँगने।" बाबू जी ने उससे यह भी कहा था कि चाहो तो तुम यहीं रहा करो। खाना-पीना सब मिल जाया करेगा। उसने कहा, नहीं साहब, "चार घर डोल लेते हैं।" तो मन आन हो जाता है। एक जगह बैठे-बैठे तो घबरा जायेंगे। भगवान् आपका भला करे। "बूढ़ा आठवें-दसवें आ जाता था। फिर पता नहीं क्या हुआ। फिर वो आया नहीं। रमेश बाबू, इनमें कोई दोष नहीं है। मैं इनकी पत्नी होने के काबिल ही नहीं थी। फिर अपना-अपना भाग्य होता है।"

जिन्दगी एक रंग पर कभी नहीं रहती। बात वही, जीवन वही मगर शीर्षक बदल-बदलकर। अपने छोटे भाई यदुपति के यहाँ से वापस घर आते ही फ़िराक़ साहब ने मुझसे पूछा, "महीने भर में कितना तेल खर्च होता है?" मैं हक्का-बक्का रह गया। मैं सवाल ही न समझ पाया। मैंने कहा, "सर बात मेरी समझ में नहीं आयी। कैसा तेल?" अब फ़िराक़ उखड़ गये। फ़िराक़ तो थे ही, उखड़ना या बिफर पड़ना कोई मुश्किल नहीं था। बोले, "अगर उपनिषद की बात होती, शेरो-शायरी की बात होती तब तो पंडित जी महाराज आपकी समझ में सब आ जाता। बड़ी मुश्किल में पड़ गये आप मेरे इस सवाल पर। मैंने पूछा कि भाई, रमेश चन्द्र द्विवेदी जी महाराज, एक महीने में मेरे घर में सरसों का कितना तेल खर्च होता है? बहुत पेचीदा सवाल है न। आज्ञा हो तो सवाल फिर दोहरा दूँ" मैंने कहा, "सर, मैंने इस विषय पर कभी ग़ौर नहीं किया।" "आप क्यों गौर करेंगे। पैसे तो मेरे ख़र्च होते हैं। लुटता तो मैं जा रहा हूँ। ख़ैर आप को नहीं मालूम तो हीरा को बुलाइए।" हीरा हाज़िर। "किना कड़ुआ तेल ख़र्च होता है महीने में?" हीरा साफ़ निकल गये। "साहब मुझे कुछ नहीं मालूम। भागो जाकर माता जी से पूछो और आकर मुझे बताओ। भला माता

जी को इन सब चीज़ों से क्या वास्ता। वह तो मुझे और मेरे परिवार के लिए मनहूस साबित हो चुकी है। बरबाद करने आयी थी, बरबाद कर रही है।" हीरा आकर बोले, "साहब तीन और चार सेर के बीच में।" "तीन और चार के बीच में। बाप रे बाप। जदुपति के परिवार में कुल पाँच प्राणी हैं, तीन लड़कियाँ और मियाँ बीवी। हमारे यहाँ कुल तीन ही लोग हैं। माता जी, रमेश जी और मैं फिर भी इतना तेल खर्च होता है। जदुपति की बीवी बता रही थीं कि उनके यहाँ कुल डेढ़ सेर तेल लगता है। मैं तो बरबाद हो रहा हूँ। खैर, कुछ करना पड़ेगा।"

शाम आयी और अपने साथ शराब और शराब जनित खतरे भी लेती आयी। शराब की बोतल मेज़ पर रख दी गयी। गिलास और उबले हुए अंडे भी। फ़िराक़ मन ही मन बड़बड़ा रहे हैं। अजीब-अजीब तरह के चेहरे बना रहे हैं। अपने से बातें कर रहे हैं—मुंशी गोरखप्रसाद 'इबरत' के पुत्र रघुपति सहाय फ़िराक़ गोरखपुरी शायरे आज़म, शायरे जमाल, तुमको नरक में रहना है। बरबादी का पैग़ाम लेकर अवतरित होने वाली भैरवी किशोरी माता एक हाथ में नरक और दूसरे में खड्ग लिये सन् 1914 में मुझे चबा डालने के लिए मेरे आँगन में तशरीफ़ ले आयीं। मेरी ज़िन्दगी ज़हरआलूदा शराब और विष मिला हुआ शर्बत बन गयी। जदुपति की बीवी कह रही थी आपके यहाँ तेल का ख़र्च बहुत है। इतना तेल क्या होता है। ख़ैर तब तक हुनर साहब तशरीफ़ लाये। हुनर को देखते ही बोले जाकर बड़े कमरे का दरवाजा बन्द कर दो। नहीं तो सिगरेट के पैकेट्स गायब हो जायेंगे। माता जी का पदार्पण इसीलिए हुआ था कि हुनर जैसे चोरों से मेरा परिचय होगा। हुनर साहब महात्मा गाँधी के साथ भी रहेंगे और चोर भी बने रहेंगे। देख लीजिए कोई कुछ उठा ले जाता है, कोई कुछ। जब आँगन ही उजड़ गया तो पोस्टकार्ड और सिगरेट वगैरह गायब हो जाना कौन-सी बड़ी बात है। हुनर के बैठते ही फ़िराक़ ने पूछा, "हुनर साहब, आप चाय तो पीकर आये होंगे।" "नहीं, फ़िराक़ साहब! मैं आज सुबह से ही निकला हूँ। आपसे भी मिलना था। मेरे लायक कोई काम हो तो बताइए। मुझे कुछ भूख भी लग आयी है।" फ़िराक़ ने कहा, "भूखा आदमी दरवाजे से लौट जाये यह तो बड़ा पाप होगा।" मुझसे कहा, "हुनर साहब के लिए दो मोटे, खूबसूरत, मुलायम, प्याज वगैरह के साथ पराठे और अचार लाइए और बड़े गिलास में भरकर चाय।" थोड़ी देर में सब हाजिर कर दिया गया। खा-पीकर हुनर साहब बोले, "बड़ा आराम मिला फ़िराक़ साहब। हमारी बीवी बड़े अच्छे पराठें सेंकती है मगर इतने अच्छे नहीं। खाना वाकई फ़िराक़ साहब के यहाँ जैसा पकता है वैसा बहुत कम घरों में पकता होगा। लोग ठीक ही कहते हैं मुसलमान और कायस्थ ही अच्छा खाना जानते हैं।" फ़िराक़ से नहीं रहा गया, बोले, "अच्छा खाना। यही पूरी कायनात है इन कौमों की। भाई इसके अलावा भी तो कुछ हो। हाँ, हुनर साहब आप के लायक कोई काम होगा तो ज़रूर

बतायेंगे।" हुनर साहब खा-पीकर चलते बने। फ़िराक़ साहब को बहू जी की तारीफ अच्छी नहीं लगी। लोग बस खाना ही देखते हैं। यह दुनिया ऐसी है। फ़िराक़ साहब उजड़ें, मिटें, बरबाद हों—इससे किसी को क्या पड़ी है। गटागट शराब पीते जा रहे हैं। मुझे भावी खतरे की आशंका से डर लग रहा है। मेरी घबराहट बढ़ती जा रही है और सुरमयी शाम काली होती जा रही है। बताइए तीन-चार सेर तेल एक महीने में, हद हो गयी। दिमाग को तो लकवा मार गया है। और जाने क्या-क्या कह रहे हैं। चारों ओर मेरी बदनामी का डंका पिट रहा है। जिसके जो मन में आता है नये-नये किस्से गढ़ लेता है। फ़िराक़ ऐसा है, फ़िराक़ वैसा है। अभी लोग नहीं जानते कि माई जी क्या हैं। वह ऐसा सूर्यग्रहण है कि सूरज जी कभी उभर नहीं सकते। वह कभी न मिटने वाला सूर्यग्रहण है। और मैं भी क्या उसके ग्रहण से बच पाता क्या। वह तो वह ग्राह है जो गज के साथ सुदर्शन चक्र सहित कृष्ण को भी चबा जाय। मैंने कहा, "सर मैं पान खाना चाहता हूँ।" "आप कहीं उठकर जा नहीं सकते। मैं समझ रहा हूँ। आपको यह सब अच्छा नहीं लग रहा है। मियाँ कौन सुनता है किसी का दुखड़ा। आप हीरा से पान मँगा लीजिए।" मैं वाकई थोड़ी मोहलत चाहता था। मैं सोचने लगा Good and Evil अच्छाई और बुराई दो अलग-अलग अस्तित्व नहीं हैं। समय और परिस्थिति के अनुसार एक-दूसरे में ढलते रहते हैं। मेरे लिए इस वक्त फ़िराक़ के पास बैठना गराँ गुजर रहा था। मगर मजबूरी भी कोई चीज होती है। फिर सोचता हूँ मजबूरी नाम की कोई चीज़ नहीं होती। बस अपनी-अपनी पसन्द It is a matter of choice मैंने यह जीवन, ये यन्त्रणाएँ स्वयं चुनी थीं या इन यन्त्रणाओं ने स्वयं मेरा वरण किया था। आधी बोतल से अधिक शराब पी चुके थे। बोले, "अब मैं कमरे में चलूँगा।" लड़खड़ाते, सँभलते कमरे में आ गये बोले, "खाना लाया जाय।" खाना हाजिर कर दिया गया। गोश्त, कबाब, दही, चावल, नमक, मिर्च, चटनी, अचार, लाल मोटे चावल का भात। शराब की शक्ति और जीनियस की क़ूबत दोनों तराजू के पलड़ों पर थे। सन्तुलन के पाँव लड़खड़ा रहे थे। पता नहीं चुटकी से नमक और चटनी निकालकर दही में मिलाने वाले थे मगर दोनों जीभ पर पहुँच गये। बोले, "धनिया की चटनी में सारे समुद्रों का नमक मिला दिया गया है।" फिर मुझसे बोले, "पंडित जी, चम्मच से निकालकर चटनी चाटिए और बताइए नमक और धनिये की चटनी का क्या रेशियो है।" बहू जी चटनी में नमक बहुत कम मिलाती थीं। ऐसा फ़िराक़ साहब का आदेश था। नमक वे स्वयं अपनी इच्छानुसार मिला लेते थे। मैंने चटनी जीभ पर रखी तो बोल पड़ा, "सर, इसमें तो नमक नहीं के बराबर है।" अब क्रोध के तपते हुए तेल की बारिश शुरू हुई। साथ-साथ मुझ पर और बहू जी पर। बोले, "पंडित जी, गुड़ का पहाड़ चरते-चरते राम-रस (नमक) के स्वाद का पता ही कैसे चल सकता है। कोई फ़र्क़ ही नहीं पड़ता—नमक कम

हो, नमक हो ही न। नमक समुद्र हो। नमक का ज़ायका ले पाना बड़े रिफाइनमेंट और कल्चर की बात है। रोटी से गुड़, दूध भात में गुड़, गुड़ की खीर, गुड़ की लपसी, गुड़हिया जलेबी, गुड़ के सेव, गुड़ का शर्बत, सत्तू-गुड़, गुड़ के गुलगुले। जैसे गुड़ में गुण बहुत हैं वैसे ही आपके गुड़हवा दिमाग में भी गुड़ के अलावा कुछ है ही नहीं। तभी आप मिर्ज़ापुरी मिठाइयों की इतनी तारीफ करते हैं। मगर नमकीन तो जैसे आपके लिए अभिशाप है। मैंने अक्सर देखा है कि दावतों में और व्हिस्की के बाद भी मिठाई या स्वीट डिश की तरफ़ आप बहुत लपकते हैं। गुड़ और गोबर और गँवार एकही मसूदर (धातु) से निकले हैं। धन्य हैं आप गुड़ेश जी। इसीलिए आप और आपकी बहू जी में बहुत पटती है। आप गँवार और माता जी गँवरपन। क्या बात है!" अब बहू जी की तरफ मुखाबित हुए और वो-वो गालियाँ दीं, वो-वो गालियाँ दीं कि अरे तौबा। खाते भी जाते थे और गाली भी देते जाते थे। मामला सहनशक्ति के बाहर होता जा रहा था। मैं जानता था प्रलय के काले मेघ घिरने वाले हैं। मैं बोल पड़ा, "सर, आपने नमक की कटोरी से नमक उठाकर अपनी जीभ पर रख लिया था। चटनी में तो नमक नहीं के बराबर है।" "अच्छा साहब, मैं ही पतित हूँ। डोम हूँ। शराबी हूँ। रमेश साहब आपको मेरा अन्तिम प्रणाम। अब आप अपने गाँव तश्रीफ़ ले जाइए। छोड़िए मेरा पिंड। आप तो मुझे डाँटने लगते हैं। उपदेश देने लगते हैं। मेरा दिमाग़ ख़राब हो गया है न जो मैंने नमक का बोरा अपने मुँह में डाल लिया। जाइए। मुझे अपने हाल पर छोड़ दीजिए। जाइए कहीं और जाइए। फ़िराक़ और 8/4 बैंक रोड पर करम फ़रमाइए।" मैं बड़ा दुखी हो गया। यह दूसरी बार था कि फ़िराक़ ने मुझे चले जाने की बात कही थी। मेरे पास सामान ही क्या था। एक बकस। उठाया। बकस लिये फ़िराक़ के कमरे में आया, चरण-स्पर्श किया, अन्दर गया, बहू जी के पाँव छुए तो बहू जी रोने लगीं। "रमेश बाबू, उनकी बातों का क्या। आप तो अपने घर चले जायेंगे। जरा सोचिए, मेरा क्या होगा। मैं कहाँ जाऊँगी?" बस हीरा साहब ख़ुश थे। बोले, "जाइए रमेश बाबू, मेरे अलावा यहाँ कोई टिक ही नहीं सकता।" मैं रह न पाया। हालाँकि मैं जानता था कि कल सुबह तक सब नार्मल हो जायेगा। मैं अपने कमरे में पसियानवाँ की गली कर्नलगंज आया। उदास होकर लेट रहा। दूसरे दिन घर चला गया यानी तरकापुर मिर्जापुर। संयोग से वे छुट्टी के दिन थे। यूनिवर्सिटी चार-पाँच दिनों के लिए बन्द थी। आराम मिला। मगर जैसे किसी को भूत पकड़ ले तो वह जहाँ भी जायेगा, भूत साथ-साथ होगा। उसी तरह फ़िराक़ के झंझावाती व्यक्तित्व का भूत मेरी चेतना पर मँडलाता रहा। कुछ दिनों के बाद फ़िराक़ साहब का एक पोस्टकार्ड मिला।

फ़िराक़ साहब का पत्र मिलने के बाद भी मैं अपने गाँव ही में रहा। इलाहाबाद जाने के लिए मन में उत्साह नहीं रह गया था। मेरे सहपाठी चूड़ामणि तिवारी से रोज

मुलाकात होती रहती थी। तीन-चार दिन बाद जाने की योजना बनी। दूसरे दिन एक साहब इलाहाबाद से फ़िराक़ साहब का पैगाम लिये हाजिर हो गये। फ़िराक़ ने कहा था कि रमेश को साथ लेते आना। मैं उनके साथ नहीं गया। दूसरे या तीसरे दिन आने का वादा कर लिया। मगर जब यह मालूम हुआ कि बहू जी की तबीयत खराब है और उन्होंने खासतौर से मुझे बुलाया है, तब इलाहाबाद जाने का मन बना लिया। शाम के पैसेंजर से खरे साहब (फ़िराक़ के सन्देश वाहक) के साथ रात को इलाहाबाद पहुँच गये। खरे साहब अपने घर चले गये और मै अपने कमरे में आ गया। दूसरे दिन बड़े तड़के लगभग पाँच बजे भोर ही में फ़िराक़ के यहाँ पहुँच गया। फ़िराक़ के कमरे में रौशनी हो रही थी। चाय का पियाला और टी पॉट वग़ैरह मेज़ पर रखा था। अखबार पढ़ रहे थे। मुझे देखते ही बोल पड़े, “आओ भाई। आप चले गये और आपकी बहू जी बीमार पड़ी हैं। जाओ, उनसे मिल आओ और उन्हें ढाढस बँधाते आओ और अपना चाय का प्याला लिये जल्द ही मेरे पास आ जाओ। और यह बताओ साथ में अपना सामान वग़ैरह लाये हो या नहीं?” मैंने कहा, “सामान तो नहीं ला सका। बहू जी की बीमारी की खबर पाते ही भागा आया।” फ़िराक़ मुझे समझाने लगे। “इस तरह खफा होकर भाग जाया नहीं करते। हाँ, मैं मानता हूँ आपकी सब्रआज़माइश होती होगी। सब्र से काम लीजिए।” दिन भर बड़ा अच्छा रहा। अच्छा बीता। शाम आयी तो मुझे समझाने लगे। “रमेश जी, आप ख़ुद सोचिए। मुझे पैसों की तंगी बराबर बनी रहती है। ऐसे में चार सेर तेल महीने भर में खर्च हो जाय तो कितने दुख की बात है। जदुपति की बीवी बड़ी समझदार है। बहुत किफायत से घर-गृहस्थी चलाती है।” इतने में निर्मल जी आ गये उनके साथ गोपी कृष्ण गोपेश जी भी थे। सबसे यही पूछते रहते हैं—आपके घर में कितने प्राणी हैं और कितना तेल खर्च होता है। मेरे यहाँ चार सेर तेल लग जाता है। रमेश साहब की समझ में बात ही नहीं आती। अच्छा रमेश चन्द्र द्विवेदी साहब, आप क्या समझते हैं—यह फिजूलखर्ची नहीं है क्या?, मैं चुप रहा तो बोले, “कुछ कहिए हाँ-नाँ।” मैं फिर समझ रहा था कि कुछ पहले की घटना दोहरायी जाने वाली है। मैंने कहा, “सर, अगर आप नाराज न हों तो बोलूँ। मगर आप मुझे अपनी बात पूरी कर लेने दीजियेगा।” फ़िराक़ समेत सभी लोग सकते में आ गये। निर्मल जी ने कहा, “यार रमेश, बड़े हिम्मती हो। आज तक फ़िराक़ साहब के सामने कभी आपको मुँह खोलते नहीं देखा।” फ़िराक़ ने कहा, “निर्मल जी, चुप रहिए। इन्हें बोलने दीजिए। हाँ साहब, रमेश जी कहिए।” मैंने हिम्मत जुटायी और बोलना शुरू किया। मैंने कहा, “सर, छोटे भइया यदुपति सहाय जी के यहाँ इतने मिलने-जुलनेवाले बिल्कुल नहीं आते। आपके यहाँ सुबह पाँच बजे अँगीठी जल जाती है और दस बजे रात तक जलती रहती है। अक्सर आप लोगों को दावत पर बुला लेते हैं। कभी पकौड़ी तली जा रही है, कभी कबाब

सिंक रहे हैं। ऐसे में चार सेर तेल की खपत को तो मैं किफायतशारी ही कहूँगा।" फ़िराक़ मुँह बाये मेरी बात सुन रहे थे। मैंने कहा, "सर, आप बिना सोचे समझे बहू जी को डाँटने लगते हैं। चाहे उनकी गलती हो या न हो। बात यह है सर, कि जब किसी के मन में किसी के लिए अकारण नफरत बैठ जाती है तो उस आदमी की हर बात, हर काम खराब ही लगने लगता है। घृणा अगर मन में है तो प्रत्येक वस्तु घृणित ही नज़र आयेगी।" फ़िराक़ हक्का-बक्का होकर रह गये। कहने लगे, "हाँ भाई, यह बात तो है। मैंने इस पहलू पर कभी गौर ही नहीं किया।" फिर बोले, "भाई रमेश, तुम्हारी बातें कभी-कभी (विशेषकर आपकी बहू जी के सिलसिले में) मेरे अन्दर गिल्ट का एहसास पैदा करने लगती हैं। बात यह है कि मैं और मेरा सारा वजूद एक कार बंकल या बरतोड़ फोड़ा है। जरा-सा भी छू गया चाहे मोर पंखों की उँगलियों से ही, दर्द से चीख़ पड़ता हूँ। मैं सरापा दर्द हूँ और आप हैं कि दर्द को उपदेश देते हैं। नासेह दोस्त—यह भी कोई बात हुई। "कोई चारासाज़ होता, कोई ग़मगुसार होता।" मैं कहाँ भाग जाऊँ। असीम नरक से कहाँ भागकर बचा जा सकता है। भागियेगा कहाँ। सीमा हो तब तो सीमा के बाहर जाया जा सकता है। मगर असीम में अनन्त से जहाँ भागेंगे अनन्त ही होगा। दुख ही घाव, दुख ही मरहम।" तब तक श्री नारायण चतुर्वेदी जी, जो अंग्रेजी विभाग में प्रोफेसर रह चुके थे, आ गये। उनको देखते ही फ़िराक़ साहब खुशी से उछल पड़े। "आओ भाई श्री नारायण, आओ। तुम क्या आ गये, बीते हुए दिन लौटकर आ गये। फिर दोनों प्रोफेसर पुरानी यादें ताजा करने लगे।" उमड़-घुमड़ कर बातें अमरनाथ झा पर आ जाती थीं। किन मोहब्बतों से गुजरे हुए दिनों को याद किया जा रहा था। अमरनाथ झा, देव, दस्तूर, के.के. मेहरोत्रा, गंगानाथ झा, हरिवंशराय बच्चन, भवानी शंकर, भगवत दयाल सबको बड़ी आत्मीयता से उघार-उघारकर देखा जा रहा था। थोड़ी देर में फ़िराक़ ने पूछा, "श्री नारायन जी चाय तो लेंगे न।" चतुर्वेदी जी ने कहा, "चलो कॉफी हाउस वहीं कॉफी भी पी जायेगी और बातें भी की जायेंगी।" फ़िराक़ ने कहा, "थोड़ी-थोड़ी चाय पी जाय फिर कॉफी हाउस चलते हैं। बेहतर होगा अगर हम लोग नानकिन चलें वहीं थोड़ी-थोड़ी बीयर वगैरह ली जायेगी और वहीं कुछ टूँग भी लिया जायेगा।" "ठीक है। मगर चाय अच्छी होनी चाहिए।" "भाई, इसका जिम्मा मैं नहीं ले सकता जैसी बन जाय वैसी पी लेना।" "अच्छा ठीक है मगर दूध बहुत ही कम।" मैं अन्दर गया और बहू जी को बताया। वे बोलीं, "मैं चतुर्वेदी को जानती हूँ। जब हम लोग कचहरी रोड पर रहते थे तो चतुर्वेदी जी अक्सर आ जाया करते थे। खूब बहसें होती थीं। खूब खाते-पीते थे।" बहू जी ने, "एक खूबसूरत लकड़ी की ट्रे में चाय दूध, शकर सब अलग-अलग साथ में पानी के गिलास और घर की तली हुई सोंधी मठरी।" चाय पीकर पसन्न हो गये। बोले, "भाई क्या खूबसूरत चाय बनी है।" फ़िराक़ साहब ने

कहा, "खराब हाथों से भी कभी-कभी अच्छी चीज बन जाती है।" चतुर्वेदी जी ने कहा, "या यूँ कहिए कि अच्छे हाथों से ही अच्छी चीज़ बन सकती है।" "ठीक ही कहा आपने। रमेश जी तो खुश हो गए होंगे अपनी बहू जी की तारीफ़ सुनकर।" मैं वाक़ई बड़ा खुश था। चतुर्वेदी ने मेरा परिचय पूछा तो फ़िराक़ साहब ने बताया। मेरी तारीफ़ तो की मगर यह भी कहा, "अभी इनको बहुत-बहुत कुछ सीखना है।" चाय पीकर फ़ारिग हुए तो हीरा साहब को हँकारा। हीरा ने चाय की ट्रे में सब सँभालकर रख लिया। हीरा से दो रिक्शे लाने को कहा। चतुर्वेदी जी ने कहा, "मैं कार में आया हूँ। रिक्शे की कोई जरूरत नहीं है।" हम लोग कार में बैठ गए। फ़िराक़ ने कहा, "रमेश जाकर घर में कह आओ कि हम लोग बाहर ही खाना खायेंगे। हाँ, अगर कोई मिलने वाला आये तो उसका नाम, पता और आने का मकसद लिखवा लेना।" "ठीक है" हीरा ने कहा, गाड़ी अभी चली ही थी फ़िराक़ साहब ने कहा, "जरा रुकिये भाई" मुझसे बोले, "रमेश जाकर हीरा को समझा दो कि आने वाला किस काम से मिलने आया था इसे भी लिखवा लेगा।" मैंने कहा सर यह तो आपने हीरा को बता दिया था कि आने का मकसद भी लिखवा लेना। बोले, "यह तो मेरी भूल थी। हीरा साहब 'मकसद' को क्या समझ बैठे। इन्सट्रक्शन बहुत ही फूलप्रूफ भाषा में दिया जाना चाहिए कासिद की काबलियत को ध्यान में रखते हुए।"

हम लोग नानकिन पहुँच गये। चतुर्वेदी जी और फ़िराक़ बीते हुए जमानों को याद करने लगे। बोले, "फ़िराक़ साहब, आपको याद है जब आप कचेहरी रोड पर रहते थे। आपका ड्राइंगरूम तो अभी भी मेंरी आँखों के सामने वैसा का वैसा है। क्या-क्या खाना पकता था कि लोग उँगलियाँ चाटते रह जाते थे।" "हाँ भाई श्री नारायण, यह विशेषता तो उसमें है (अपनी पत्नी के लिए) चलिए कुछ तो आँसू पोछने का बहाना हो।" चतुर्वेदी जी फ़िराक़ के भाषणों का, उनकी जहानत का, बीतें दिनों के दोस्तों का जिक्र कर रहे हैं। अमरनाथ झा से हुई वड्र्सवर्थ की किसी कविता के विषय में बहस को याद कर रहे हैं। वह कविता थी Ode to Duty इस कविता में एक पंक्ति है शायद Thou stern voice of God अमरनाथ झा ने इसका अर्थ बताया था Conscience कान्शेन्स, अन्तःकरण। चतुर्वेदी जी ने कहा कि जब आपने लड़कों को इसका अर्थ है 'स्वधर्म', सेल्फ नेचर अवेयरनेस, सेल्फ रियलाइजेशन बताया तो लड़कों ने कहा सर झा साहब ने तो Conscience बताया था। आप झा साहब के कमरे में पहुँच गये। मैं भी वहीं बैठा था। आपने कहा—अमरनाथ, आपने लड़कों को Thou stern voice of God का अर्थ Conscience बताया है। यह ठीक नहीं है। अमरनाथ झा ने कहा—भाई, डी. क्वेंन्सी ने यही लिखा है। आपने फ़ौरन कहा डी. क्वेंसी ने भी इसका अर्थ नहीं समझा।" चतुर्वेदी जी फिर बोले, "मुझे ट्रेजेडी पर दिया गया आपका वह लेक्चर अभी तक याद है जो आपने विजयानगरम

हाल में दिया था। उस हाल में अमरनाथ झा, गंगानाथ झा, हाईकोर्ट के जज़ेज सब आनन्द विभोर हो गये थे। नेचर ने जो आपमें प्रतिभा दी है वह अतुलनीय है। बस एक बात की कमी रह गयी, फ़िराक़ साहब—भले आप अपनी पत्नी से चिढ़ते थे, उन्हें घृणा करते थे वो आपको पसन्द नहीं थीं—इन सारी भावनाओं को अपने तक ही रखते। यह सब आपका परसनल मामला था। आपने इसे अपने लेखों में लिख मारा। इन्टरव्यूज़ में बढ़ा-चढ़ाकर व्यक्त कर दिया। इसका असर यह हुआ कि आपका दबा हुआ या जाती क्रोध और घृणा साहित्यिक स्टेज पर भी आ गया और अनेक, बिल्कुल झूठ अफवाहों के आप शिकार हो गये। साफगोई ठीक है। ईमानदारी एक महान् गुण है मगर इनती स्पष्टवादिता भी अच्छी नहीं कि एक जमाना दुश्मन हो जाय। जब दुनिया है तो दुनियादारी भी होनी चाहिए, अधिक नहीं तो थोड़ी—बहुत ज़रूर। आपके जीनियस से किसी को इनकार नहीं मगर लोग आपको बहुत चाहते भी थे, प्यार भी करते थे, आपकी हाज़िरजवाबी का क़ायल भी थे, आपकी मौजूदगी में महफिल में चार चाँद लग जाता था मगर लोग आपके शोलामिज़ाजी से घबराते भी थे। कॉनवरसेशन की जो कला और जो गुण नेचर ने आपको दी है वो बहुत रेयर लोगों को नसीब होती हैं।" फ़िराक़ अपने पुराने प्रोफेसर साथी की बातें बड़े प्यार और मुस्कुराहट भरी हुई निगाहों से सुन रहे थे। चतुर्वेदी जी ने कहा, "भाई इस मामले में तो अमरनाथ झा की तारीफ करनी पड़ेगी कि आप खुलेआम भरी महफिल में उनको गालियों से नवाजते रहे। लोग अमरनाथ झा तक आपके खिलाफ शिकायतें पहुँचाते रहे। मगर उन्होंने कभी बुरा नहीं माना, न ही आपके खिलाफ कोई ऐक्शन लिया। वे आपके जीनियस को पहचानते थे।" "एक बात मुझे भी कह लेने दीजिए—मैं कई बार दिल्ली में स्वयं फ़िराक़ के साथ अमरनाथ झा के भाई आदित्यनाथ झा से मिल चुका था। उस वक़्त अमरनाथ झा स्वर्गीय हो चुके थे। आदित्यनाथ झा साहब दिल्ली के लेफ्टिनेंट गवर्नर थे। फ़िराक़ साहब को भाई साहब कहकर खिताब करते थे। वे अक्सर कहा करते थे कि भाई साहब (यानी आदित्यनाथ झा साहब के बड़े भाई अमरनाथ झा) सिर्फ़ आपकी (यानी फ़िराक़ साहब) की तारीफ़ करते रहते थे। वे कहा करते थे कि रघुपति सहाय की विलक्षण प्रतिभा का बदल उन्हें कहीं नहीं मिला। आदित्यनाथ जी ने यह भी बताया कि अमरनाथ जी ने ही उन्हें (फ़िराक़ को) बुलाकर बिना किसी फॉरमैलिटी के उनकी नियुक्ति इंगलिश डिपार्टमेंट में की थी।" बात फ़िराक़ साहब और श्री नारायण चतुर्वेदी की चल रही थी—बीच में मैंने भी अपनी बात कह डाली। मेरी एक बुरी आदत है। धीरज की कमी है। दो लोगों के बीच में टाँग अड़ा देता हूँ। हालाँकि कई बार डाँट पड़ चुकी है। फ़िराक़ और उनके द्वारा दी गयी उनकी पत्नी के प्रति गालियों के बीच टाँग अड़ाने में। लेकिन 'लगी लगन छूटै नहीं, जीभ चोंच जरि जाय'। हाँ, तो फ़िराक़ साहब

अपने समान-धर्मा साथी प्रोफेसर चतुर्वेदी जी की बातों को सुनते रहे। कुछ बोले नहीं। सिर्फ़ यही कहा, “हाँ भाई चतुर्वेदी काश मैं भी आपकी तरह दुनियादार, दुनियासाज़ होता। लेकिन तब बात यह होती कि मैं प्रोफ़ेसर श्री नारायण चतुर्वेदी होकर रह जाता। फ़िराक़ न बन पाता। चतुर्वेदी जी, गीता के कृष्ण की एक बात मुझे एक कुंजी दे गयी ‘स्वधर्म’ समझने के लिए। हठधर्मिता स्वभाव को दबा नहीं सकती। बहुत खूबसूरत शब्द है ‘निग्रह’। निग्रह क्या कर सकता है। जिसका ‘स्वभाव’ ही है कविता-रचना वह कविता-रचना के अपने ‘स्वधर्म’ को नहीं छोड़ सकता भले ही उसे अपने प्राण त्याग देने पड़े। ईश्वर से या उसकी प्रकृति से या उसकी सर्जन-शीलता (जो उसका स्वधर्म है) से कहो तुम प्रकृति रचना, सृष्टि रचना या रचनात्मकता के स्वभाव को छोड़ दो। वह ऐसा कर ही नहीं सकता। यह उसके वश में नहीं है। यदि उसके वश में ऐसा होता तो वह सिर्फ ‘निराकार’ होकर रह जाता यानी ‘निराकार’ बेकार बनकर रह जाता।” नानकिन के मालिक भी शरीक हो गये थे। वहाँ उपस्थित अन्य रिन्द भी अपने-अपने जाम भूलकर इन लोगों की बातों के नशे में झूमने लगे। चतुर्वेदी जी ने अपना सिगार सुलगाया। फिर बोले, “अच्छा फ़िराक़ साहब, अब आप इसे कैसे एक्सप्लेन करेंगे।” फ़िराक़ ने कहा, ‘किसे’। चतुर्वेदी जी बोले, “गीता में तो कृष्ण ने यह भी कहा है कि मैं अपनी प्रकृति को वश में करके प्रत्येक युग में आता हूँ—“सम्भवामि युगे युगे”। फ़िराक़ ने कहा, “वाह भाई चतुर्वेदी जी, आपने ने खूब समझा कृष्ण को। यहाँ सृष्टि—रचना की बात नहीं की गयी है। यहाँ सृष्टि—रचना के बाद सृष्टि के तवाजुन को बनाए रखने के लिए सत्य को, धर्म को स्थापित करने के लिए मानव रूप में या किसी विशेष रूप में अवतरित होने की बात की गयी है। जैसे कोई चित्रकार अपनी प्राकृतिक आवश्यकताओं को स्वभावतः अपने अधीन करके चित्र-रचना या कोई अन्य संरचना करे। जैसे वाचस्पति मिश्र ने अपनी पत्नी के साथ सहवास की इच्छा को अपने वश में करके यहाँ तक कि पत्नी का ध्यान तक भुलाकर अपने जीवन के अधिकांश भाग तक लेखन किया या रचना में महवीयत की आख़िरी मंज़िल तक पहुँच गये थे। ऐसा कहा जाता है। मेरे पास अंग्रेज़ी में उनकी जीवनी और भामती के विषय में सारा लिट्रेचर मौजूद है। यह योग की चरम-सीमा है। तल्लीनता की आख़िरी मंज़िल है। ‘सम्भवामि युगे युगे’ से स्पष्ट है कि पहले ‘युग’ की रचना की, सृष्टि की रचना की, देश और काल की रचना की फिर पर्सनल गॉड के रूप में अवतरित हुए। हाँ, जहाँ तक मेरी अपनी पत्नी के प्रति घृणा और दुर्व्यवहार की बात है वह मेरी कमज़ोरी है। मैं इस कमज़ोरी को सर नहीं कर पाया। इसके लिए मुझे चाहे जितना भी सम्भव हों गालियाँ दे लीजिए। मैं एक कमज़ोर आदमी हूँ। मैं अपनी खामियों को ख़ूब पहचानता हूँ और अगर और गहराई में उतरने से डर न लगे तो कहने दीजिए—यह

सब प्रकृति के खेल हैं। अच्छा फ़िराक़, बुरा फ़िराक़, शायर फ़िराक़, गाली देने वाला फ़िराक़, प्रोफेसर फ़िराक़ यह सब क्या है। मेरे पैदा होने के पहले ये सब नहीं थे और मेरे यानी मेरे शरीर के समाप्त हो जाने के बाद भी ये सब नहीं रहेंगे। 'मीर' साहब का मिस्रा 'इक छोटी-सी रात में हमने क्या-क्या स्वांग रचाये हैं।' या 'चाहे हैं सो आप करै हैं, हमको अबस बदनाम किया।' छोड़ो यार चतुर्वेदी, इन बातों को। यह बताओ कि इलाहाबाद में कब तक हो।" चतुर्वेदी जी ने कहा, "बस कल सबेरे जा रहा हूँ। बात का रुख़ बदल गया। महफ़िल ख़त्म हो गयी। हम लोगों को 8/4 बैंक रोड पर छोड़कर चतुर्वेदी जी चले गये।

8/4 बैंक रोड पर जिसके आधे हिस्से में मेहरोत्रा साहब रहते हैं और आधे हिस्से में मिसेज़ नियोगी। मेहरोत्रा साहब के यहाँ कथा है। बहू जी जाना चाहती हैं। फ़िराक़ साहब से अनुमति माँगीं तो उन्होंने हाँ तो कह दिया। मगर यह भी कह डाला कि शालिग्राम का स्वरूप श्याम तो है ही, माता जी की उपस्थिति से और करिया जायेंगे। सारा देवत्व धरा रह जायेगा।" बहू जी कथा सुनने चली गयीं। फ़िराक़ ने कहा, "रमेश चलो हम लोग गिंजा में कुछ खा-पी आयें।" हम लोग वापस आये तो बहू जी कथा सुनकर वापस आ चुकी थीं। दूसरे दिन ख़बर मिली कि मिसेज़ मेहरोत्रा पर फ़िट का दौरा पड़ गया था। जब फ़िराक़ को मालूम हुआ तो बोले, "ले लपक के"। देखा माई जी का प्रभाव। ऐसी हैं माता जी। यह तो फ़िराक़ की बेहयाई है जो बरबादी को मुकम्मल होने से बचाये है। बरबादी तो मुकम्मल हो ही चुकी है। अब किसे और बरबादी कहते हैं। सड़क छाप होकर रह गया हूँ। जिसके मन में जो आता है वही एक कहानी बना लेता है। उन्हें विद्यावती कोकिल जी की एक पंक्ति याद आ रही है। "तेरे प्यार का बन गयी हूँ फ़साना, कही जा रही हूँ, सुनी जा रही हूँ।" मैं ठीक से कह नहीं सकता कि कविता की यह पंक्ति 'कोकिल जी' की है या किसी और की है। बहरहाल फ़िराक़ ने इसे उद्धृत किया था। मैंने फ़िराक़ साहब से कहा, "सर, मिसेज़ मेहरोत्रा को तो 'फ़िट' की पुरानी बीमारी है।" फ़िराक़ ने कहा, "ठीक है मियाँ, यही कहकर अपने जी को बहला लो। माई जी क्या हैं, बेटा, यह तो मैं ही जानता हूँ।" फ़िराक़ साहब को एक बहाना मिलना चाहिए बहू जी को कोसने के लिए।

बहू जी किचेन में खाना पका रही हैं। किसी काम से आँगन में जाती हैं। पैर में काँच का टुकड़ा धँस जाता है। चीख़ उठती हैं। तलवे से ख़ून बहने लगता है। असहनीय दर्द हो रहा है। हीरा ने आकर ख़बर दी। फ़िराक़ के पास कुछ लोग बैठे हैं। 'काव्य-शास्त्र विनोदेन', समय कट रहा है।

दर्शन, काव्य, जीवन-संगीत, वेदान्त, उर्दू की, हिन्दी की कमज़ोरियों पर बात हो रही है। बीच-बीच में लतीफ़े भी अपना जलवा दिखा रहे हैं। फ़िराक़ अपने गुरु

यस.जी.डन को याद कर रहे हैं। जदुनाथ सरकार की ज़हानत के वाक़ये बयान किये जा रहे हैं। फ़िराक़ ने हीरा की बात पर कान नहीं दिया। हीरा ने इशारे से मुझे बुलाया और बताया कि बहू जी के तलवे में शीशे का टुकड़ा चुभ गया है। मैंने आकर फ़िराक़ साहब को बताया तो वे घबरा उठे और बोले, "रमेश साहब, आप फ़ौरन उठ जाइए और देख आइए कि काँच का टुकड़ा निकल गया या नहीं।" मैंने जाकर देखा तो बहू जी बिस्तर पर लेटी हैं और दर्द से कराह रही हैं। मैंने डिटाल से ख़ून साफ़ किया। घाव देखने की कोशिश की तो बोलीं, "रमेश बाबू छूने से करकरा रहा है।" मैंने आकर फ़िराक़ साहब से कहा, "सर यह पता लगाना मुश्किल है कि काँच का टुकड़ा निकल गया या अभी अन्दर पड़ा है।" बोले, "फ़ौरन भागकर डॉ. रमेश के पास जाओ।" मैं यूनिवर्सिटी के अस्पताल में गया तो डॉ. साहब मिल गये। उन्होंने कम्पाउण्डर ठाकुर को मेरे साथ भेज दिया। ठाकुर साहब आ गये। देखा तो बोले, "काँच का एक छोटा-सा हिस्सा अन्दर है। मैं अभी निकाल देता हूँ और ड्रेसिंग किये देता हूँ।" फ़िराक़ साहब के कमरे में सन्नाटा छाया हुआ है। ठाकुर साहब ने चीरा लगाकर शीशे का टुकड़ा तो निकाल दिया मगर चीरा गहरा करना पड़ा। बहू जी की दशा देखी नहीं जा रही है। खाने को कुछ गोलियाँ दीं और बोले, "कल आकर ड्रेसिंग कर जाऊँगा।" बहू जी का चलना-फिरना मुश्किल है। खाना, चाय वग़ैरह हीरा और बारिन के रहमोकरम पर है। बहू जी का चलना-फिरना मुश्किल है। फ़िराक़ ने मुझे बुलाया और बोले, "देखो, मेरा कमोड बहू जी के कमरे में रखवा दीजिए। वहीं फारिग हो लिया करें। जमादारिन को बोल दीजिए कि वो दोनों वक़्त आकर सफ़ाई कर जायेगी और अगर मुमकिन हो तो जमादारिन दो-चार दिन यहीं रहे, खाना-पीना खाये और उसे कुछ मेहनताना भी दे दिया जायेगा।" जमादारिन रहने को तैयार नहीं हुई क्योंकि उसे कई घरों में काम करना होता है। मगर दोनों वक़्त आकर सफ़ाई कर जाती है। कम्पाउण्डर ठाकुर साहब आकर ड्रेसिंग तो कर जाते हैं मगर बहू जी को बुख़ार आने लगा है। ठाकुर साहब कहते हैं, "लगता है इन्फ़ेक्शन हो गया है।" सुइयाँ लगने लगीं। पाँच सुइयाँ लगनी हैं। घाव में पस आ गया है, बड़ी मुश्किल है। फ़िराक़ साहब कह रहे हैं, "मैं नहीं चाहता कि उसे कुछ फ़िज़िकल तकलीफ़ हो। इतनी तकलीफ़ें उठाती है, इतनी गालियाँ सुनती है मगर मरती नहीं है। मेरी तो बड़ी पदन्नस है।" घाव भर चला है। दर्द भी कम है। बहू जी धीरे-धीरे लँगड़ा-लँगड़ा कर चल रही हैं। बहू जी ठीक तो हो गयी हैं। मगर अब वे अक्सर बीमार रहने लगी हैं। कभी-कभी पैरों में सूजन आ जाती है। डॉक्टर कहते हैं उन्हें बेरी-बेरी हो गया है। जीवन, दर्द, गालियों, दाँत पीसने और शान्ति की टेढ़ी-मेढ़ी पगडंडियों से होकर गुज़र रहा है। मैं रह-रहकर ऊबने लगता हूँ। मुझे कभी-कभी ऐसा लगता है कि जैसे मैं गुरुवर फ़िराक़ का क्रीत शिष्य होकर रह गया हूँ। फ़िराक़

साहब बहू जी को लेकर चिन्तित हैं। क्या किया जाय। घर तो अस्पताल हो गया। कैसे मेरी जान बचे, कैसे उसकी देखभाल का इन्तज़ाम हो। उसे कहाँ भेज दिया जाय। इसी उधेड़-बुन में रहते हैं। जगदम्बवा ने, कुत्ते के पिल्ले ने मुझे और मेरे खानदान को बरबाद कर दिया।"

फ़िराक़ साहब पर आजकल फिर ख़ूनी बवासीर का भयानक आक्रमण हो गया है। ख़ून परनाले की तरह बहता रहता है। जमादारिन बता रही थीं कि पूरा कमोड ख़ून से भरा था। देखने में भी कमज़ोर लग रहे हैं। मगर शराब, सिगरेट, लाल मिर्चे के अचार और लापरवाही में बिल्कुल कमी नहीं आयी है। डॉ. शौकत और सरस्वती प्रसाद कहते हैं कि फ़िराक़ साहब कुछ दिनों के लिए ठर्रा पीना बन्द कर दीजिए और अगर ऐसा मुमकिन न हो तो कमी कर दीजिए। फ़िराक़ कहते हैं, "मुझे उपदेशक डॉक्टर की ज़रूरत नहीं है।" दोनों वक़्त गोश्त खाते हैं। लोगों के यहाँ आने-जाने में भी कभी नहीं करते। आज भगवत शरण उपाध्याय के यहाँ गये हैं। दो घंटे हो गये भारतीय स्थापत्या कला और चित्रकारी पर बात हो रही है। मुझे कुछ भूख लगने लगी है। मैंने फ़िराक़ साहब से कहा, "सर मुझे कुछ भूख लग आयी है।" उन्होंने भगवत शरण उपाध्याय जी से कहा, "भाई कुछ खिलाओ-पिलाओ यार।" उन्होंने पूछा, "क्या लीजिएगा।" "जो आसानी से मिल सके।" थोड़ी देर में प्याज़ और गोभी की पकौड़ियाँ आ गयीं। फ़िराक़ ने कहा, "कुछ होठ कडुये कराने का भी इन्तज़ाम है।" उपाध्याय जी उठे और रम की आधी बोतल लाकर सामने रख दी। फ़िराक़ पीने लगे और खाने लगे। अब बात घूम फिर कर न्यूडिटी और आबसिनीटी पर आ गयीं। फ़िराक़ लगभग आधा घंटा बोलते रहे। उपाध्याय जी भी कुछ बोलना चाहते थे मगर फ़िराक़ उन्हें बोलने का मौक़ा दें तब न। बहरहाल उपाध्याय जी ने भी बहुत मार्मिक रौशनी डाली। अफ़सोस है कि मैं उन महान् विद्वानों की बेशकीमती बातें नोट न कर पाया। थोड़ी देर में फ़िराक़ ने कमोड पर बैठने की बात की। उपाध्याय जी उनको बाथरूम तक ले गये। फ़िराक़ साहब फ़ारिग होकर वापस आये तो थोड़ी देर में उपाध्याय जी भी बाथरूम गये और उन्होंने जो ख़ून देखा तो परेशान हो गये बोले, "रघुपति जी, क्या आपको बवासीर है?" "जी हाँ, एक ज़माने से।" "भाई इसका इलाज करा लीजिए नहीं तो आगे चलकर जानलेवा साबित हो सकती है।" "ठीक कहते हो भाई। मुर्दे को बीमारी क्या नुक़सान पहुँचायेगी। सब चलता रहता है।" बहू जी भी फ़िराक़ की बीमारी से चिन्तित रहती हैं। भगवान् से आँचल पसार कर प्रार्थना करती रहती हैं। इसके सिवा उनका बस ही क्या है। फ़िराक़ की हालत पतली होती जा रही है। दवा के नाम पर नक्स और सल्फर ले रहे हैं। क्या करें बहू जी, क्या करूँ मैं, क्या करें डॉक्टर। किसी की सुनते ही नहीं। महमूद साहब, जो ख़ानकाह के पास रहते हैं, तशरीफ़ ले आये हैं फ़िराक़ को अपने घर एक शेरी

नशिस्त में बुलाने के लिए। तबीयत ख़राब होने के बावजूद जाने को आमादा हैं। मुझे भी साथ ले चलने पर ज़िद कर रहे हैं। महमूद साहब फ़िराक़ साहब का बड़ा एहतराम करते हैं। उनके घर की औरतें फ़िराक़ की शायरी पर फ़िदा हैं। परदे के पीछे से पूरा ज़नानख़ाना शायरी का लुत्फ उठाता है। कबाब बहुत अच्छा पकता है। फ़िराक़ को उनके घर का कबाब बहुत पसन्द है। बहू जी ने मुझे समझाया कि रमेश बाबू इनका ख़याल रखिएगा। एक तौलिया और पाजामा साथ में रख लीजिएगा। बहू जी फ़िराक़ का कितना ख़याल रखती हैं और फ़िराक़ साहब हैं कि बहू जी पर हर वक़्त दाँत पीसते रहते हैं। मुझे घबराहट हो रही है। मैंने फ़िराक़ साहब से कहा, "सर आपकी तबीयत ठीक नहीं है। बाहर मत जाइए।" बोले, "आपकी राय और उपदेश के लिए शुक्रिया। मगर मैं जाऊँगा और आप भी चलेंगे।" मैं सोच रहा था वहाँ बवासीर अपना जलवा दिखायेगी तो मैं क्या करूँगा। फिर मुझे बाबा तुलसीदास याद आ गये—

"होइहइँ सो जो राम रचि राखा।"

हम लोग महमूद साहब के यहाँ पहुँच गये। फ़िराक़ बड़े ख़ुश नज़र आ रहे हैं। उम्दा सिंके हुए कबाब, मछली तली हुई और चाय हाज़िर। फ़िराक़ चटख़ारे ले-लेकर खा रहे हैं। खाना ख़त्म हुआ तो शायरी शुरू हुई। बाहर-भीतर से फ़रमाइशें आ रही हैं। घंटे, दो घंटे रहकर घर वापस आ गये। ग़नीमत जानिये कि बवासीर साहिबा तशरीफ़ नहीं लायीं। अजीब हैं फ़िराक़, अजीब उनका जिस्म और अजीब उनकी बीमारी। घर आते ही बहू जी ने पूछा, "रमेश बाबू, इन्हें कोई तकलीफ़ तो नहीं हुई।" मैंने कहा, "जी नहीं बहू जी, सब कुछ एकदम ठीक रहा।" बोलीं, "चलिए भगवान की दया है। पता नहीं, कैसे ख़ून आना बन्द हो गया है जान में जान आयी।"

मियाँ, बीवी दोनों बीमारियों की गिरफ़्त में हैं। बहू जी को आये दिन कुछ न कुछ लगा रहता है। फ़िराक़ साहब सोच रहे हैं कि गोरखपुर से किसी को बुला लिया जाय। मगर कौन आयेगा। किसको फ़ुर्सत है। और फिर एक-दो दिन की बात हो तो ठीक है। कोई ऊब भी सकता है। क्या करूँ। अच्छा कल जदुपति से मश्वरा करूँगा। कल कानपुर में मुशायरा है। महराज नारायण सप्रू का ख़त आया है। फ़िराक़ जाने पर आमादा हैं। मैं भी साथ जाना चाहता हूँ। बड़ा लुत्फ़ रहता है। लोगों से मुलाक़ातें होती हैं। फ़िराक़ साहब के साथ मेरी भी क़द्रो-क़ीमत बढ़ जाती है। कोई शायर कहता है रमेश भाई, मेरा मजमूआ तैयार हो गया है। फ़िराक़ साहब से चन्द अल्फ़ाज लिखवा दीजिए। कोई कहता है रमेश भाई, मेरी किताब का रस्मे इज़रा है मैं चाहता हूँ यह फ़िराक़ साहब के हाथों हो। मुझे यह सब अच्छा लगता है। मैं फ़िराक़ साहब तक उनकी बात पहुँचा देता हूँ। फ़िराक़ अच्छा भाई, अच्छा भाई कहकर टाल जाते हैं। जब मैंने अपनी ख़्वाहिश ज़ाहिर की तो कहने लगे, "रमेश,

मैं भी चाहता हूँ कि तुम मेरे साथ चलो। तुम्हारे साथ रहने से बड़ा इत्मीनान रहता है। मगर अपनी बहू जी की भी तो सोचो। वह बीमार है। कोई पुरसाहाल नहीं है। तकलीफ़ बढ़ गयी तो क्या होगा। हीरा को तो तुम जानते ही हो। बउड़म क़िस्म का आदमी है। तुम्हारा रहना ज़रूरी है। तुम माताजी की देखभाल करो। मेरी चिन्ता छोड़ दो। मैं अपने को सँभाले रहूँगा।" फिर बोले, "क्या इरादा है?" मैंने कहा, "आपने ठीक कहा। मैं बहू जी और घर की देखभाल करता रहूँगा। मगर आप बहुत दिन मत लगाइयेगा।" बोले, "भाई, मुशायरा ख़त्म होने के दूसरे दिन वापस आ जाऊँगा।" आज तीसरा दिन है। फ़िराक़ अभी तक वापस नहीं आये। शाम को तार मिला unavoidably detained Coming tomorrow-'Firaq' जान में जान आयी। मिलने-जुलने वाले आते रहते हैं। बहू जी की गैस की तकलीफ़ बढ़ गयी है। अक्सर डकारती रहती हैं। कभी-कभी पेट में मीठा-मीठा दर्द भी रहता है। मैं सरस्वती प्रसाद के यहाँ जाकर दवा ले आया। डॉक्टर साहब ने कहा, "थोड़ी-थोड़ी देर पर कुछ न कुछ खाती रहें। खाली पेट गैस बनती है।" बहू जी को दवा से आराम आ गया। पूछने लगीं, "रमेश बाबू, क्या खाना पकाया जाय।" मैंने कहा, "खिचड़ी, दही और आलू का भुर्ता।" बोलीं, "नहीं, खिचड़ी भी कोई खाने की चीज़ है। देखिए मछली वाला आवाज़ दे रहा है। उसे बुलाइए।" मैंने कहा, "बहू जी, मैं मछली बिल्कुल ही नहीं खाऊँगा और आप भी न खायें।" बहू जी ने मेरी एक न सुनी और हीरा से मछली वाले को बुलावा लिया। मेरे लिए खिचड़ी पकायी गयी है। बहू जी जो मछली खायीं तो पेट में तहलका मच गया। दर्द से कराहने लगीं। उल्टी होने लगी। मैं भागा-भागा सरस्वती प्रसाद के यहाँ गया। वो फ़ौरन आये। कुछ गोलियाँ दीं और बोले, "अगर उल्टी आये तो उसके बाद कुछ खाइयेगा मत। भूख लगे तो गीला भात और मट्ठा ले सकती हैं।" दिन भर में आराम आ गया।

दूसरे दिन फ़िराक़ साहब तशरीफ़ लाये। बड़े ख़ुश नज़र आ रहे थे। उनके साथ दो-चार और लोग हैं। हीरा से बोले, "भाई गरम-गरम चाय पिलाओ। साथ में कुछ ख़ास तरह के ख़स्ते ले आया हूँ। 'नशूर वाहिदी' साहब ने मेरे लिए ख़ास तरह के खस्ते पकवाये थे। कुछ हम लोगों के लिए रख दो कुछ अन्दर दे आओ। और देखो, मेरे लिए कल के लिए भी बचाकर रखना।" हीरा बोले, "कल माता जी को उल्टी हो रही थी। उनकी तबीयत ठीक नहीं है।" फ़िराक़ ने मुझसे कहा, "क्यों रमेश साहब, आपने मुझे यह नहीं बताया।" मैंने कहा, सर, "सरस्वती प्रसाद जी के यहाँ से दवा ले आया था। अब उन्हें आराम है।" बोले, "भाई, मैं तो माई जी की बीमारियों से परेशान हो गया हूँ। सबसे बड़ी बीमारी तो वो ख़ुद है। जनम-जनम तक पीछा न छोड़ने वाली बीमारी।" तब तक हकीम ज़िया साहब आ गये। फ़िराक़ ने कहा, "ज़िया साहब, आप मेहरबानी करके मेरी बीवीनुमा मौत को देख लीजिए। उसे हमेशा

कुछ न कुछ लगा रहता है। रमेश साहब आप भी उठ जाइए।" हकीम जी अन्दर तशरीफ़ लाये। बहू जी को आदाब किया। हाल पूछने लगे। "गैस बनती है, डकारें आती हैं, कभी-कभी उल्टी भी आने लगती है। दो दिन से यही हो रहा था। अब आराम है।" "आपने क्या-क्या खाया। कोई दवा ली थी?" "हाँ होम्योपैथी।" हीरा बोल उठे, माताजी ने मछली भी खायी थी।" हकीम जी ने कहा, "यह तो आपने ग़लत किया। ख़ैर जब जी मचलाये तो बस थोड़ा-थोड़ा पानी लें। मैं एक चूरन भेजूँगा। दिन में दो वक़्त खाने के बाद। खाने में रोटी, दही, खिचड़ी, चावल गला हुआ। गोश्त, मछली हरगिज़ न खायें। चाय ख़ाली पेट न लें। हाँ, जब उल्टी महसूस न हो तो कभी अंडा, आधा उबला हुआ ले सकती हैं।" हकीम जी फ़िराक़ के पास आ गये। बोले, "थोड़ी-सी बदपरहेज़ी हो गयी थी। मछली खा लिया था। ख़ैर मैं चूरन भेजता हूँ। इससे गैस भी काबू में आयेगी, हाज़्मा भी दुरुस्त रहेगा, उल्टी वग़ैरह भी नहीं आयेगी।" फ़िराक़ शायरी और फ़लसफ़े पर गुफ़्तगू में धँसे हुए हैं। हकीम जी की बातें सुनी तो ध्यान दर्शन और कविता से हटकर हिकमत यानी वैदकी पर उतर आये। हकीम लुकमान, धन्वन्तरि, चरक, इलाहाबाद के हकीम सनकी, त्रयम्बक शास्त्री किसका-किसका ज़िक्र नहीं कर डाला। फिर भारतीय जड़ी-बूटी। लोग ताज्जुब कर रहे थे कि फ़िराक़ की नज़र कहाँ-कहाँ पहुँचती है। मेरी ओर मुख़ातिब हुए बोले, "रमेश मियाँ, मेरी डाक कहाँ है।" मैंने सब कुछ हाज़िर कर दिया। बोले, "चिट्ठियाँ पढ़कर सुनाओ।" रिसालों को एक तरफ रख दिया। सुन चुके तो ज़िया साहब ने जाने की इजाज़त माँगी। मुझसे कहा, "रमेश, तुम भी हकीम जी के साथ चले जाओ। चूरन वग़ैरह अपनी बहू जी के लिए लेते आओ।" हकीम ज़िया का दवाखाना गढ़ी की सराय, हमदर्द की दूकान के बग़ल में है। हकीम जी से कहा, "मेरे लिए भेज दीजिएगा। हकीम जी के साथ दवाखाने तक गये। और दवाइयाँ लिये वापस आ गये। तब तक लोग बैठे ही थे। मेरे आने तक फ़िराक़ ने उन्हें रोक रखा था। मैंने जाकर बहू जी को चूरन दिया। फ़िराक़ को सलाम करके लोग उठ गये। मैं उन्हें गेट तक छोड़ने गया तो वे लोग कह रहे थे कि दुनिया में फ़िराक़ अपनी बीवी के साथ बदसलूकगी के लिए प्रसिद्ध हैं।"

परिशिष्ट

UNITED STATES LIBRARY OF CONGRESS OFFICE
N-11 New Delhi South Extension-Part-I
New Delhi-110049 (India)
Telephone 690311, Telegram : Libcon

August 11, 1989

Dear Shiv Dwivedi,

This office has been established to administer a program which acquires Indian publications for the Library of Congress and several other reasearch libraries in the united States. The American libraries participating in this program jointly sponsor a centralized cataloging program at the Library of Congress in Washing-ton. Through cooperative effort, it is possible for all the participating libraries to make the Indian books in their collections available to readers much more quickly.

We have received a work, of which you are the author. In order to process it, we find that we need the data required on the enclosed inland letter (requiring no postage). The information will be used to distinguish your name from the names of other persons listed in the catalogs of American libraries. Since we cannot properly process your work without full information, the return of the enclosed form at your earliest convenience would be greatly appreciated!

Sincerely yours,
John. C. Crawford
Director

Sri R.C. Dwivedi
35/13 Butler Market
J.L. Road,
Allahabad-3

K.K. Pathak
22, Mahal Khas
Bharatpur-321001

Tel Jaipur Res. - 383528 (0141)
Bharatpur Res.-27699 (05644)
29 August, 1998

Dear Mr. Dwivedi

I am no stranger to you. When I was a student I used to visit Prof. Firaq. My place of stay was 9 Bank Road. This apart, around 1964 I made an earnest effort to bring Firaq and Rajaji together. My correspondence with him continued for some time. The replies were dictated to you. I don't have those letters now. I destroyed them several years ago. I do remember Firaq had written an article, "The cultural deadlock", in the Hindustan Times. He was vehemently criticised by some Upper India friends. I came to his rescue by giving a befitting reply to his uncharitable critics, which was published in that paper. Firaq didn't need any rescue action on may part. I was too small a person for that. However, I did all that as a part of my duty on the basis of my deep-rooted convictions.

I could pick up two books you have written on Firaq. I visited Allahabad after a long lapse of time when last week. Mr. D.K. Gupta of A.H. Wheeler & Co. showed me the books. I couldn't resist the temptation of purchasing them. I have finished reading them. I am happy you have done some service to the admirers of Firaq.

With warm regards,

Yours Sincerely
K.K. Pathak.

Ramesh Chandra Dwivedi Esq.
Allahabad

नयी दिल्ली-110018
2.9.95

प्रिय रमेशचन्द्र

27.12.85 का कार्ड मिला।

मंगल कामनाओं के लिए धन्यवाद।

मेरे कुछ मित्र हिन्दी जाति पर एक पत्रिका साम्य (शीतलावार्ड से अम्बिकापुर, म.प्र.) बड़ा विशेषांक निकाल रहे हैं। यदि तुम उसके लिए 'उर्दू साहित्य में जातीय चेतना। (उर्दू अदब में हिन्दुस्तानी कौमियत) विषय पर लिख सको तो बहुत अच्छा होगा। यहाँ कौम, जाति मैं नैशनैलिटी (प्रादेशिक इकाई) के लिए इस्तेमाल कर रहा हूँ।

सप्रेम
रा.वि. शर्मा
(राम विशाल शर्मा)

पत्रांक : 15/12/98

रायसर शरीफ
25 दिसम्बर, 98
मुँगेर

सम्माननीय
रमेश चन्द्र द्विवेदी जी,
यथोचित अभिवादन!

'उर्दू शायरी में महाकवि फ़िराक़ का रंग, 'कहन' मासिक पत्रिका में पढ़ा। आलेख अच्छा लगा। फ़िराक़ साहब के बारे में विस्तृत जानकारी के साथ-साथ उनके काव्य की विवेचना कर आपने उन रुचिकर पाठकों के उपहार स्वरूप जो ज्ञानवर्धन कराया है, वह निःसन्देह काबिले तारीफ है। आलेख पढ़कर यूँ चुप न रह सका, गोया दिल ने कहा लिख और मैं कुछ लिख गया।

अर्ज है–

बड़ी बेकरारी से लिखता हूँ खत मैं
शायद बेकरारी शय ही बुरी है।

—अमित कुमार दास

आप स्वस्थ व आरोग्य रहकर इसी तरह काव्य की साधना करते रहें। इन्हीं मंगलकामनाओं के साथ नववर्ष पर मेरी काव्यात्मक शुभकामनाओं के साथ नववर्ष पर मेरी काव्यात्मक शुभकामनाएँ।

नववर्ष तुम्हें अभिनन्दन हो
हे मीत कहीं न क्रन्दन हो
हो सावन तेरे आँगन में
सारा जग शीतल चन्दन हो
यही अरमान हमारा है
तुम बह जाओ सुखसागर में
हे मीत बहुत कुछ पाओगे
पाओगे जो तुम चाहोगे
बस एक निवेदन है तुमसे
तुम अमृत भर लाओ गागर में

पुनश्चः आपका आलेख बारम्बार पढ़ पाऊँ, इसी उम्मीद के साथ पत्रान्त!

आपका
अमीत कुमार दास
(युवा कवि)
रायसर, वासुदेवपुर
मुँगेर-811202

माताचरण मिश्र
खण्ड-10 आदित्य परिसर
जे.के. रोड, भोपाल (म.प्र.) 462021
दूरभाष (नि.) 783055

1 सितम्बर, 1998

आदरणीय द्विवेदी जी,

फ़िराक़ पर आपकी किताब 'मैंने फ़िराक़ को देखा था' पढ़ने को मिली। फ़िराक़ के बगैर शायद बीसवीं शताब्दी की कल्पना नहीं की जा सकती क्योंकि अकेले वे ही एक ऐसे शायर हैं जिन्होंने इस महादेश के आवाम को समझा था। अंग्रेजी के एक दिग्गज विद्वान् होने के बावजूद उन्होंने अपने व्यक्तित्व और कृतित्व में जो दुर्लभ सहजता हासिल की थी वह अन्यत्र नहीं दिखने में आयी, न ही आ सकती है। मोतीलाल नेहरू, जवाहरलाल नेहरू, खुद महात्मा गाँधी और अन्य दूसरे महान् राजनेताओं ने ही नहीं, निराला जैसी विराट प्रतिभा ने भी फ़िराक़ की अहमियत को समझा था, महसूस किया था। वे जो चाहते, हासिल कर सकते थे पर उनमें तुलसी और कबीर जैसा एक मस्तमौला पीर या औलिया भी कहीं मौजूद रहा है जिसने न उनकी रचनाशीलता को वरन् उनके व्यक्तित्व को अद्‌भुत भारतीयता प्रदान की है।

फ़िराक़ हमेशा से मेरी उत्सुकता के केन्द्र भी रहे हैं। एक अजीमुश्शान शायर के रूप में भी और एक निराले और सहज व्यक्तित्व के रूप में भी। इसलिए आपकी किताब ने जैसे मुझे फ़िराक़ को और अच्छी तरह जानने समझने की जो सुविधा उपलब्ध करायी है, उसके लिए मैं व्यक्तिगत रूप से आपका और वाणी प्रकाशन का आभारी हूँ। आपने अपने वे तीस साल जो फ़िराक़ जैसे धारदार और अक्खड़ व्यक्तित्व के साथ बिताये, उसमें निश्चित रूप से आपको बहुत कुछ झेलना और बर्दाश्त भी करना पड़ा होगा। परन्तु साथ ही साथ जो निकटता आपने उनकी हासिल की, वह अमूल्य है तथा आने वाली सदियों के लिए फ़िराक़ को जानने-समझने और देखने का आईना भी, आप जैसे उन जैसे ब्रह्मराक्षस के शिष्य बन गये हों।

काफी अच्छा लगा जैसे एक स्कूल की प्यास रही है मेरे अवचेतन में फ़िराक़ के लिए क्योंकि जीते जी जो स्वयं एक किंवदन्ती बन जाए। ऐसे लोग शायद अब अल्लाहताला ने बनाने बन्द कर दिये, अब तो और भी मुश्किल है। अमरता के एहसास के डूबते उतराते ये मिट्टी और ये मिट्टी के खोखे यहाँ-वहाँ हर जगह मिलेंगे पर फ़िराक़ शायद सदियों में कोई एक ही होता है और होगा।

मैं फिर एक बार तहे दिल से आपका शुक्रिया अदा करता हूँ। किताब शाया होने के इस अवसर पर मेरी ओर से भी ढेरों शुभकामनाएँ स्वीकार करेंगे। योग्य सेवा लिखेंगे।

आदर सहित

आपका ही
(माता चरण मिश्र)

ए.के.गोयल
A.K. Goyal
महा प्रबन्धक (वाणिज्य)
General Manager (Commercial)

इंडियन एयरलाइन्स लिमिटेड
Indian Airlines Limited
एयरलाइन्स हाउस, नयी दिल्ली-110001
Airlines House, New Delhi-110001
Phone: 3719331 Fax: 011-3719484

14.5.98

प्रिय रमेश भाई

आपकी दोनों पुस्तकें 'फ़िराक़ साहब' और 'मैंने फ़िराक़ को देखा था', पढ़ी, जहाँ फ़िराक़ साहब की अज़्मत का एहसास हुआ, वहीं आप से भी आत्मीयता-सी हो गयी। साथ ही एक मलाल भी पैदा हुआ मन में कि छः साल इलाहाबाद में रहने के बावजूद, फ़िराक़ साहब का दीदार भी न किया।

आपने फ़िराक़ साहब के बारे में जो भी लिखा है, बड़ा दिलचस्प लगा और भी लिखिएगा।

फ़िराक़ की शायरी के पीछे जो कैफीयतें रहीं, जो-जो उनकी मनःस्थितियाँ रहीं, थोड़ा उनसे भी अवगत करायें तो अच्छा लगेगा। किन हालात में और क्यूँ कर एक महान् कलाकार एक रचना को जन्म देता है।

फ़िराक़ को मैं कुछ ख़ास तो नहीं पढ़ पाया, (अब अवश्य पढ़ूँगा) पर उनके दो शेर जहन में अटके-से हुए हैं:

"यूँ ही फ़िराक़ ने उम्र बसर की,
कुछ ग़मे-जानाँ, कुछ ग़मे-दौराँ"

"सब मंजिलें हयात की तय करके अब फ़िराक़
बैठा हुआ हूँ मौत में ताख़ीर देखकर।"

अब, बताइए ऐसे शेर फ़िराक़ ने क्यूँ कर कहे होंगे?

आप से दरख्वास्त है कि फ़िराक़ साहब के कलाम के पीछे जाकर उनके दिल पर जो गुज़री उन कैफ़ीयतों को आप पकड़कर सामने ले आएँ, तो यह बहुत अच्छा होगा।

शुभकामनाएँ,

आपका
अनिल गोयल

D-58 अम्बा बाड़ी
गणेश पार्क, जयपुर-302023
दिनांक : 3 नवम्बर, 05
फोन नम्बर-2335226

आदरणीय द्विवेदी जी,

सादर स्नेहाभिवादन! आशा है, आप स्वस्थ सानन्द हैं। मैं भी अपनी व्याधियों के साथ भला-चंगा हूँ। फ़िराक़ साहब ने तो कहा था, 'पाल ले एक रोग नादाँ जिन्दगी के वास्ते', परन्तु मैंने एक नहीं कई रोग पाल रखे हैं।

यह पत्र आपको इलाहाबाद के पते पर भेज रहा हूँ। शायद आप वहीं पर हों। कई दिनों से आपको पत्र लिखने का इरादा कर रहा था, पर लिख नहीं सका—यों ही प्रमादवश। आज लक्ष्मीधर मालवीय की पुस्तक पढ़ रहा था—लाई हयात आये। पढ़ते-पढ़ते इन पंक्तियों पर ध्यान गया—एक रोज सिविल लाइन्स में व्हीलर की दुकान में किताबें देख रहा था कि एक शीर्षक पर दृष्टि अटक रही फ़िराक़ साहब। कवर पर लेखक का नाम नहीं छपा था। खोल कर देखा, फ़िराक़ साहब—रमेश चन्द्र द्विवेदी। वही एक किताब खरीदकर निकल आया। फ़िराक़ के विषय में इससे श्रेष्ठतर पुस्तक मेरी जानकारी में नहीं है। यह कहना अनुचित न होगा कि रमेश दसियों वर्ष फ़िराक़ से उनकी छाया की भाँति जुड़े रहे हैं और एक दिन का लेखा उन्होंने सुरक्षित कर रख छोड़ा है। जब भी यह डायरी प्रकाशित होगी, निश्चय ही बेजोड़ पुस्तक होगी।

रमेश जी! यह डायरी कब छपेगी? भाई छपा क्यों नहीं देते जो मरने से पहले मैं भी इसको पढ़ लूँ।

लक्ष्मीधर मालवीय ने यह भी लिखा कि इलाहाबाद यूनिवर्सिटी में आपके सहपाठी रहे हैं। इतना और जोड़ दूँ—राजस्थान यूनिवर्सिटी में सन् 63 से 66 (जापान जाने तक) मैं उनका सहकर्मी रहा हूँ। हिन्दी विभाग में हमने साथ-साथ पढ़ाया था।

आपका स्वास्थ्य अच्छा रहता होगा। इलाहाबाद कब तक हैं—लिखिएगा। अपनी एक पुस्तक भेजना चाहता हूँ। पहले भी एक बार भेजी थी, पर आपके इलाहाबाद से बाहर होने के कारण इधर-उधर हो गयी। मैंने एक लेख 'फ़िराक़ साहब' पर दसों बरस पहले लिखा था, जो मधुमती (उदंयपुर) में छपा था। उसकी एक प्रतिलिपि भी भेजूँगा।

'लाई हयात आये' का प्रकाशन विश्वविद्यालय प्रकाशन, वाराणसी ने किया है।

पत्रोत्तर अवश्य देने की कृपा करें।

आपका
(डॉ. मूलचन्द्र सेठिया)

डॉ. मूलचन्द्र सेठिया
एसोसिएट प्रोफेसर, हिन्दी विभाग,
राजस्थान विश्वविद्यालय, जयपुर

8/276, विद्याधर नगर,
जयपुर-303012
दूरभाष-335226, 335910

17 फरवरी, 1998

आदरणीय भाई द्विवेदी जी,

सादर स्नेहाभिवादन। आपका 24 जनवरी का स्नेह सिक्त पत्र प्राप्त हुआ। आपके इस पत्र ने मेरे और आपके बीच जिस स्नेह-सेतु का निर्माण कर दिया है, उस पर भावों और विचारों का आवागमन होता ही रहेगा, इसका मुझे पूरा विश्वास हो गया है। साथ उर्दू शायरी और फ़िराक़ साहब के बारे में जो प्रमाणित लेखन कर रहे हैं, उसके अनेक प्रशंसक मेरे सम्पर्कित व्यक्तियों में ही विद्यमान हैं। आप अपने गुरु का जो सारस्वत श्राद्ध कर रहे हैं, इससे हिन्दी और उर्दू के माध्यम से इस देश से बहुसंख्यक हिन्दू और मुसलमान एवं दूसरे को अधिक निकटता से समझने में सहायक हो सकेंगे। राष्ट्रीय और सांस्कृतिक दृष्टि से भी यह एक बहुत बड़ा योगदान होगा। धर्मनिरपेक्षता या शोर मचाने वाले राजनेता तो साम्प्रदायिकता की आग में आहुति ही डाल रहे हैं।

'मैंने फ़िराक़ को देखा था' के मुद्रण में इतनी अशुद्धियाँ नहीं हैं, जितनी 'उर्दू शायरी' में। प्रेस के भूतों की दया दृष्टि से बचना है तो प्रूफ रीडिंग से कतराने से काम नहीं चलेगा। अगर मैं भी इलाहाबाद में रह रहा होता तो इस कार्य में आपका कुछ सहयोग कर सकता था। आशा है, इस दिशा में आप अधिक जागरूकता और तत्परता का परिचय देंगे।

'उर्दू की इश्किया शायरी' कब तक प्रकाशित हो रही है? आप इसे अनूदित कर रहे हैं या लिप्यन्तरित? पुस्तक के प्रकाशित होते ही सूचित करने की कृपा करें। 'रूहे कायनात' मैं देख चुका हूँ। शबनमिस्ताँ देखने के लिए उत्सुक हूँ। मुझे पूरा विश्वास है कि 'फ़िराक़ साहब' के पत्रों का संग्रह मन आनम भी ग़ालिब के पत्रों की तरह ही लोकप्रिय होगा और इन पत्रों के वातायन से उनके व्यक्तित्व पर प्रकाश पड़ सकेगा। यह तो आपने बहुत सुखद संवाद दिया कि फ़िराक़ पर आपकी तीसरी पुस्तक का आरम्भ हो गया है। पुस्तक प्रकाशित होते ही सूचित कीजिएगा। ये सब पुस्तकें वाणी से ही प्रकाशित हो रही हैं न।

'मैंने फ़िराक़ को देखा था' वो एक बार फिर पढ़ गया हूँ। इस पुस्तक में उस अज़ीम शायर के 'जिन और जीनियस' वाले दोनों पहलू उभरकर सामने आये हैं। 'फ़िराक़ साहब' जब मास्टर बन गये--यह अध्याय तो इतना जीवन्त है और इसे ग्रामीण जीवन के साथ फ़िराक़ साहब की एकात्मता का ऐसा पारदर्शी चित्रण हुआ

है कि इसे पुनः पुनः पढ़ने को जी चाहता है। यह एक उपन्यास का परिच्छेद-सा लगता है। आपका अंग्रेजी इंटरव्यू भी बहुत अच्छा लगा। उसमें अंग्रेजी का भाषा- वैभव अपने पूरे शबाब पर है। इतनी अच्छी अंग्रेजी तो अंग्रेजीदाँ भी बहुत कम लिख पाते हैं।

एक बात और। 'शौक' मिर्जापुरी के नाम से आप शायरी भी तो करते हैं। आपका कलाम सुनने को तो मुझे इलाहाबाद आना पड़ेगा या आपको जयपुर; परन्तु कुछ नमूने तो आप भेज ही सकते हैं।

एक बार पुनः अभिवादन के साथ पत्र समाप्त करता हूँ। आपको जब भी समय और सुविधा हो, मुझे अवश्य लिखिएगा।

आपका

मूलचन्द्र सेठिया

डॉ. मूलचन्द्र सेठिया
एसोसिएट प्रोफेसर, हिन्दी विभाग,
राजस्थान विश्वविद्यालय, जयपुर

8/276, विद्याधर नगर,
जयपुर-303012
दूरभाष-335226, 335910
17 फरवरी, 1998

आदरणीय भाई द्विवेदी जी,

सादर स्नेहाभिवादन। दो-तीन वर्ष पूर्व एक पुस्तक प्रदर्शनी से आपकी पुस्तक 'फ़िराक़ साहब' लाया था। इसमें आपने फ़िराक़ साहब के कवि-व्यक्तित्व का ऐसा जीवन्त और पारदर्शी चित्रण किया है कि पाठक को समस्त उर्दू के इस महान् शायर के जीवन का अन्तर्बहन परिवेश अपनी सम्पूर्ण रंगारंग विविधता के साथ स्पष्ट हो जाता है। भाषा इतनी प्रवाहमयी और रुचिकर है कि पाठक के साथ अपने को बहा ले जाती है। मैं इस पुस्तक को कई बार पढ़ गया और अब भी उसे कहीं से भी खोलकर उसे पढ़ने लगता हूँ। फ़िराक़ साहब की शायरी का मैं सदा से ही शैदाई रहा हूँ; परन्तु इस पुस्तक को पढ़ने के बाद उनके काव्य की प्रेरणा और उसकी पृष्ठभूमि मेरे लिए स्पष्टतर हो गयी है। परसों सौभाग्य से आपकी नवीनतम पुस्तक 'मैंने फ़िराक़ को देखा था' हस्तगत हुई। पुस्तक का एक पारायण तो कर गया हूँ; पर इसे तो बार-बार पढ़ना होगा और इसके आलोक में जब फ़िराक़ की शायरी को फिर पढ़ूँगा तो उसमें और भी गहनता के साथ प्रवेश कर सकूँगा। इसमें महादेवी वर्मा और 'निराला' के साथ 'फ़िराक़' के व्यक्तित्व सम्बन्धों की अन्तरंगता और आत्मीयता पर प्रकाश डालकर आपने हिन्दी और उर्दू का बड़ा उपकार किया है। यह

इसलिए लिख रहा हूँ कि फ़िराक़ चाहे अपने अन्तर्मन में हिन्दी के हितैषी ही रहे हों, पर हिन्दी के बारे में जब बहकते थे तो बहुत कुछ अलूल-जलूल भी कह जाते थे। जयपुर की खास कोठी में एक बार मुझे भी ये बातें अपने कानों से सुननी पड़ी थी। परन्तु इसी मुलाकात के बल पर मैं भी यह कह सकता हूँ कि 'मैंने फ़िराक़ को देखा था'।

फ़िराक़ अपने जीवन काल में ही एक Legend बन गये थे और उनके चारों ओर अनेक झूठी-सच्ची बातें घनघोर रूप से चिपक गयी थीं। मुझे पूरा विश्वास है कि आप अपने लेखन के द्वारा फ़िराक़ को देवता नहीं बनाते हुए भी उनके मानवीय रूप को पूरी दीप्ति के साथ प्रस्तुत कर सकेंगे। जो काम जॉनसन के लिए बॉसवेल ने किया था, वही काम 'फ़िराक़' के लिए रमेश चन्द्र द्विवेदी के द्वारा सम्पन्न हो सकेगा, इसमें कोई सन्देह नहीं। आपकी दोनों पुस्तकों को पढ़कर मुझे अपने मनचाहे शायर की जिन्दगी की टेढ़ी मेढ़ी राहों में उनके साथ चलने में जो आत्मीय सुख प्राप्त हुआ है, उसके लिए कृतज्ञता प्रकट करने के लिए ही मैं आपको यह पत्र लिख रहा हूँ। 'रम्ज़-ओ-किनायात' का लिप्यन्तरण भी देख चुका हूँ। उसके लिए बधाई! लेकिन 'उर्दू कविता' में प्रूफ रीडिंग की ओर बिल्कुल ध्यान नहीं दिया गया है। एक उदाहरण ही पर्याप्त होगा "आसी, गाजीपुरी, हाली, पानीपती, शाद, अज़ीमाबादी" पढ़कर ऐसा मिथ्याभास होता है कि छः शायरों का उल्लेख किया जा रहा है। आप इस भ्रष्ट मुद्रण के लिए वाणी प्रकाशन वालों के कान जरूर उमेठेंगे।

'फ़िराक़' की समीक्षात्मक कृति 'हश्किया शायरी' की बड़ी उत्सुकता से प्रतीक्षा की जा रही है। इसे पढ़कर उर्दू शायरी को ही नहीं, उसके सन्दर्भ में हिन्दी में प्रेमपरक कविता को समझने और उसके तुलनात्मक मूल्यांकन में बहुत सहायता मिलेगी। मेरा निवेदन है कि आप इसके लिप्यन्तरण और प्रकाशन को प्रमाणिकता प्रदान करें। 'मैंने फ़िराक़ को देखा था' में आपने डॉ. मोहन अवस्थी की एक पुस्तक का उल्लेख किया है, जो हिन्दी उर्दू कविता का तुलनात्मक अध्ययन प्रस्तुत करती है। आप यह सूचित करने की कृपा करें कि यह पुस्तक कहाँ से प्रकाशित हुई है और उपलब्ध है क्या?

समर्पण पृष्ठ में यह पढ़कर धक्का-सा लगा कि आपकी सहधर्मिणी कमलादेवी स्वर्गत हो गयी हैं। बन्धुवर, मेरी हार्दिक सहानुभूति स्वीकार करें।

आप समय और सुविधा मिलने पर मेरे पत्र का उत्तर देंगे तो मैं विशेष अनुगृहीत अनुभव करूँगा।

आपका

मूलचन्द्र सेठिया

Bangalore
24 Sept. 94

Dear Ramesh,

You are not the finite human being you take yourself to be. You are the Supreme Being- infinite, mysterious, unknowable. You are not living just on earth and in human society. You are living in the universe at large. Your life has neither beginning nor end, only change, never ending change. You are a centre of radiant conscious energy moving through the cosmos, briefly assuming a human form in human society on earth, and then passing on to other modes of being while remianing essentially and eternally a being of infinite mystery. My love & blessing to you all.

Dakshinamurti

Note : स्वामी दक्षिणामूर्ति जीवन मुक्त संयासी हैं और तरकपुर मिर्ज़ापुर के उमेश चन्द्र द्विवेदी के यहाँ रहते हैं।

Tarakpur
19 December, 1986

Bhaiya,

I am sending to you an extract from Reader's Digest November 1986 (WAKE UP AND LIVE FIT at page 28) Be pleased to read this article.

"People who are self-actualisers listen to their bodies and discover their own biological nature and needs. xxxx I no longer look; I see. I do not touch. I feel. I do not taste; I savour. The sunlight has become precious, the breeze a delight. I know the meaning of a handshake, the treasure in a smile. Being alive has become a spiritual and mystical experience. xxx The sculptor is within the stone. When you exercise, you start to discover the individual within yourself. You go through the concentration, patience and joyful dicipline of becoming that individual. The struggle is for the prize that is yourself."

Mahatmaji sends his love and blessings to you all. Convey my pranam to bhabhi and my love and blessings to Manju; Asha, Gudia, Meenu and Manju's new family. Tell Manju that I remember her birthday on 15th Jan. Tell her that I love the day she was born.

There is no need for us to be obsessed with the idea that the world has wronged us. Life is what it is. To give interpretations to things this only is in our hands. We are free only in giving interpretation to things and events. Exert yourself to create good interpretations. Things and events have no meaning in themselves. They acquire the meaning we give to them. To succeed in life means to succeed in giving beautiful interpretations to all things and events. We creat life by creating good interpretations of life. Life is its interpretations. Life is short to harbour a lot of grudge against our dear one's. You are not supposed to be displeased with your family members. You are supposed to guide and lead. Wake up and try to use your imaginations. I suppose it will not be difficult for you to forgive people and their thousands of wrong doings. Life is passing away- please love. Today is the day.

Sharda

Note : This letter was written by my younger brother Sharda Sanyasi who is no more and now present only in spirit.

कृष्ण बिहारी मिश्र
7-बी हरिमोहन राय लेन, कोलकाता-700015
दूरभाष (033) 22510182
30.6.07

प्रियवर श्री द्विवेदी जी, नमस्कार!

मेरे स्वास्थ्य समाचार के लिए आप का फोन मुझ भावनाजीवी को आपकी सहृदयता ने अभिभूत कर दिया। आज के कठकरेजी समय में कौन किसी की सुधि लेता है। पर आप जैसे संवेदनशील मानुष हैं हमारे आँगन में जो टूटती आस्था की रक्षा कर मनुष्यता के प्रति आश्वस्त करते हैं। आपकी प्रीति मरुआती जीवन प्रियता को पुनर्नवा करती है।

मगर द्विवेदी जी महाराज, मुझ अपदार्थ पर आपकी वदान्यता उल्लसित मुद्रा में मान की जो वर्षा करती है, सच कहता हूँ, मेरी लघुता मुझे काटने लगती है। प्रीति की ऐसी उच्छ्वासित भाषा मेरे जैसा कमजोर आदमी कैसे झेल पायेगा, आपकी विचक्षणता यह क्यों नहीं समझती। संवेदनतन्त्र दयनीता की हद तक संवेदनशील है, ऐसा छुईमुई आदमी को प्रीति की हल्की बयार का एक कतरा भी हिला-रुला देता है। तो कृपालु होइए पंडीजी महाराज।

ज्वर कम है कल से। कमजोर काया के पुर्जे-पुर्जे को तोड़कर पिण्ड छोड़ा। और

उदर विकार चिर काल का साथी है। बुढ़ौती में क्या नाता तोड़े। अब तो ऐसे ही काल-क्षेप करना नियति है।

प्रेमासक्त

कृष्ण बिहारी मिश्र

पुनश्चः भावना के आग्रह से अपनी छपी सामग्री आपको दे दी थी। मगर आग्रह है, मेरे बकवास में, अपना मूल्यवान समय न नष्ट कर अपनी नयी परिकल्पना पूरी कीजिए। जो सर्जनशील ऊर्जा का मालिक है, उसकी पहली प्राथमिकता रचनात्मक चर्या होती है, होनी चाहिए, यह सत्य आप मेरी अपेक्षा अधिक समझते हैं, एवमस्तु। श्री नन्दलजी के लिए अशेष प्रीति।

कृष्ण बिहारी मिश्र

कृष्ण बिहारी मिश्र

7-बी हरिमोहन राय लेन, कोलकाता-700015

दूरभाष (033) 22510182

18.6.07

भाई श्री द्विवेदी जी, नमस्कार!

इलाहाबाद सकुशल पहुँचने की सूचना श्री नन्दलजी से यथासमय मिल गयी थी। गाड़ी हावड़ा से विलम्ब से चली थी, चिन्ता स्वाभाविक थी। नन्दलजी ने निश्चित किया। फिर प्रमोद जी और नन्दलाल जी से भी समाचार मिला।

आपसे मिलने, बतियाने की पुरानी साध थी। मारवाड़ी युवा मंच का नेवता स्वीकार कर आपने, हम सब को प्रीत किया। आपकी सहज आत्मीयता की संगति में कुछ समय रहना बड़ा सुखद रहा, एक अंश तक साध पूरी हुई।

प्रीति के आग्रह से अपनी कुछ पोथियाँ आपको भेंट की हैं। जब अवकाश मिले, अपनी सुविधा से देखिएगा।

अपना एक आत्मपरक निबन्ध आपको भेजने को कहा था, कवि मृत्युंजय उपाध्याय के हठीले आग्रह से लिखा गया था। भारतीय भाषा परिषद के उसी कक्ष में, जिसमें आप की सम्मान-गोष्ठी आयोजित हुई थी, इसका वाचन हुआ था। गोष्ठी भाषा परिषद ने आयोजित की थी। परिषद की मासिक पत्रिका वागर्थ के जनवरी अंक में प्रकाशित हुआ था। मेरे कर्म-धर्म के बारे में शान्ति निकेतन के डॉ. शैलेन्द्र कुमार त्रिपाठी की एक टिप्पणी भी छपी थी। भेज रहा हूँ देखिएगा।

स्नेहाधीन

कृष्ण बिहारी मिश्र

पुनश्चः दौहित्री ज्योत्सना से भेंट हो तो कृपया उसे बताइए कि उसकी यानी छठी कक्षा की छात्रा की भूमिका मुझे बहुत अच्छी लगी।

कृष्ण बिहारी मिश्र

पं. रमेश चन्द्र द्विवेदी
इलाहाबाद

Ali Sardar Jafri
ADMA SHREE

REGI STERED A.D.

10 Seeta Mahal,
Bomanji Petit Street,
Bombay 400 036.
PHONE: 91 (22) 386 7134
September 14, 1999

Dear Mr. Ramesh Dwivedi,

A state Bank of India Demand Draft No. 792137 dated September 10, 1999 for Rs. 8,222.00 only in your favour is enclosed herewith. This is part payment towards your royalties from the sale of music of our TV Serial, Kahkashan. You as the holder of Firaq Gorakhpuri's copy right are entitled to receive his royalties. Kindly acknowledge receipt of the same. I will advise The Gramophone Co. of India limited to pay your share of the royalties directly to you in future.

With good wishes and best regards.

Yours Sincerely

Ali Sardar Jafri

Mr. R. C. Dwivedi,
35/13, Butler Market,
Jawaharlal Nehru Road,
Allahabad. U. P.

फ़िराक़ की शायरी पर कुछ सम्मतियाँ

फ़िराक़ उर्दू शायरी का सोहाग हैं।

–जोश मलीहाबादी, 'यादों की बारात'

रूप की रुबाइयों में बुद्धकाल, मुस्लिम युग और टैगोर युग से लेकर आज तक की भारतीय संस्कृति अपनी झलकियाँ दिखाती हुई नज़र आती है।

–सरोजिनी नायडू

हिन्दू संस्कृति का साक्षात् दर्शन करना हो तो कोई रूप की रुबाइयाँ पढ़े या सुने।

–पंडित मदन मोहन मालवीय

'रूप' की प्रत्येक रुबाई में भारतीय संस्कृति अपने जादू दिखा रही है।

–डॉ. सम्पूर्णानन्द

आज जितने लोग शायरी कर रहे हैं, उनमें सबसे रौशन मुस्तकबिल और सबसे रौशन नाम फ़िराक़ गोरखपुरी का है।

–नियाज़ फतेहपुरी

'फ़िराक़' ने इन रुबाइयों में मोती पिरो दिया है। इनका प्रकाशन जब भी होगा लोगों की आँखें खुल जायेंगी।

–प्रेमचन्द

फ़िराक़, तुम जादू करते हो।

–सज्जाद ज़हीर

मैं क्या कविता करता हूँ, कविता तो फ़िराक़ करते हैं।

–सुमित्रानन्दन पन्त

प्रयाग आकर अगर तुमने 'फ़िराक़' के मुँह से फ़िराक़ की कविता नहीं सुनी तो व्यर्थ प्रयाग आये।

–निराला

ये रुबाइयाँ युगयुगान्तर तक भारतीय संस्कृति का अनुभव कराती रहेंगी।

–डॉ. राजेन्द्र प्रसाद

इन रुबाइयों ने मुझपर गहरा असर छोड़ा है। ये Re-discovery of India है (मानो भारत की छवि इन रुबाइयों में उजागर होती है।

–जवाहर लाल नेहरू

पुस्तक के लेखक का परिचय

नाम — रमेश चन्द्र द्विवेदी

पिता — पं. शिवदेव द्विवेदी

जन्म — 6 अगस्त, 1935 तरकापुर मिर्ज़ापुर/कुंडली के अनुसार 28.5.33

शिक्षा — एम.ए. प्रयाग विश्वविद्यालय।

सम्प्रति — सदस्य उर्दू अकादमी, लखनऊ, भू.पू. संयुक्त सचिव, हिन्दुस्तानी एकेडमी प्रयाग।

विशेष — सन् 1953 से 1982 तक फ़िराक़ गोरखपुरी के साहित्यिक सचिव के रूप में कार्यरत। फ़िराक़ गोरखपुरी के व्यक्तित्व और कृतित्व व साहित्य की अन्य विधाओं पर हिन्दी में लगभग पचास, उर्दू में लगभग चालीस और अंग्रेजी में लगभग पैतालीस लेख भारत की सुप्रसिद्ध पत्र-पत्रिकाओं में प्रकाशित। कवि सम्मेलनों, मुशायरों और विचार गोष्ठियों में भागीदारी। विज्ञान, दर्शन विज्ञान, साहित्य और अध्यात्म में विशेष रुचि। अंग्रेजी के माध्यम से विश्व साहित्य संस्कृति एवं इतिहास व दर्शन का अध्ययन। दूरदर्शन और रेडियो में प्रसारण।

प्रकाशित कृतियाँ —
1. फ़िराक़ साहब (हिन्दी, उर्दू)
2. मैंने फ़िराक़ को देखा था (जीवनी)
3. यूँहीं फ़िराक़ ने उम्र बसर की (जीवनी)
4. मेरे नग़्मों को नींद आती है- (अस्पताल में फ़िराक़ के आखिरी दिनों की डायरी)
5. फ़िराक़ कहानियाँ (नौरत्न) - सम्पादन व भूमिका लेखन
6. हजार शेर फ़िराक़ के - सम्पादन व भूमिका लेखन

7. उर्दू की इश्क़िया शायरी का हिन्दी अनुवाद
8. शबनमिस्ताँ (लिप्यन्तरण)
9. रम्ज़ो कायनात (लिप्यन्तरण)
10. रूहे कायनात (लिप्यन्तरण)
11. उर्दू कविता (फ़िराक़ द्वारा विरचित इन काव्य वार्ता व व्याख्यान मालाओं का हिन्दी में संकलन)
12. धरती की करवट - सम्पादन व प्रस्तावना लेखन
13. जंजीरें टूटती हैं - सम्पादन व प्रस्तावना लेखन
14. नज़ीर की बानी - सम्पादन व प्रस्तावना लेखन
15. राग-विराग - सम्पादन व प्रस्तावना लेखन
16. काव्य-संग्रह-निर्जन बन के पार
17. हमारा सबसे बड़ा दुश्मन—फ़िरक़ापरस्ती के खिलाफ (फ़िराक़ गोरखपुरी के नायाब दस्तावेज का हिन्दी अनुवाद)
18. मन आनम—पाकिस्तान से प्रकाशित फ़िराक़ गोरखपुरी के पत्रों का हिन्दी में अनुवाद।

सम्पादन — 1. मिर्ज़ापुर से प्रकाशित 'श्री कलश' साहित्यिक एवं सांस्कृतिक पत्रिका के उप-प्रधान सम्पादक के रूप में कई वर्ष तक कार्यरत।
2. हिन्दुस्तानी एकेडेमी द्वारा प्रकाशित शोध पत्रिका 'हिन्दुस्तानी' के संयुक्त सम्पादक।

सम्मान — 1. प्रयाग की साहित्यिक संस्था अरुणिमा द्वारा 'काव्य-मणि सम्मान'।
2. इण्टरनेशनल क्लब लायंस इलाहाबाद द्वारा साहित्य-सौरभ सम्मान।
3. उत्तर प्रदेश शासन द्वारा फ़िराक़ एवार्ड।
4. प्रयाग की साहित्यिक और सांस्कृतिक संस्था 'काव्य श्री' द्वारा सारस्वत सम्मान।
5. भारती प्रभा दिल्ली द्वारा सारस्वत सम्मान।
6. ए.बी.आई., अमेरिका द्वारा 2000 मिलिनीयम मेडल ऑफ ऑनर।
7. अमेरिकन बायोग्राफिकल इन्स्टीट्यूट, यू.एस.ए. द्वारा मैन ऑफ दि ईयर।

8. अमेरिकन बायोग्राफिकल इन्स्टीट्यूट, यू.एस.ए. द्वारा इंटरनेशनल कल्चरल डिप्लोमा ऑफ ऑनर।
9. साहित्यिक एकेडेमी, नयी दिल्ली द्वारा राइटर्स 'हूज हू' में नामांकन।
10. अमेरिकन बायोग्राफिकल इन्स्टीट्यूट, इंटरनेशनल बोर्ड द्वारा 1999 के 'हूज हू' के लिए नामित।
11. उर्दू हिन्दी कोश (रामनारायण लाल अरुण कुमार अग्रवाल, कटरा, इलाहाबाद द्वारा प्रकाशित शब्दकोश के अन्त में साहित्यकारों और कवियों की तालिका में "Orartor, Poet and Biographer" के रूप में वर्णित।
12. भारतीय भाषा परिषद कोलकाता द्वारा दो बार सम्मानित - 1908
13. भारतीय संस्कृति संसद कोलकाता द्वारा सम्मान - 1908

संस्थायें — फाउंडिंग अध्यक्ष, फ़िराक़ सभा, इलाहाबाद लखनऊ में स्थापित व रजिस्टर्ड संस्था ऑल फ़िराक़ गोरखपुरी एकेडेमी के सचिव।

प्रकाश्य — 1. हाशिये, 2. अन्दाजे (फ़िराक़) (हिन्दी में अनुवाद)

सम्पर्क — 35/13 बटलर मार्केट, जवाहरलाल नेहरू रोड, इलाहाबाद-2

□□